COMUNISTA
DE CASACA

TRISTRAM HUNT

COMUNISTA DE CASACA

Tradução de
Dinah Azevedo

EDITORA RECORD
RIO DE JANEIRO • SÃO PAULO
2010

CIP-Brasil. Catalogação-na-fonte
Sindicato Nacional dos Editores de Livros, RJ.

Hunt, Tristram
H921c   Comunista de casaca / Tristram Hunt; tradução de Dinah
Azevedo. – Rio de Janeiro: Record, 2010.

Tradução de: Froak-coated communist
ISBN 978-85-01-09077-5

1. Marx, Karl, 1818-1883. 2. Engels, Friedrich, 1820-1895.
3. Comunismo. 4. Socialismo. I. Título.

10-2281.   CDD: 335.422
                                            CDU: 330.85

Texto revisado segundo o novo Acordo Ortográfico da Língua Portuguesa.

Título original em inglês:
FROAK-COATED COMMUNIST

Copyright © Tristram Hunt 2010

Editoração eletrônica: Abreu's System

Todos os direitos reservados. Proibida a reprodução,
armazenamento ou transmissão de partes deste livro, através
de quaisquer meios, sem prévia autorização por escrito.
Proibida a venda desta edição
em Portugal e resto da Europa.

Direitos exclusivos de publicação em língua portuguesa para o Brasil
adquiridos pela
EDITORA RECORD LTDA.
Rua Argentina 171 – Rio de Janeiro, RJ – 20921-380 – Tel.: 2585-2000,
que se reserva a propriedade literária desta tradução.

Impresso no Brasil

ISBN 978-85-01-09077-5

Seja um leitor preferencial Record.
Cadastre-se e receba informações sobre nossos
lançamentos e nossas promoções.
Atendimento e venda direta ao leitor:
mdireto@record.com.br ou (21) 2585-2002.

EDITORA AFILIADA

Agradecimentos

Por sua assistência generosa com a pesquisa, redação e produção deste livro, o autor gostaria de agradecer a Alice Austin, Sara Bershtel, Phillip Birch, Georgina Capel, Michael V. Carlisle, Barney Cokeliss, Bela Cunha, Andrew e Theresa Curtis, Dermot Daly e o Cheshire Hunt, Virginia Davis e o Departamento de História, Queen Mary, Universidade de Londres, Thomas Dixon, Orlando Figes, Giles Foden, Tom Graves, Michael Herbert, Eric Hobsbawm, Julian e Marylla Hunt, Stephen Kingston, Nick Mansfield, Ed Miliband, Seumas Milne, Liudmila Novikova, Alastair Owens, Stuart Proffitt, Caroline Read, Stephen Rigby, Donald Sassoon, Sophie Schlondorff, Bill Smyth, Gareth Stedman Jones, Juliet Thornback, Benjamin e Yulia Wegg-Prosser, Francis Wheen, Bee Wilson, Michael Yehuda. E também à equipe da British Library: Engels-Haus, Wuppertal; ao International Institute of Social History, Amsterdã; à London Library; à Marx Memorial Library, Londres; ao People's History Museum, Manchester; à Working Class Movement Library, Salford.

Sumário

Agradecimentos — 5
Prefácio — 11

1. Siegfried em Monte Sion — 21
2. A semente do dragão — 59
3. Manchester em preto e branco — 91
4. Um pouco de paciência e um pouco de terrorismo — 135
5. A safra infinitamente rica de 1848 — 173
6. Manchester em tons de cinza — 205
7. O fim da vida de mascate — 241
8. O grande lama da Regent's Park Road — 271
9. O buldogue de Marx — 309
10. Enfim, primeiro violino — 355

Epílogo — 391
Notas — 409
Bibliografia — 443
Índice — 453

Europa Central, 1815-66

Prefácio

No dia 30 de junho de 1869, Friedrich Engels, dono de uma fábrica em Manchester, abandonou seu emprego no negócio da família depois de quase vinte anos. À sua espera para recebê-lo em seu chalezinho nos subúrbios de Chorlton estavam Lizzy Burns, sua amante, e Eleanor Marx, sua hóspede, filha de seu velho amigo Karl. "Eu estava com Engels quando ele chegou ao fim de sua temporada de trabalhos forçados e me dei conta do que ele deve ter passado em todos aqueles anos", escreveu Eleanor mais tarde sobre o último dia de trabalho de Engels. "Nunca me esquecerei do tom triunfante com que ele exclamou 'Pela última vez!' enquanto calçava as botas de manhã para ir ao escritório. Algumas horas depois, estávamos no portão esperando por ele. Vimos quando atravessou o campinho que ficava em frente à casa onde morava. Ele girava a bengala no ar e cantava, o rosto exultante. Depois pusemos a mesa para comemorar e beber champanhe, todos muito alegres."[1]

Friedrich Engels era um magnata da indústria têxtil que gostava da caça à raposa, e também era membro da Bolsa de Valores Real de Manchester e presidente do Schiller Institute da cidade. Bebia muito e não passava de um homem comum inteiramente dedicado às boas coisas de uma vida de luxo, como salada de lagosta, Château Margaux, cerveja Pilsener e mulheres caras. Mas Engels também financiou Karl Marx durante quarenta anos, cuidou de suas filhas, acalmou-o em seus ataques de raiva e respondeu por metade da mais célebre parceria ideológica de que temos notícia na condição de co-autor de O manifesto do partido comunista e cofundador do que viria a ser conhecido como marxismo. No decorrer do século XX, da China de Mao ao governo paralelo da Stasi da Alemanha Oriental, da luta anti-imperialista na África à própria União Soviética, várias manifestações dessa filosofia fascinante lançariam sua sombra sobre um terço da espécie humana. E os líderes do mundo socialista voltaram-se muito mais vezes para Engels do que para Marx para explicar suas políticas, justificar seus excessos e fortalecer seus regimes. Compreendido e incompreendido, citado de forma pertinente ou absurda, Friedrich Engels — o magnata têxtil, o vitoriano que gostava de usar sobrecasaca — tornou-se um dos principais arquitetos do comunismo global.

Hoje, uma viagem até Engels começa na estação ferroviária de Paveletsky. Deste terminal miserável e romântico da era czarista, o carro-dormitório puxado por uma locomotiva enferrujada parte à meia-noite para as planícies do Volga, centenas de quilômetros a sudeste da capital. Uma viagem extenuante de 14 horas, com várias paradas, aliviada somente por um samovar fumegante no vagão dos guardas, acaba levando você até a cidade de Saratov, com suas ruas largas e arborizadas e sua charmosa atmosfera de esplendor decadente.

As seis pistas de uma rodovia em estado lastimável passam por uma ponte sobre a correnteza possante do Volga e ligam esse próspero centro provinciano à sua detestada cidade-irmã, Engels. Sem nenhum resquício da sofisticação de Saratov, Engels é um lugarejo triste e esquecido, dominado pelas docas que alimentam a ferrovia e pelos detritos ferruginosos do setor de bens de consumo. No centro cívico fica a Praça Engels, um local árido destinado às paradas militares, rodeado por conjuntos habitacionais, uma rua comercial decadente pontilhada de bares com telões que mostram programas esportivos televisionados, cassinos e lojas de DVD, e uma rotatória apinhada de Ladas, Sputniks e um Ford ocasional. Aqui, no meio de toda a sua fuligem deprimente, está a Rússia pós-comunista do hipercapitalismo e do contrabando. E, no meio da antiutopia do mercado livre, há uma estátua do próprio Engels. Com 4,5 m de altura, em cima de um pedestal de mármore e com um canteiro de flores a seus pés — bem cuidado pela prefeitura —, ele parece resplandecente em sua capa impermeável, segurando nas mãos um exemplar aberto d'*O manifesto do partido comunista*.

Em toda a antiga União Soviética e em todo o bloco oriental, as estátuas de Marx (junto com as de Lenin, Stalin e Beria) foram destruídas. Decapitadas e mutiladas, seus restos foram reunidos em cemitérios de monumentos para a edificação irônica dos turistas culturais da guerra fria. Inexplicavelmente, a estátua de Engels foi preservada e ainda domina a cidade que tem o seu nome. Como revelou uma conversa rápida com moradores do local e gente que passeava pela Praça Engels ao entardecer, sua permanência aqui não é resultado do afeto nem da admiração. É claro que não há grande hostilidade para com o cofundador do comunismo, mas sim um desinteresse indiferente e um desânimo apático. Como as miríades de pedestais ocupados por generais do século XIX e reformadores sociais esquecidos há muito tempo que conspurcam as praças das capitais da Europa Oriental, Engels tornou-se uma parte desconhecida e irrelevante do pano de fundo cívico.

Em sua cidade natal — Wuppertal, na Renânia (agora uma cidade-dormitório de Düsseldorf, o centro da moda e das finanças que fica bem perto) —, o mesmo desinteresse é visível. Há uma rua Friedrich Engels e uma alameda Friedrich Engels, mas elas não dão a impressão de uma cidade muito ansiosa por prestar homenagens a seu filho mais ilustre. O local onde Engels nasceu, destruído por um bombardeio da Força Aérea Real em 1943, ainda é um monte de entulho e tudo quanto marca o local de sua chegada a este mundo é um monumento sujo de granito que destaca modestamente seu papel de "cofundador do socialismo científico". Coberto de azevinho e hera, foi posto num canto escuro de uma praça decadente, rodeada de banheiros portáteis deteriorados e uma cabine telefônica semidestruída por vândalos.

Na Rússia e na Alemanha de hoje, para não falar da Espanha, da Inglaterra ou dos Estados Unidos, Engels perdeu seus laços com a história. Nos lugares em que um dia seu nome esteve nos lábios de milhões de pessoas — como o irmão de armas de Marx, como o autor de *Do socialismo utópico ao socialismo científico* (a bíblia do comunismo global), como o teórico do materialismo dialético, como o nome regularmente pichado nas ruas e praças das cidades por revolucionários insurgentes e grupos da ala esquerda, como o homem cujo rosto barbado e cujas feições visionárias aparecem nas moedas e nos livros didáticos e, ao lado de Marx, Lenin e Stalin, contemplavam o mundo do alto das vastas bandeiras e cartazes do Realismo Soviético dos desfiles militares do Primeiro de Maio — praticamente ninguém mais se dá conta de sua existência, nem no Oriente nem no Ocidente. Em 1972, uma biografia oficial da República Democrática Alemã afirmava que "hoje em dia não há praticamente nenhum lugar dessa nossa terra onde o nome de Engels não tenha sido pronunciado, onde a importância de sua obra não seja conhecida".[2] Agora ele é tão inofensivo que nem sua estátua foi derrubada.

Não se pode dizer o mesmo sobre seu amigo Karl Marx. Duas décadas após a queda do Muro de Berlim e da declaração insolente do "fim da história" feita por Francis Fukuyama, a reputação de Marx está passando por um renascimento impressionante. Nos últimos anos, ele sofreu uma transformação: de ogro responsável pelos campos de extermínio do Camboja e pelos campos de trabalhos forçados da Sibéria em analista mais perspicaz do capitalismo moderno. "O Patrimônio de Marx Ressurge Depois de 150 Anos" foi a maneira de o *New York Times* registrar o sesquicentenário da publicação d'*O manifesto do partido comunista* — um texto que, mais que qualquer outro, "reconheceu o poder ineluctável de criar riqueza que o capitalismo tem, previu que ele dominaria o mundo e advertiu que essa globalização inevitável das economias e culturas nacionais teria consequências discordantes e penosas".[3] Enquanto governos, empresas e bancos ocidentais enfrentavam o vendaval econômico do fundamentalismo do mercado livre na virada do século XXI — desastres financeiros no México e na Ásia, industrialização da China e da Índia, dizimação da classe média na Rússia e na Argentina, migração em massa e uma "crise do capitalismo" mundial em 2007-09 — a voz de Marx, como a de Cassandra, começou a ecoar ao longo das décadas. O consenso capitalista neoliberal pós-1989, o ponto final da evolução ideológica da humanidade, segundo Fukuyama, com tudo para ser construído com os restos do naufrágio histórico do comunismo, parecia estar tropeçando. E lá estava Marx, esperando nos bastidores. "Ele voltou!", apregoava o *Times* no outono de 2008, quando os mercados de ações sofreram uma queda vertical, bancos foram nacionalizados e Nicolas Sarkozy, o presidente da França, era fotografado folheando *O capital* (cujas vendas chegaram ao primeiro lugar das listas alemãs de best-sellers). Até o papa Bento XVI foi levado a elogiar "a grande capacidade analítica" de Marx.[4] O economista inglês Meghnad Desai, numa obra que fez parte de uma literatura cada vez mais efusiva sobre Marx, já havia batizado o fenômeno de "a vingança de Marx".[5]

Pois agora era uma verdade universal que Marx foi o primeiro a mapear a natureza intransigente, implacável e compulsivamente destrutiva do capitalismo. "[O capitalismo] desintegrou impiedosamente os múltiplos laços feudais que ligavam o homem a seus 'superiores naturais' e não deixou nenhum outro nexo entre um homem e seu semelhante além do egoísmo crasso, do frio 'pagamento à vista'", nas palavras d'*O manifesto do partido comunista*. "Afogou os êxtases mais celestiais do fervor religioso, do entusiasmo cavalheiresco, do sentimentalismo pequeno-burguês nas águas geladas do cálculo egoísta."[6] Foi Marx quem revelou a maneira pela qual o capitalismo levaria de roldão línguas, culturas, tradições e até nações inteiras. "Em síntese, cria um mundo à sua imagem e semelhança", escreveu ele muito tempo antes de a globalização se tornar sinônimo de americanização. Em sua biografia de 2005 — que foi um bestseller — *Karl Marx ou o espírito do mundo*, Jacques Attali, político e banqueiro, considera Marx o primeiro grande teórico da globalização. Até o *Economist*, o importante periódico semanal que promoveu o dogma neoliberal, deu-lhe o crédito de "perceber a incrível capacidade produtiva do capitalismo". Como admitiu o periódico num artigo de 2002 intitulado "Marx depois do comunismo", "ele se deu conta de que o capitalismo incentivaria a inovação num grau até então inimaginável. Estava certo ao dizer que empresas gigantes dominariam as indústrias do mundo inteiro".[7] Ao mesmo tempo, o livro de Attali, junto com a biografia popular de Marx escrita por Francis Wheen (*Karl Marx*, 1999), ajudou a colocar o homem sob uma luz favorável como jornalista combativo, malandro cativante e pai amoroso.[8] Desde a década de 1960 e da "descoberta" feita por Louis Althusser da "ruptura epistemológica" entre o jovem Marx e o Marx maduro — entre o Marx dos *Manuscritos econômicos e filosóficos*, preocupado com alienação e moralidade, e o Marx materialista que surgiu depois — já tínhamos conhecimento do humanismo filosófico dos primeiros anos de Karl Marx. Agora nos era oferecido o complemento biográfico de um indivíduo completo, sedutor e incrivelmente contemporâneo.

Onde é que Friedrich Engels se encaixa nesse novo alinhamento generoso? Na falta de uma quantidade semelhante de biografias, e talvez como parte de um esquecimento deliberado pós-1989, Engels foi extirpado da memória popular.[9] Ou, mais preocupante ainda, em determinados círculos ideológicos foi atribuída a ele a responsabilidade pelos excessos terríveis do marxismo-leninismo do século XX. Pois, enquanto o legado de Marx ressurgia, o de Engels era demolido. Cada vez mais, a tendência é de separar o Karl Marx ético e humanista de um Engels mecânico e cientificista e acusar este último de santificar os crimes dos Estados comunistas da Rússia, da China e do Sudeste asiático. Até mesmo em meados da década de 1970, E. P. Thompson observou a necessidade de transformar "o velho Engels num bode expiatório e atribuir a ele todo e qualquer pecado que se quiser atribuir aos marxismos subsequentes. [...] Não posso aceitar as declarações que sempre consideram Marx e Lenin inocentes enquanto deixam Engels sozinho no banco dos réus".[10] Richard N. Hunt também comenta o quanto "ultimamente virou moda, em determinados círculos, tratar Engels como a lata de lixo do marxismo clássico, um receptáculo conveniente no qual podem ser jogados os refugos repugnantes do sistema e que, por isso, também é acusado de tudo quanto deu errado depois".[11] Portanto, o atraente Marx dos cadernos de Paris é comparado e contrastado desfavoravelmente com o Engels azedo do *Anti-Dühring*. O intelectual marxista Norman Levine, por exemplo, não tem a menor dúvida de que o "engelismo [sic] desembocou diretamente no materialismo dialético da era stalinista. [...] Ao assegurar que existia um caminho fixo de desenvolvimento na história, ao assegurar que o desenvolvimento histórico predeterminado estava levando ao socialismo, o engelismo fez a Rússia soviética parecer a realização máxima da história... Durante a era stalinista, o que o mundo entendia como marxismo era, na verdade, engelismo".[12] De repente, fazem Engels pagar o pato do extremismo ideológico do século XX, enquanto a imagem de Marx é refundida, fazendo dele um vidente pós-político aceitável do capitalismo global.

Claro que é verdade que muita coisa que sabemos e que nos desperta o interesse sobre Friedrich Engels se deve à sua colaboração com Karl Marx, uma parceria em que o devotado Engels sempre teve o cuidado de se colocar como o segundo violino. "Marx era um gênio; nós outros éramos talentosos, no máximo. Sem ele, a teoria não seria nem de longe o que é hoje. Por isso é mais que justo ela ter o seu nome", anunciou ele conclusivamente depois da morte do amigo.[13] É igualmente verdade que grande parte da ideologia oficial do marxismo-leninismo do século XX procurou validar-se, mesmo que de forma espúria, por meio de elementos da codificação posterior que Engels fez do marxismo. Mas assim como agora é possível — enquanto a poeira polêmica do pós-1989 baixa e o socialismo de Marx e Engels não é mais obscurecido automaticamente pela longa sombra leninista da União Soviética — considerar Marx sob uma outra luz, também podemos abordar Engels de outra maneira. "O comunismo corrompeu e espoliou o legado radical", escreveu Tony Judt a respeito do "desvio ditatorial" que marcou sua implementação pervertida durante o século XX. "Se hoje estamos num mundo onde não há uma narrativa grandiosa do progresso social, nenhum projeto politicamente plausível de justiça social, é em grande medida porque Lenin e seus herdeiros envenenaram o poço."[14] Mas, à medida que essa maré histórica finalmente começa a baixar, torna-se possível e necessário retornar à vida e à obra dos "velhos londrinos". Porque elas não só possibilitam uma crítica perspicaz ao capitalismo global, mas também novas perspectivas sobre a natureza da modernidade e do progresso, da religião e da ideologia, do colonialismo e do "intervencionismo liberal", da crise financeira global, da teoria urbana, do feminismo e até do darwinismo e da ética reprodutiva.

Engels fez contribuições importantíssimas a tudo isso. Em meados da era vitoriana, ele administrava uma tecelagem em Manchester, lidando diariamente com a cadeia econômica do comércio mundial, que se estendia das plantations da América do Sul até as fábricas de Lancashire e os domínios ingleses na Índia, e foram *suas* experiências com o *modus operandi* do capitalismo global que abriram caminho até as páginas de *O capital*, tanto quanto *sua* experiência da vida fabril, da vida das favelas, da insurreição armada e da agitação política nas ruas que constituíram a essência do desenvolvimento da doutrina comunista. Repetindo mais uma vez: Friedrich Engels é que era realmente ousado quando se tratava de explorar as ramificações de seu pensamento — assim como do de Marx — em termos de estrutura familiar, método científico, teoria militar e liberação colonial. Enquanto Marx mergulhava cada vez mais profundamente na teoria econômica, Engels se aventurava livremente pelas questões de política, meio ambiente e democracia com possibilidades práticas inesperadamente modernas. Se a voz de Marx está se fazendo ouvir outra vez em nossos dias, então também está na hora de despir Engels de sua modéstia e permitir que suas ideias profundamente iconoclastas sejam exploradas independentemente da memória de Marx.

O que faz de Engels um tema fascinante de investigação biográfica é o pano de fundo pessoal de seu talento para a filosofia, as grandes contradições e a abnegação ilimitada que marcaram sua longa vida. Além do mais, foi uma existência levada na grande época revolucionária do século XIX: Engels esteve ao lado dos cartistas de Manchester, nas barricadas alemãs de 1848-49, instigou os partidários da Comuna de Paris em 1871 e foi testemunha do nascimento constrangedor do movimento operário inglês na Londres da década de 1890. Era um homem que acreditava na práxis, em viver sua teoria de comunismo revolucionário na prática. No entanto, a frustração de sua vida foi que ele muito raramente teve essa chance, uma vez que, desde seus primeiros encontros com Marx, decidiu renunciar às suas ambições pessoais em favor da genialidade do amigo e pelo bem maior da causa comunista. No decorrer de vinte longos anos, na flor da idade, ele suportou uma vida de autoflagelação como magnata têxtil em Manchester a fim de oferecer a Marx os recursos e a liberdade para ele terminar de escrever *O capital*. A ideia de sacrifício individual, tão importante para a autodefinição comunista, estava presente no nascimento do marxismo.

A extraordinária deferência de Engels por Marx muitas vezes fez de sua vida uma contradição penosa. É evidente que uma dinâmica de contradição — a interpenetração dos opostos, a negação da negação — está no cerne da teoria marxista. Desde os primeiros momentos de sua conversão ao comunismo, Engels, o herdeiro bem-nascido de mercadores calvinistas prussianos, viveu essa tensão de uma forma transparentemente pessoal. E, por isso, sua biografia é também as memórias de um caçador de raposas: um capitalista mulherengo que vivia tomando champanhe e que ajudou a fundar uma ideologia que era contrária a seus interesses de classe e que se transformaria, ao longo das décadas, num árido credo puritano em profunda desavença com o caráter de seus criadores. O próprio Engels jamais reconheceria qualquer contradição entre seu estilo de vida como membro da elite e seus ideais igualitários — mas seus críticos perceberam essa contradição na sua época e certamente percebem agora.

Na verdade, a introspecção não era um vício familiar a Engels; longe disso: ele considerava sua vida profissional um ato descomplicado de bons préstimos aos ideais filosóficos e ao projeto político de Karl Marx. Quer fosse o ativismo partidário nas ruas, que constituiu a matéria-prima de *O capital*, a produção de grande quantidade de material propagandístico, a luta contra inimigos ideológicos ou a divulgação do pensamento marxista em território ainda por conquistar, Engels foi um modelo de disciplina militar. "Sempre que nos deparávamos com alguma dificuldade, nós, que prestávamos serviços a nosso senhor, o povo, procurávamos Engels", escreveu Eleanor Marx em 1890. "E nunca apelamos para ele em vão." Sempre pensando em termos estratégicos, desafiando frequentemente seus superiores, um intelectual tanto quanto um soldado, Engels era "O General". Esse apelido lhe foi dado por Eleanor por causa de seu jornalismo militar e pegou na mesma hora por expressar de forma tão óbvia uma verdade profunda a respeito deste homem — não só por causa da aparência imaculada e da postura impecável, mas também pelo senso abrangente de autocontrole, liderança inspirada e profissionalismo elegante que caracterizaram seu papel no projeto marxista. Nenhum outro fez uma contribuição maior aos êxitos do século XIX.

Mas um general só é bom quando seu exército é bom, e muitos historiadores marxistas certamente criticariam a biografia de um único homem escrita a expensas de uma história mais abrangente das massas. Mas isso seria sucumbir a uma interpretação particularmente restritiva do marxismo e negligenciar a atração magnética do pensamento do próprio Engels, que não era doutrinário. Além de ter um interesse permanente por biografias (principalmente pela vida de generais do exército britânico), ele acreditava piamente que "os homens fazem sua própria história [...] no sentido de que cada um procura alcançar um alvo desejado conscientemente, e é precisamente o resultado dessas muitas vontades operando em direções diferentes e de seus múltiplos efeitos sobre o mundo externo que constitui a história". Para Engels, a história era sempre, em parte, uma questão de desejos individuais. "A vontade é determinada pela paixão ou pela deliberação. Mas os elementos que determinam imediatamente a paixão ou a deliberação são de tipos diferentes." Podem ser fatores ou ideologias de fora, aversões pessoais e até caprichos individuais. A questão era: "Que forças propulsoras, por sua vez, estão por trás dessas motivações? Quais são as causas históricas que se transformam nessas motivações na cabeça dos agentes?"[15] A ambição dessa biografia é analisar essas paixões e desejos, aversões pessoais e caprichos individuais — bem como as forças propulsoras e as causas históricas — de um homem que fez sua própria história e continua participando da nossa.

1

Siegfried em Monte Sion

"Comemore comigo, meu caríssimo Karl, pois o bom Deus ouviu nossas orações e na noite da última terça-feira, dia 28, às 21h, deu-nos de presente um bebê, um menino bonito e saudável. Agradecemos e louvamos os céus do fundo do coração por essa criança, e pela assistência e cuidados generosos com a mãe e o filho durante o parto." No final de novembro de 1820, depois das dificuldades dos trabalhos de parto de sua mulher, o empresário Friedrich Engels, da Renânia, teve o prazer de participar ao cunhado Karl Snethlage o nascimento de seu primeiro filho, que teria o mesmo nome que ele. Ansioso pelas condições espirituais da criança, Engels também escreveu sobre as esperanças de que o Senhor "nos conceda sabedoria para criá-lo bem, no temor a Ele, e dar-lhe a melhor educação possível por meio do exemplo!" Impressionante a maneira pela qual essa prece não foi atendida.[1]

O bebê Friedrich fazia parte de uma família e de uma cultura que não davam nenhuma pista a respeito de seu futuro revolucionário. Não houve um lar desfeito, nem pai desaparecido, nem infância solitária, nem intimidação na escola. Ele teve pais amorosos, avós permissivos, um monte de irmãos, prosperidade inabalável. "Provavelmente nenhum filho homem nascido numa família como essa tomou um caminho tão completamente diferente dela. Friedrich deve ter sido considerado 'o patinho feio' da família", supôs Eleanor Marx em 1890, quando as feridas do clã Engels ainda estavam abertas. "Talvez seus membros ainda não tenham se dado conta de que, na realidade, 'o patinho feio' era um cisne."[2]

A criação de Engels na cidade renana de Barmen deu-se num bairro seguro e sossegado que lembrava um pouco o aglomerado de residências de uma família extensa. Em frente à sua casa e sem conexão direta com ela ficava o prédio de quatro andares no estilo rococó onde seu pai havia nascido (agora o deteriorado museu *Engels-Haus*); perto dali é possível ver as mansões vistosas dos tios Johann Caspar III e August e, parecendo uma linha pontilhada entre elas, os terrenos fumegantes e fétidos onde eram alvejados os fios de fibras naturais que as financiaram. Fábricas, cortiços de operários e casas de mercadores misturavam-se num lugar que lembrava um vilarejo-modelo dos primórdios da era industrial. Pois Friedrich Engels veio à luz bem no meio dos fornos e provações do século XIX. As transformações históricas que seriam a obra de sua vida — urbanização, industrialização, classe social e tecnologia — lá estavam em seu berço. "A fábrica e os chalés da prezada família de Caspar Engels, junto com os pátios onde se faz o alvejamento, formam praticamente uma pequena cidade semicircular", confirmava um relatório de 1816 sobre as condições de moradia de Barmen.[3] Descendo até o rio Wupper, esse distrito úmido e pantanoso era chamado oficialmente de "Córrego Vermelho": no início do século XX, ainda era conhecido por muita gente como "o córrego de Engels".

Embora os primórdios da linhagem Engels remontem às propriedades rurais da Renânia do fim do século XVI, a prosperidade da família começa com a chegada de Johann Caspar I (1715-87), o bisavô de Engels, ao vale do Wupper na segunda metade do século XVIII. Trocando a agricultura pela indústria, Caspar foi atraído pelas águas sem limo do rio Wupper — um dos tributários do Reno — e pelas riquezas que prometia com o alvejamento de fios. Com apenas 25 táleres no bolso e uma trouxa nas costas (segundo a lenda familiar), ele resolveu se estabelecer na minúscula cidadezinha de Barmen, agarrada às encostas íngremes que margeiam o Wupper. Um empresário diligente, ele estabeleceu com sucesso uma industrial têxtil completa, com processo de alvejamento e tudo, e depois uma oficina para uma forma pioneira de produção mecânica que lhe permitiria produzir cadarços, fitas, rendas, passamanarias. Quando passou a empresa para os filhos, ela era uma das maiores companhias de Barmen.

No entanto, o éthos comercial de Caspar, Engels e Söhne compreendia mais que somente a questão do dinheiro. Numa era em que as gradações entre operários e patrões eram mais sutis do que a industrialização em seu apogeu permitiria mais tarde, os Engels fundiram paternalismo e lucros e eram muito conhecidos pela benevolência com que tratavam seus operários e pela recusa em lançar mão do trabalho infantil. Ao longo de gerações inteiras, os Engels forneceram casas, hortas, pomares e jardins — e até escolas — para os empregados da família e, numa época de escassez de alimentos, foi criado um celeiro em regime de cooperativa. Por conta disso, Engels passou seus primeiros anos no meio de fabricantes de fitas, carpinteiros e artesãos, uma experiência que alimentou nele um grande desembaraço no trato com todas as classes sociais, o que lhe seria muito útil nas favelas de Salford e nos clubes comunistas de Paris.

Os filhos de Johann Caspar continuaram na empresa da família, expandindo suas operações para incluir a produção de fitas de seda. Na época de sua morte em 1787, a combinação de êxito comercial e filantropia generosa da família havia lhes assegurado uma posição social proeminente na sociedade de Wuppertal: o avô de Engels, Johann Caspar II, foi nomeado vereador em 1808 e tornou-se um dos fundadores da Igreja Protestante Unida de Barmen.[4] Mas quando a empresa passou para as mãos da terceira geração — o pai e os tios de Engels — a unidade familiar estava abalada. Depois de muitas brigas, em 1837 os três irmãos tiraram a sorte para ver quem herdaria a firma. Friedrich Engels pai perdeu e resolveu dar início a uma outra empresa em sociedade com dois irmãos holandeses, Gottfried e Peter Ermen. Nessa empreitada, ele logo revelou seu grande talento empreendedor, e o novo negócio, Ermen & Engels, diversificou suas atividades de alvejamento de fios para a fiação do algodão, fundando uma série de fábricas de linhas de costura em Manchester e depois em Barmen e na vizinha Engelskirchen em 1841.

Este foi, portanto, o mundo da elite de mercadores e industriais (os chamados *Fabrikanten*) dentro do qual Engels cresceu, um mundo circunscrito pela indústria e pelo comércio, pelo dever cívico e pela lealdade à família. É claro que "casas suntuosas e espaçosas, muitas vezes com fachadas de cantaria e nos melhores estilos arquitetônicos", como a dos Engels, eram protegidas dos efeitos mais perniciosos da industrialização. Mas não era possível evitá-los totalmente, pois havia dezenas de milhares de operários seguindo os passos de Johann Caspar ao longo do Wupper, igualmente determinados a conseguir sua parte nas riquezas da indústria.

A população de Barmen passou de 16 mil habitantes em 1810 para mais de 40 mil em 1840. Em Barmen e Elberfeld juntas, a população somava 70 mil almas em 1840 — aproximadamente do mesmo tamanho de Newcastle ou Hull durante essa mesma década. A força de trabalho do vale consistia em 1.100 tingidores, 2 mil fiadores, 12.500 tecelões que trabalhavam com uma grande variedade de materiais e 16 mil tecelões de fitas e fabricantes de cadarços e galões. A maioria realizava seu trabalho em casas modestas e pequenas oficinas, mas também surgiu uma nova geração de pátios de alvejamento e tecelagens de algodão de bom tamanho, e na década de 1830 havia quase duzentas fábricas em funcionamento em todo o vale. "É uma cidade comprida, esparramada ao longo de ambas as margens do rio Wupper", observou um visitante da década de 1840. "Algumas partes são bem construídas e bem pavimentadas; mas a maior parte da cidade é composta de ruas extremamente irregulares e muito estreitas. [...] O rio propriamente dito é repugnante, sendo como é um esgoto a céu aberto, que disfarça os vários corantes jogados nele pelos estabelecimentos de tintura com um tom indefinido de sujeira que faz o visitante estremecer ao olhar para ele."[5]

O que um dia foi comparado ao tipo de mistura harmoniosa de elementos rurais e industriais vista nas cidades fabris dos Apeninos ou do vale do Derwent em Derbyshire — vales elevados coroados por florestas e campos verdes, com rios limpos de correntezas velozes no fundo fornecendo a energia propulsora da água para as fábricas e oficinas — logo passou a lembrar uma "Manchester alemã" poluída e superpovoada. "Às vezes as ondas púrpura do rio estreito correm rápidas, às vezes ficam preguiçosas entre os prédios fumacentos da fábrica e os pátios de alvejamento dos fios" seria a maneira pela qual Engels viria a descrever sua cidade natal. "Mas o seu tom vermelho-vivo não se deve a nenhuma batalha sangrenta [...] deve-se única e exclusivamente às numerosas oficinas de tingimento que usam o vermelho-alaranjado." Desde seus primeiros dias, em meio ao fedor acre das oficinas e dos pátios onde se fazia o alvejamento dos fios, Engels foi exposto a esse caldeirão fumegante da industrialização: a poluição — que fazia lacrimejar os olhos e o nariz sangrar — cobria a pobreza intensa e a riqueza ostentatória. Impressionável como era quando criança, Engels absorveu tudo isso.[6]

Além da indústria, os visitantes do vale do Wupper notavam mais uma coisa: "Tanto Barmen quanto Elberfeld são lugares onde prevalecem profundos sentimentos religiosos. As igrejas são amplas e bem frequentadas, e cada uma delas tem sua própria bíblia, seu próprio missionário e sua própria sociedade que publicam e distribuem seus panfletos."[7] Desenhos feitos nessa época revelam uma floresta de torres de igreja lutando por espaço no horizonte cheio de chaminés de fábricas. Para Engels, o vale do Wupper não passava de "um monte Sion dos obscurantistas". O espírito que dominava Barmen e Elberfeld era uma forma agressiva de pietismo, um movimento no seio da Igreja luterana (protestante) alemã que surgiu no final do século XVII e que enfatizava "um tipo de prática cristã mais intensa, engajada e funcional".[8] À medida que o movimento foi se desenvolvendo e se diversificando, distanciou-se muitas vezes das estruturas formais e da teologia da Igreja luterana e, em todo o vale do Wupper, aliou-se à ética calvinista que enfatizava o pecado, a salvação pessoal e a renúncia ao mundo. O resultado foi uma religião introspectiva, que via a mão de Deus em ação em todos os mistérios da vida, como as cartas trocadas pelos pais de Engels mostram claramente. Em 1835, quando a mãe de Engels, Elise, cuidava do pai agonizante, o marido transmitia a ela o consolo da fé na misericórdia onipotente de Deus. "Estou feliz e agradeço a Deus por você estar enfrentando a doença de seu amado pai de uma forma tão serena", escreveu ele da casa da família. "Todos nós temos bons motivos para agradecer ao Senhor por nos ter guiado até agora. [...] Ele [o pai de Elise] desfrutou de uma vida geralmente feliz e cheia de vigor e saúde, e agora o bom Deus parece querer chamar o velho para si de maneira suave e indolor. O que mais um homem mortal poderia desejar?" A vontade de Deus também podia ser pateticamente revelada nos acontecimentos mais triviais. "As coisas não parecem bem para as suas batatas, minha querida Elise", comentou lugubremente Engels pai com sua mulher enquanto ela estava de férias em Ostende. "Pareciam ótimas, mas agora também foram infectadas por essa doença que está se espalhando por toda parte. [...] Nunca foi vista antes sob essa forma e agora está aparecendo em quase todos os países como uma praga." A lição era clara: "É quase como se Deus quisesse mostrar à humanidade, nessa época ateia, o quanto somos dependentes Dele e o quanto nosso destino está em Suas mãos."[9]

De uma forma verdadeiramente protestante, os pietistas do vale do Wupper defendiam a ideia de um clero formado por todos os fiéis que encontrariam a salvação através de orações individuais sem mediação alguma e da difícil incumbência da exegese das Escrituras. As igrejas desempenhavam uma função religiosa útil, mas era por meio da fraternidade e dos sermões, em vez de pela celebração da eucaristia, que cumpriam sua missão. Grande parte da severidade psicológica de Friedrich Engels pai pode ser atribuída a essa fé profundamente pessoal e muitas vezes exageradamente crédula. E, ao menos no início, seu filho mais velho compartilhava essa mesma fé. Engels foi batizado na Igreja Evangélica Reformada de Elberfeld, que era "conhecida como uma Igreja reformada exemplar, saudavelmente calvinista em sua doutrina, bem versada na Escritura e reverente no seu culto".[10] Em 1837, Engels comemorou sua crisma com um poema devidamente evangélico:

> Senhor Jesus Cristo, filho único de Deus,
> Ó, desce de Teu trono celeste
> E salve minha alma para mim.
> Desce com toda a Tua santidade,
> Luz da bem-aventurança de Teu Pai,
> Faça com que eu possa escolher a Ti.[11]

O curioso lado do avesso do pietismo era um envolvimento total com as realidades materiais do mundo, decorrente da noção calvinista de predestinação: na aurora dos tempos, Deus separou quem seria salvo dos danados e, embora ninguém pudesse ter certeza acerca de sua condição de eleito ou condenado, um dos sinais mais claros da salvação era o êxito mundano. Bem à moda de Max Weber, a ética protestante e o espírito do capitalismo trabalhavam arduamente entre as igrejas e fábricas do vale do Wupper. A diligência e a prosperidade eram sinais da graça, e os pietistas mais fervorosos encontravam-se entre os mercadores mais bem-sucedidos — inclusive Johann Caspar II, cujo senso de prudência e sobriedade determinou tanto seu éthos religioso quanto empresarial. "Temos de cuidar de nossos interesses pessoais até mesmo em questões espirituais", dizia ele a seu filho Friedrich Engels em 1813. "Penso como mercador nessas questões também e procuro o melhor preço, uma vez que ninguém com quem eu gostaria de perder uma hora com coisas triviais pode me devolver um único minuto dela."[12]

Se todo o tempo era tempo de Deus e desperdiçar um minuto era um pecado, então a vida certamente não havia sido criada para o prazer nem para a vida social. E, de fato, os *Fabrikanten* de Barmen exerciam uma moralidade do tipo puritano que valorizava o ascetismo, o gosto pelos estudos, a integridade e a discrição. Como registrou Gustav Mayer, o primeiro biógrafo de Engels, no começo do século XIX as paróquias evangélicas de Elberfeld-Barmen fizeram petições ao governo contra a construção de um teatro local, afirmando que a sedução do palco não podia coexistir com a diligência do vale do Wupper. Para os pietistas, "o prazer" era uma das blasfêmias pagãs.[13] O poeta Ferdinand Freiligrath condenou Elberfeld como "um ninho amaldiçoado, prosaico, provinciano, lúgubre; e falava dela com desprezo", e o Engels adulto sempre se lembrava com um arrepio de sua austera cultura pública.[14] "Por que, para nós, os filisteus que moravam em Wuppertal, Düsseldorf era sempre uma pequena Paris, onde os cavalheiros piedosos de Barmen e Elberfeld mantinham as amantes, iam ao teatro e tinham momentos dignos de um rei", disse ele ao social-democrata alemão Theodor Cuno, antes de acrescentar com amargura: "Mas, no lugar onde vive a sua própria família reacionária, o céu sempre parece cinza."[15] Essa moral pública puritana era produto da aliança íntima entre o poder político e a autoridade da Igreja. Os poderosos líderes clericais de Elberfeld, que governavam as congregações, também controlavam as instituições municipais, e sua influência se fazia sentir tanto no reino espiritual quanto no secular.

E o poder da Igreja só fazia crescer. Na esteira da crise agrária e da redução de atividades econômicas da década de 1830, a mensagem pietista tornou-se mais doutrinária, mística, quiliasta mesmo. Um movimento revivalista tomou conta do vale do Wupper, liderado por um pregador carismático, o Dr. Frederick William Krummacher. "Ele fica muito agitado no púlpito, curva-se para todos os lados, bate o punho na madeira, bate os pés como um animal da cavalaria e grita tanto que as janelas vibram e as pessoas na rua tremem", declarou o jovem Engels. "Depois a congregação começa a soluçar; primeiro as menininhas choram, depois as velhas se juntam a elas com um soprano dilacerante, e a cacofonia se completa com os lamentos de pietistas embriagados e enfraquecidos. [...] No meio de todo esse clamor, a voz possante de Krummacher retumba pronunciando diante de toda a congregação inumeráveis sentenças de danação ou descrevendo cenas diabólicas."[16]

Os Engels não eram protestantes tão exaltados assim. Na verdade, desconcertadas com todo esse fervor religioso, muitas famílias importantes de Barmen começaram a se afastar das atividades religiosas durante a década de 1840, preferindo se concentrar na família e no lar. Assim como o revival evangélico da Inglaterra preparou o terreno para a celebração vitoriana do patriarcado e da domesticidade (é só lembrar a poesia açucarada de William Cowper, as paisagens de John Claudius Loudon ou os romances de Hannah More), também nos pitorescos lares de Barmen houve uma ênfase cultural renovada no valor da família estreitamente unida. Essa defesa veemente da unidade familiar se expressou numa ética meio provinciana, num desejo da alta burguesia de ficar com as cortinas bem fechadas, de manter a distância o mundo externo corruptor e de procurar uma renovação espiritual nos prazeres simples do ritual doméstico — leitura, bordado, piano, comemoração do Natal e das festas de aniversário. "Ter um piano é mesmo muito bom e muito caseiro!", segundo as palavras do pai de Engels, pronunciadas com um prazer meio pomposo.[17] Nos anos seguintes, essa cultura de sala de visita seria resumida pelo termo sarcástico *Biedermeier*, que combinava o adjetivo *Bieder* — uma designação pejorativa de feiura — com o sobrenome comum de *Meier* para indicar o estilo visual, a literatura e os valores de classe média desse período.[18]

Apesar do sarcasmo que empregaria mais tarde, este foi para Engels, seus três irmãos e suas quatro irmãs o ambiente seguro e amoroso — mesmo que nem sempre alegre — em que passaram a infância. O melhor de tudo é que seus pais se adoravam. "Você talvez não acredite, mas passei o dia todo pensando em você e não encontrei em casa nada que me desse satisfação", escreveu Engels pai a Elise, que estava visitando os pais em Hamm, antes de se despedir com "algumas palavras carinhosas para você. [...] Sabe, de repente me senti outra vez um homem loucamente apaixonado. Falando sério: dá para sentir um ponto de saudade embaixo do colete (aquele com botões de madrepérola, sabe?). Acho que não vou conseguir sobreviver a quatro semanas". De fato, desde o início da década de 1820 sua correspondência está repleta das mais ardentes declarações de amor por sua mulher: "Sinceramente, caríssima Elise, meu coração anseia pelo nosso reencontro, porque agora sinto uma necessidade constante de compartilhar tudo com você."[19] A mãe de Engels descendia de uma família de inclinações mais intelectuais que comerciais (os Van Haar vangloriavam-se de ter diretores de escola e filólogos entre seus antepassados) e era de natureza muito mais generosa, bem-humorada e mesmo mais subversiva que a do marido. Num certo Natal, ela chegou a ponto de dar a Engels um livro de poemas de Goethe, um escritor em geral desprezado pelos círculos de Barmen por ser "ateu"; mas, para Engels, ele era "o maior de todos os alemães".[20] Nesse ínterim, o pai de Elise, o pastor Gerhard van Haar, iniciava o adolescente Engels nas lendas da mitologia clássica, um assunto que encontrou uma terra fértil na possante imaginação do neto. "Ó, meu caro vovô, que sempre nos trata tão bem", são as palavras introdutórias de uma poética nota de agradecimento,

> Sempre nos ajudando quando o trabalho estava difícil,
> Quando esteve aqui, contou-me a linda história
> De Cércion e de Teseu, e de Argus, o monstro de cem olhos,
> Do Minotauro e de Ariadne, e de Egeu afogado no mar,
> Do Velocino de Ouro, dos Argonautas e do rebelde Jasão.[21]

Nesse ambiente aconchegante, o pai de Engels costuma ser retratado como um filisteu infeliz, de crenças religiosas rígidas, ávido por dinheiro, graças, em boa parte, às caracterizações amargas que seu filho faria depois. É bom lembrar que filisteu era o termo predileto de Engels para xingar alguém, que ele herdou de Goethe: "Um filisteu é uma tripa cheia de medo que espera que Deus tenha pena dele." Mas a leitura das cartas de Engels pai para Elise revela um lado muito diferente desse homem: com gosto pelo comércio, sim, patriota e temente a Deus, mas também filho amoroso, pai que mimava as crianças e marido loucamente apaixonado pela mulher que tomou com ela inúmeras decisões empresariais e frequentemente pedia a sua opinião. Apesar de toda a sua fama de puritano, ele também adorava música e tocava piano, violoncelo e fagote, e havia poucas coisas de que gostasse mais que de um concerto em família. Mesmo assim, foi da mãe que Engels se manteve próximo muito tempo depois da amarga separação do pai. "Não fosse por minha mãe, que tinha um patrimônio raro de humanidade [...] e a quem eu realmente amava", escreveu Engels alguns anos depois, "não teria me ocorrido nem por um momento fazer sequer a mais insignificante concessão a meu pai, intolerante e despótico".[22] Se a sua infância às vezes parecia asfixiada sob o peso do comércio e do pietismo, também havia um ninho cálido de música, risos e amor.

"Friedrich chegou com um boletim bem medíocre na semana passada. Como você sabe, ele está mais educado, externamente; mas, apesar dos castigos severos que recebeu antes, nem mesmo o medo da punição parece ensinar-lhe a obediência incondicional", escreveu Engels pai a Elise em tom de censura em agosto de 1835, quando ela estava de volta a Hamm cuidando do pai. "Por isso, hoje fiquei de novo preocupado ao descobrir na sua escrivaninha um livro indecente que ele tirou da biblioteca pública, uma história sobre cavaleiros do século XIII. A forma descuidada com que ele deixa esses livros jogados em cima da escrivaninha é impressionante. Que Deus zele por seu caráter; temo pela sorte desse menino, excelente em tudo o mais."[23]

Para grande consternação do pai, desde tenra idade Engels rebelou-se contra as restrições pietistas da vida de Barmen. Seus primeiros estudos foram na *Stadtschule* local, onde a ambição intelectual não costumava ser incentivada. Aos 14 anos, foi transferido para o *Gymnasium* municipal de Elberfeld, onde ficou hospedado na casa de um luterano que era o diretor da escola. Supostamente uma das melhores escolas da Prússia, o *Gymnasium*, mais liberal, certamente estimulou o dom de Engels para línguas e, sob a orientação de um tal de Dr. Clausen ("o único que consegue despertar o gosto pela poesia entre os alunos, um gosto que, sem ele, estaria fadado a perecer miseravelmente entre os filisteus de Wuppertal"), alimentou seu interesse crescente por mitos e romances da Germânia antiga. Como declarava seu último boletim escolar: "Engels mostrou um interesse louvável pela história da literatura nacional germânica e pela leitura dos clássicos alemães."[24]

Na verdade, um patriotismo romântico seria uma das primeiras influências intelectuais sofridas pelo jovem Engels. Décadas depois, ele seria injustamente acusado de ser um marxista chato, mecânico — na realidade, o próprio marxismo seria descrito muitas vezes como um produto reducionista das ideias do Iluminismo —, mas os primeiros germes do desenvolvimento filosófico de Engels podem ser encontrados em alguns dos textos mais idealizados do cânone cultural do Ocidente. Em toda a Europa, parte da resposta aos excessos políticos da Revolução Francesa e do racionalismo universal do Iluminismo foi um florescimento do romantismo. A partir do final do século XVIII, as particularidades da língua, da cultura, da tradição e do costume reafirmaram-se confiantemente em toda a vida intelectual europeia. Na Escócia, o movimento foi liderado por James Macpherson, especialista em mitos celtas, e por Walter Scott, autor da série de romances históricos conhecidos como Waverly Novels. Na França, *Le Génie du Christianisme*, de Chateaubriand, venerava a execrada Igreja católica, enquanto Joseph de Maistre criticava violentamente o Iluminismo por sua visão superficial da natureza humana. E, na Inglaterra, a poesia de Wordsworth, Blake e Coleridge enfatizava os atributos exclusivos da tradição nacional, sendo "The Rime of the Ancyent Marinere" ("A balada do Velho Marinheiro") uma afronta consciente a qualquer noção cosmopolita de cultura, língua e intelecto comum a todos. "Na Inglaterra, na Alemanha, na Espanha, antigas tradições e até superstições nativas adquiriram uma nova força, uma nova respeitabilidade", nas palavras de Hugh Trevor-Roper. "As antigas instituições costumeiras da sociedade, as velhas crenças arraigadas, que pareciam tão desprezíveis aos olhos dos racionalistas da *Encyclopaedia*, adquiriram agora uma nova dignidade."[25]

E em parte alguma mais do que na Alemanha. Na qualidade de movimento estético, cultural e político que se estendeu por décadas inteiras e assumiu formas ao mesmo tempo complementares e contraditórias, o romantismo continua difícil de codificar. Mas, se o Iluminismo estava comprometido com uma visão uniforme e previsível da natureza humana, o romantismo enfatizava o oposto — o desejo irracional, emocional, cheio de imaginação e inquieto de seus adeptos de escapar do presente limitado e prosaico.[26] Intelectualmente, as origens do romantismo alemão remontam à obra dos partidários do movimento literário Tempestade e Paixão ou ao notável romance de introspecção de Goethe escrito em 1774, *Os sofrimentos do jovem Werther*. Por outro lado, escritores como Johann Gottfried von Herder e J. G. Hamann optaram por uma visão mais conscientemente nacionalista, reagindo à civilidade francesa do Iluminismo com a ênfase na centralidade da língua alemã laica para a construção da cultura. Em seu "Tratado sobre as origens da linguagem", Herder descreve a língua como uma lira que tem um diapasão próprio, singular, e considera a língua de cada país o produto peculiar de um determinado povo, ou *Volk* ("o meio invisível e oculto que liga as inteligências por meio das ideias, os corações por meio de suas tendências e impulsos, os sentidos por meio de impressões e formas, a sociedade civil por meio de leis e instituições"). Portanto, a essência de um povo podia ser rastreada na literatura, nas canções e nas lendas primitivas de uma nação; um conceito singularmente democrático de cultura que ajudou a promover um interesse cada vez maior pelo passado nacional da Alemanha e pelo passado medieval em particular. A altíssima catedral gótica de Estrasburgo, a Igreja católica anterior à Reforma, contos de fadas antigos e a arte de Dürer transformaram-se todos em totens exclusivos da grandeza comunal da Alemanha. Nas palavras de Madame de Stäel, em seu célebre texto *De l'Allemagne*, como o povo teutônico nunca foi dominado pelos romanos e teve de passar direto da barbárie para o cristianismo medieval, "sua imaginação brinca no meio de velhas torres e ameias, entre cavaleiros, feiticeiras e espectros; e mistérios de natureza reflexiva e solitária são o principal encanto de sua poesia".[27]

Friedrich Schiller estetizou esse impulso romântico, sugerindo que o colapso da sociedade medieval orgânica só poderia ser revertido por uma ética abrangente de beleza e criatividade. Foi a esse apelo que Friedrich e August Wilhelm Schlegel responderam em 1798 quando deram início à época áurea do romantismo alemão com sua revista *Athenaeum*, com sede em Jena. Em suas páginas, o artista romântico, o poeta, o andarilho ou o místico ocupam o centro do palco. As pinturas melancólicas de Caspar David Friedrich com personagens heroicos enfrentando vastas florestas e cachoeiras violentas, as partituras indefiníveis e transcendentes de E. T. A. Hoffmann, e a poesia de Schiller, que falava de liberdade, de rebelião e de traição, captaram esse espírito introspectivo no qual a experiência individual era tudo.

No entanto, enquanto Schiller e os irmãos Schlegel enfatizavam o talento do artista para refazer os laços sociais, o poeta Novalis e o filósofo Johann

Gottlieb Fichte, seus contemporâneos, procuravam ressuscitar as ideias protonacionalistas de Herder. Seu conceito patriótico de *Volk* se revelou particularmente profético na esteira dos acontecimentos de 1806, quando a Prússia sucumbiu a Napoleão na batalha de Jena.[28] Apesar da natureza em geral esclarecida do poder imperialista francês que lhe foi imposto — com seu código civil permitindo mais liberdade de expressão, liberdade constitucional e direitos aos judeus do que aquelas permitidas pela monarquia Hohenzollern —, a ocupação estrangeira raramente é uma situação que goze de popularidade, e os anos de domínio francês só serviram para aprofundar as feridas do senso de identidade alemão. Fichte alimentou esse sentimento com uma série de palestras provocadoras, "Homilias à Nação Germânica", proferidas na Academia de Berlim em 1807-08, nas quais levou a ideia de nacionalidade de Herder a novas alturas emocionais. Só por meio da identificação com o *Volk*, declarou ele a um público berlinense que estava sofrendo sob o jugo francês, os indivíduos poderiam viver plenamente a liberdade, enquanto a nação propriamente dita era uma entidade bela, orgânica, que tinha alma e propósito.

O resultado foi uma expressão renovada do interesse pelo passado vernacular alemão tal como personificado pelos filólogos mais célebres do país, os irmãos Jacob e Wilhelm Grimm. Já tendo publicado uma revista intitulada *Altdeutsche Wälder* [Florestas alemãs antigas], que constituía uma verdadeira arqueologia de costumes, leis e língua da Alemanha, eles fizeram um novo apelo em 1815: "Foi fundada uma sociedade que pretende se espalhar por toda a Alemanha e que tem por objetivo salvar e coletar todas as canções e contos que puderem ser encontrados entre o campesinato de nosso país." Era uma obra de "construção imaginativa do Estado" e, apesar do fato de muitos dos contos de fada e folclóricos que os Grimm publicaram em seu best seller *Kinder- und Hausmärchen* [Contos da criança e do lar] lhes terem chegado por intermédio de senhoras francesas de classe média e origem huguenote, eles tiveram êxito no processo de acrescentar mais uma camada inventiva à tradição nacional germânica.[29]

Por trás da poesia, dos contos folclóricos, das óperas e dos romances, retumbava a política cheia de arestas do romantismo. Quando finalmente a paz chegou à Europa em 1815, depois da derrota de Napoleão na batalha de Waterloo e da subsequente divisão dos territórios feita pelos diplomatas no Congresso de Viena, a Renânia foi anexada à Prússia. O mundo urbano e industrial dos livre-pensadores do Reno agora estava sob o jugo da monarquia Hohenzollern de Berlim e de seu éthos seco de *Junker*, que punha os méritos da hierarquia e da autoridade muito acima de qualquer espírito vernacular da cultura alemã mais abrangente. Mas em toda a Prússia — bem como no interior de outros principados, reinos e cidades livres que mais tarde constituiriam a Alemanha — patriotas românticos e progressistas, instigados pela poesia de Novalis e pelo nacionalismo de Fichte, estavam se mobilizando no sentido de apoiar uma nação germânica mais unitária e mais liberal. Inspirados pelas lendas e pela língua da tradição inventada, agora os radicais queriam extirpar a memória da ocupação francesa e do húbris iluminista revigorando o sentimento nacionalista.

Começando na Jena de 1815, as *Burschenschaften* (fraternidades ou clubes) estudantis fizeram campanha em favor da reforma constitucional baseada na ideia de uma pátria germânica. Vestiam-se de preto, vermelho e dourado, as cores dos voluntários de Lützow (uma unidade patriótica livre, constituída de estudantes e intelectuais armados que supostamente travaram a heroica batalha de Leipzig contra os franceses em 1813), e juravam lealdade à terra natal — em vez de jurar lealdade ao indeciso rei prussiano, Frederico Guilherme III, que, nessa época, estava recuando em relação a seus antigos planos de reforma constitucional. Parte desse culto patriota encontrou expressão nos 150 clubes de ginastas e nos 100 mil membros de sociedades corais que cantavam baladas por toda a Prússia e organizavam festas em louvor à pátria. O ponto alto do movimento da sociedade coral foi em outubro de 1817, quando estudantes de toda a Alemanha se reuniram no Castelo de Wartburg (onde Martinho Lutero traduziu o Novo Testamento para o alemão) para comemorar o 300º aniversário da Reforma e o quarto aniversário da batalha de Leipzig. Por meio de uma cultura política radical construída em torno de uma série de símbolos patrióticos, a guerra prussiana contra Napoleão estava sendo usada como elemento de uma narrativa mais ampla da nação emergente da Alemanha.[30]

Tudo isso preocupava profundamente os reis e primeiros-ministros da Áustria e da Confederação Germânica, que acreditavam fervorosamente em dinastias, não em nações, em monarquias, não em democracias. Eles reagiram com os Decretos de Karlsbad de novembro de 1819, que encerravam as atividades das associações estudantis, proibiam toda e qualquer menção a uma constituição escrita, punham as universidades sob vigilância policial e acabavam com as liberdades de expressão e de imprensa. Liderada pelo primeiro-ministro austríaco, o conde Klemens von Metternich, cuja capacidade de intimidação exerceu uma influência extraordinária sobre as autoridades prussianas, uma campanha primorosa em favor das autoridades régias tentou extinguir todo e qualquer resquício de radicalismo romântico.

Quanto desse romantismo conseguiu chegar a Barmen, aquele Sion introspectivo dos obscurantistas? Ali, é bom lembrar, Goethe era apenas um "ateu." Contudo, incentivado pelo Dr. Clausen e pelas leituras de romances medievais impróprios, a imaginação do jovem Friedrich Engels foi alimentada por esse revival do nacionalismo germânico. Em 1836, ele escreveu um poeminha muitíssimo menos devoto que sua ode de crisma, exaltando os feitos de heróis românticos como "o Arqueiro Guilherme Tell", "o Cavaleiro-Soldado Bouillon", e Siegfried, o herói que matou o dragão na *Canção dos nibelungos*, obra da Idade Média. Também escreveu artigos defendendo a tradição democrática da Alemanha dos *Volksbücherei* e a obra dos irmãos Grimm. "Esses antigos livros populares, com seu tom antiquado, seus erros de impressão e suas xilogravuras medíocres, têm para mim um encanto extraordinário, poético", declarou ele com irreverência. "Eles me tiram das 'condições, confusões e distinções sutis' da vida moderna artificial e me transportam para um mundo muito mais próximo da natureza."[31] Escreveu outros poemas em louvor da vida de Johannes Gutenberg, o símbolo do nacionalismo germânico e pai da imprensa, e até narrativas panteístas sobre a glória divina da zona rural alemã ("contempla o vale fragrante do Reno, cheio de parreiras, as distantes montanhas azuis fundindo-se com o horizonte, os campos verdes e os vinhedos banhados pela luz dourada do sol").[32] No decorrer de sua longa vida, Engels nunca abandonou o patriotismo cultural de sua juventude. Mesmo quando estava defendendo a solidariedade internacional do proletariado e banido — sob pena de ser executado — de sua terra natal, Engels preservou uma empatia emocional inesperada pelo mundo de Siegfried e pelo destino heroico que ele representava.

Mas nunca foi uma simpatia compartilhada pelo pai. Apesar do desejo que Engels tinha de continuar estudando e dos boletins e relatórios elogiosos do diretor de sua escola, ele foi sumariamente tirado do *Gymnasium* em 1837 e levado para trabalhar no negócio da família. Já preocupado com o fraco que o filho tinha pela literatura e pela sua questionável devoção, Engels pai não teve escrúpulos de removê-lo dos círculos intelectuais duvidosos que se reuniam em torno do Dr. Clausen. As esperanças que Friedrich tinha de estudar direito na universidade, talvez até entrar para o funcionalismo público e se tornar poeta — tudo isso foi apontado no relatório final do diretor da escola, J. C. L. Hantschke, que falava da forma como Engels foi "induzido a escolher [os negócios] como profissão, em lugar dos estudos que antes pretendia fazer" — não se concretizariam.[33] Em vez disso, durante um período árduo de 12 meses, ele foi iniciado nos mistérios enfadonhos do linho e do algodão, da fiação e da tecelagem, do alvejamento e da tintura de fios. No verão de 1838, pai e filho embarcaram numa viagem de negócios por toda a Inglaterra para conseguir vendas de seda em Manchester, fazer compras de *grège* (seda em estado bruto) em Londres e supervisionar os interesses de Ermen & Engels. Retornaram por Bremen, cidade do norte da Alemanha, onde Friedrich foi levado a começar o estágio seguinte de seu aprendizado comercial, um curso intensivo de capitalismo internacional.

O ar litorâneo de Bremen, uma cidade mercantil livre que fazia parte da Liga Hanseática, mostrou ser muitíssimo mais compatível com Engels do que as brumas de Barmen. É claro que este também era um lugar de devoção religiosa pietista ("seus corações foram purificados pelos ensinamentos de João Calvino", queixou-se um habitante da cidade falando de seus conterrâneos); mas, como era um dos maiores portos alemães, era também um centro intelectual e um centro de transações comerciais. Aprendiz de Heinrich Leupold, o cônsul saxão e exportador de linho, Engels trabalhou como escriturário na casa de comércio e foi morar com um colega simpático, Georg Gottfried Trevinarus. Depois do sufocante refinamento *Biedermeier* de Barmen, a família mais relaxada de Trevinarus parecia quase devassa. "Pusemos um anel numa xícara de farinha e depois fizemos aquela

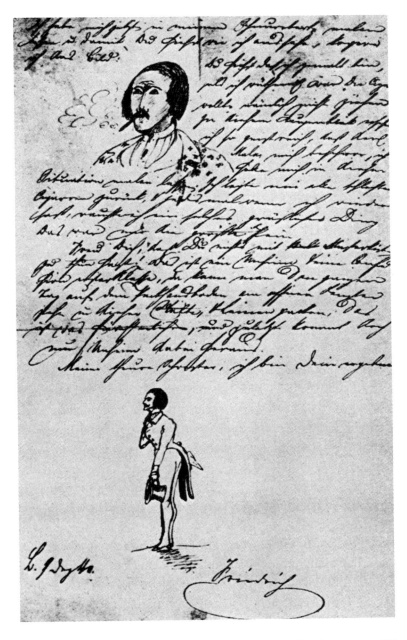

A correspondência de Engels em Bremen era uma confusão de rabiscos, trocadilhos e autocentrismo. Carta de 6-9 de dezembro de 1840 para Marie Engels.

célebre brincadeira de tentar pegá-lo com a boca", escreveu ele a uma das irmãs sobre um passatempo das tardes de domingo. "Todos tentamos a sorte — a mulher do pastor, as meninas, o pintor e eu também, enquanto o pastor ficava sentado num canto do sofá e observava a diversão no meio de uma nuvem de fumaça de charuto. A mulher do pastor não conseguia parar de rir ao tentar pegar o anel e cobriu-se inteira de farinha. [...] Depois jogamos farinha no rosto uns dos outros. Escureci minha cara com uma rolha, do que todos riram, e, quando eu mesmo comecei a rir, isso fez com que todos rissem ainda mais e mais alto."[34]

Esta foi apenas uma de uma série de cartas enviadas à sua favorita entre todos os irmãos e irmãs, a caçula Marie, a "bobinha". Revelam uma parte do caráter de Engels que se manteve inalterada com o passar dos anos: um senso de humor brincalhão, fofoqueiro, às vezes malicioso (que encontraria sua contrapartida no de Karl Marx) e um apetite descomplicado pela vida. Sua correspondência está cheia de apelidos, trocadilhos infames, anotações apressadas e até acordes musicais, ao lado de relatos fanfarrões de romances fracassados, resistência ao álcool e piadas. Ao contrário de Marx, que mergulhava ciclicamente na melancolia, Engels raramente era atacado pela tristeza. Física e intelectualmente, Engels era mais um homem de ação vitoriano, não alguém introspectivo. Quer estivesse aprendendo uma nova língua, devorando uma biblioteca ou realizando sua necessidade teutônica de fazer longas caminhadas, Engels precisava estar em movimento, canalizando suas energias irrequietas no sentido de aproveitar ao máximo qualquer situação. Como observou George Julian Harney, o radical vitoriano: "Não havia nada de 'presunçoso' ou de 'reservado' nele. [...] Ele próprio adorava rir, e sua gargalhada era contagiante. Exalava alegria e fazia todos à sua volta participarem de seu prazer de viver."[35]

O trabalho de Engels em Bremen era basicamente tratar da correspondência internacional: havia encomendas para Havana, cartas para Baltimore, pernis para as Índias Ocidentais e uma remessa de grãos de café do Haiti ("que tem um leve tom esverdeado, mas em geral é cinza e, para cada dez grãos bons, há quatro estragados, seis pedras e 15 gramas de terra").[36] Com esse aprendizado de escrituração mercantil, ele se familiarizou com os prós e contras das exportações, conversão de moedas, impostos sobre importações — um conhecimento detalhado da mecânica capitalista, que dali a alguns anos seria extremamente útil. Mas, para um jovem romântico ambicioso como Engels, era um assunto mortalmente tedioso. E, como sem dúvida alguma seu pai o havia avisado, cabeça desocupada, oficina do diabo. "Agora temos um estoque completo de cerveja no escritório; embaixo da mesa, atrás do fogão, atrás do guarda-louça, por toda parte há garrafas de cerveja", vangloriou-se Engels para Marie. "Até agora sempre foi muito desagradável ir correndo para a mesa de trabalho logo depois da refeição, quando a gente sente uma preguiça danada, e, para remediar isso, fixamos duas belas redes no sótão da casa onde as mercadorias são embaladas e lá nos balançamos depois de comer, fumando um charuto e, às vezes, tirando um cochilo."[37]

Além do ambiente de trabalho relaxado, Engels tirou proveito da sociedade mais liberal de Bremen. Inscreveu-se num curso para tomar lições de dança, vasculhava as livrarias da cidade (e ajudou a importar alguns textos políticos mais ousados), andava a cavalo, viajava muito e nadava no Weser, de quando em quando quatro vezes ao dia. Também se tornou excelente esgrimista. Como se ofendia por qualquer coisa e não hesitava um segundo em tomar a defesa de amigos, familiares ou ideais políticos, Engels gostava de sua habilidade com o florete. "Tive dois duelos aqui nas quatro últimas semanas", anunciou ele radiante numa carta. "O primeiro adversário retirou a palavra insultuosa 'estúpido', que me dirigiu depois que lhe dei um soco no ouvido. [...] Lutei com um segundo adversário ontem e lhe deixei uma bela marca acima da sobrancelha, de alto a baixo na testa, um golpe realmente primoroso."[38]

Para temperar sua belicosidade, ele também frequentava concertos de câmara, tentou compor algumas músicas e entrou na Academia de Canto — tanto pela possibilidade de conhecer garotas quanto para exercitar sua voz de barítono. Pois Engels tinha lá os seus encantos, mesmo não sendo exatamente bonito: quase 1,80 m de altura, com "olhos claros e brilhantes", cabelos escuros sedosos e uma pele perfeita. Friedrich Lessner, o comunista alemão que o conheceu na década de 1840, descreve Engels como um homem "alto e esbelto, os movimentos [...] rápidos e vigorosos, o modo de falar breve e incisivo, a postura bem ereta dando-lhe um toque militar".[39] Esse visual agradável se fazia acompanhar de uma certa vaidade. Os amigos de Engels lembram-se de que ele era particularmente "cuidadoso com a aparência; estava sempre alinhado e escrupulosamente limpo".[40]

Em anos vindouros, sua aparência juvenil lhe granjearia numerosas admiradoras; mas em Bremen ele tentava disfarçá-la com uma determinada estratégia de pelos faciais. "No último domingo, tivemos uma noite do bigode [na adega da prefeitura]. Pois eu tinha mandado uma circular a todos os homens jovens que tinham condições de usar um bigode, dizendo que finalmente havia chegado a hora de escandalizar todos os filisteus, e que nada seria melhor do que usar um bigode." Sempre poeta, Engels compôs uns versos apropriados aos brindes da bebedeira que houve naquela noite:

Os filisteus evitam a carga dos pelos
Escanhoando o rosto com o maior cuidado.
Não somos filisteus e, por isso,
Deixamos o bigode crescer à vontade.
Vida longa a todo cristão
Que usa bigode, como um homem deve usar.
E que todos os filisteus se danem
Por extirparem e proibirem bigodes.[41]

Essa expressão bombástica de virilidade era mais que simples diversão ou brincadeira. Participar de uma sociedade coral e usar um bigode (do qual Engels se orgulhava exageradamente da mesma forma como, anos depois, se orgulharia da barba) tinha algo de definição política na era autoritária e vigilante que se seguiu aos Decretos de Karlsbad. O resultado da repressão à liberdade de expressão nos jornais e associações políticas foi uma politização extraordinária da vida cotidiana em toda a Alemanha, com roupas, insígnias, música e até pelos faciais usados como sinais de patriotismo republicano — as autoridades da Bavária chegaram até a proibir o uso do bigode por motivos de segurança. Engels abraçou essa cultura de subversão. Além de deixar crescer o bigode e de participar de apresentações de coral, ele pediu à mulher do pastor Trevinarus para lhe bordar uma bolsa tricolor com as cores preto, vermelho e dourado dos voluntários de Lützow, além de começar a ter uma admiração cada vez maior pelo grande compositor *alemão* Beethoven. "Que sinfonia a da noite passada!", escreveu ele a Marie depois de chegar de um concerto noturno da sinfonia em dó menor (a Quinta) e da *Eroica*. "Você nunca ouviu nada parecido em toda a sua vida. [...] Que celebração maravilhosa, juvenil e triunfante da liberdade feita pelo trombone no terceiro e quarto movimentos!"[42]

A educação política de Engels — sua viagem do romantismo ao socialismo — também começou em Bremen, com sua descoberta do "partido berlinense da Alemanha Jovem". A Europa do início do século XIX gerou uma série eclética de movimentos "jovens", da Giovane Italia de Giuseppe Mazzini à cabala de conservadores aristocráticos da Young England de Lord John Manner e ao círculo republicano da Irlanda Jovem, todos eles defendendo um revival do sentimento patriótico baseado num conceito romantizado de nacionalismo. No entanto, *Junges Deutschland* foi um conglomerado literário mais "realista", que girou em torno de um projeto político muito menos definido, com uma participação mais informal, liderado pelo poeta dissidente e radical-liberal Ludwig Börne. Seu manifesto — que não foi posto no papel — exigia que a Era da Arte romântica desse lugar à Era da Ação, e Börne, um adversário feroz do autoritarismo de Metternich, criticava violentamente o quietismo político covarde adotado por Goethe e outros sumos sacerdotes do romantismo. "O céu deu-lhe uma língua de fogo, mas quando foi que você defendeu a justiça?", perguntou ele ao Sábio de Weimar, cuja carreira ele ridicularizava por seu servilismo de cortesão para com os príncipes e patronos.[43]

A causa de Börne era a liberdade cultural e intelectual sob um sistema de governo moderno, liberal, e ele desprezava soberanamente o conservadorismo nostálgico de florestas-e-ruínas do romantismo tradicional. Exilado em Paris depois de entrar em atrito com os censores de Metternich, ele tomou firmemente nas mãos o rumo da política republicana enquanto lançava farpas sarcásticas contra a ocupação prussiana da Renânia. Quem se juntou a Börne no firmamento da Alemanha Jovem foram o poeta Heinrich Heine, o romancista Heinrich Laube e o jornalista Karl Gutzkow. A fama de Gutzkow veio com seu romance de 1835, *Wally the Skeptic* [Wally, a cética], que combinava uma narrativa vigorosa de liberação sexual com blasfêmia religiosa e emancipação cultural. As longas perambulações de Wally, a heroína que encarnava a "nova mulher" — com seus sentimentos liberais em relação ao casamento, à vida doméstica e ao significado da Bíblia —, conseguiram abranger praticamente todos os anátemas conhecidos pela sociedade *Biedermeier*. Metternich não demorou a reagir a essa afronta perigosa à moral pública e à estabilidade política e, em 1835, conseguiu que a Assembleia da Confederação Alemã condenasse toda a obra de Heine, Gutzkow e Laube.

Engels identificou-se entusiasticamente com a rejeição do medievalismo romântico por parte da Alemanha Jovem. Embora continuasse atraído por mitos heroicos do passado no plano literário, Engels estava convencido de que o futuro político da Alemanha não poderia implicar uma volta à nostalgia feudal da Idade Média, longe disso: ele expressava simpatia por um programa de patriotismo radical e progressista que parecia convidativamente possível nos primeiros anos do reinado de Frederico Guilherme III. Não se tratava de um apelo à democracia, mas sim à liberação da Alemanha do provincianismo dos principados feudais e de seus governantes absolutistas. Como o próprio Engels declarou, o que a Alemanha Jovem queria acima de tudo era "a participação do povo na administração do Estado, isto é, questões constitucionais; além disso, emancipação dos judeus, abolição de toda e qualquer coerção religiosa, de toda a aristocracia hereditária etc. Quem poderia ter algo contra isso?"[44]

A poesia do "gênio, o profeta" Percy Bysshe Shelley (que Engels leu junto com Byron e Coleridge)[45] instigou Engels ao longo dessa viagem política. Não há dúvida de que Engels, amarrado a seu ofício de escriturário, ficou empolgado com o heroísmo do modo de vida priápico e rebelde de Shelley: o rompimento com o pai reacionário, os casos de amor proibidos e a despreocupada fanfarronice romântica. Mas também se sentia atraído pela paixão política de Shelley. Para Engels, ainda não se tratava dos textos "reconhecidamente pré-marxistas" de *An Address to the People on the Death of the Princess Charlotte* [Discurso ao povo por ocasião da morte da princesa Charlotte] (1817) que, ao contrastar a reação pública à morte de um membro da família real com o caso de três operários executados havia pouco tempo, vinculava diretamente a opressão política à exploração econômica.[46] Ao contrário: nesse estágio de seu pensamento, Engels estava atraído pelo credo republicano, antirreligioso, socialmente liberal que Shelley explorou em *Queen Mab* [A rainha Mab] (1812):

A natureza rejeita o monarca, não o homem;
O súdito, não o cidadão; pois os reis
E os súditos, inimigos um do outro, sempre
Perdem nas mãos uns dos outros,
Em jogo, vício e miséria.

Não há dúvida de que ele também gostou das ideias de Shelley sobre a vocação mercantil:

> Comércio! Sob cuja sombra venenosa
> Nenhuma virtude ousa germinar,
> Mas pobreza e riqueza, com mão justa,
> Distribuem suas maldições destrutivas e abrem
> As portas da morte prematura e violenta.

Aqui havia uma ideia de liberação pessoal feita sob medida para Engels, o romântico radical condenado a uma vida mercantil. Mas a celebração da liberdade política do poema de Shelley intitulado "Ode à Liberdade" também tocou Engels, que respondeu com outro poema, escrito em 1840, "Uma Noite" (com uma epígrafe de Shelley, "O amanhã vai chegar!").

> Eu também faço parte do bando de menestréis da liberdade.
> Até os galhos do grande carvalho de Börne
> Voei, quando nos vales a mão despótica
> Fechava as algemas asfixiantes em volta da Alemanha.
> Sim, sou uma daquelas aves destemidas que atravessam
> O mar brilhante e etéreo da Liberdade.

O épico filelênico *Hellas* também agradou o nacionalismo crescente de Engels. Na verdade, a causa da independência grega tornou-se popular na Renânia quando dezenas de associações locais se mobilizaram para ajudar na luta contra os otomanos durante a década de 1820, tendo o conflito sido usado pelos entusiastas como uma espécie de substituto da busca de autonomia nacional da Alemanha.[47] O próprio Engels já havia escrito antes uma obra de ficção, "Uma História de Pirata", que contava de forma estapafúrdia a peleja de um jovem contra os turcos e sua "luta em favor da liberdade dos helenos, [...] homens que ainda sentem o gosto da liberdade".[48] Em múltiplos sentidos, a vida e a obra de Shelley serviram de fonte de inspiração para Engels e, preso em Bremen durante o verão tedioso de 1840, ele até chegou a fazer planos de publicar suas próprias traduções de "The Sensitive Plant" ["A planta sensível"]. Mais tarde, ele se vangloriaria a Eleanor Marx que, naquela época, "todos nós sabíamos Shelley de cor".[49]

Com menos peso, os acontecimentos da França também estavam definindo melhor a posição política de Engels. Ele ainda não considerava 1789 um evento memorável, como consideraria depois; a essa altura, ele estava mais apaixonado pela revolução burguesa de julho de 1830, que vira a derrubada do rei Carlos X e sua substituição pelo monarca constitucional Luís Filipe. Para a Alemanha Jovem, este havia sido o exemplo supremo de "liberdade" em ação. "Cada item era um raio de sol embalado em papel impresso, e juntos acenderam em minha alma um fogo abrasador", declarou Heine ao receber a notícia. "Esperanças ousadas e ardentes surgiram, como árvores com frutos dourados."[50] Ao longo dos povoados industriais da Renânia, a revolta bem-sucedida da vontade popular de Paris contra uma monarquia indiferente foi delirantemente comemorada com uma série de levantes antiprussianos. Um dia insultada por sua ocupação da Renânia, mas agora admirada outra vez por sua aspiração nacional de liberdade, a França e seus dias de julho representavam a derrubada do autoritarismo antiquado em nome do progresso, da liberdade e do patriotismo. Comparado ao comunismo revolucionário de seus próximos anos, o apoio de Engels ao constitucionalismo burguês — com seu compromisso com o estado de direito, o equilíbrio de poder, a liberdade de imprensa — era uma postura bem moderada. Mas, na época, foi bem estimulante. "Preciso me tornar membro da Alemanha Jovem, se é que já não sou, de corpo e alma", escreveu ele em 1839. "Não consigo dormir à noite; tudo por causa das ideias do século. Quando estou no correio e vejo o brasão prussiano, sou tomado pelo espírito da liberdade. Toda vez que folheio um jornal, estou à caça do progresso da liberdade."[51]

Em suas horas de folga, quando não estava participando de atividades sociais, nem dos jogos e brincadeiras da família Trevinarus, nem trabalhando na contabilidade, Engels começou a se ocupar com a caça à liberdade nos textos que escrevia. Historicamente, seu estilo tem sido considerado inferior ao de Marx: os comentadores são dados a contrastar a prosa clínica e pesada de Engels com a espirituosidade de Marx, brilhante e cheia de duplos sentidos. Trata-se de uma injustiça. Pois, na verdade, Engels foi um autor elegante tanto em seus escritos privados quanto nos públicos, até sua obra assumir um viés mais obstinadamente científico na década de 1880. Isso posto, o arrazoado da defesa não começa de forma muito promissora:

> Filhos do deserto, orgulhosos e livres,
> Venham nos saudar, cara a cara;
> Mas o orgulho desapareceu por completo,
> E a liberdade sumiu sem deixar rastros.
> Pulam, à total disposição do dinheiro,
> (como um dia aquele jovem pulava
> de alegria de duna em duna). Estão calados, todos,
> Salvo aquele que canta um hino fúnebre.

"O Beduíno" — o primeiro texto publicado de Engels — era um poema orientalista que exaltava a nobre selvageria do povo beduíno, destruída pelo contato com a civilização ocidental. No lugar em que um dia caminharam "orgulhosos e livres", agora trabalhavam como escravos em troca de centavos nos teatros parisienses. O poema foi uma tentativa canhestra até mesmo para um rapaz de 18 anos. Apesar disso, mostra que, por baixo da rotina enfadonha de sua correspondência comercial, Engels preservava suas ambições românticas à Shelley. Na verdade, essa obra era uma espécie de tributo a Ferdinand Freiligrath, o mais célebre poeta-escriturário de Wuppertal, que combinava seu trabalho em Eynern & Söhne, uma empresa de Barmen, com uma florescente carreira literária. Na banalidade provinciana da Renânia ("esse ninho arruinado", nas suas palavras), Freiligrath conjurou uma terra de sonhos de tribos exóticas e paisagens banhadas pelo sol, habitadas por belas princesas negras. Engels, o escriturário entediado, encantou-se com essa paisagem e plagiou sem o menor escrúpulo as alegorias de princesas mouras, selvagens orgulhosos e civilizações corruptas de Freiligrath.

No entanto, ele não conseguiu se livrar de sua paixão literária juvenil pelo passado mítico dos alemães e, em abril de 1839, escreveu uma obra épica inacabada inspirada na vida do herói folclórico Siegfried. É cheia de apelos à ação e ao fim da reflexão, de batalhas travadas e dragões mortos. O mais interessante é a ênfase de Engels na luta psicológica entre Siegfried e o pai, Sieghard: enquanto o primeiro queria correr mundo livremente ("Dê-me um cavalo e uma espada/Para eu ir para alguma terra distante/Como tantas vezes implorei"), o rei acha que "já era tempo de ele ter aprendido a ser adulto" ("Em vez de estudar questões de Estado/ele procura lutar com ursos"). Depois de uma guerra de palavras, o pai finalmente lhe dá a permissão e Siegfried está livre para seguir seu destino ("Quero ser como o rio da montanha/abrindo caminho só por mim mesmo"). Não é preciso ser um gênio para entender que, nas palavras de Gustav Mayer, essa peça inacabada representa "a personificação virtual da batalha que houve na família Engels por causa da escolha da vocação de Friedrich".[52]

Engels se saiu bem melhor na prosa jornalística que na poesia. "O Beduíno" foi publicado no jornal de Bremen, *Bremisches Conversationsblatt*, e Engels — como qualquer autor medíocre — queixou-se imediatamente de que o editor havia arruinado sua obra ("o sujeito foi lá e mudou o último verso, criando assim a maior confusão").[53] Por causa disso, ele passou a escrever para o jornal de Karl Gutzkow, *Telegraph für Deutschland*, e começou a fazer nome como crítico cultural precoce proveniente da Alemanha Jovem. Ou melhor: começou a fazer o nome de seu pseudônimo, "Friedrich Oswald", escolhido a dedo pelo som apropriadamente medieval, que seria um dos primeiros indícios das tensões que viriam a distinguir a carreira de Engels. Ele queria que suas opiniões e críticas fossem ouvidas; mas, ao mesmo tempo, queria evitar a todo custo o estresse e a angústia que se seguiriam inevitavelmente a uma ruptura declarada com a família. Para garantir sua segurança financeira e evitar constranger os pais, Engels, com o nome de "Oswald", tinha dado início à sua vida dupla.

O estilo do *Telegraph* era de folhetim: impedido pela censura prussiana de publicar comentários políticos detalhados, os jornais progressistas embutiam suas críticas em artigos literários e culturais, e até em relatos de viagens. O escritor tornou-se um *flaneur* intelectual que intercalava questões sociais e políticas entre as reflexões sobre memória e mito, cozinha e cultura regional. Paisagens, viagens de barco e poesia ofereceram a Engels exatamente o tipo de proteção romântica de que ele precisava para expor suas perspectivas nacionalistas e liberais. Por isso um texto sobre Xanten, "A Cidade Natal de Siegfried", permitiu a Engels fazer uma crítica ao conservadorismo em nome da liberdade e da juventude. Assim que nosso correspondente entra na cidade, a música da missa solene filtra-se da catedral. Para o emotivo "Oswald", os sentimentos são quase insuportáveis. "Você também, filho do século XIX, deixe o coração ser tomado por eles — esses sons extasiaram homens mais fortes e mais ardentes que você!" Ele se rende ao mito de Siegfried, tirando dele uma mensagem moderna: a necessidade de energia, ação e desprezo heroico pela burocracia mesquinha e corrosiva do Estado prussiano e de seu monarca Frederico Guilherme IV, que acabara de subir ao trono. "Siegfried é o representante da juventude alemã. Todos nós, que ainda temos no peito um coração que não foi algemado pelas restrições da vida, sabemos o que isso significa."[54]

O texto mais substantivo que Engels escreveu para o *Telegraph* foi visivelmente menos bombástico e mais enraizado nos trabalhos árduos de sua região natal. Durante a década de 1830, a indústria têxtil da Renânia estava encontrando dificuldades cada vez maiores para competir com suas congêneres inglesas. As práticas antiquadas dos artesãos de Barmen — com os artigos têxteis produzidos à mão em oficinas que ficavam na casa dos próprios trabalhadores — estavam mostrando que não eram páreo para as fábricas mecanizadas de Lancashire. Até na Alemanha, com seu *Zollverein* de livre-câmbio (o Sindicato das Alfândegas liderado pela Prússia), a situação era difícil, pois a vantagem da Renânia em produtos têxteis era muito pequena para enfrentar a competição da Saxônia e da Silésia. A demanda francesa por fitas e tecidos de seda absorvia parte do prejuízo, mas era um mercado volátil, à mercê da moda e sujeito a quedas verticais na demanda. Essas mudanças econômicas levaram a uma piora sistemática da situação dos operários de Barmen e à desintegração gradual das estruturas corporativas paternalistas da qual a família de Engels tradicionalmente se orgulhava. As guildas foram desmanteladas, a renda diminuiu muito, as condições de trabalho se deterioraram e a antiga economia social dos aprendizes, cujas diferenças salariais estavam vinculadas ao grau de habilidade, assim como o trabalho masculino apropriadamente remunerado, sofreu ataques constantes. Em seu lugar surgiu uma nova linha divisória inflexível entre operário e patrão que, para aqueles que estavam na base da economia têxtil — trabalhadores que fiavam manualmente, negociantes de meias e roupas de malha e tecelões —, significou uma queda rápida de renda e posição social.

Essa nova realidade econômica refletiu-se no uso crescente dos termos *pauperismo* e *proletariado* por jornalistas e comentadores sociais ao se referirem ao tipo de trabalhadores urbanos ocasionais sem raízes e sem propriedade que não tinham um emprego regular nem segurança — os milhares de amoladores de facas, sapateiros, alfaiates, artesãos e operários têxteis desempregados e subempregados que se acotovelavam nas cidades grandes e pequenas da Renânia. Em cidades como Colônia, entre 20% e 30% da população recebia ajuda aos pobres. O teórico social alemão Robert von Mohl descreveu o operário fabril moderno — sem a mínima probabilidade de vir a ser um aprendiz, de se tornar um mestre, de herdar propriedade ou de conseguir se qualificar para o mercado de trabalho — como alguém próximo do "servo, algemado como Íxion à sua roda". O reformador político Theodor von Schon usava *proletariado* como sinônimo de "pessoas sem teto e sem propriedade".[55]

Mas "Friedrich Oswald" fez algo bem diferente. Num estilo que nos anos seguintes ele definiria como seu estilo pessoal, Engels misturou-se ao povo para produzir uma reportagem social e cultural extraordinariamente madura. Nada de grandiosas teorias sociais sobre a natureza do pauperismo nem do significado de proletariado para este filho de um dono de fábrica, ao contrário. Suas "Letters from Wuppertal" ["Cartas de Wuppertal"] — publicadas no *Telegraph* em 1839, eram de uma autenticidade ímpar, uma experiência de testemunha ocular naquela região deprimida, embriagada e desmoralizada. Quando Engels contrastou a realidade da vida de Barmen com seu ideal romantizado de pátria — a nação imaginada por Herder, Fichte e os Irmãos Grimm, povoada por um *Volk* vigoroso e patriótico —, a decepção foi tangível. "Não existe aqui nenhum resquício da vida saudável e pujante que vemos em quase toda a Alemanha. Certo, à primeira vista pode parecer diferente, pois toda noite se podem ouvir sujeitos alegres andando pelas ruas cantando suas músicas, mas elas são as canções mais vulgares e obscenas que já saíram de bocas bêbadas; nunca se ouve nenhuma das músicas folclóricas que são tão familiares em toda a Alemanha e das quais temos todo o direito de nos orgulhar."[56]

Escritas por um herdeiro industrial de 19 anos, as "Letters" são uma crítica magnífica e brutal dos custos humanos do capitalismo. Engels aponta para o Wupper tingido de vermelho, para os "prédios fumarentos da fábrica e os locais onde se fazia o alvejamento dos fios"; mostra a situação difícil dos tecelões curvados sobre os teares e dos operários fabris "em cômodos de teto baixo, onde as pessoas respiram mais os vapores do carvão e poeira do que oxigênio"; lamenta a exploração de crianças e a pobreza massacrante daqueles para os quais, mais tarde, cunharia o termo lumpemproletariado ("pessoas totalmente desmoralizadas, sem moradia fixa ou emprego permanente, que se arrastam para fora de seus refúgios, montes de feno, estábulos etc. ao nascer do sol, quando não passaram a noite num monte de lixo ou numa escadaria"); e mostra o alcoolismo desenfreado dos operários da indústria do couro, entre os quais três em cada cinco morrem do consumo excessivo de destilados. Durante décadas e décadas, essa lembrança da Barmen em processo de industrialização o perseguiu. "Ainda me lembro do quanto, no final da década de 1820, o baixo custo dos destilados fez com que, de repente, eles se alastrassem pela área industrial do Baixo Reno e do ducado de Cleves-Mark", escreveu Engels em 1876 num ensaio sobre os efeitos sociais do álcool barato. No ducado de Berg, mais particularmente em Elberfeld-Barmen, a massa da população operária caiu vítima da bebida. A partir das 9 horas da noite, em grandes multidões de pessoas de braços dados que ocupavam toda a largura da rua, os "bêbados" iam cambaleando de uma taverna para outra enquanto expressavam suas discordâncias em altos brados, até finalmente voltarem para casa."[57]

A prosa das "Letters" é ferina — mas será que Engels, que vivia no meio do luxo e alimentava diligentemente o seu intelecto, o esgrimista de bigode e autor de artigos bombásticos, tinha alguma simpatia pessoal por esses infelizes de Wuppertal? As biografias comunistas oficiais são inequívocas ao dizer que a política de Engels "baseava-se num sentimento profundo e genuíno de responsabilidade pela sorte do povo trabalhador. Seus sofrimentos mortificavam Engels, que era tudo, menos um homem prosaico, frio, banal".[58] Com certeza todo leitor da obra de Engels vê um quadro muito claro da injustiça e de suas causas, mas não é tão claro se o autor se sentia afetado emocionalmente ou se só estava mobilizado ideologicamente por essa miséria. A essa altura, tudo quanto se pode dizer é que a intensidade de seus sentimentos pela base da pirâmide social provavelmente era tanto o produto de um antagonismo rebelde à geração de seu pai quanto uma simpatia pelos sofrimentos dos trabalhadores.

Qualquer que fosse a sua motivação, as críticas de Engels jorraram como cascatas pelas colunas do *Telegraph*, como se tivessem sido cuidadosamente anotadas e sistematicamente guardadas desde a infância. A vulgaridade mesquinha dos patrões de Wuppertal refletia-se até no projeto arquitetônico da cidade, "ruas sem graça, destituídas de qualquer personalidade", igrejas mal construídas e monumentos cívicos inacabados. Para o olhar agora sofisticado do Engels residente em Bremen, a chamada elite instruída da cidade não passava de um bando de filisteus (aqueles indivíduos que, segundo a definição de Goethe, eram uma tripa cheia de medo que espera que Deus tenha pena deles"). Havia muita conversa fiada da Alemanha Jovem em todo o vale do Wupper, conversa que não passava de fofocas sobre cavalos, cães e servos. "A vida que essas pessoas levam é terrível, mas, mesmo assim, elas estão satisfeitíssimas com ela; durante o dia, mergulham em suas contas com uma paixão e um interesse nos quais é difícil acreditar; à noite, a uma determinada hora, participam de reuniões sociais durante as quais jogam baralho, falam de política e fumam; depois, vão para casa ao som das badaladas das nove da noite." E o pior disso? "Os pais criam zelosamente os filhos de acordo com esse modelo, filhos que, ao que tudo indica, vão seguir os passos dos pais." Já era evidente que este não era um destino que Engels estivesse disposto a cumprir.

Apesar das críticas às condições de trabalho e ao preço humano da industrialização, o alvo de Engels nas "Letters" não era o capitalismo *per se*. Ele não tinha um entendimento profundo do *modus operandi* da propriedade privada, da divisão do trabalho ou da natureza da importância da mais-valia. O verdadeiro foco de sua ira era o pietismo religioso de sua infância. Aqui estava um repúdio consciente e deliberado da ética que guiava sua família, feita por um jovem revoltado com os custos sociais dos dogmas da Igreja. Saber, razão e progresso haviam todos sido tolhidos pelo jugo debilitante e carola de Krummacher e suas congregações. E os operários fabris estavam adotando o fervor pietista da mesma forma com que consumiam seus destilados: como uma rota mística para fora de sua miséria. Nesse ínterim, aqueles industriais que alardeavam mais ostensivamente a sua devoção religiosa eram conhecidos como os mais exploradores dos patrões, e cujo sentimento pessoal de eleição parecia absolvê-los da conduta humana respeitável. Para Engels, o vale do Wuppertal estava naufragando sob uma onda de hipocrisia moral e espiritual: "Toda essa região está submersa num mar de pietismo e filisteísmo, no meio do qual não se vê nenhuma bela ilha coberta de flores."[59]

"Rá, rá, rá! Vocês sabem quem escreveu o artigo do *Telegraph*? O autor é o mesmo destas linhas, mas eu os aconselho a não dizer nada a respeito, eu poderia me meter numa encrenca daquelas." As "Letters from Wuppertal" assinadas por Engels desencadearam uma tempestade pública extremamente gratificante em todo o vale do Wupper. A crítica personalizada e detalhada a Krummacher, combinada com a crítica ao pietismo e à pobreza, foi explosiva e, embora sentisse grande prazer com a controvérsia, "Friedrich Oswald" não estava realmente preparado para se apresentar como um dos principais filhos de Barmen; longe disso: contentou-se em rir com os amigos em meio à segurança de Bremen.[60] Seus correspondentes eram seus antigos colegas de escola, Friedrich e Wilhelm Graeber, filhos de um padre da Igreja ortodoxa que estavam eles mesmos se preparando para seguir a carreira eclesiástica. Por meio de uma série de cartas tipicamente cândidas que Engels lhes escreveu entre 1839 e 1841, temos um *insight* da mudança intelectual mais importante dos anos de Engels em Bremen: a perda da fé.

É um clichê da historiografia intelectual do século XIX que a estrada para o socialismo foi pavimentada pelo secularismo. De Robert Owen a Beatrice Webb e Annie Bésant, o repúdio ao cristianismo foi um rito de passagem familiar àqueles cuja viagem espiritual culminaria na nova religião da humanidade. Mas a sua obviedade não invalida sua veracidade. "Bom, nunca vimos um pietista. Fui místico por um tempo, mas esses são *tempi passati*. Agora sou um supernaturalista e, em comparação com outros, honesto e muito liberal" — foi assim que Engels descreveu seu temperamento religioso aos Graeber em abril de 1839. Estava insatisfeito havia muito tempo com a espiritualidade estreita oferecida pelo pietismo de Wuppertal; mas, aos 19 anos, ele estava muito longe de rejeitar os princípios centrais do cristianismo. No entanto, em meio ao liberalismo intelectual da vida de Bremen, nessa época Engels sentia que queria mais de sua Igreja do que predestinação e danação. A noção do pecado original incomodava-o cada vez mais, e ele esperava unir de alguma forma a sua herança cristã com o pensamento progressista e racionalista que absorvera da Alemanha Jovem. "Quero lhes dizer bem francamente que agora cheguei a um ponto onde só posso considerar divino um ensinamento que passe no teste da razão", declarou ele a Friedrich Graeber antes de apontar as numerosas contradições da Bíblia, de questionar a misericórdia de Deus e de sentir um prazer especial ao expor uma série de disparates astronômicos num sermão recente de Krummacher.[61]

No verão de 1839, ele supôs ter encontrado uma solução aceitável para sua crise espiritual nos ensinamentos de Friedrich Schleiermacher, cuja teologia redentora, com sua ênfase numa religião intuitiva do coração, compatível com as exigências modernas da razão, parecia um cânone muito diferente do fogo do inferno e da danação do "nosso vale de hipócritas". Para Engels, Schleiermacher parecia "transmitir a palavra de Cristo no sentido da 'Alemanha Jovem'". Mas até isso empalideceu depois que Engels se deparou com *a* bomba teológica do começo do século XIX. A obra de David Friedrich Strauss, intitulada *Life of Jesus Critically Examined* [A vida de Cristo examinada criticamente], foi publicada em 1835-36 e, para muitos jovens, foi uma revelação. "O encanto que este livro exerceu sobre as pessoas é indescritível", declarou o filósofo liberal Rudolf Haym. "Nunca li nenhum livro com tanto prazer e cuidado. [...] Foi como se a venda tivesse caído dos meus olhos e uma grande luz tivesse sido lançada no meu caminho."[62]

Strauss questionava diretamente a verdade literal da Bíblia: considerava os Evangelhos não como um texto sagrado infalível, mas sim como o produto histórico e cultural próprio da época. Era preferível, dizia ele, considerar os Evangelhos mitos judeus ou representações imaginativas que expressavam um determinado estágio do desenvolvimento humano — e, por isso mesmo, não aplicáveis à era presente. Por outro lado, a melhor maneira de interpretar a figura do Cristo era como expressão da ideia de "humanidade". O efeito da *Life of Jesus* foi abrir a Bíblia para um processo mais rigoroso de investigação intelectual e textual, e Engels logo estava na sua vanguarda. "Estou muito ocupado no momento com a filosofia e a teologia crítica. Quando se tem 18 anos e se conhece Strauss [...] ou se tem de ler tudo sem pensar ou se começa a duvidar de sua fé de Wuppertal", foram os termos pedantes que usou para informar os Graeber. Depois de alguns meses, Engels voltou repetidas vezes às contradições da Bíblia, ao impacto das novas descobertas geológicas sobre a ordem cronológica cristã e à questão do pecado original. Mas, como ele contou numa carta a Friedrich Graeber, livrar-se da doutrinação de uma vida inteira não era um processo fácil nem tranquilo:

> Rezo diariamente, na verdade quase o dia inteiro, pela verdade, faço isso desde que comecei a ter dúvidas; apesar disso, não consigo voltar à sua fé. [...] Meus olhos se enchem d'água quando escrevo essas palavras. [...] Claro, você está aconchegado em sua fé como numa cama quente, e nada sabe da luta que temos de enfrentar quando nós, seres humanos, somos obrigados a concluir se Deus é Deus ou não. Não conhece o peso da carga que sentimos com a primeira dúvida, a carga da velha crença, quando é preciso tomar uma decisão a favor ou contra ela, se vamos continuar a carregá-la ou nos livrar dela.[63]

Em outubro de 1839, as dúvidas tinham deixado de existir. Para Engels, não houve melancolia outonal na linha de "Dover Beach"* — depois que a decisão foi tomada, ele abraçou sua nova situação espiritual com prazer. "Agora sou um straussiano", disse ele prosaicamente a Wilhelm Graeber. "Eu, um pobre poeta miserável, enfiei-me embaixo das asas da genialidade de David Friedrich Strauss. [...] *Adios*, fé! Ela é tão cheia de buracos quanto uma esponja."[64] Como disse mais tarde, Engels estava "total e irremediavelmente perdido" do ponto de vista do cristianismo ortodoxo. E, verdade seja dita, ele agora defendia a postura recém-adquirida com uma convicção monolítica, provocando Friedrich Graeber ao chamá-lo de "grande caçador de straussianos".[65]

Por trás da zombaria, Engels parecia aliviado pelo fato de sua viagem espiritual ter chegado a uma conclusão. Tendo perdido uma fé, ele assumiu outra rapidamente: o vácuo psicológico deixado pela morte de suas convic-

---

* Poema lírico do poeta inglês Matthew Arnold. (*N. da E.*)

ções cristãs foi preenchido por uma ideologia igualmente empolgante. Pois Strauss mostrou ser apenas um degrau da escada: "Estou prestes a me tornar hegeliano. É claro que ainda não sei se devo ou não me tornar um deles; mas, a meu ver, Strauss lançou luzes sobre Hegel, o que torna essa possibilidade bem plausível para mim."[66] O objetivo das críticas de Strauss nunca foi provar que o cristianismo era falso; longe disso: ele tinha esperanças de provar que a doutrina não era mais apropriada para a nova era de ciência e saber. A ambição de Strauss era levar seus leitores para o estágio seguinte de desenvolvimento espiritual pós-cristianismo, a filosofia hegeliana.[67] "Agora vou estudar Hegel com um copo de ponche" — foi dessa forma sábia que Engels abordou a obra de um dos filósofos mais obscuros, herméticos e brilhantes do século XIX. Mas o resultado mostraria que valeu a pena: os textos de Hegel levariam Engels para o caminho do socialismo. Nas décadas seguintes, a reinterpretação da dialética de Hegel feita por Marx teria uma influência enorme sobre a ideologia comunista; mas nesse estágio dos estudos autodidatas de Engels o seu maior interesse era a filosofia pura de Hegel.

No âmago do sistema hegeliano havia uma interpretação da história que consistia na concretização ou no desabrochar da "Mente", ou "Espírito" (o *Geist*, notoriamente intraduzível). O espírito, ou razão consciente de si, estava perpetuamente em movimento e era a única realidade verdadeira do mundo; seu desabrochar era a crônica da história humana. Engels foi atraído instantaneamente pelo novo sentido de um desenvolvimento racional e ordenado do passado, tal como foi apresentado na *Filosofia da história* de Hegel, uma transcrição de sua aula na Universidade de Berlim em 1822-23. "O que distinguia o modo de pensar de Hegel do de todos os outros filósofos era o excepcional senso histórico subjacente a ele", como afirmou Engels mais tarde.[68]

O que impulsionava a história do Espírito era a concretização real da Ideia de liberdade nas questões humanas, e alcançar essa liberdade era o objetivo absoluto e final do Espírito. Em essência, o andamento da história consistia no desenvolvimento orgânico da liberdade e da razão até a civilização de maneira teleológica, culminando com a consumação do Espírito. "A história do mundo nada é além do progresso da consciência da liberdade", nas palavras de Hegel. Em todos os seus estágios, a história estava avançando nessa direção, mesmo quando mais parecia absurda e irremediável. Porque, embaixo do caos e da anarquia das questões humanas, a sagacidade matreira da razão continuava inabalavelmente em atividade.

Como a verdadeira liberdade só podia ser fruto da razão e da racionalidade — tal como se manifesta na língua, na cultura e no "espírito de um povo" —, os seres humanos só seriam livres se tivessem a capacidade de julgamento. Segundo Hegel, a consciência racional que a liberdade coletiva tem de si mesma surgiu pela primeira vez com o nascimento da cidade-Estado grega, que logo passou por uma consolidação alienante no legalismo opressivo do Império Romano. Depois o cristianismo entra nessa história de progresso universal — ele também se encaixa na estrutura do desenvolvimento racional. É por meio da faculdade da razão, que o homem tem em comum com Deus, que o homem toma consciência de si e se reconcilia com Deus. Mas, assim como a Grécia cedeu seu lugar a Roma, o cristianismo, por sua vez, prepara dialeticamente o seu próprio substituto: ao proclamar a reconciliação entre finito e infinito, entre o homem e Deus "em Cristo", a fé medieval constrói os alicerces de uma consciência que a comunidade livre tem de si mesma que é uma consciência superior e na qual a autonomia pessoal vai ser sintetizada pelas instituições públicas. Isso acontece com a substituição moderna da fé e da prática religiosa pelo saber filosófico e pela cultura humana: universidades e escolas, e até salas de concerto e parlamentos, devem assumir a obra da Igreja.

Nesse sentido, a racionalidade latente do cristianismo chega a impregnar a experiência cotidiana do mundo moderno — seus valores agora estão encarnados — em graus variáveis — na família, na sociedade civil e no Estado. O que Engels assimilou particularmente de tudo isso foi a ideia do panteísmo (ou, melhor dizendo, do pandeísmo) moderno, uma fusão da divindade com a humanidade que estava progredindo, uma feliz síntese dialética que a liberou das oposições fixas do éthos pietista do estranhamento e do anseio devoto. "Por meio de Strauss, entrei agora na estrada reta que leva ao hegelianismo. [...] O conceito hegeliano de Deus já se tornou meu e, por isso, estou me juntando às fileiras dos 'panteístas modernos'", escreveu Engels em uma de suas últimas cartas aos Graebers, que logo seriam deixados de lado.[69]

Depois das dúvidas e confusões dos meses anteriores, Engels abraçou a nova fé hegeliana com seu entusiasmo característico. Num artigo bombástico — que se tornou um clássico — para o *Telegraph* de Gutzkow, intitulado "Paisagens" (1840), Engels comparou os borrifos refrescantes e o sol brilhante de que desfrutou numa viagem pelo mar do Norte à "primeira vez que a Ideia divina do último dos filósofos [Hegel], essa criação absolutamente colossal do pensamento do século XIX, me foi revelada. Tive o mesmo arrepio de felicidade. Foi como uma lufada de ar marinho fresco soprando sobre mim num céu puríssimo". Engels encontrou um consolo temporário num novo Deus animador e naturalista. Segundo Gareth Stedman Jones, Hegel "ofereceu um refúgio seguro para substituir os contornos aterradores de sua fé de Wuppertal".[70]

Aqueles outros elementos da constituição intelectual de Engels não desapareceram pura e simplesmente. Ao lado do seu hegelianismo ainda havia a paixão pelo romantismo germânico, o encanto pelo constitucionalismo liberal da Alemanha Jovem e pelos impulsos republicanos de Shelley e de Julho de 1830. Esses fios se interligaram num dos últimos artigos que escreveu em Bremen. Uma resenha sobre o *Memorabilien*, do dramaturgo e romancista Karl Immermann, deu a Engels a oportunidade de um *cri de coeur* que ligou a "nova filosofia" com sua metáfora predileta do heroísmo à Siegfried: "Aquele que tem medo da floresta densa onde fica o palácio da Ideia, aquele que não abre caminho através dela com a espada e não acorda a filha adormecida do rei com um beijo, não é digno dela e de seu reino; ele pode ir embora e se tornar um pastor no campo, um comerciante, um assessor ou qualquer coisa que deseje, casar-se e gerar filhos com toda a piedade e respeitabilidade, mas o século não o reconhecerá como um filho seu."[71]

No início de 1841, Engels chegou à conclusão de que ser ele mesmo reconhecido como um dos filhos do século era algo ainda longe de estar garantido se ele continuasse algemado à sua mesa de trabalho em Bremen. "Não há nada a fazer além de praticar esgrima, comer, beber, dormir e trabalhar como escravo, *voilà tout*", escreveu ele a Marie. Voltou a Barmen, mas sua alma elevada e romântica achou a casa paterna e o trabalho no escritório da empresa da família mais tediosos ainda. Por isso, em setembro de 1841, concordou com a exigência do Estado prussiano de que ele cumprisse seus deveres militares e "apresentou-se como voluntário" para um ano de serviço junto à Artilharia da Guarda Real Prussiana, Décima Segunda Companhia. Berlim, a capital prussiana, seria para esse filho burguês de um mercador têxtil da província apenas o estágio de que ele precisava em favor da Ideia. Ali, finalmente, ele se revelaria um Siegfried moderno a serviço da era moderna.

2

A semente do dragão

"Pergunte a qualquer um em Berlim em que campo de batalha a luta pelo domínio da opinião pública alemã está sendo travada", escreveu Engels em 1841, "e, se ele tiver alguma ideia do poder da mente sobre o mundo, vai responder que esse campo de batalha é a Universidade, em particular a sala de aula número 6, onde Schelling está dando suas aulas de filosofia da revelação".[1] Até para um filósofo obstinado como Friedrich Wilhelm Joseph von Schelling, esse deve ter sido um curso difícil de dar. Segundo outro observador, o seu era "um público extraordinário, [...] seleto, numeroso e diversificado". Presentes naquela sala de aula estavam algumas das inteligências mais brilhantes do século XIX. Na primeira fila, fazendo anotações com a maior seriedade, estava o autodidata Engels, muito satisfeito a essa altura ao se definir simplesmente como "um jovem autodidata em filosofia." A seu lado estava Jacob Burckhardt, que viria a ser historiador de arte e especialista em Renascença; Mikhail Bakunin, o futuro anarquista (que criticou as aulas, dizendo que eram "interessantes, mas com pouca substância"); e o filósofo Søren Kierkegaard, que achava que Schelling falava "besteiras intoleráveis" e, pior ainda, cometeu o crime acadêmico capital de terminar suas aulas depois do horário previsto: "Isso não é tolerado em Berlim, e houve arrastar de cadeiras e assobios."[2]

Mas Engels estava hipnotizado pelo filósofo de cabelos grisalhos e olhos azuis e pela crítica implacável de Schelling a seu herói, Hegel. Numa batalha espetacular, semana após semana Schelling procurava desmontar a filosofia de Hegel insistindo no poder direto do divino na história. Era a revelação contra a razão. "Dois velhos amigos da época da juventude, colegas de quarto no seminário teológico de Tübingen, depois de quarenta anos estão se encontrando novamente cara a cara como adversários; um deles falecido há dez anos, mas mais vivo do que nunca em seus discípulos; o outro, como diria este último, intelectualmente morto há três décadas, mas agora, de repente, reclamando para si todo o poder e autoridade da vida." E Engels não tinha dúvidas quanto ao alvo de suas simpatias: estava na sala de aula, declarou ele, para "defender de violações o túmulo do grande homem".[3]

Embora oficialmente a sua estadia em Berlim se devesse ao treinamento militar em favor da monarquia prussiana, Engels passava o tempo reunindo as armas ideológicas para solapá-la. Sempre que possível, ele saía do campo de treinamento e ia para o campus da universidade mergulhar em teoremas que provariam ser muito mais mortíferos do que um canhão que disparava projéteis de quase 3 quilos. E realizou essa façanha no meio de um terreno hostil.

A Berlim que Engels conheceu em 1841 estava se transformando rapidamente em monumento cívico da dinastia Hohenzollern. Seus habitantes, que totalizavam cerca de 400 mil em meados da década de 1840, tinham visto muita coisa durante os últimos cinquenta anos: a fuga de seu rei, Frederico Guilherme III, e a marcha da vitória de Napoleão em 1806 pelo Portão Brandenburg; a liberação pelos russos em 1813 e, com ela, uma agitação constante sobre reforma, romantismo e, posteriormente, reação. Esta última triunfou nos anos 1820 e 1830, quando Frederico Guilherme deixou a marca da restauração da autoridade do rei com um boom de construções neoclássicas. Sob a orientação do arquiteto Karl Friedrich Schinkel, foi edificada a Berlim moderna, com seus espaços públicos bombásticos e sua grandiosidade imperial. O Schauspielhaus, seu impressionante teatro de colunas dóricas (agora a Konzerthaus Berlin); a Schlossbrücke do palácio Cöllnisher, ponte decorada com esculturas; a prisão militar Neue Wache no estilo do Império Romano ao longo de Unter den Linden; e sua obra-prima, o Altes Museum inspirado no Panteão, todos expressavam a Berlim da corte, do exército e da aristocracia dos planaltos prussianos orientais que acabara de renascer. Mais tarde, Engels se lembraria do quanto aquilo tudo era incrivelmente chocante, "com sua burguesia que mal acabara de se constituir, sua pequena-burguesia dada a gritarias ofensivas, bajuladora e com muito pouca iniciativa, seus operários ainda completamente desorganizados, suas massas de burocratas e parasitas da nobreza e da corte, todo o seu caráter de mera 'residência'".[4]

Mas, como aconteceria tantas vezes nessa cidade interminavelmente dividida, havia outra Berlim. Perto do campo de treinamento militar com seus quartéis Kupfergraben ficava uma animada esfera pública de cafés, cervejarias e adegas de vinho.[5] Em meados da década de 1830, Berlim se vangloriava de ter mais de cem cafés só no centro da cidade, que eram fóruns de debate e antros de bebedeira dos jornalistas oficiais e dos outros. Uma cultura *Konditorei* florescente de discurso político e literário desenvolveu-se em torno do distrito de Gendarmenmarkt, com cada café atraindo uma clientela específica: o Kranzler, na esquina da Friedrichstrasse com a Linden, era conhecido como "o Valhala dos tenentes da guarda de Berlim" por causa dos oficiais que o frequentavam regularmente e do seu interior pretensioso; o Courtin, perto da bolsa de valores, recebia banqueiros e empresários; e o Stehely's, que ficava em frente ao Schauspielhaus de Schinkel, era o lar dos artistas plásticos, atores e "elementos literários."[6]

A Friedrich-Wilhelms-Universität, que ficava nas proximidades e foi rebatizada como Humboldt-Universität em homenagem a seu fundador, Wilhelm von Humboldt, também fornecia muitos frequentadores entre a multidão que enchia os cafés. Encarregado por Frederico Guilherme III durante o período mais liberal de seu reinado no início do século XIX de estruturar um sistema educacional para os cidadãos esclarecidos, Humboldt e o ministro da Educação, o barão Von Altenstein, reuniram em Berlim uma constelação extraordinária de talentos. Friedrich Schleiermacher, que um dia foi o teólogo predileto de Engels, foi nomeado professor catedrático; o reacionário Karl von Savigny dava aulas de direito; Georg Niebuhr ensinava história; enquanto Hegel sucedeu Fichte em 1818 em sua cátedra de filosofia. Com Hegel na faculdade, a universidade tornou-se naturalmente um grande centro do pensamento hegeliano — tanto que o poeta Heinrich Heine, um frequentador regular do Stehely's, sentiu grande alívio em 1823 ao deixar uma cidade de "areia grossa e chá aguado", habitada por uma população de sabichões "que há muito compreenderam tudo o que há sob o sol [...] por meio de sua lógica hegeliana".[7]

Nem todos viam essa profusão de lógica hegeliana com essa objetividade enfastiada — principalmente não o novo rei, Frederico Guilherme IV (que sucedeu o pai em 1840) e seu primeiro-ministro, Johann Albert Friedrich Eichhorn. Depois de um breve namoro com uma imprensa livre e com a reforma liberal, a desconfiança que a família Hohenzollern sentia pelo pluralismo político reafirmou-se. Frederico Guilherme "começou com um espetáculo de liberalidade", conta Engels, "depois passou para o feudalismo; e acabou instituindo o governo do espião e do policial".[8] E assim, em 1841, como parte de uma repressão mais ampla contra o pensamento de esquerda, o ministro chamou Schelling, com seus cabelos brancos e seus 66 anos de idade, a Berlim para "extirpar a semente do dragão do hegelianismo" na própria universidade em que ela havia sido lançada pela primeira vez. Essa era a disputa filosófica que Engels tanto estava apreciando no lugar que ocupava na sala de aula número 6.

Por que o hegelianismo era tão temido pelas autoridades prussianas? Certamente não havia preocupado Von Humboldt e Frederico Guilherme III, que nomearam sistematicamente hegelianos célebres para cátedras universitárias e cargos influentes no Estado. "O sistema hegeliano", observou Engels tempos depois a respeito desse período, "chegou até a ser elevado, por assim dizer, à posição de uma filosofia do Estado prussiano governado por reis", enquanto "as opiniões hegelianas, consciente ou inconscientemente, penetraram muito profundamente nas mais diversas ciências e serviram de fermento até da literatura popular e da imprensa diária". Mas, agora, esse apoio oficial estava fadado a ter um fim.[9]

A resposta a essa divergência reside em duas interpretações de Hegel, frequentemente contraditórias. A primeira é conservadora. Se a história é o processo que supervisiona a marcha triunfante da razão rumo à liberdade, então toda era consecutiva é necessariamente mais progressista, mais racional e mais livre que a anterior, e todo componente dessa era — suas artes plásticas, sua música, religião, literatura, formas de governo — representa um estágio mais elevado da razão que o precedente. Este é mais especificamente o caso quando se trata do Estado, que Hegel entendia como um corpo orgânico que abarcava tanto elementos do governo quanto da sociedade civil.

Para Hegel, o Estado era o meio pelo qual a vontade individual se reconciliava com os imperativos mais abrangentes da razão universal, por meio da obediência à lei: "No dever o indivíduo encontra sua liberação [...] a partir do mero impulso natural. [...] No dever o indivíduo adquire sua liberdade substantiva."[10] A verdadeira liberdade surge quando as sensibilidades subjetivas do homem estão de acordo com o desenvolvimento progressivo do Espírito, tal como ele se manifesta por meio do Estado. Segundo o modelo hegeliano, o Estado moderno representava "a concretização da liberdade, um fim em si mesmo, 'a ideia divina tal como ela existe na terra' e a única realidade que dá valor à vida individual".[11] Teoricamente, o Estado moderno personificava o progresso, a razão e a Ideia de liberdade. Todo indivíduo era obrigado a se submeter a ele para ganhar o elixir da liberdade consciente de si.

Parece ter havido um breve momento, depois da derrota de 1806 em Jena, em que o Estado prussiano correspondeu àquela ideia hegeliana de liberdade racional tal como é apresentada em *Princípios da filosofia do direito*. Pois essa foi a era da reforma liberal que havia sido imposta a Frederico Guilherme III pela humilhação militar que sofreu em 1806 e depois implementada por seus ministros progressistas, o barão Karl von Stein e o príncipe Karl August von Hardenberg. A condição hereditária de servo foi abolida, os judeus foram emancipados, os controles econômicos afrouxaram e movimentos suaves foram feitos no sentido da representação democrática. Como parte desse projeto de liberalização, Hegel foi trazido da Universidade de Heidelberg para a Universidade de Berlim, recém-fundada (onde assumiu a cátedra de filosofia até sua morte, em 1831), para dar ao movimento o seu *imprimatur* intelectual. "Por sua vez, Hegel aplaudia o Estado prussiano reformado, considerando-o um exemplo de um Estado que havia alcançado uma estatura histórica mundial ao fazer da concretização política da Razão sua essência e seu propósito interior", segundo John Edward Toews, biógrafo de Hegel.[12] E não há dúvida de que a elevação filosófica do Estado feita por Hegel atribuía uma grande dignidade espiritual ao aparato burocrático de Frederico Guilherme III.

Sua defesa do Estado como entidade viva que possuía em suas próprias leis e estruturas políticas um propósito definido baseado na razão e na liberdade elevou dramaticamente esse propósito. O Estado não era apenas um mal necessário para proteger a propriedade privada, defender o reino e administrar o estado de direito. Ele agora tinha um propósito muito mais elevado, representando como representava a concretização da razão absoluta. E, embora a fenomenologia mais requintada da filosofia hegeliana tenha se perdido em alguma parte da corte berlinense, seus membros logo se deram conta das oportunidades políticas simbolizadas por essa reverência pela autoridade. "Os textos de Hegel deram uma legitimidade exaltada à burocracia prussiana, cujo poder em expansão dentro do executivo durante a era da reforma exigia uma justificativa", segundo o historiador Christopher Clark. "O Estado deixou de ser apenas o espaço da soberania e do poder; era o motor que faz a história — ou até a personificação da própria história."[13] Não é de admirar que Frederico Guilherme e Von Stein estivessem mais que dispostos a lotar as salas de aula da universidade com hegelianos ortodoxos, ou "de direita".

Por outro lado, os *protégés* radicais de Hegel defendiam uma interpretação mais progressista da obra de seu mestre. Enfrentando o Estado prussiano real — com seu autoritarismo, suas crescentes restrições religiosas e possibilidade cada vez menor de uma reforma constitucional —, muitos dos discípulos de Hegel não aceitavam que seu mentor (que um dia plantara uma árvore da liberdade* em homenagem à Revolução Francesa) realmente acreditasse que esse estado de coisas constituísse o pináculo da razão. Na verdade, a história parecia estar tomando uma direção claramente antiprogressista quando, em 1840, segundo as palavras de Engels, "a carolice ortodoxa e o reacionarismo feudal absolutista ascenderam ao trono" com a sucessão de Frederico Guilherme IV.[14] Mesmo que não defendesse exatamente o direito divino dos reis, Frederico Guilherme IV tinha, com certeza, uma ideia elevada da monarquia cristã, com o soberano ligado ao povo por meio de um laço místico, sagrado,

---

* Também chamada de mastro da liberdade, em geral coroado com um símbolo da liberdade e colocado nos prados que rodeavam a cidade, ou numa praça de mercado, pelos norte-americanos que se consideravam Filhos da Liberdade, como forma de protesto contra o jugo britânico e em torno do qual se faziam comícios contra os ingleses. (N. da T.)

que nenhum parlamento ou constituição poderia conspurcar. O governo de Frederico Guilherme IV não seria uma época de progresso — ao contrário, o que houve foi um compromisso resoluto com a tradição, a continuidade e a hierarquia. E estava cada vez mais óbvio que o novo hegelianismo de esquerda discutido nos campi prussianos estava em desacordo com esses dogmas conservadores.

Quando se tratava de Hegel, o perigo estava na dialética. "Quem quer que pusesse a ênfase no *sistema hegeliano* podia ser bem conservador em ambas as esferas; quem quer que considerasse o *método dialético* como o elemento principal podia fazer parte da mais extrema oposição, tanto em termos de religião quanto de política", foram as palavras de Engels para descrever a diferença mais tarde. "A progressão dialética" era a forma pela qual a marcha da história acontecera: cada era e sua ideia preponderante eram negadas e assimiladas pela era seguinte. "Posição, oposição, composição", como explicou o jovem Marx. "Ou, para falar em grego, temos a tese, a antítese e a síntese. Para aqueles que não conhecem o jargão hegeliano, vamos apresentar a fórmula ritual: afirmação, negação, negação da negação."[15] Portanto, a concretização do Espírito na história envolvia uma crítica perpétua de todo sistema político estabelecido e sua forma prevalecente de consciência — todas elas sucessivamente minadas por essa tensão dentro de si mesmas — até a racionalidade e a liberdade predominarem. "Aí reside a verdadeira importância e o caráter revolucionário da filosofia hegeliana", declarou Engels. "Todos os Estados históricos sucessivos são apenas estágios transitórios do curso infinito do desenvolvimento da sociedade humana, que parte do inferior para o superior. [...] Em relação a ela [à dialética], nada é final, absoluto, sagrado."[16]

Essa interpretação foi uma solução ideológica extraordinariamente potente. Segundo a interpretação mais radical de Hegel, agora não existiam verdades imutáveis, eternas: toda civilização tem suas próprias realidades, filosofias e religião, todas são passíveis de assimilação e negação. Além do mais, isso era tão verdadeiro para o pensamento do próprio Hegel quanto para qualquer filosofia anterior. O professor de Berlim, financiado pelos cofres públicos, cometera o erro crucial de pensar que o Estado prussiano da era reformista — de Stein, Hardenberg e Humboldt — podia ser o clímax da razão na história. Mas, na verdade, foi apenas mais um estágio transitório agora fadado à negação. Para aqueles estudantes céticos que assistiam às aulas de Schelling, o método filosófico de Hegel não oferecia uma justificativa do *status quo* prussiano, mas sim ferramentas para uma crítica progressista do Estado dos Hohenzollern. Para esses hegelianos "de esquerda", ou "jovens", a filosofia de Hegel tornou-se um incentivo à ação, e seus textos, uma demanda empoderante por reforma liberal.

Como aconteceu muitas vezes nos primórdios do socialismo, foi a religião que gerou os ataques mais agressivos. Assim como Hegel tinha considerado o Estado prussiano a plenitude última da razão, sua fé luterana também o levou a endossar uma concepção estreita do cristianismo protestante que predominou durante a década de 1820 como o bem supremo da vida espiritual. Mais uma vez parecia que a história tinha feito manobras convenientes para culminar precisamente nas práticas culturais e religiosas da época de Hegel. E, tanto na religião quanto na política, os Jovens Hegelianos criticaram Hegel por não considerar seu próprio historicismo, por não compreender que aquilo que via como a concretização da liberdade era apenas mais um passo rumo à Ideia. Em que, perguntavam, o cristianismo europeu moderno se diferenciava do paganismo romano ou da fé hinduísta da Índia antiga? Cada um deles não era apenas um produto de seu tempo? Numa crítica anônima às aulas de Schelling publicada em Leipzig em 1842 com o título de "Schelling e a revelação", Engels anunciou que os Jovens Hegelianos "não considerariam mais o cristianismo" como tema proibido para a investigação crítica. "Todos os princípios básicos do cristianismo, e mesmo daquilo que até agora foi considerado a religião propriamente dita, foram derrubados pela crítica inexorável da razão."[17]

As bases dessa crítica religiosa foram construídas pela reinterpretação dos Evangelhos como mito, feita por David Strauss. Bruno Bauer, teólogo e filósofo que estudara com Hegel, levou a crítica a dar mais um passo com uma análise detalhada do cristianismo na condição de construto cultural. Conhecido como "um homem muito decidido, que por baixo de um exterior frio queima com um fogo interior", Bauer achava que a dialética só podia progredir por meio de um processo de ataque intelectual violento. As verdades de cada era precisavam ser rasgadas diante da razão. E esse processo de ataque racional levou Bauer a concluir que, na era moderna, o cristianismo era um obstáculo ao desenvolvimento da liberdade consciente de si. O culto a um Deus exterior e a submissão ao credo e ao dogma alienaram o homem de sua verdadeira essência. Não haveria a menor chance de o homem ter consciência de si nem de a liberdade se concretizar enquanto as demandas rituais de subserviência mística continuassem em vigor. Apelando para a dialética, Bauer declarou que essa alienação estava atrasando a marcha progressiva da história e tinha de ser transcendida.

Por trás dessa metafísica elevada espreitava um desafio político direto aos princípios cristãos que legitimavam a monarquia Hohenzollern e seu direito a governar. Considerada um dia o baluarte do Estado, a filosofia hegeliana agora estava sendo usada para solapar os alicerces religiosos e políticos da Prússia. Não é de surpreender que Frederico Guilherme IV estivesse estarrecido nem que, em março de 1842, tenha mandado demitir o subversivo Bruno Bauer de seu cargo na Universidade de Bonn. Mas seria necessário algo mais que isso para deter o avanço dos Jovens Hegelianos. O tiro seguinte foi dado por *A essência do cristianismo*, de Ludwig Feuerbach, obra publicada em 1841, que finalmente destruiu os últimos resquícios conservadores do hegelianismo. Nas palavras de Engels: "A contradição foi pulverizada com um golpe só, simplesmente colocando o materialismo no trono de novo. [...] Nada existe fora da natureza e do homem, e os seres superiores que nossas fantasias religiosas criaram são apenas um reflexo ilusório de nossa própria essência. O encanto desfez-se; o 'sistema' explodiu. [...] É preciso ter sentido em si mesmo o efeito liberador deste livro para ter uma ideia dele. O entusiasmo foi universal: por um momento, todos nós fomos feuerbachianos."[18]

Feuerbach também havia sido discípulo de Hegel e estava tão ansioso quanto Bauer para aplicar o método dialético ao cristianismo. Desenvolvendo o conceito de alienação de Bauer, ele afirmava que o avanço da religião deve ser compreendido como a separação progressiva do homem de seu eu humano, sensual. Com o Deus cristão, o homem criou uma divindade à sua própria imagem e semelhança. No entanto, esse Deus objetivado estava tão repleto de perfeições que o homem começou a se rebaixar diante de sua autoridade espiritual. A consequência foi a inversão da relação de poder original: "O homem — este é o segredo da religião — projeta sua essência na objetividade e depois faz de si mesmo um objeto dessa imagem projetada de si próprio, que, dessa forma, se converte em sujeito." E, quanto mais fervorosamente o homem cultuava esse Deus exterior, tanto mais empobrecido interiormente ele ficava. Era uma relação de total zero: para a divindade prosperar, o homem tinha de se degradar. "A religião, por sua própria essência, suga a substância do homem e da natureza e transfere essa substância para o fantasma de um Deus sobrenatural, que, por sua vez, depois permite bondosamente ao homem e à natureza receberem parte de sua superabundância", nas palavras de Engels. "Carecendo de consciência e ao mesmo tempo de fé, o homem não tem substância, está fadado a desistir da verdade, da razão e da natureza." Em sua *Contribution to the Critique of Hegel's Philosophy of Right*, de 1844, Karl Marx foi mais sucinto: "A religião é o suspiro da criatura oprimida, o coração de um mundo sem coração e a alma de situações desalmadas. É o ópio do povo."[19]

Em seguida, fiel ao éthos crítico dos Jovens Hegelianos, Feuerbach voltou sua artilharia contra seu antigo mentor, o próprio Hegel. Qual era, perguntava Feuerbach, a diferença substantiva entre a teologia do cristianismo e a filosofia (ou "misticismo racional") de Hegel? Não eram ambos sistemas de crenças metafísicas envolvendo autoalienação — a fim de elevar Deus num caso e o *Geist* mais intangível ainda no outro? "A teologia especulativa [isto é, o hegelianismo] distingue-se da teologia comum pelo fato de transferir a essência divina para este mundo. Isto é, a teologia especulativa intui, determina e concretiza neste mundo a essência divina transportada pela teologia comum — por medo e ignorância — para um outro mundo."[20] A filosofia não passava de religião transportada para o reino do pensamento.

Em termos de separar o homem das realidades de sua existência, sugere Feuerbach, não havia muita opção entre a filosofia hegeliana e a religião cristã. Feuerbach defendia o fim de ambas. No lugar de Deus ou da Ideia, ele queria pôr o Homem: antropologia, não teologia. "Quem quer que não consiga renunciar à filosofia hegeliana, não consegue renunciar à teologia. A doutrina hegeliana, segundo a qual a natureza ou realidade é *postulada* pela Ideia, é apenas a expressão *racional* da doutrina teológica de que a natureza foi criada por Deus."[21] E era preciso livrar-se de ambas para o homem recuperar sua verdadeira essência, o "ser de sua espécie". O idealista Hegel havia cometido o erro de derivar o ser do pensamento, em vez de derivar o pensamento do ser, e, por isso, virou a realidade de ponta-cabeça. O que Feuerbach queria não era idealismo, era materialismo: no lugar da teorização metafísica de Hegel e da marcha etérea do Espírito, uma concentração na realidade vivida na existência natural, corpórea, "imediata" do Homem.

Isso foi estonteante para um jovem oficial da artilharia que devia estar aprendendo a manejar um canhão que atirava projéteis de seis libras e morteiros de sete libras. No entanto, os atrativos dos exercícios no campo de treinamento e a aritmética dos projéteis logo perderam o encanto para Engels. Na sua condição de voluntário com uma renda particular generosa, ele tinha permissão de morar em alojamentos particulares em vez de na caserna e passava os dias em salas de aula, em salas de leitura e nas adegas das cervejarias do *demi-monde* de Berlim. Só havia um único elemento da vida militar do qual ele realmente gostava. "Por acaso, meu uniforme é muito elegante", escreveu ele à sua irmã Marie logo depois de chegar a Berlim. "Azul com o colarinho preto adornado com duas largas listras douradas, e debruns pretos com listras amarelas ao lado de rolotês vermelhos em volta da barra do casaco. Além disso, as listras vermelhas dos ombros são orladas de branco. Asseguro a você que o efeito é muito impressionante e que estou à altura de usá-lo." Não havia nada de que Engels gostasse mais do que despertar a admiração da alta sociedade com seu traje cintilante. "Por causa disso, outro dia não senti o menor escrúpulo em constranger Ruckert, o poeta, que está aqui no momento. Sentei-me bem na frente dele quando ele estava fazendo uma leitura de poesia, e o pobre coitado ficou tão ofuscado pelos meus botões brilhantes que quase perdeu o fio do que estava dizendo. [...] Logo vou ser promovido a bombardeiro, que é uma espécie de oficial subalterno, e vou ter um galão dourado para usar nos meus debruns."[22]

Ele também adquiriu um cachorro, um belo spaniel chamado brincalhonamente de Namenloser, ou Sem Nome, que levava a seu restaurante favorito de especialidades da Renânia para encher a barriga de carne de porco e chucrute. "Ele tem grande talento para se embriagar e, quando vou a um restaurante à noite, ele sempre vai e recebe a sua parte, ou então se põe inteiramente à vontade à mesa de qualquer um." Arisco demais para ser bem treinado, o cão só tinha conseguido aprender um truque. "Quando eu digo 'Namenloser, [...] olha ali um aristocrata!', ele fica louco de raiva e rosna de uma forma horrível para a pessoa que aponto para ele." Na Berlim da década de 1840, isso deve ter acontecido com muita frequência.[23]

Além das excursões noturnas com seu spaniel rosnador, Engels passava o tempo discutindo questões filosóficas com Jovens Hegelianos e um copo de cerveja branca produzido na capital. "Nós nos encontrávamos no Stehely's e, à noite, nesta ou naquela cervejaria bavariana da Friedrichstadt ou, quando tínhamos dinheiro, numa casa de vinhos da Postrasse."[24] Em vários momentos o círculo mais íntimo incluiu Bruno Bauer e seu irmão Edgar; Max Stirner, o filósofo do "ego"; Karl Köppen, historiador e profundo conhecedor do budismo; Karl Nauwerck, professor de ciência política; o jornalista Eduard Meyen; Arnold Ruge, o renegado da Universidade de Halle, e outros. Seu éthos iconoclasta se estendia sem problemas do reino filosófico para suas personas públicas. Conhecido como "Die Freien" — ou "*literati* da cerveja", como Bauer os batizou —, esse grupo de intelectuais agressivos e arrogantes descartava ostensivamente a moralidade, a religião e o decoro burguês da modernidade.[25] Em suas memórias, Stephan Born, protocomunista e aprendiz de tipógrafo, fala do mundo de "Bruno Bauer, Max Stirner e o círculo de personagens ruidosos que os cercavam, que chamavam atenção sobre si por meio de suas relações públicas com mulheres emancipadas". O gosto de Edgar Bauer pela pornografia foi particularmente perturbador para o jovem Born. "Já ao entrar na sala, fiquei chocado com as litogravuras obscenas que ele tinha penduradas na parede; e a conversa que entabulou comigo enquanto lia as provas [de seu romance] não teve um caráter menos repulsivo."[26]

Engels, sempre liberal em termos de sexo e moralidade, adotou alegremente o modo de vida de "Os Livres". Se seu pai havia alimentado esperanças de que Engels se libertasse de seu radicalismo juvenil na sociedade rígida da corte de Berlim, não poderia estar mais enganado. Pois, nessa época, Engels abandonou o idealismo fraudulento da Alemanha Jovem (exatamente como antes havia descartado a religiosidade dos irmãos Graeber) e entregou-se de corpo e alma a Bauer, Stirner, Köpper e o resto.[27] Não há dúvida de que o encanto deste círculo se intensificou com o choque terrível que essa camaradagem da contracultura teria dado em seus respeitáveis pais. Engels estava tão apaixonado por esse novo grupo de amigos que esboçou um quadro de Os Livres em uma de suas depravadas sessões de bebedeira. Havia cadeiras caídas, garrafas de vinho pela metade, um Edgar Bauer enfurecido quebrando uma mesa, um Max Stirner fumando tranquilamente, um Köppen mal-humorado (ou bêbado) sentado à mesa e um belicoso Bruno Bauer marchando para cima de Arnold Ruge de punhos erguidos. Flutuando no céu acima da confusão havia um esquilo, que simbolizava o ministro prussiano Eichhorn (uma alusão ao termo alemão *Eichhörnchen*, que significa "esquilo"), e uma guilhotina, que era um reconhecimento de Bruno Bauer como "o Robespierre da teologia", ou uma referência de Engels a si mesmo, à guisa de assinatura.

Esboço de "Os Livres", de Engels, em que desfrutam uma noite de Berlim tipicamente entorpecida.

The Insolently Threatened Yet Miraculously Rescued Bible; or: The Triumph of Faith [A Bíblia ameaçada insolentemente, mas miraculosamente salva; ou: O triunfo da fé] era um poema que imitava o gênero épico, escrito por Engels em coautoria com Edgar Bauer. Escrito como forma de protesto contra a demissão de Bruno Bauer de Bonn, a obra assumiu a forma de uma meditação — no estilo do *Paraíso perdido* — sobre a luta entre Satã e Deus pelas almas dos Jovens Hegelianos (todos eles condenados ao inferno). Uma mistura desajeitada de teologia e filosofia, hoje o texto parece pouco mais que uma paródia inteligente feita por estudantes. Apesar disso, a descrição de Bruno Bauer tem algo daquele apelo instantâneo e memorável de "Eu Sou o Modelo do General de Divisão", de Gilbert e Sullivan.[28]

> Estudei questões fenomenológicas,
> E teológicas, também, para meu azar,
> E ainda estéticas, metafísicas, lógicas,
> Não inteiramente sem êxito.

Da mesma forma, a aparência de camafeu que Hegel tinha também é bem lembrada:

> À ciência dediquei todas as horas,
> E preguei o ateísmo com todas as minhas forças.
> Consciência de si no Trono eu pus
> E, por isso, achei que Deus havia sido derrotado.

Mas é possível discernir alguns elementos mais reveladores por trás da farsa — a descrição que Engels faz de si mesmo não é dos menos importantes. "Friedrich Oswald", o ambicioso Siegfried e o autor de artigos bombásticos haviam se metamorfoseado nas adegas das cervejarias de Berlim em uma personalidade muitíssimo mais fogosa, nada menos que um revolucionário francês afiando a sua guilhotina:

> Bem na extrema-esquerda, aquele cavalo marchador alto e de pernas compridas
> É Oswald, casaco cinza e calças na cor da pimenta;
> Pimenta também por dentro, Oswald, o Montagnard;
> Um radical ele é, ferrenho, e duro.

Dia sim, dia não, ele canta junto à guilhotina
Uma única música solitária, que é uma cavatina,
A mesma canção diabólica; e repete o refrão:
Formez vous bataillons! Aux armes, citoyens!

Logo atrás dele aparece uma figura que, nos anos seguintes, Oswald — e Engels — viria a conhecer bem:

Quem é que vem logo atrás com impetuosidade incrível?
Um homem moreno de Trier, uma monstruosidade evidente.
Ele não pula nem salta, anda aos trancos e barrancos,
Vocifera em altos brados, como se quisesse pegar e depois trazer
Para a Terra a tenda espaçosa do Céu lá em cima,
Ele abre muito os braços e tenta chegar ao céu.
Brande o punho perverso, grita com ar frenético,
Como se dez mil demônios o segurassem pelos cabelos.[29]

O que mais resta dizer sobre Karl Marx, o "homem moreno de Trier"? "É um fenômeno que causou a mais profunda impressão", foram as palavras usadas por Moses Hess para descrevê-lo. "Preparem-se para conhecer o maior, talvez o único verdadeiro filósofo vivo hoje. Quando ele aparecer em público, os olhos de toda a Alemanha vão se fixar nele. [...] Ele combina a mais profunda seriedade filosófica com uma espirituosidade ferina. Você consegue imaginar Rousseau, Voltaire, Holbach, Lessing, Heine e Hegel combinados — não misturados de qualquer jeito — numa única pessoa? Se conseguir, terá o Dr. Marx." Gustav Mevissen, um homem de negócios de Colônia, fala de uma personalidade igualmente hipnótica: "Um homem forte de 24 anos, cujos grossos pelos negros brotam das bochechas, dos braços, do nariz e das orelhas. Era dominador, impetuoso, passional, cheio de uma autoconfiança inesgotável e, ao mesmo tempo, profundamente honesto e instruído, um dialético inquieto, que, com sua inquieta inteligência judaica, levou todas as proposições da doutrina da Alemanha Jovem à sua conclusão final."[30]

Marx nasceu dois anos antes de Engels numa família igualmente burguesa que vivia às margens de outro tributário do Reno (o Mosel, em vez do Wupper), mas a atmosfera de seu lar era muito diferente do pietismo rigoroso dos Engels. Nessa região do sudoeste da Renânia, a ocupação pós-napoleônica de 1806 alimentou uma visão de mundo muitíssimo mais liberal entre as camadas médias da sociedade. Heinrich, o pai de Marx, advogado e proprietário de um pequeno vinhedo, estava imbuído dos ideais do Iluminismo francês, exatamente o tipo de liberalismo da Renânia que Ludwig Börne e outros da escola da Alemanha Jovem tinham procurado disseminar. Conhecia seu Voltaire e seu Rousseau de cor, seus heróis eram Newton e Leibniz, e era frequentador assíduo do Casino Club de Trier, onde homens progressistas com a mesma mentalidade que ele passavam as noites discutindo as controvérsias políticas e culturais do momento.

Mas, na verdade, Heinrich era Hirshel (ou Heschel), tendo mudado de nome, abjurado sua fé judaica e sido batizado na Igreja luterana em 1817. Quando a Prússia anexou a Renânia, tirando-a da França em 1815, privou os judeus de Trier de suas liberdades napoleônicas, submetendo-os a uma série de sanções que os proibia de exercer cargos públicos ou praticar a profissão de advogado, promotor e juiz. Em vez de se tornar um homem sem eira nem beira, Heinrich converteu-se. Com isso abandonou uma linhagem rabínica que remontava ao início do século XVIII e incluía vários rabinos de Trier. Heinrich — o acólito iluminista de Newton e pai de nove crianças famintas — não parece ter ficado absurdamente transtornado pelo fato de jogar fora a sua ancestralidade judaica. Essa ruptura foi mais difícil para sua mulher Henriette: ela falava iídiche e manteve certos costumes judeus vivos na família muito tempo depois de ela e as crianças terem sido batizadas.

Apesar da conversão política de Heinrich, nada poderia ser mais diferente da amplitude de sua visão de mundo do que o conservadorismo evangélico de Friedrich Engels pai. Ele também foi um pai mais obviamente afetivo. As longas cartas que escreveu ao adolescente Karl eram repletas de sentimento, tolerantes e cheias de profunda preocupação paternal. Seu tom muitas vezes febril e ansioso era agravado por Henriette, que transformou o amor míope da família num hábito de preocupação congênita. Apesar disso, a infância de Marx, como a de Engels, em geral foi feliz, passada entre bolos de lama que fazia com as irmãs e enrascadas nas quais se metia na escola. Mas quando Karl entrou na Universidade de Bonn, aos 17 anos de idade, começou a se distanciar da família. Na verdade, sua fria separação dos pais e irmãos foi muito mais sistemática do que os esforços torturados que Engels teve de fazer para se afastar.

Em vez de para a própria família, ele dirigiu suas energiais emocionais para uma outra completamente diferente: os Von Westphalen. O barão Ludwig von Westphalen era um protestante que vivia numa Trier predominantemente católica, um funcionário público de carreira no governo prussiano, mas com mentalidade liberal. Apesar de sua ancestralidade aristocrática, fez amizade com o burguês Heinrich Marx e gostava de conversar com o filho talentoso do amigo durante longas caminhadas pelo campo, nas quais recitava extensos trechos de Shakespeare e Homero. No entanto, Karl estava mais interessado na filha de Ludwig, a bela Jenny von Westphalen. E, para surpresa de todos, Jenny — a filha requintada de um aristocrata prussiano e "a mais linda moça de Trier" — apaixonou-se pela presença de espírito e pela fanfarronice engraçada daquele rapaz judeu peludo. Em 1836, ela rompeu com o noivo oficial e prometeu casar-se com o homem que viria a chamar de seu "porco-do-mato negro", seu "tratante malvado" — e pelo termo que finalmente pegaria, seu "mouro" (ou "Mohr"), com suas implicações de mistério do Levante e peluda estranheza oriental. Enquanto a família do próprio Marx ficava horrorizada com suas atividades cada vez mais imprudentes, Jenny adorava seu radicalismo encrenqueiro de estudante e sua impetuosidade diabólica. Casaram-se em 1843. "Seu amor sobreviveu a todas as provações de uma vida de luta constante", nas palavras de Stephen Born. "Raramente vi um casamento tão feliz, no qual a felicidade e o sofrimento (principalmente este último) eram compartilhados e toda dor era superada com a segurança de pertencerem inteiramente um ao outro."[31]

O jovem Marx certamente era arrojado. Era mimado e repreendido pelos pais na mesma medida e, quando dispôs da liberdade da vida no campus universitário em 1835, os resultados foram transgressivos, como seria de se esperar. Em Bonn, ele matava as aulas da Faculdade de Direito para assumir a presidência do Trier Tavern Club, que envolvia estridentes sessões de bebedeira, noites em celas de delegacia e até um duelo com um oficial prussiano do qual ele teve a sorte de escapar só com um corte acima do olho esquerdo.

"Será que duelar está tão intimamente interligado à filosofia?", perguntou Heinrich em vão. "Não deixe essa tendência — e se não for uma tendência, essa loucura — lançar raízes. No fim você privaria a si mesmo e a seus pais das melhores esperanças que a vida oferece."

A esgrima de Engels era muitíssimo mais confiável — assim como sua constituição. Enquanto Engels raramente se sentia indisposto, as capacidades intelectuais e físicas de Marx pareciam estar sempre prestes a entrar em colapso. "Nove cursos diferentes me parecem demais, e eu não gostaria que você fizesse mais do que seu corpo e mente têm condições de suportar", aconselhou-o Heinrich quando ele entrou na universidade. "Um estudante doente é a criatura mais infeliz do mundo. Portanto, não estude mais do que sua saúde permite." Marx não estava lhe dando ouvidos ao adotar o hábito de fumar, ler e trabalhar até tarde da noite, hábito que duraria a vida toda. A combinação dessa carga de trabalho com sessões prodigiosas de bebedeira mostraria ser quase fatal. Depois de um "pileque homérico" muitos anos mais tarde, o taurino Engels apareceu para trabalhar na manhã seguinte sóbrio e pontual, enquanto Marx ficou fora do ar durante duas semanas.

Depois de desperdiçar um ano em Bonn, Marx partiu para Berlim para completar seus estudos de direito. Heinrich despachou-o com uma advertência a respeito dos perigos intelectuais que o esperavam na capital do hegelianismo, onde "os novos imoralistas distorcem as palavras até eles mesmos não as compreenderem mais". Descartando naturalmente esse conselho, Marx abandonou seus estudos de direito, trocando-os pela filosofia com a mesma facilidade com que Engels deixou o campo de treinamento militar pela sala de aula. Sua conversão ao hegelianismo não demoraria. Como qualquer bom membro do grupo Die Freien, ele comemorou o fato nos porões das cervejarias da Französische Strasse com o círculo dos Jovens Hegelianos. Junto com Arnold Ruge e Bruno Bauer, fundou o Doktorclub, uma associação de grandes bebedeiras e muita filosofia, com sede no Weinstube de Hippel.

Lá em Trier, Heinrich ficou mortificado. "Veja só, sua conduta consiste apenas em desordem, em vagar por todos os campos do saber, tradições mofadas à luz melancólica do lampião; a degeneração vestida de uniforme escolar e com os cabelos desgrenhados foi substituída pela degeneração com um copo de cerveja", escreveu ele ao filho. "Sua interação com o mundo limita-se a seu quarto sórdido, onde talvez estejam abandonadas na desordem clássica as cartas de amor de uma Jenny e os conselhos manchados de lágrimas de seu pai." Mas o fogo havia sido aceso e agora Marx tinha menos tempo ainda para as ninharias que preocupavam seus pais — apesar de continuar tirando dinheiro deles enquanto escalava as alturas filosóficas do hegelianismo. Desesperado nos seus últimos dias com o rumo que a vida do filho estava tomando, Heinrich morreu de tuberculose em 1838. Karl Marx não foi ao enterro — e depois, com sua lacrimosa disposição para ser indulgente com os próprios erros, passou o resto da vida carregando um retrato de Heinrich consigo.

Livre do pai, Karl abandonou seu curso de direito no ano seguinte e começou um PhD sobre um tópico que parecia árido como um Saara — "A Diferença entre a Filosofia de Demócrito e a Filosofia de Epicuro" —, mas que, na verdade, era uma crítica comparativa da filosofia alemã contemporânea depois de Hegel à luz de um período igualmente transformador no pensamento grego. Sua conclusão abraçou o projeto de crítica filosófica dos Jovens Hegelianos em nome de uma consciência de si cada vez mais ampla por parte do ser humano. Sob os olhos de lince de Eichhorn, de Schelling e da administração universitária de "hegelianos de direita", a tese tinha pouca chance de ser aprovada. Felizmente, a Universidade de Jena era muitíssimo mais flexível, e, em 1841, Karl Marx apareceu com uma tese de doutorado com dedicatória ao barão Von Westphalen.

Agora a questão era o que fazer em seguida. Os fundos da família estavam se esgotando depois da morte do pai, enquanto os planos de trabalho acadêmico com Bruno Bauer na Universidade de Bonn foram por água abaixo depois da demissão de Bauer em 1842. A solução era o jornalismo. Marx começou canalizando sua análise filosófica para direções políticas mais concretas com uma série de artigos sobre a censura (que foram censurados instantaneamente), direitos de propriedade, problemas econômicos e o governo prussiano. Aos poucos, Marx estava desviando seu intelecto revolucionário da reflexão filosófica para as realidades sociais. Escreveu inicialmente para o *Deutsche Jahrbücher* de Arnold Ruge, depois passou para o *Rheinische Zeitung*, com sede em Colônia. Em outubro de 1842, sua energia, seu dom para a política e seu talento óbvio para escrever garantiram-lhe a cadeira de editor.

Sob sua batuta, a circulação do jornal dobrou e conquistou fama nacional por suas reportagens provocadoras que beiravam a ilegalidade. "Ficou claro imediatamente que ele tinha as qualidades essenciais a todo grande jornalista: a determinação de falar a verdade ao poder e uma intrepidez absoluta, mesmo quando escrevia sobre pessoas de cuja amizade ou apoio ele podia precisar."[32] Nessa declaração de Francis Wheen há muito da coragem editorial de Marx. O que não significa que Marx não tenha sofrido da fraqueza comum e habitual dos jornalistas: manter os proprietários satisfeitos. E, nesse caso, os financiadores do *Rheinische Zeitung* — como dizia o cabeçalho, "Para a Política, o Comércio e a Indústria" — eram uma elite mercantil com sede em Colônia, empenhada em proteger do absolutismo prussiano os avanços liberais dos anos napoleônicos. Por razões comerciais, quando não necessariamente por razões políticas, essa elite queria preservar a tolerância religiosa, a liberdade de expressão e a liberdade constitucional, bem como trabalhar para a unificação nacional da Alemanha. Marx estava satisfeito em cumprir suas ordens, mesmo que isso significasse decepcionar alguns velhos amigos.

Para esses liberais sóbrios da Renânia, as famosas travessuras berlinenses do grupo Die Freien — o ateísmo, o modo de vida desregrado, o extremismo político e as sessões de bebedeira — arriscavam torpedear sua agenda reformista moderada. Percebendo que sua associação com esse grupo estava pondo em risco suas perspectivas profissionais, o ex-presidente do Trier Tavern Club e baluarte bêbado do Doctor's Club informou seus leitores com grande severidade que: "Desordeiros e salafrários devem ser repudiados de forma resoluta em alto e bom som em uma época que exige homens sérios, viris e sóbrios para realizar seus objetivos elevados." Foi mais direto ainda numa carta a Ruge, na qual se queixava de que colaboradores do grupo dos Jovens Hegelianos estavam atraindo as tesouras da censura e trazendo a ameaça de fechamento do jornal. "[Eduard] Meyen & Co. mandam-nos pilhas de garranchos cheios de revoluções mundiais e destituídos de raciocínio, escritos num estilo desleixado e temperados com um pouco de ateísmo e comunismo (que esses cavalheiros nunca estudaram). [...] Declarei que considerava inadequado, imoral mesmo, o contrabando de ideias comunistas e socialistas para resenhas casuais de peças de teatro e que um tratamento muito diferente e mais fundamental do comunismo se fazia necessário, se é que ele devia realmente ser discutido."

Dada essa má vontade, que despertava um sentimento real de hostilidade, não é de surpreender que uma das amizades mais influentes do pensamento político ocidental tenha partido de um início muito pouco promissor. Quando Engels esteve nos escritórios do *Rheinische Zeitung* em novembro de 1842: "Eu me deparei com Marx, e essa foi a ocasião de nosso primeiro encontro, claramente pouco cordial. Marx havia marcado sua posição contra os Bauer, isto é, dissera que se opunha não só a que o *Rheinische Zeitung* se tornasse predominantemente um veículo de propaganda teológica, ateísmo etc., em vez de se destinar à discussão e à ação política, como também ao tipo de comunismo bombástico de Edgar Bauer. [...] Como eu me correspondia com os Bauer, fui considerado seu aliado, enquanto eles me levaram a ver Marx com desconfiança."[33] Talvez também houvesse uma boa dose de ciúme por parte de Marx. Era público e notório que ele era muito suscetível a qualquer indício de competição ideológica, e no início da década de 1840 o jovem Engels já havia feito nome. Apesar do manto de anonimato, as suas "Letters from Wuppertal", seu panfleto sobre "Schelling e a revelação" e boa parte de seu jornalismo para o *Telegraph für Deutschland* e depois para o *Rheinische Zeitung* o haviam destacado como um homem promissor na imprensa radical. Fazendo de tudo para marcar presença no jornalismo, Marx não estava muito inclinado a receber de braços abertos o jovem oficial de Berlim.

Fosse como fosse, Engels estava prestes a deixar Berlim. Concluíra o serviço militar em outubro de 1842, recebendo a aprovação regulamentar de um ano de serviço voluntário e o reconhecimento de que "havia se portado muito bem durante seu período de serviço, tanto em relação à moralidade quanto ao treinamento propriamente dito".[34] Mas Engels pai não se deixou convencer por esse elogio oficial e, numa carta ao cunhado Karl Snethlage, expressou grande preocupação com a volta ao lar de seu herdeiro radical. "Conheço desde a sua infância o gosto que ele tem pelos extremos e estava convencido, embora ele nunca me tenha escrito sobre suas opiniões desde que foi para Bremen, que ele não se ateria àquelas em que a maioria acredita." Mas ele e Elise não estavam dispostos a fazer concessões no tocante às suas próprias ideias. "Vou deixar claro para ele que só por sua causa, ou em função de sua presença, não vou mudar nem disfarçar meus pontos de vista, seja sobre religião, seja sobre política; vamos continuar levando exatamente o nosso modo de vida anterior, lendo a palavra de Deus e outros livros cristãos em sua presença." Tudo quanto restava ao pai ansioso e carola era ter paciência. "Sua conversão tem de vir do alto. [...] Até esse momento, vai ser difícil suportar ter em casa um filho que é a ovelha negra do rebanho e que adota uma atitude hostil para com a fé de seus pais." Só havia uma solução possível: "Espero ter condições de lhe dar uma boa quantidade de trabalho e, onde quer que ele esteja, vou vigiá-lo com o maior cuidado e sem que ele perceba, para que não dê nenhum passo arriscado."[35] O plano era despachar Engels para Manchester, onde se responsabilizaria pelo investimento feito na Ermen & Engels em Salford e poderia aprender alguma coisa sobre o "método comercial inglês" antes de voltar para ajudar na fábrica Engelskirchen. Com certeza as máquinas retumbantes e as austeras salas de visita dos mercadores de "Algodonópolis" impediriam qualquer radicalização maior. Foi outra esperança frustrada. A caminho de Manchester, Engels tomou contato com o comunismo.

O historiador Eric Hobsbawm escreveu sobre o quanto Marx e Engels demoraram a chegar ao comunismo; e também demoraram muito a chegar ao socialismo.[36] Na década de 1830 e início dos anos 1840, mesmo que esses termos fossem muitas vezes usados como sinônimos, socialismo e comunismo constituíam tradições filosóficas relativamente distintas, cada qual com sua própria linhagem intelectual e política e tendo ambos florescido muito tempo antes da chegada de nossos dois protagonistas prussianos.[37] As origens do socialismo são particularmente obscuras e, com algumas variantes, podem ser atribuídas a qualquer uma entre um grande número de fontes: à *República* de Platão, à igualdade espiritual proclamada pelo profeta Miqueias, do Velho Testamento, e ao utopismo de Sir Thomas More e Tommaso Campanella ou ao nivelamento radical dos Debates Putney.[38] Mas, em sua versão moderna, o socialismo derivou do fermento religioso e ideológico da Revolução Francesa. Na década de 1790 e início do século XIX, a busca de um novo *pouvoir spirituelle* que se seguiu à queda da Igreja católica-romana e extensiva descristianização de toda a França levou ao desenvolvimento de um grande número de seitas claramente identificáveis como socialistas.

Uma das primeiras foi fundada pelo conde Henri de Rouvroy de Saint-Simon, o aristocrata francês que também foi herói de guerra e se transformou em partidário da revolução e depois em especulador de imóveis e ainda em flagelo dos ricos ociosos. Descendente do cronista da corte de Luís XIV em Versalhes, Saint-Simon acreditava que a sociedade estava entrando numa nova fase crítica de ciência e indústria que exigia novas formas de governo e culto religioso. Defendia uma "ciência da humanidade" que compreenderia as sociedades como "corpos organizados [...] como fenômenos fisiológicos".[39] Essa abordagem racional da administração das questões humanas evitaria exatamente o tipo de anarquia que a França viveu durante a década de 1790; mas, para isso acontecer, era necessário transferir o poder das malfadadas elites nepotistas do *ancien régime* para uma hierarquia de industriais, cientistas, engenheiros e artistas. Só eles teriam condições de planejar uma sociedade "em que todos os indivíduos seriam classificados segundo suas capacidades e remunerados de acordo com seu trabalho". A política devia se tornar uma ciência exata, passando "de conjeturas para a certeza, da metafísica para a física".[40] O ato político de "governar" seria substituído pelo processo objetivo de "administrar" a sociedade de tal forma que todo indivíduo poderia realizar o seu potencial. Nas palavras de Saint-Simon, numa frase que Marx adaptaria mais tarde com tanta felicidade: "De cada um de acordo com suas capacidades, a cada um de acordo com seu trabalho."

No âmago da sociedade ideal de Saint-Simon estava a ética da indústria. Os heróis de Saint-Simon eram "a classe industrial" (*les industriels*), produtores, não parasitas. Seus inimigos eram os dirigentes tradicionais da França — a aristocracia, o clero, os funcionários do governo (*les oisifs*, "os ociosos", era como os chamava) —, bem como os "desocupados", ou "consumidores", da nova burguesia que herdaram riquezas ou vampirizavam os trabalhadores. Na futura era científica, o homem deixaria de explorar seu semelhante e, em vez disso, todos se uniriam para explorar a natureza. Os modelos existentes de propriedade privada, herança e competição seriam abolidos à medida que a sociedade, coletiva e harmoniosamente, pusesse mãos à obra. "Todos os homens vão trabalhar; vão se considerar trabalhadores vinculados a uma oficina e seus esforços serão dirigidos no sentido de orientar a inteligência humana de acordo com minha providência divina. O Conselho Supremo de Newton vai dirigir seus trabalhos."[41]

E o que era esse Conselho Supremo de Newton? Saint-Simon o concebeu como o órgão que governaria a nova sociedade, uma associação de sábios — "homens geniais" — que agiriam como "tochas iluminando a humanidade". Essa elite tecnocrática presidiria uma *chambre d'invention* (administrada por duzentos engenheiros e cem artistas), uma *chambre d'examination* (cem biólogos, cem físicos, cem químicos) e uma *chambre d'exécution* (os industriais mais importantes e os empresários da época). Assim como Isaac Newton reordenara o universo em torno do princípio da atração gravitacional, também o Conselho Supremo, presidido por um matemático, asseguraria o bom funcionamento da sociedade de acordo com leis universais igualmente aplicáveis.

Em *O novo cristianismo*, de 1825, Saint-Simon desenvolveu mais essas ideias, defendendo uma religião secular para a humanidade. Do governo eficiente da sociedade surgiria um novo espírito de harmonia humana baseado no retorno ao "princípio da moralidade cristã", que ele considerava fundamental: o amor fraterno. Daí decorreria a missão de "melhorar a existência moral e física da classe mais pobre", uma meta que nunca seria atingida sob o sistema iníquo, perdulário e desumano da competição que era a base do capitalismo moderno.[42] Foi essa promessa de regeneração moral e crescimento espiritual por meio da ação coletiva que inspirou as seitas saint-simonianas e seu popular evangelho da fraternidade. Se a humanidade conseguisse se unir, Saint-Simon estava convencido de que suas energias produtivas poderiam ser canalizadas para criar uma Nova Harmonia aqui na terra.

A visão que Saint-Simon tinha de uma utopia pós-capitalista e pós-cristã era partilhada por outro importante socialista francês do começo do século XIX, Charles Fourier. Uma das personalidades mais cativantes do panteão progressista, ele nasceu em 1772, filho de um próspero mercador de tecidos, e passou a vida acompanhando o mercado e negociando no sul da França, principalmente nos distritos de Lyon que viviam da seda. "Sou um filho do mercado", explicou ele, "nascido e criado em estabelecimentos comerciais. Fui testemunha das infâmias do comércio com os meus próprios olhos".[43] Mas o socialismo de Fourier não foi só um produto da experiência pessoal. Definindo-se como um novo Colombo, ele declarou, depois de um ano estudando ciências naturais na Bibliothèque Nationale, que havia descoberto a verdadeira ciência da humanidade, que, de um único golpe, acabaria com a miséria, a exploração e a infelicidade da civilização moderna. Falou sobre tudo isso em sua obra bizarra de 1808, *A teoria dos quatro movimentos*.

Entre visões de mares de limonada e planetas em conjunção, Fourier defendia uma proposição simples: homens e mulheres são governados por suas paixões naturais, criadas por Deus. Na verdade, todo indivíduo poderia ser encaixado exatamente num dos 810 tipos diferentes de personalidade, derivados de 12 paixões, e viver num mundo governado pelos quatro movimentos — social, animal, orgânico e material — que constituíam o sistema geral da natureza (com algo de um Lineu sociólogo, Fourier era muito competente quando se tratava de fazer listas). Tentar reprimir essas paixões era o erro terrível da sociedade contemporânea. "O que a natureza expulsa pela porta volta pela janela." Mas era exatamente isso que a França burguesa do século XIX estava fazendo com construtos artificiais como o casamento monogâmico, que, de uma forma verdadeiramente newtoniana, produzia paixões contrárias indesejáveis "tão malignas quanto as paixões naturais teriam sido benignas". A reação igual e oposta à monogamia sancionada pela Igreja, por exemplo, poderia ser vista nos 32 diferentes tipos de adultério evidentes na França. Na sociedade harmoniosa de Fourier, os cidadãos teriam permissão de exercer total liberdade sexual, começando e terminando suas relações a seu bel-prazer. As mulheres teriam controle sobre a reprodução e as crianças teriam a oportunidade de escolher entre os pais biológicos e os adotivos.[44] Na esfera econômica, as coisas eram como na esfera sexual. A subversão das paixões benignas tinha transformado a ambição em avareza, extirpado do trabalho qualquer resquício de prazer e permitido o florescimento de intermediários exploradores e parasitários. Revoltado com o desemprego, a pobreza e a fome da Marselha da década de 1790, Fourier condenava o vício mortal do capitalismo: "É falsidade com toda a sua parafernália, falência, especulação, usura e fraudes de todo tipo."[45] Desprezava particularmente a classe mercantil, que não pegava no pesado nem fiava, mas tinha vastos lucros em papel-moeda.

No entanto, o maior crime do capitalismo era que ele conspurcava a alma do homem negando-lhe o prazer — mais especificamente, o fato de reservar o prazer aos ricos. Como era preciso ter dinheiro para obter artigos de luxo como boa comida, sexo e arte, só os ricos podiam se entregar aos tipos de prazer pelos quais muitos outros — como Fourier — ansiavam.[46] Esse estado de coisas iníquo foi promovido pelo credo hipócrita de abstenção e pobreza sagrada pregado pela Igreja católica romana. Fourier, o caixeiro-viajante frustrado e solitário, via pouca virtude na penúria ou nas restrições de uma vida conjugal monogâmica.

A política tradicional não tinha resposta para esses sofrimentos humanos. Não havia um programa de reforma ou ajuste econômico que levasse em conta as repressões antinaturais da sociedade moderna. Portanto, a solução era abandonar a ordem social existente e reorganizar a humanidade numa série de comunidades autônomas, conhecidas como falanstérios, que deviam se basear na ciência da "atração passional": nas verdades da natureza humana, e não nas projeções dos moralistas. Todo falanstério seria organizado de modo a dispor de todos os diferentes tipos de personalidade, sendo a população ideal em número de 1.620. A garantia de um "mínimo sexual" a todos os residentes acabaria com as frustrações e os desejos que distorciam as relações "amorosas" na sociedade burguesa patriarcal. Fourier adorava descrever o tipo de orgias extremamente coreografadas — inspiradas numa inversão sensual da missa católica — que haveria nos falanstérios, compreendendo toda e qualquer forma de desejo sexual (incesto inclusive).

Junto com o "mínimo sexual" viria o "mínimo social". Assim como Fourier restauraria o respeito pelo amor sexual, seu sistema também ressuscitaria a dignidade do trabalho. O problema do emprego moderno era que ele também negava ao homem viver plenamente as suas paixões naturais — atribuindo-lhe tarefas monótonas e que, ao mesmo tempo, eram inadequadas às suas capacidades particulares. No falanstério, por outro lado, os residentes teriam condições de trabalhar a todo vapor em oito empregos diferentes por dia em grupos de amigos e amantes formados espontaneamente. Esse desabrochar das capacidades produziria um desenvolvimento tal dos talentos que homens e mulheres marchariam para os campos, fábricas, oficinas, ateliês e cozinhas ansiosos por canalizar seu entusiasmo diligente. Fourier, ao contrário da Igreja católica, não achava que os seres humanos haviam nascido para sofrer. A criação de novas comunidades permitiria que o homem florescesse de acordo com suas paixões inatas.

Em nenhuma declaração de Saint-Simon ou Fourier há exigências de igualdade radical ("um veneno social", nas palavras de Fourier) ou apelos para uma tomada violenta do poder em nome do "povo". Seu socialismo era uma visão nobre, frequentemente excêntrica, mas basicamente inspiradora, da plena realização do ser humano. Na verdade, dada sua experiência e sua atitude em relação ao sangue e ao horror da Revolução Francesa, esses dois pensadores mostraram muito pouco interesse pelo questionamento violento dos sistemas sociais em vigor; pelo contrário: defendiam um programa de reforma moral gradativa posto em prática por comunidades harmoniosas separadas das desigualdades e injustiças da sociedade existente. Nas palavras de Engels: "A sociedade não apresentava nada além de erros; acabar com eles era tarefa da razão. Portanto, era necessário descobrir um sistema novo e mais perfeito de ordem social e impô-lo à sociedade a partir de fora por meio da propaganda e, sempre que possível, pelo exemplo de modelos experimentais."[47] Os Estados Unidos foram testemunha da realização mais prática possível da visão de Fourier com o estabelecimento de uma série de comunidades em Brook Farm, Massachusetts; La Reunion, no condado de Dallas, Texas; e Raritan Bay Union, em Nova Jersey. Mas esses falanstérios deixaram muito a desejar na hora de converter o restante da sociedade americana ao projeto fourierista. Mais tarde, esses fracassos permitiriam a Engels depreciar Saint-Simon e Fourier (assim como Robert Owen), chamando-os de "socialistas utópicos", em contraste com Marx e seu "socialismo científico" rigoroso e prático. Embora tempos depois Engels mostrasse uma profunda reverência pela análise do casamento burguês feita por Fourier e tenha admirado muito sua crítica social ("Fourier expõe inexoravelmente a hipocrisia da sociedade respeitável, a contradição entre sua teoria e sua prática, a estupidez de todo o seu modo de vida"), ele criticou os utópicos por não compreenderem a função do proletariado nem a marcha revolucionária da história: "Estes novos sistemas sociais foram antecipadamente condenados como utópicos; quanto mais minuciosos os detalhes com que foram apresentados, tanto menos conseguiram evitar tomar a direção de meras fantasias."[48]

A França do começo do século XIX acolheu outras ideologias igualmente impacientes com esse absurdo rarefeito de tipos de personalidade e paixões. Eram as ideologias comunistas. Lideradas por homens como Étienne Cabet e Louis-August Blanqui, elas estigmatizaram as seitas parisienses ativas durante a década de 1830, concentrando-se muito mais intensamente na mudança política direta do que na análise social. Enquanto Cabet defendia o caminho da transição pacífica para "uma sociedade baseada na igualdade", Blanqui queria uma revolução e glorificava o martírio do "Graco" Babeuf, que, em nome do povo, tramou uma rebelião condenada ao fracasso em 1796 contra a desigualdade e a pobreza da França pós-revolucionária. Apoiados por setores da classe operária desmantelada de Paris, os "babeufistas", ou "comunistas" (um termo que ganhou seu sentido mais amplo no início da década de 1840), queriam remodelar a sociedade existente, não se retirar para falanstérios ou comunas. Defendiam um revival da tradição republicana revolucionária, exigindo o fim da herança e a abolição da propriedade privada, supondo que "uma grande comunidade nacional de bens" se seguiria à revolução. Em 1839, Blanqui e seus seguidores fizeram uma tentativa frustrada de chegar pela força à nova Jerusalém, o que resultou numa sentença de prisão perpétua — da qual ele foi liberado intermitentemente. Marx e Engels, curtindo suas noites de bebedeiras em Berlim e Bonn enquanto debatiam a filosofia hegeliana, tinham pouco a ver com esses primeiros comunistas sérios. Mas um alemão que se associou a eles de fato foi o chamado rabino comunista ou, como Engels o definiria, "o primeiro comunista de partido": Moses Hess.

Como Marx e Engels, Hess era filho da Renânia, nascido em Bonn em 1812, quando a cidade estava sob ocupação napoleônica e, nas palavras de Isaiah Berlin, "os portões do gueto judeu foram escancarados, e seus moradores, depois de séculos amontoados uns em cima dos outros, tiveram permissão de sair à luz do dia".[49] Como Marx, tinha uma esplêndida herança semita, com rabinos por parte de ambos os pais. Mas seu pai tinha preferido uma vida fora da sinagoga como refinador de açúcar em Colônia, e Hess foi deixado aos cuidados do avô materno, "extremamente ortodoxo", que o criou com histórias da expulsão dos judeus de Israel. "A barba branca como neve daquele velho austero ficava encharcada de lágrimas com essa leitura; nós, crianças, também, é claro, não conseguíamos conter as lágrimas e os soluços."[50]

Embora nunca tenha se libertado inteiramente dessa herança emocional, Hesse perdeu a fé. "Meu maior problema era, evidentemente, a religião: a partir dela cheguei mais tarde aos princípios da ética. A primeira a ser examinada foi a minha religião positiva [isto é, o judaísmo]. Ela desmoronou. [...] Nada, não restou nada. Eu era a pessoa mais infeliz do mundo. Tornei-me ateu. O mundo tornou-se uma carga e uma maldição para mim. Eu olhava para ele como se fosse um cadáver."[51] Assim como o pai de Engels tinha pouca paciência com o romantismo de Friedrich, o de Hess não sabia o que fazer com a introspecção melancólica do filho e fez pressão para que ele entrasse para o negócio de refinamento de açúcar da família. Mas Hess estava relutante em participar daquilo que considerava as concessões morais do comércio e fugiu com o pretexto de viajar pela Europa durante um ano. Isaiah Berlin o descreve carinhosamente nessa época como "um jovem generoso, magnânimo, bondoso, de coração tocantemente puro e entusiasmado, sem ser exageradamente astuto, pronto — na verdade, ansioso — por sofrer por suas ideias, cheio de amor pela humanidade, de otimismo, de paixão pelas abstrações e aversão pelo mundo das questões práticas em direção ao qual os membros mais obstinados de sua família estavam tentando levá-lo".[52]

Foi em Paris, no início da década de 1830, que ele descobriu um remédio para seu ateísmo entre as sociedades secretas comunistas e saint-simonianos com os pés cada vez mais longe da terra. Como Engels antes dele, e muitos milhares depois, Hess preencheu a lacuna deixada pelo abandono de sua herança religiosa com o novo credo socialista da humanidade. Contou sua conversão intelectual em *The Sacred History of Mankind* (1837), que enfatizava a crescente disparidade social entre "o pauperismo" e "uma aristocracia da riqueza" e propunha como solução uma comunidade de bens inspirada em Babeuf. O livro foi uma das primeiras expressões do pensamento comunista na Alemanha e foi bem recebido nos círculos liberais da Renânia. Muito tempo antes de Marx e Engels codificarem suas opiniões, Hess e, depois dele, o artesão comunista Wilhelm Weitling estavam apresentando aos públicos alemães a ideia de um futuro comunista radical, igualitário, no qual as crises espirituais e sociais da época seriam resolvidas.

A contribuição realmente pioneira de Hess foi a ligação que ele fez entre essas ideias comunistas e o pensamento dos Jovens Hegelianos. A figura hipnótica de August von Cieszkowski foi indispensável ao processo. Descrito por seu biógrafo como "uma espécie de Alexander Herzen polonês"*, Cieszkowski era um aristocrata rico e instruído, educado primeiro na Cracóvia e depois em Berlim, onde participou da luta dos Jovens Hegelianos contra Schelling.[53] Sua formação militar alimentou em Cieszkowski a necessidade de ação, e ele logo perdeu o interesse pelo exercício filosófico hermético e interminável. Em 1838, publicou *Prolegomena to Historiosophy* [Prolegômenos à historiosofia], no qual procurava transformar a obra de Hegel de ferramenta analítica em um plano de mudança de cunho social. A dialética, sugeriu ele, estava entrando numa nova era de síntese, na qual o pensamento teria de se combinar com a ação. O que a Europa precisava era de "uma filosofia de atividade prática, de 'práxis', que exercesse uma influência direta sobre a vida social e gerasse o futuro no reino da atividade concreta".[54] A discussão fútil e encharcada de cerveja, tão ao gosto dos Jovens Hegelianos, tinha de ser recanalizada para um programa prático de reforma.

Hess foi instantaneamente hipnotizado pelos escritos de Cieszkowski. "Chegou a hora de a filosofia do espírito se tornar uma filosofia da ação", proclamou ele. Retornando à ênfase que Ludwig Feuerbach dera à necessidade de acabar com a alienação religiosa, Hess fez com que seu pensamento desse um passo à frente. É claro, concordava Hess, que o homem só poderia recuperar sua essência acabando com a submissão a uma divindade cristã. Mas essa mudança radical não devia ser tentada numa base individual; o que era necessário era um processo comunal mais amplo. "Teologia é antropologia. Certo. Mas essa não é toda a verdade. É bom lembrar que o ser do homem é social, é a cooperação de vários indivíduos para realizar um objetivo comum [...] e a verdadeira doutrina do homem, o verdadeiro humanismo, é a teoria da sociabilidade humana. Quer dizer, antropologia é socialismo."[55] Pois o que o socialismo (ou o comunismo) prometia (e

---
* (1812-1870) político e escritor russo. Escrevia contra o czarismo em seu exílio na Inglaterra. (N. da E.)

Hess, como Marx e Engels, usava os termos como sinônimos) era o céu na terra: tudo o que no cristianismo fora representado profeticamente passaria para uma sociedade verdadeiramente humana, baseada nas leis eternas do amor e da razão.[56]

Para chegar a esse estado sublime de cooperação, era urgentemente necessário um confronto com o sistema capitalista contemporâneo — a causa de tantos males modernos. Hess defendia a abolição da propriedade privada e, com ela, o fim dos efeitos alienantes gerados pela economia monetária. Só então a cultura do egoísmo e da competição seria restringida e em seu lugar surgiria uma nova sociabilidade baseada na liberdade e na solidariedade humana. No grande movimento histórico rumo ao socialismo, todo membro do que ele chamava de triunvirato europeu — França, Inglaterra e Alemanha — tinha um papel específico a desempenhar. A Alemanha devia apresentar os fundamentos filosóficos do comunismo, a França já estava bem avançada no ativismo político e a Inglaterra — que estava em processo de industrialização — devia juntar a lenha para a fogueira social. "O antagonismo entre a pobreza e a aristocracia do dinheiro só vai chegar a um grau revolucionário na Inglaterra, assim como aquela oposição entre espiritualidade e materialismo só pode chegar a seu clímax na França e o antagonismo entre Estado e Igreja só pode ter seu ápice na Alemanha."[57]

Hess foi um dos primeiros a introduzir essa "questão social" — os custos humanos do capitalismo industrial — na dinâmica política. Num artigo intitulado "Sobre a Catástrofe que se Aproxima da Inglaterra", Hess explicou que a tempestade que estava se armando era produto do climatério de um momento socioeconômico crucial:

> As causas objetivas que vão provocar uma catástrofe na Inglaterra não são de caráter político. A indústria que passou das mãos do povo para as dos capitalistas, o comércio que era realizado em pequena escala por pequenos mercadores está sendo cada vez mais controlado por capitalistas de larga escala, aventureiros e vigaristas, a propriedade da terra concentrada pelas leis da hereditariedade nas mãos de usurários aristocratas [...] todas essas condições que existem em toda parte, mas principalmente na Inglaterra e

que constituem, se não as únicas, ao menos as causas principais e essenciais da catástrofe que nos ameaça, têm um caráter social, não um caráter político.[58]

Cada vez mais a atividade teórica de Hess, voltada para o social e para a prática, estava levando os Jovens Hegelianos para uma direção claramente comunista. No outono de 1842, segundo Engels, alguns membros do "partido" dos Jovens Hegelianos (entre os quais ele se incluía) "estavam insatisfeitos com a insuficiência da transformação política e declararam que sua opinião era que uma revolução *social* baseada na propriedade comum era o único estado da humanidade de acordo com os seus princípios abstratos".[59]

O que estava igualmente óbvio era que a Inglaterra — com suas manufaturas imensas, seus ricos donos de fábricas e seu proletariado horrivelmente embrutecido — se encontrava com tudo pronto para ser o palco da "catástrofe que se aproximava": "Os ingleses são a nação da práxis, mais que qualquer outra. A Inglaterra está para o nosso século como a França esteve para o século passado."[60] E era para a Inglaterra que Friedrich Engels estava indo agora. Antes de partir, procurou Moses Hess em pessoa, com quem havia começado a se corresponder. Hess contou a visita numa carta ao amigo e poeta judeu Bertold Auerbach. Engels chegou tímido e ingênuo, escreveu ele, parecendo um "revolucionário 'novato'" (*ein Anno I Revolutionär*) da Revolução Francesa, do tipo *montagnard* (montanhês). Na época em que concluiu seu curso particular com Hess e retomou seu caminho para a Inglaterra, Engels, o Jovem Hegeliano, havia se convertido num "comunista extremamente fervoroso".[61]

3

Manchester em preto e branco

No dia 27 de agosto de 1842, apareceu um anúncio na primeira página do *Manchester Guardian*. Abaixo do aviso de William Ashworth, "comerciante de cerveja de Heywood", de que ele "não assumiria nenhuma dívida ou dívidas que minha esposa, Ann Ashworth, venha a contratar a partir de hoje", a firma Ermen & Engels expressava "sua profunda gratidão não só às autoridades, à polícia e aos guardas especiais, como também a seus bondosos vizinhos pelas medidas muito eficientes e preventivas adotadas, e pronta assistência prestada para proteger seus estabelecimentos e as pessoas que neles trabalham durante os distúrbios ocorridos há pouco". Além disso: "E & E pede que seja acrescentado que esses sentimentos são inteiramente compartilhados por seu quadro de funcionários, sobre cujos membros não é mais que obrigação dizer que mostraram, sem exceção, a melhor postura e conduta durante a confusão generalizada que aconteceu recentemente." Em síntese, o pai de Engels e seu sócio comercial queriam agradecer ao Estado britânico por esmagar os chamados tumultos de Plug Plot [a Conspiração das Tomadas], a mais vigorosa expressão de descontentamento da classe operária desde o massacre de Peterloo em 1819, que viu milhares de manifestantes a favor da democracia caírem sob os sabres da polícia de Manchester.[1]

Os meses anteriores aos tumultos de Plug Plot foram de pobreza e desencanto político crescentes em toda Manchester. "Qualquer homem que atravesse o distrito observando a situação do povo vai perceber imediatamente o sofrimento profundo e devastador que prevalece no seu seio, deixando a indústria prostrada e as famílias desoladas, e disseminando no estrangeiro a insatisfação e a miséria, onde recentemente as pessoas desfrutavam de felicidade e contentamento", dizia uma reportagem do *Manchester Times* de julho de 1842.[2] Mas essas descrições do desespero que imperava nas favelas de Lancashire tiveram pouco impacto sobre os proprietários de terras, industriais e comerciantes reunidos em Westminster. Algum tempo antes, naquele mesmo verão, membros do Parlamento haviam rejeitado sumariamente uma petição com um milhão de assinaturas pedindo sufrágio universal para os homens, petição essa apresentada pelo movimento operário cartista, cuja Carta do Povo de seis itens defendia uma transformação democrática do governo inglês. E agora os parlamentares estavam mostrando o mesmo desprezo pelos custos humanos da "fome da década de 1840".

Na verdade, os industriais de Manchester tinham explorado o desbaratamento da classe operária que se seguiu ao repúdio à petição para impor uma série de cortes salariais da ordem de 50%. Em resposta, os trabalhadores das fábricas dirigiram-se às charnecas de Lancashire para fazer comícios em massa, renovar as demandas da Carta e fazer ouvir novamente o grito familiar de "Salário justo por um dia de trabalho árduo". Seguiram-se greves nas fábricas e minas de carvão das aldeias vizinhas de Ashton e Hyde, e os operários puseram sua marca registrada nos tumultos desligando os motores a vapor das fábricas. Houve distúrbios violentos em Bolton, e na manhã do dia 10 de agosto de 1842, uma quarta-feira, cerca de dez mil homens e mulheres cercaram ameaçadoramente as grandes fábricas do distrito de Ancoats, Manchester. Desanimados, armados e cada vez mais violentos, os operários saquearam lojas, incendiaram fábricas e atacaram a polícia.

Para admiração dos diretores da Ermen & Engels, a resposta das autoridades foi rápida e eficiente. A Riot Act, Lei do Tumulto, foi lida — ela permitia a dispersão imediata das multidões —, o exército foi mobilizado e forças especiais foram recrutadas junto às classes médias, entre as quais membros da comunidade mercantil alemã que marcharam "pela cidade com seus charutos na boca e grossos cassetetes nas mãos".[3] Os desordeiros foram cercados e detidos, e no final de agosto Manchester parecia uma cidade ocupada com milhares de soldados trazidos de trem.[4] "Nas ruas havia inequívocos sinais de alarme por parte das autoridades", lembrava o cartista Thomas Cooper. "Tropas da cavalaria subiam e desciam as principais vias públicas, acompanhadas de peças de artilharia puxadas por cavalos."[5] Diante dessa demonstração de força militar, e em meio aos primeiros indícios de melhoria econômica, os protestos aquietaram-se.

Mas os tumultos de Plug Plot foram apenas a superfície da fúria de um mal social muito mais profundo, cujas raízes se alimentavam da disparidade crescente entre uma burguesia próspera e um proletariado empobrecido. "A moderna arte da manufatura chegou ao seu apogeu em Manchester", observou Engels. "Os efeitos da manufatura moderna sobre a classe operária vão necessariamente se desenvolver aqui na sua forma mais livre e perfeita." Por conta disso, "os inimigos estão se dividindo gradualmente em dois grandes campos — a burguesia de um lado, os operários do outro".[6] E ninguém achava que havia sido testemunha da última batalha.

Essa cidade da divisão social se tornaria o lar de Engels por cerca de duas décadas e o inspiraria a compor uma das melhores crônicas já escritas sobre a experiência industrial, *A situação da classe trabalhadora na Inglaterra* (1845). E foi na Manchester de meados da década de 1840 — entre os armazéns, fábricas, bolsas de valores, favelas, hospedarias e botequins — que Engels faria uma série de avanços intelectuais e ideológicos cruciais para o desenvolvimento do marxismo. Lancashire ofereceu a Engels os dados essenciais para ele dar substância à sua filosofia. Se Berlim, com suas salas de aula e debates em cervejarias, havia sido uma cidade da mente, então Manchester era uma cidade da matéria. Em Deansgate e na Great Ducie Street, nos pardieiros de Salford e nos enclaves da Oxford Road, Engels colheu "fatos, fatos, fatos" da Inglaterra industrial, com um efeito devastador. O comunismo deu um passo à frente quando Engels combinou sua herança filosófica alemã com as fissuras de classe e o capitalismo implacável que ele viu em ação nas ruas de Londres, Leeds e Manchester. As teorias de Hess adquiriram realidade quando Engels se deu conta de que o comunismo era a única resposta legítima para essa situação social atroz. E, embora os franceses talvez tivessem compreendido essa verdade "politicamente", e os alemães "filosoficamente", Engels achava que os ingleses estavam sendo obrigados a chegar a essa conclusão "praticamente, pelo rápido aumento da miséria, da desmoralização e do pauperismo em seu país".[7]

Em Manchester, chamou tangivelmente a minha atenção que os fatos econômicos que até então não haviam desempenhado papel algum, ou só um papel insignificante na historiografia, sejam, ao menos no mundo moderno, uma força histórica decisiva. Descobri que os fatores econômicos são a causa básica do choque entre as diferentes classes da sociedade. E percebi que, num país extremamente industrializado como a Inglaterra, o choque das classes sociais está nas próprias raízes da rivalidade entre os partidos e foram da maior importância para rastrear o curso da história política moderna.[8]

Mas esses avanços no entendimento nada fizeram para aliviar a tensão canhestra da posição do próprio Engels: residindo em Manchester a soldo do pai, ele era um aprendiz de burguês, um dono de fábrica. Fora encarregado de aprender o ofício e descobrir de que forma extrair o máximo de valor do proletariado numa época em que suas opiniões políticas o estavam levando para uma direção muito diferente. O jovem Engels, verdade seja dita, não compartilhava inteiramente os sentimentos dos diretores da Ermen & Engels quando se tratava de esmagar a resistência da classe operária.

Portanto, muito do que julgamos conhecer sobre a Manchester vitoriana é, em si, o produto de Engels e de sua prosa dilacerante. Escrita quando ele tinha apenas 24 anos, *A situação da classe trabalhadora na Inglaterra* serviria, no século XX, de síntese literária do horror, da exploração e do conflito de classe da Europa industrial e urbana. No entanto, a obra de Engels faz parte de uma literatura muito mais ampla — alguns de seus textos conhecidos por Engels, outros não — sobre a cidade industrial, e sobre Manchester em particular. "Quando você entra em Manchester, vindo de Rusholme, a cidade que fica na extremidade inferior da estrada de Oxford tem a aparência de um denso volume de fumaça, mais assustador do que a entrada do inferno de Dante", escreveu o pioneiro da cooperativa George Jacob Holyoake numa reação típica à cidade. "Ocorreu-me que, sem ser advertido de antemão, nenhum homem teria coragem de entrar ali."[9]

Para a mente vitoriana, "Algodonópolis" representava todos os horrores da modernidade: era a "cidade do choque" da Revolução Industrial, uma metonímia impressionante das transformações aterrorizantes da era do vapor. Entre 1800 e 1841, a população de Manchester e da Salford adjacente passou de 95 mil para mais de 310 mil, aumento impulsionado pelo boom da indústria têxtil que floresceu — como em Barmen e Elberfeld — graças a uma cultura de inovação e empreendimento, reservas de força de trabalho e um clima úmido essencial para fiar o algodão. O empresário e inventor Richard Arkwright — um pioneiro da produção algodoeira no vale do Derwent, com o uso inovador que fez da mecanização e da energia hidráulica para movimentar seus teares — foi o primeiro a usar a energia do vapor com o objetivo de fiar algodão em Manchester no final da década de 1780. Em 1816, à sua fábrica de Shudehill juntaram-se outras 85 movidas por motores a vapor, empregando quase 12 mil homens, mulheres e crianças. Em 1830, havia mais de 550 fábricas em Lancashire, com bem mais de 100 mil operários.

Ao contrário das cidades vizinhas de Oldham, Ashton e Stalybridge, Manchester era mais que apenas a capital do algodão. Era uma praça de mercado, um eixo de distribuição e um centro financeiro que dependia tanto de sua indústria de construção e de suas ligações comerciais com as cidades vizinhas quanto de suas tecelagens de algodão. Os cidadãos mais ricos de Manchester provavelmente eram os banqueiros, os cervejeiros e os comerciantes, bem como os donos de tecelagens de tradição vitoriana.[10] Apesar disso, a imagem de Algodonópolis, com seus contrastes violentos de miséria e riqueza à Midas, fez da cidade um ímã para aqueles que queriam decifrar o significado da industrialização. Ali estava uma demonstração do que exatamente a era do vapor reservava para a civilização europeia. Em 1833, por exemplo, Alexis de Tocqueville, que acabara de concluir seus estudos sobre democracia nos Estados Unidos, voltou a atenção para "esse novo Hades". Aproximando-se da cidade, Tocqueville notou "trinta ou quarenta fábricas destacando-se no topo dos morros", cuspindo seus resíduos pestilentos. Na verdade, ele ouvira Manchester antes de vê-la, pois nenhum visitante escapava "das rodas esmagadoras das máquinas, do guincho do vapor das caldeiras, da batida regular dos teares", e do "barulho das fornalhas". Dentro daquela cidade irregular, ele encontrou — fazendo eco a Engels em Wuppertal — "águas fétidas e lamacentas, manchadas com mil cores pelas

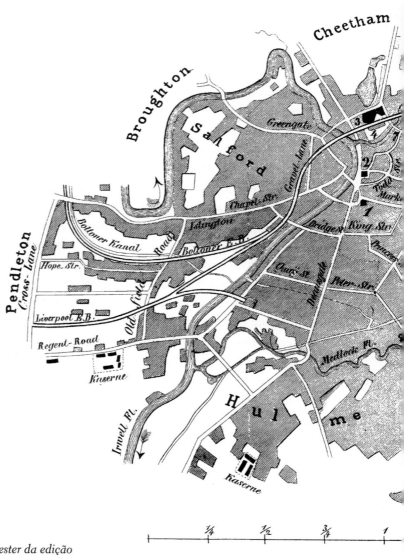

Mapa de Manchester da edição alemã de 1845 de The Working Class in England.

1. die Börse.
2. die alte Kirche.
3. das Arbeitshaus.
4. der Armenkirchhof
Zwischen Beiden der Liverpooler & Leedser E.B. Hof.
5. St. Michael's Kirche.
6. Scotland Bridge über d. Irk.
Die Strasse von 2 nach 6 heisst Long Millgate.
7. Ducie Bridge über d. Irk.
8. Little Ireland.

1½ engl. Meilen.
69½ = 1° des Aequators.

hten Hand abwärts schattirt.

fábricas por onde passam". No entanto, "desse esgoto pútrido flui a maior das correntezas da indústria humana, que fertiliza o mundo inteiro. Desse esgoto pútrido flui ouro puro".[11]

Esse observador francês não estava sozinho. Por causa de suas ligações comerciais, e também das necessidades oficiais da *intelligentsia* industrial (dos burocratas prussianos cada vez mais preocupados com a prosperidade crescente da Grã-Bretanha), foram muitos os visitantes alemães de Manchester e dos distritos vizinhos de Hulme, Chorlton e Ardwick, como o historiador Frederick von Raumer, a escritora Johanna Schopenhauer, o ministro Johann Georg May e até Otto von Bismarck. May ficou hipnotizado pelas "centenas de fábricas de Manchester que chegam a ter cinco a seis andares de altura. As chaminés imensas ao lado desses prédios expelem vapores negros de carvão, o que nos diz que ali são usados potentes motores a vapor. [...] As casas são enegrecidas por eles".[12] Alguns anos depois, um visitante francês, o jornalista liberal Léon Faucher, ficou igualmente estarrecido com "os vapores exalados por esse distrito pantanoso e as nuvens de fumaça vomitadas por inúmeras chaminés". Achou igualmente repugnante o estado dos cursos d'água: "O rio que corre por Manchester está tão cheio de resíduos de corantes que parece um tanque de tingimento. A cena toda é de melancolia."[13]

As cenas dentro da fábrica não eram menos infernais. Manchester era famosa por sua ética do trabalho. "Não ouviste com ouvidos perfeitos", perguntava o sábio vitoriano Thomas Carlyle, "o despertar de Manchester, numa manhã de segunda-feira, às 5h30; suas mil fábricas começando a acelerar, como uma onda do Atlântico, dez mil vezes dez mil bobinas e fusos todos começando a zumbir ali — talvez seja, se você a conhecer bem, sublime como o Niágara, ou mais."[14] Como veremos, os donos das fábricas estavam muito empenhados na administração eficiente do tempo. Quando o futuro poeta laureado Robert Southey visitou uma fábrica de Manchester, foi orgulhosamente informado pelo dono de que "Não há ociosidade entre nós." As crianças operárias chegavam às 5 horas da manhã, tinham meia hora para o desjejum e meia hora de almoço e saíam às 18 horas — horário em que eram substituídas pelas crianças do turno seguinte. "A roda nunca para."[15] Segundo Johann George Kohl, autor alemão que escrevia livros de viagem, tratava-se de uma nova raça de seres humanos: "Em longas fileiras de ambos os lados, e em todas as direções, milhares de homens, mulheres e crianças corriam apressados. Não pronunciavam uma única palavra e, procurando aquecer as mãos geladas nas roupas de algodão, se apressavam pelo pavimento, clape, clape, clape, rumo às suas ocupações fatigantes e monótonas."[16] O historiador francês Hippolyte Taine achou que Manchester não lembrava nada além de "um grande acampamento construído às pressas, uma 'casa de correção' para 400 mil pessoas, um estabelecimento onde se cumpria a pena de trabalhos forçados". O aglomerado de milhares de operários que realizavam tarefas sem sentido, subordinado a uma disciplina rígida, "mãos ativas, pés imóveis, todo dia o dia todo", deixou-o estarrecido. "Será que existe algum tipo de vida mais revoltante, mais oposto aos instintos naturais do homem?"[17]

Ao lado do turismo de favela da época, havia também um cânone bem desenvolvido de crítica urbana local, que Engels devorou. Um dos testemunhos mais eloquentes foi o de James Phillips Kay, o médico do Ardwick and Ancoats Dispensary. Sua obra polêmica de 1832, *The Moral and Physical Condition of the Working Classes Employed in the Cotton Manufacture in Manchester*, era uma crítica, em parte cristã, em parte médica, da miséria com que se deparou nas suas rondas para detectar o cólera em "becos sem saída, pátios apinhados de gente, habitações superpopulosas de desgraçados, cujo pauperismo e doença se unem em torno da fonte do descontentamento social e da desordem política".[18] Como Engels, Kay sentiu-se moralmente afrontado pelo sofrimento extremo de Manchester ao lado de uma prosperidade sem paralelos — "um gigante entorpecido [...] no meio de tamanha opulência". Além desses depoimentos pessoais, havia as publicações oficiais do funcionário público Edwin Chadwick, cujo *Report on the Sanitary Conditions of the Labouring Population of Great Britain*, de 1842, fazia uma avaliação sombria dos efeitos da industrialização rápida sobre a saúde pública: "A carnificina anual da Inglaterra e do País de Gales, decorrente de causas do tipo que podem ser evitadas e atacam pessoas na flor da idade, parece ser o dobro daquela sofrida pelos Exércitos Aliados na batalha de Waterloo."[19] Manchester também mereceu a censura particularmente ferina do encarregado de implementar a lei de assistência aos pobres, o Dr. Richard Baron Howard, que falou de ruas inteiras "sem pavimentação e sem redes de esgotos" e "tão cobertas de lixo e matéria fecal que era quase impossível passar por elas em razão da profundidade da lama e do fedor intolerável. [...] Em muitos desses lugares dá para ver latrinas no estado mais repulsivo de sujeira, esgotos a céu aberto, canos obstruídos, valas cheias de água parada, pilhas de excrementos, chiqueiros etc., que exalam os odores mais abomináveis".[20]

Nessa terminologia médica da época espreitavam tanto os miasmas morais quanto os miasmas sanitários. Se as classes trabalhadoras de Manchester eram célebres por sua irreligiosidade (ou, pior ainda, pelo catolicismo entre os irlandeses), promiscuidade sexual, embriaguez e depravação generalizada, as classes médias da cidade eram igualmente famosas por seu materialismo vulgar. "O sentimento que absorve o grosso dos moradores é o desejo de adquirir riqueza; e é considerado insignificante em sua estimativa tudo o que não tenha a realização desse objetivo como finalidade", comentou um habitante da cidade. Diziam que o homem de Manchester "ouve mais música com o movimento ininterrupto do tear do que com o canto da cotovia ou do rouxinol. Para ele, a filosofia não tem atrativos; a poesia, nenhum encanto; montanhas, rochas, vales e rios não lhe dão prazer nem despertam sua admiração; a genialidade murcha à sua aproximação".[21] Como até o *Manchester Guardian* — geralmente leal — foi obrigado a admitir: "Se os ingleses são considerados uma nação de lojistas, Manchester está sempre atrás do balcão e sempre vê os homens e as medidas no meio de uma atmosfera cheia de fiapos de algodão."[22] Os visitantes alemães concordavam: "Trabalho, lucro e ganância parecem ser os únicos pensamentos existentes ali. [...] A gente vê números, nada além de números em todos os rostos dali."[23]

A profunda linha divisória entre o proletariado e a burguesia apontava a existência de um abismo social intransponível. Ao falar de Manchester, o cônego Richard Parkinson disse que não havia "cidade no mundo onde a distância entre os ricos e os pobres fosse maior". Na verdade, havia "muito menos comunicação pessoal entre o mestre da fiação do algodão e seus operários" do que entre "o duque de Wellington e o mais humilde trabalhador de sua propriedade rural".[24] Essa divisão urbana onde as partes ficavam muito perto uma da outra — a proximidade física coexistindo com uma disparidade social cada vez maior — impressionou muito Léon Faucher, que declarou que em Manchester havia "duas cidades em uma: em uma porção havia espaço, ar fresco e cuidados com a saúde; e, na outra, tudo o que envenena e encurta a existência".[25] Em 1845, Benjamin Disraeli colocou seu senso de separação entre as classes no âmago de seu romance-manifesto intitulado *Sybil; or, The Two Nations* [Sybil; ou as duas nações]. Em uma das cidades, lamentava ele, os ricos e os pobres agora vivem como duas nações inteiramente diferentes, "entre as quais não há interação nem simpatia; que ignoram tanto os hábitos, pensamentos e sentimentos uma da outra quanto se fossem habitantes de zonas diferentes, ou moradores de planetas diferentes [...] ou membros de linhagens diferentes", alimentando-se com comidas diferentes e governados por leis diferentes.[26] Eis aí uma descrição impressionante do conflito de classe iminente, feita por uma das mais arrogantes vozes conservadoras.

É claro que Manchester não foi a única cidade a sofrer uma dessas inspeções críticas. Há narrativas similares para as cidades de Glasglow, Liverpool, Birmingham e Bradford. Também estava em desenvolvimento uma literatura europeia de descoberta urbana que expunha as favelas, as tribos ocultas e a sexualidade amoral de Lyon, Paris, Berlim e Hamburgo. Mas Manchester era algo mais: o símbolo máximo da industrialização. Era um fenômeno urbano extraordinário — semelhante ao boom das cidades chinesas ou às megalópolis africanas de nossos dias — que atraía intelectuais, ativistas, filósofos e até artistas. Todos queriam *experimentar* e captar esse futuro assustador. Mas coube ao talento de Friedrich Engels pintar a crise social da cidade numa tela histórica absolutamente grandiosa.

"Uma revolução na Inglaterra é possível ou mesmo provável? Essa é a pergunta da qual depende o futuro da Inglaterra."[27] Desembarcando nas docas de Londres em 1842, Engels ficou impressionadíssimo com "as massas de prédios, os cais de ambos os lados, [...] os incontáveis navios em ambas as praias. [...] Tudo isso é tão vasto, tão surpreendente, que o indivíduo não consegue se conter, fica maravilhado com a grandeza da Inglaterra". No entanto, alimentado pelas previsões de uma grande crise social feitas por Moses Hess, ele estava à procura de todo e qualquer sinal da insurreição iminente.[28] Descobriu instantaneamente aquela classe de proletários que tinha de pagar o preço dessa grandeza comercial e que, como ele chegaria a declarar depois, era a classe destinada a desmantelar aquele sistema injusto. "Pois, embora a indústria enriqueça um país, também cria uma classe de pessoas sem propriedades, absolutamente pobre, uma classe que vive de maneira precária, que se multiplica rapidamente e que não pode ser abolida depois", escreveu ele numa série de artigos para o *Rheinische Zeitung* de Marx, indício de que sua amizade estava progredindo lentamente a partir da frieza inicial. Diante da realidade terrível dos custos da industrialização, Engels estava mudando de posição, passando das noções de *Geist*, consciência e liberdade dos Jovens Hegelianos para a linguagem terrena da realidade econômica. "A mais leve flutuação do comércio deixa milhares de operários na miséria; suas modestas economias são logo consumidas, e depois eles correm o perigo de morrer de fome. E uma crise desse tipo está fadada a acontecer de novo dentro de alguns anos."[29]

Mas antes da revolução havia o trabalho a ser feito para o pai. A firma Ermen & Engels havia sido fundada em 1837, quando Friedrich Engels pai pegou o dinheiro que recebera da venda de sua parte da empresa da família e o investiu na companhia dos irmãos Ermen. A força motriz dessa companhia, Peter Ermen, nascido na Holanda, fora para Manchester em meados da década de 1820 e abrira caminho trabalhando ao mesmo tempo numa fábrica pequena e na fundação de uma empresa multinacional de fio de algodão, administrada com a ajuda de seus irmãos Anthony e Gottfried. O investimento feito por Engels pai permitiu à companhia abrir uma nova fábrica em Salford para a produção de fio de algodão. Esse distrito a oeste de Manchester era célebre por seu excelente algodão mercerizado e sua tecelagem, bem como pela fábrica — ao lado da estação de Weaste, às margens da linha ferroviária que ligava Manchester a Liverpool —, que tinha uma localização ideal tanto para trazer o algodão em estado natural das docas de Mersey quanto para conseguir água do rio Irwell, que ficava perto, para alvejá-lo e tingi-lo. Batizada patrioticamente de Victoria Mill em homenagem à jovem rainha que acabara de ascender ao trono, a nova fábrica despachava o fio que trazia a sua marca registrada de três torres vermelhas, brasão atribuído aos ancestrais dos Ermens que viveram no século XVI. Foi aí que Engels se juntou a uma força de trabalho de quatrocentos indivíduos, começando a labutar entre as máquinas que fiavam o algodão "na sala dos teares".[30] Embora não saibamos onde exatamente ele morava, parece que sua residência ficava perto, no bairro de Eccles, onde certa vez ele foi testemunha de uma batalha entre a polícia e a firma Pauling & Henfrey, que fabricava tijolos. A lenda local também diz que ele era frequentador assíduo do botequim Salford's Crescent, e F. R. Johnston, o historiador de Eccles, chegou até a sugerir que Engels tentou formar "uma célula comunista sediada no Grapes Hotel".[31] A fábrica de Weaste, que reencarnou mais tarde com o nome de Winterbottom Bookcloth Company, durou até a década de 1960, quando a construção de uma rodovia precisou da demolição do que, nessa época, era uma nota de rodapé do socialismo industrial.[32]

Trabalhar para a empresa da família enquanto vivia numa comunidade explorada pelo capitalismo do algodão logo fez as contradições da posição de Engels penosamente evidentes. Como ele disse numa carta a Marx alguns anos depois, na qual abriu o coração: "A vida de mascate é abominável. [...] O mais abominável de tudo é o fato de eu ser não só um burguês, mas sim, na verdade, um industrial, um burguês que participa ativamente das fileiras contrárias ao proletariado. Alguns dias na fábrica do meu pai foram suficientes para me pôr cara a cara com essa abominação, para a qual eu havia feito vista grossa."[33] Mas, mesmo que trabalhasse para a burguesia, Engels não convivia socialmente com seus membros: "Evito a companhia e os jantares, o vinho do Porto e o champanhe das classes médias, e dedico minhas horas de lazer quase que exclusivamente às interações com simples operários."[34] O primeiro convite que recebeu foi dos simples operários do Owenite Hall of Science [Salão de Ciência Owenita].

Robert Owen era o último membro do triunvirato de "socialistas utópicos" de Engels, ao lado de Charles Fourier e Saint-Simon no panteão dos sonhadores — todos eles, como Engels concluiria mais tarde, fracassaram por causa de uma avaliação incorreta dos rigores históricos do socialismo científico. Mas o próprio Owen poderia muito bem declarar que tinha uma compreensão muito mais prática da justiça social do que Marx ou Engels um dia teriam. Um homem da indústria têxtil por profissão e casamento, ele tentou transformar suas fábricas de New Lanark, na Escócia, num modelo de emprego com equidade e coesão comunitária. O ponto de partida de Owen era a crença de que o condicionamento, e não o caráter, era a chave do homem. O pecado original era uma falácia e o que se fazia necessário era, ao contrário, um éthos educacional e social que levaria a humanidade a dar o melhor de si em termos de cooperação. Em New Larnak, Owen era o chefe de uma ditadura comercial beneficente: diminuiu as horas de trabalho, eliminou o emprego de operários com menos de 18 anos, restringiu as vendas de álcool, melhorou as condições de vida e introduziu o ensino primário gratuito. Em *A New View of Society; or, Essays on the Principle of the Formation of the Human Character* (1813-14), ele mostrou com detalhes como sua abordagem poderia ser aplicada à sociedade em geral. O livro ajudou a aprovar a Lei das Manufaturas e Fábricas de Algodão de 1819, que limitava em 12 horas o dia de trabalho na indústria têxtil para os operários entre 9 e 16 anos de idade.

No entanto, por maior que fosse o número de leis que o Parlamento aprovasse para melhorar as condições de vida dos operários, a política, como de costume, nunca daria uma resposta à pobreza estrutural que afligia a Grã-Bretanha nos anos que se seguiram às Guerras Napoleônicas. O xis do problema, concluiu Owen, era o cristianismo organizado, que mantinha o homem num estado de atraso e superstição e, combinado com o éthos competitivo da sociedade (exemplificado pelo apego à propriedade privada), corrompeu a natureza do homem. Distanciando-se enormemente de suas raízes de reformador industrial, Owen agora defendia uma revolução moral por atacado, o que significava afastar-se dos males do "velho mundo imoral" e, concordando com Fourier, criar novas comunidades, construídas em torno da agricultura e da indústria, onde a educação e a cooperação seriam o ponto de partida do processo regenerativo. "As crianças não são atormentadas com controvérsias religiosas e teológicas, nem com grego e latim", escreveu Engels com admiração a respeito da colônia owenita de Queen Farm, em Hampshire. "Em vez disso, familiarizam-se mais com a natureza, com o próprio corpo e com suas faculdades intelectuais. [...] Sua educação moral se restringe à aplicação de um único princípio: não faça aos outros o que não quer que lhe façam; em outras palavras, a prática da completa igualdade e do amor fraterno."[35] No entanto, assim como nos falanstérios de Fourier e nas seitas de Saint-Simon, as comunidades planejadas segundo o modelo owenita mostraram ser caras e de vida curta tanto na Inglaterra quanto nos Estados Unidos.

Outra facção do socialismo owenita, cujos adeptos se agruparam sob a égide da British Association for the Promotion of Co-operative Knowledge [Associação Britânica para a Promoção do Saber Cooperativo], foi mais produtiva. O principal alvo de suas críticas era a competição moderna. "O sentimento egoísta que há no homem pode muito bem ser chamado de princípio competitivo", declarou William Lovett, o principal líder owenita, "uma vez que faz com que ele concorra com outros para a satisfação de suas necessidades e propensões. Ao passo que se pode dizer que a cooperação é o sentimento social que o leva a atos de benevolência e afeição fraterna." Portanto, uma economia baseada no sistema competitivo era inerentemente injusta e instável: haveria concentração de riqueza, os ciclos comerciais se tornariam mais extremos e a pobreza se aprofundaria. Enquanto o próprio Robert Owen concentrava cada vez mais seus esforços no sentido de reformar a religião e acabar com "a união antinatural e artificial dos sexos" no casamento, seus seguidores se dedicaram mais a desenvolver um programa político baseado na cooperação e num senso moral do valor: os salários seriam determinados pelo tempo de trabalho e transferidos pura e simplesmente para os operários (um salário justo por um dia de trabalho árduo), em lugar da exploradora "doutrina dos salários", segundo a qual o valor é ditado pelas flutuações do mercado e pelos caprichos do empregador. Os owenitas fundaram uma série de lojas em Londres e Brighton que funcionavam como cooperativas, "trocas de trabalho" para a comercialização direta de mercadorias, sindicatos para defender a causa do trabalho e uma rede de Halls of Science (com a bandeira da "Associação de Todas as Classes de Todas as Nações") para promover o socialismo, a fraternidade e a razão.

Inicialmente, a sede de um dos ramos mais ativos — e maiores — da associação, com 440 membros e um Hall of Science dedicado, foi instalada em Salford; à medida que o interesse pelo socialismo começou a ter um crescimento enorme por todo o noroeste, em 1840 a sede mudou-se para o bairro de Campfield, em Manchester. Léon Faucher lembra-se dela como

"um prédio imenso [...] construído exclusivamente com as economias de mecânicos e artesãos, por £7 mil e que contém uma sala de leitura — a melhor e mais espaçosa da cidade. É frequentado pelos discípulos do Sr. Owen. Além das palestras de domingo sobre as doutrinas do socialismo, funciona ali uma escola dominical, e o número de adeptos aumenta graças aos oratórios e festas — com excursões rurais e oferecendo recreação barata e inocente às classes trabalhadoras. [...] As grandes somas de dinheiro que levantam comprovam que eles pertencem à porção mais rica das classes trabalhadoras. Em geral, nas noites de domingo os auditórios ficam lotados.[36"]

Estimativas generosas situam a "comunidade socialista" de Manchester entre oito e dez mil pessoas durante a década de 1840, com impressionantes três mil adeptos enchendo o salão nas noites de domingo — Friedrich Engels entre eles. Acostumado ao artesão bêbado de Barmen, ele ficou admiradíssimo com a articulação das classes trabalhadoras inglesas: "No começo, é impossível não ficar surpreso ao ouvir no Hall of Science os operários mais simples falarem com um entendimento claro de questões políticas, religiosas e sociais."[37] Na verdade, ele muitas vezes ouviu "operários, vestidos com casacos de fustão surradíssimos, falarem de temas geológicos, astronômicos e outros com mais conhecimento do que possui a maioria dos burgueses 'instruídos' da Alemanha". A seu ver, isso era produto da voracidade de sua cultura literária, com Rousseau, Voltaire e Paine todos grandes favoritos entre os operários de Manchester, mas não entre as classes médias. "Byron e Shelley são lidos quase que exclusivamente pelas classes baixas; nenhuma pessoa 'respeitável' poderia ter as obras deste último em sua escrivaninha sem cair no mais terrível descrédito."[38]

Como no caso de tantas variantes do socialismo, os owenitas também assimilaram à sua prática os ritos e rituais do culto cristão. "Em sua feição, essas reuniões lembram um pouco as reuniões da igreja; na galeria, um coro acompanhado por uma orquestra canta hinos sociais", observou Engels. "Eles consistem em melodias semirreligiosas — ou inteiramente religiosas — com palavras comunistas, durante os quais o público fica de pé." Os sermões eram de uma qualidade absolutamente superior ao palavreado bombástico de Krummacher. "Em seguida, quase com indiferença, sem tirar o chapéu, um palestrante sobe à plataforma [...] e depois se senta e faz o seu discurso que, em geral, dá ensejo a muitas gargalhadas, pois nesses discursos o intelecto inglês se expressa com uma superabundância de humor." Em outros momentos, as reuniões owenitas são apenas ocasiões sociais para os operários e as classes médias: festas de domingo à noite "com a ceia habitual de chá e sanduíches; nos dias úteis, muitas vezes há danças e concertos no salão, onde as pessoas passam momentos muito alegres".[39]

De vez em quando, apresentava-se alguém que atraía multidões. No final de 1843, foi o célebre hipnotizador Spencer Hall que, diante de um público cético de owenitas materialistas, "fez demonstrações magnético-frenológicas com uma moça para provar a existência de Deus, a imortalidade da alma e a incorreção do materialismo". Engels ficou claramente impressionado com essas demonstrações e, depois de sair do salão, tentou realizar por conta própria um experimento semelhante dessa pseudociência: "Um menino de 12 anos e olhos arregalados ofereceu-se como voluntário. Olhar com carinho em seus olhos, ou afagá-lo, fez com que ele entrasse sem dificuldade no estado hipnótico [...] À parte a rigidez muscular e a perda de sensação, que eram fáceis de produzir, ele também descobriu um estado de passividade completa da vontade vinculado a uma hipersensibilidade peculiar da sensação." Mas o cofundador do materialismo dialético não se deixou enganar facilmente por esse truque de prestidigitação: "Descobrimos no dedão do pé um órgão de embriaguez que só era preciso tocar de leve para fazer com que fosse representada a melhor comédia do mundo sobre bebedeira. Mas é preciso ficar claro que nenhum órgão mostrava nenhum resquício de atividade enquanto não se desse a entender ao paciente o que se esperava dele; o menino logo se aperfeiçoou com a prática — e numa tal extensão que bastava o mais leve indício."[40]

O palestrante owenita John Watts mostrou ter muito mais valor intelectual. Tecelão de fitas e ex-assistente de secretário do Coventry Mechanics' Institute, Watts era um missionário owenita e crítico feroz da escola de "economia política", que ele identificava com as obras de Adam Smith e Thomas Malthus e seu éthos de livre-comércio, divisão do trabalho e *laissez-faire*. Engels aprenderia muito com esse "homem ilustre" e sua crítica moral da competição. "A natureza do comércio é má", escreveu Watts em seu influente tratado a que deu o título de *The Facts and Fictions of Political Economists* (1842), "e a ele, mais que a qualquer outra obra, devemos o que sabemos sobre a depravação natural." O sistema capitalista de valores e salários — mantido pelos donos de fábricas e manufaturas, cujo controle dos meios de produção lhes colocava o chicote nas mãos quando se tratava de negociar com o trabalho — era a verdadeira causa da crise econômica que assolava a Grã-Bretanha industrial. Esse sistema procurava negar a verdade de que "o trabalho é a fonte de toda riqueza". A solução de Watts era retornar a um sistema pré-industrial, o sistema cooperativo de troca — "isto é, um retorno fixo pelo trabalho, um retorno em espécie, uma proporção certa e inviolável da produção". Ao mesmo tempo, contra Adam Smith, ele apresentou os efeitos mortais da divisão de trabalho ("Não posso aceitar aquela afirmação antiga, segundo a qual recortar um pedaço de arame ou fazer a ponta e colocar a cabeça num alfinete são empregos adequados para a vida de um ser racional") e a situação hedionda da vida fabril ("Será que essa situação é tão melhor que a dos negros, que não merece nenhuma expressão de filantropia, que não exige nenhuma simpatia? No entanto, a tendência de nossa economia política na doutrina dos salários é perpetuar esse estado de coisas").[41]

Apesar de sua força inegável em Manchester, no final da década de 1830 os owenitas eram uma influência cada vez menor na política nacional da classe operária. Seu lugar foi tomado pelos cartistas, com sua demanda de seis pontos mais fácil de entender: sufrágio universal para o homem, voto secreto, eleições anuais, distritos eleitorais com a mesma população, o pagamento dos salários junto com a abolição do requisito de propriedade mínima para os membros do Parlamento (o que permitiria haver representantes da classe operária). Em contraste com as ambições utópicas dos owenitas, a carta era uma tentativa objetiva de encontrar uma solução política para as dificuldades da classe operária. Teve a sua recepção mais calorosa em Lancashire, onde o Manchester Political Union [Sindicato Político de Manchester] organizou marchas sob a luz de tochas e "comícios monstros" em Kersal Moor — o Monte Sacro do cartismo. Em setembro de 1838, cerca de 30 mil pessoas desfraldaram as bandeiras de seus sindicatos para ouvir o líder cartista Feargus O'Connor declarar que "o sufrágio universal" era "o único princípio que pode acabar com o derramamento de sangue humano. [...] Vocês nunca vão ser representados enquanto não for confiado a todo homem aquilo que a natureza imprimiu no seu próprio peito, isto é, a capacidade de autodefesa tal como implícita no voto de todo indivíduo".[42] Mas essas demonstrações da força popular só serviram para aumentar os temores do sistema. Em 1839, e de novo em 1842, as petições dos cartistas foram rejeitadas pela Câmara dos Comuns. Esse desprezo óbvio radicalizou a opinião cartista, alimentando o distanciamento das alianças com as classes médias e um acalorado debate interno quanto aos méritos da força moral contra a força bruta.

De certo modo, os tumultos de Plug Plot de 1842 foram uma expressão da impotência política do cartismo. Apesar disso, Engels tinha poucas dúvidas sobre a importância do movimento. Embora as interpretações modernas tendam a ver o cartismo como produto da política radical do século XIX, um presságio das demandas de transparência política e de uma economia ética, aos olhos de Engels era "um movimento de classe" puro e simples, sintetizando "a consciência coletiva"[43] da classe operária. Ele queria saber o mais possível a seu respeito e conseguiu introduzir-se no movimento por duas vias diferentes. A primeira foi George Julian Harney, o *enfant terrible* do cartismo, firmemente entrincheirado no lado radical do movimento e que defendia o uso da força física e gostava de provocar os companheiros conservadores usando o boné vermelho da liberdade nas reuniões públicas. Entrando e saindo da cadeia, em rixa permanente com os companheiros cartistas e finalmente expulso do grupo, Harney, que admirava Robespierre, continuou convencido de que a insurreição era o caminho mais seguro para atender às exigências da carta.[44] Décadas depois, Harney lembra o momento em que Engels — "um jovem bonito, com uma aparência de juventude quase pueril" — o procurou em seu escritório de Leeds. "Ele me disse que era um leitor assíduo de *The Northern Star* [o jornal cartista] e que estava profundamente interessado no movimento cartista. Foi assim que começou a nossa amizade."[45] Como com Engels e Marx, a amizade mostrou-se acidentada, mas durou — por meio de uma correspondência intermitente — meio século, período durante o qual Harney fez uma das avaliações mais memoráveis de Manchester. "Não estou surpreso por descobrir você expressando sua repugnância por Manchester", escreveu ele a Engels em 1850. "Trata-se de um covil de vermes nojentos e amaldiçoados. Prefiro ser enforcado em Londres a morrer de morte natural em Manchester."[46]

O outro principal contato de Engels com esse grupo foi James Leach, o trabalhador que tecia à mão em Manchester e que se tornou um militante cartista. Antes de ser eleito delegado de Lancashire do Sul para a National Charter Association, Leach, segundo Engels, "trabalhou durante anos em vários ramos da indústria, em fábricas e minas de carvão, e minha opinião pessoal sobre ele é que é um homem honesto, digno de confiança e capaz".[47] Também era considerado "um terror, não só pelos barões do algodão, mas também por qualquer outro tipo de escroque" — uma reputação bem merecida, a julgar por sua polêmica obra não assinada de 1844, *Stubborn Facts from the Factories by a Manchester Operative*. Dedicada às "classes trabalhadoras", era uma denúncia em primeira mão das práticas perniciosas dos donos de fábrica, que iam desde fazer descontos nos salários relativos a pequenas infrações no local de trabalho até multar mulheres grávidas por se sentarem; manipular os relógios, empregar "crianças de tenra idade" e obrigar operárias a se prostituir. Boa parte desse testemunho acabaria chegando ao livro de Engels — junto com o *insight* de que o Estado moderno era apenas uma linha de frente dos interesses de classe da burguesia: "As classes trabalhadoras sempre vão considerar [o Estado] algo em nada melhor que um sistema *de salteadores* que permite aos empregadores exercer um poder acima da Lei, empregadores que, por meio de tramas nefandas, primeiro criam o que lhes apraz chamar de ofensas e depois as punem. Eles são tanto legisladores quanto juízes e jurados."[48] Como Marx e Engels diriam mais tarde em *O manifesto do partido comunista*: "O executivo do Estado moderno é apenas um comitê para administrar as questões comuns a toda a burguesia."[49]

Apesar dessas amizades íntimas e de seu próprio entusiasmo pessoal pelo cartismo, Engels não achava que a solução da crise britânica estivesse naqueles seis pontos. Em primeiro lugar, seu socialismo, em contraste com as ideias avançadas do continente (entre os fourieristas, saint-simonianos ou Hess e seu círculo), era "muito pouco desenvolvido"; no entanto, o mais importante era que "não há como curar os males sociais por meio de Cartas do Povo".[50] Era necessário algo muito mais fundamental do que os remendos democráticos — um sentimento anunciado majestosamente por outro mentor britânico de Engels, Thomas Carlyle.

Sábio, polemista e reacionário, Carlyle era o único intelectual britânico que Engels realmente admirava, em parte talvez por sua germanofilia. A primeira obra de Carlyle, quando era crítico do *Edinburgh Review*, foi uma tradução do poeta alemão Johann Paul Richter; a partir daí, ele mergulharia nas obras de Goethe (com quem se correspondia regularmente), Schiller e Herder, atuando como uma espécie de importador cultural que levou o romantismo alemão para um público inglês. Impregnado pela nostalgia do mundo perdido do heroísmo feudal, Carlyle foi levado a contrastar o estado miserável da Inglaterra industrial com o passado medieval romântico da nação, antes de concluir pesarosamente que "esta não é uma Era religiosa. Só o material, o imediatamente prático, não o divino e espiritual, é importante para nós".[51] O século XIX tornara-se "a era mecânica", na qual os laços sociais que tradicionalmente ligaram os seres humanos foram cortados durante a busca de riquezas materiais: "Dizemos que se trata de uma Sociedade; e saímos por aí professando abertamente a mais completa separação, o mais completo isolamento. Nossa vida não é de ajuda mútua, mas sim — disfarçada sob as chamadas leis da guerra, batizadas de 'competição justa' e coisas do gênero — de hostilidade mútua. Por toda parte esquecemos totalmente que os *pagamentos em dinheiro* não são a única relação entre os seres humanos."[52] A seu ver, as demandas por uma carta e outras soluções igualmente precárias — que Carlyle descartou afirmando tratar-se de "Pílulas de Morrison", uma alusão a um médico charlatão que estava em moda nessa época — não fariam nenhuma diferença real para a chamada situação da Inglaterra. Para Carlyle, a solução era combinar uma religiosidade renovada com uma liderança semiditatorial. Nas paredes de sua sala de visitas em Cheyne Row, Carlyle colocou em posição de destaque os retratos de Oliver Cromwell e dos pais de Martinho Lutero.

Numa resenha de 1844 sobre *Past and Present*, obra de Carlyle que contrasta a Inglaterra medieval com a moderna, Engels (nessa época ainda em sintonia com a ala radical dos Jovens Hegelianos) respondeu: "Estamos preocupados demais com o combate à falta de princípios, ao vazio interior, ao entorpecimento espiritual, à inverdade da época." Mas a religião certamente não era a resposta: "Queremos dar fim ao ateísmo, como Carlyle o descreve, devolvendo ao homem a substância que ele perdeu por meio da religião; não uma substância divina, mas sim humana, e todo esse processo de devolução nada mais é que o despertar da consciência de si."[53] Segundo Engels, o que prejudicava Carlyle era ele ter lido literatura alemã, mas não filosofia. Goethe sem Feuerbach não leva uma pessoa muito longe. Mas Engels admirava tanto o estilo da prosa extraordinária de Carlyle — "Carlyle tratava a língua inglesa como se fosse matéria-prima em estado completamente natural que ele tinha de refundir inteiramente" — quanto sua denúncia olímpica da miséria gerada pela sociedade capitalista.[54] Em *A situação da classe trabalhadora*, Engels usou as mesmas metáforas históricas que Carlyle (contrastando desfavoravelmente a posição de um operário fabril com a de um servo saxão sob o jugo de um barão normando e enfatizando a hipocrisia da "liberdade" liberal, que significava pouco mais que a liberdade de morrer de fome) e usou as mesmas fontes oficiais. Também citou frequente e diretamente "o sábio de Chelsea". "A relação do dono da manufatura com seus operários não tem nada de humana; é puramente econômica", escreveu Engels num capítulo sobre relações industriais extraído do "Signs of the Times" (1829), a denúncia épica da Inglaterra mecânica e industrial feita por Carlyle. "O dono da manufatura é o capital, o operário, o trabalho. [...] Ele [o dono da fábrica] insiste, como diz Carlyle, em dizer que 'o pagamento em dinheiro é o único nexo entre um homem e outro.'"[55]

As condenações da "era mecânica" feitas por Carlyle, o apelo owenita por renovação moral, os seis pontos da Carta do Povo e os ataques de Watts e Leach à competição foram todos cruciais para a evolução ideológica de Engels, mas ele não estava em Manchester para ler livros. Estava lá para enfrentar a *realidade* da vida da classe operária, para evitar "a companhia e os jantares, o vinho do Porto e o champanhe", trocando-os pela convivência com "simples operários". Mas quem guiaria esse explorador alemão pueril no submundo do proletariado? Um companheiro de andanças era o socialista emigrado George Weerth, na época muito infeliz com o emprego de escriturário em Bradford, "a mais repugnante de todas as cidades fabris da Inglaterra". Para horror de Weerth, esse produto do boom da lã "não tinha teatro, não tinha vida social, não tinha um hotel decente, não tinha uma sala de leitura e nenhum ser humano civilizado — só gente de Yorkshire com surradas blusas de operário, chapéus puídos e rostos tristes". Para escapar ao filitinismo de Yorkshire, ele atravessava os Apeninos para visitar o amigo e aliado ideológico em Lancashire, e os dois caminhavam sem destino investigando Manchester, que não parava de crescer.⁵⁶ Além disso, Engels recebia as atenções pessoais de uma nativa da cidade. Seu nome — um laço vital com os párias de Manchester — era Mary Burns, e foi o primeiro grande amor da vida de Engels.

"Era uma moça muito bonita, espirituosa, absolutamente encantadora. [...] Claro que era uma operária fabril de Manchester (irlandesa), praticamente sem instrução, embora soubesse ler e escrever um pouco, mas meus pais [...] gostavam muito dela e sempre falavam dela com a maior afeição."⁵⁷ Infelizmente, as lembranças vagas e de segunda mão da infância de Eleanor Marx são algumas das descrições mais completas que temos da Mary de Engels. Nascida em algum momento entre abril de 1822 e janeiro de 1823, Mary era filha do irlandês Michael Burns, que trabalhava como alvejador e operário fabril e foi para Manchester na década de 1820, tomando Mary Conroy como sua primeira mulher. Na época do censo de 1841, Michael aparece como marido de sua segunda mulher, Mary Tuomey, vivendo em condições precaríssimas nas imediações de Deansgate — mas sem as filhas Mary e Lydia (conhecida como Lizzy) Burns. Uma década depois, Michael e a segunda Sra. Burns tinham desaparecido dentro da casa de correção de New Bridge Street, depois do que ele se tornou apenas mais um número nas estatísticas de mortalidade de Manchester em 1858.⁵⁸ Mas Mary, sua filha, estava prosperando.

Sabemos que Engels a conheceu nos primeiros meses de 1843, mas há muita controvérsia quanto à natureza exata do encontro. Sem nenhuma prova evidente, Edmund Wilson afirma que Mary operava uma máquina "automática" na fábrica de Ermen & Engels.⁵⁹ O socialista Max Beer, que conheceu Engels na década de 1890, também declara que este "vivia, em união livre, com um moça irlandesa do povo, Mary Burns, que tinha trabalhado na fábrica de seu pai".⁶⁰ O historiador Heinrich Gemkow descreve Mary Burns de maneira mais vaga, dizendo que ela "trabalha numa das muitas manufaturas de algodão da cidade".⁶¹ Mas o próprio Engels nunca foi particularmente elogioso a respeito da qualidade das empregadas do pai: "Não me lembro de ter visto uma única moça alta, bem-feita; todas são baixas, atarracadas e não têm boa constituição, sendo positivamente feias no conjunto."⁶² O mais provável, segundo Roy Whitfield, cronista de Manchester, é que Mary e Lizzy tenham trabalhado em alguma fábrica de Manchester antes de se tornarem empregadas domésticas, quando poderiam ter atraído o olhar exigente de Engels. Por outro lado, os historiadores Edmund e Ruth Frow apresentaram uma lenda muito mais romântica, segundo a qual Engels teria conhecido Mary numa recepção owenita no Hall of Science, onde ela estava vendendo laranjas.[63] Essa versão certamente ajuda a explicar (só que de forma conveniente demais) o poema idiossincrático de George Weerth "Mary", que fala — em versos deliciosamente bem trabalhados — de uma moça feniana cheia de vida que vendia laranjas nas docas de Liverpool:

> Chegou da Irlanda com a maré,
> Vinda de Tipperary;
> Sangue quente e impetuoso nas veias
> Dessa moça chamada Mary.
> E quando, ousada, saltou na praia,
> Um grito dos marinheiros se ouviu:
> "A moça Mary, Deus seja louvado,
> Parece uma rosa silvestre!"[64]

As conjeturas em torno de Mary são muito variadas em virtude da escassez de fontes. Ela mesma era analfabeta, e mais tarde Engels queimou grande parte da correspondência desse período de sua vida. Além disso, o próprio Engels nunca mostrou grande ansiedade no sentido de tornar pública a sua relação com Mary. Não há cartas dele sobre ela enviadas para Marie, sua irmã predileta. Ele tinha de manter a posição social em Manchester e as boas relações com os pais rigorosos; não se podia esperar que viver em "união livre" com uma operária irlandesa analfabeta atendesse qualquer dessas duas necessidades. Também pode ter havido um certo constrangimento político decorrente da disparidade de suas respectivas posições de classe, pois uma das muitas acusações que os socialistas faziam aos barões do algodão era sua exploração quase feudal das operárias mulheres. O próprio Engels toca no assunto em *A situação*: "Além disso, como seria de se esperar, a servidão na fábrica, como qualquer outra, e até num grau mais elevado, confere a *ius primae noctis* ao senhor. [...] Sua fábrica também é seu harém."[65] Mesmo que Mary não fosse mais empregada da firma Ermen & Engels — ou que nunca tenha sido —, esse tipo de relação de poder sexualizada entre a burguesia e o proletariado, entre o dono da fábrica e sua mão de obra, era muito malvisto nos círculos socialistas.

Quaisquer que tenham sido as sutilezas sociais ou os detalhes do primeiro encontro, Engels e Mary estiveram nos braços um do outro durante 1843-44. E, embora houvesse — como cartas posteriores demonstram — um afeto profundo entre eles, também havia, para Engels, uma porta de entrada muito útil para o sombrio continente da Manchester industrial. Levando-o pela mão, Mary Burns representou para ele o papel de Perséfone, enriquecendo profundamente a visão de Engels sobre a sociedade capitalista. "Ela o apresentou à vida da comunidade de imigrantes irlandeses de Manchester", segundo um historiador. "Acompanhou-o em excursões pelos distritos onde, sem ela, não haveria segurança para ninguém de fora; ela foi uma fonte de informações sobre as condições fabris e domésticas que os operários tinham de enfrentar."[66] Por trás da teoria comunista de Engels estava a realidade material de Mary.

Os dois mundos de Friedrich Engels — a Manchester do dono de fábrica e a Manchester de Mary Burns — influenciaram profundamente sua mudança de foco da filosofia para a economia política e teriam um efeito marcante sobre a forma nascente do marxismo. Estando numa situação absolutamente singular, ele conseguiu fundir seu entendimento em primeira mão do capitalismo industrial e a política cartista da classe operária com a tradição dos Jovens Hegelianos. "O socialismo e o comunismo alemães se desenvolveram, mais que qualquer outro, a partir de premissas teóricas", observou Engels em tom de censura. "Nós, teóricos alemães, ainda sabemos muito pouco a respeito do mundo real para nos deixarmos levar diretamente pelas condições reais a reformas dessa 'realidade hostil'."[67] Em "Outlines of a Critique of Political Economy" ["Esboços de uma crítica da economia política"], um artigo seminal de 1843 para o *Deutsch-Französische Jahrbücher* (o último jornal de Marx), ele mostrou as riquezas de sua experiência de Manchester abrindo mão da teorização berlinense em favor de uma análise empírica bem prática das contradições econômicas e crises sociais que estavam começando a acontecer na Europa. O artigo mostrava o impacto das palestras de James Watts sobre a crítica — estruturada em termos eloquentemente bíblicos — à competição e à manipulação do mercado: "Essa economia política, ou ciência do enriquecimento, nascida da inveja mútua e da ganância dos mercadores, traz na testa a marca do mais detestável egoísmo." Uma besta que consome tudo, o capitalismo necessitava da expansão constante e infindável da economia britânica, ou a terrível alternativa das debilitantes crises comerciais à medida que o sistema de mercado, inerentemente instável, encolhia. Isso explicava a sede voraz da Grã-Bretanha por colônias — "Você civilizou os confins da terra para conquistar um novo território onde sua avareza vil possa se expandir" — e as concentrações de riqueza doméstica cada vez maiores. A cada crise comercial periódica, com o colapso de crédito que a acompanha, o pequeno capitalista e a classe média que luta vão para o paredão. "As classes médias desaparecem cada vez mais até o mundo ficar dividido entre milionários e indigentes, em grandes proprietários de terras e trabalhadores rurais pobres." A certa altura, todas essas tensões estão fadadas a chegar a um clímax sangrento.[68]

O avanço ideológico mais extraordinário de Engels aconteceu quando ele aplicou a noção de alienação dos Jovens Hegelianos ao reino da economia política. Feuerbach havia discutido a alienação apenas em termos de sentimentos religiosos: "O homem [...] projeta sua essência na objetividade e depois faz de si mesmo um objeto dessa imagem projetada de si próprio." Mas, para Engels, não era só o cristianismo que envolvia uma negação da natureza do homem: o capitalismo competitivo, por meio de seus sistemas de propriedade, dinheiro e troca, implicava um processo igualmente desfigurador de alienação da verdadeira essência humana. Sob o capitalismo, o homem divorciava-se de si mesmo e se tornava um escravo das coisas. "Por meio dessa teoria [de Adam Smith, de Thomas Malthus e da economia política], chegamos a conhecer a mais profunda degradação da humanidade, sua dependência das condições da competição. Ela nos mostrou que, em última instância, a propriedade privada transformou o homem em mercadoria, cuja produção e destruição também dependem exclusivamente da demanda."[69] Esse *insight* não foi inspirado só por Feuerbach e Hess, mas também pela observação de milhares de indivíduos à caça de emprego fora dos portões da fábrica de Ancoats, condenados à pobreza pelas mais leves flutuações comerciais.

O que alimentava esse processo de alienação, o que estava na raiz da economia política — e o que os owenitas, fourieristas e cartistas tinham todos deixado de perceber — era a propriedade privada. Essa era a tese essencial dos "Outlines" de Engels, texto que devia muito à leitura que ele fizera recentemente de *O que é a propriedade?* (1840), escrito pelo socialista e anarquista francês Pierre-Joseph Proudhon, que respondera a essa pergunta com uma frase célebre: "É roubo." Era a propriedade privada sob a forma de rendas da terra e juros aos quais os usurários não tinham direito que, na opinião de Proudhon, possibilitava que um homem explorasse outro e mantivesse as iniquidades do capitalismo moderno. A ênfase de Proudhon no trabalho individual e na propriedade, combinada com sua convicção de que a igualdade política necessitava da abolição da propriedade privada, tocou imediatamente num ponto sensível do jovem Engels (apesar da trajetória anarquista inaceitável do pensamento de Proudhon). "O direito à propriedade privada, as consequências dessa instituição, a competição, a imoralidade, a miséria, aqui são desenvolvidos com o poder do intelecto e de uma pesquisa verdadeiramente científica, que eu nunca encontrei unidos num só volume", escreveu ele sobre o livro de Proudhon para o jornal owenita *The New Moral World*.[70]

Engels levou o conceito de propriedade privada muito mais longe do que o próprio Proudhon se permitira. Para Engels, ele abrangia toda a miríade de características da economia política — "como salários, comércio, valor, preço, dinheiro" — que ele vira em ação em Manchester.[71] Concluiu que a propriedade privada era o pré-requisito essencial do capitalismo e que ela também tinha de ser eliminada: "Se abandonarmos a propriedade privada, todas essas divisões antinaturais desaparecerão." A discórdia e o individualismo se dissolveriam, e a verdadeira natureza do lucro e do valor seria revelada: "O trabalho passa a ser a sua própria recompensa, e o verdadeiro significado da remuneração do trabalho, até agora alienado, vem à luz — isto é, o significado do trabalho para a determinação dos custos de produção de uma coisa." A eliminação da propriedade privada e, por extensão, da avareza pessoal desembocaria, à moda hegeliana, no fim da história e na chegada do comunismo, "a grande transformação rumo à qual o século está indo — a reconciliação da humanidade com a natureza e consigo mesma".[72] Tudo isso num artigo sucinto e precoce, escrito por um aprendiz de dono de fábrica de 23 anos que quase ninguém conhecia. Não é de admirar que, em seu apartamento na Margem Esquerda, Marx tenha ficado encantado com esse "ensaio brilhante".[73] Mas "Outlines" foi só uma amostra do verdadeiro monumento de Engels a Manchester.

> "Li seu livro outra vez e me dei conta de que não vou ficar mais jovem. Que poder, que contundência e que paixão levaram você a trabalhar naqueles dias. Era uma época em que você nunca se preocupava com as reservas acadêmicas! Foi nesses dias que você fez o leitor sentir que suas teorias se transformariam em fatos palpáveis senão amanhã, então depois de amanhã. Mas essa ilusão mesma deu a toda a obra um calor humano e um toque de humor que faz nossos textos posteriores — onde 'preto e branco' se tornaram 'cinza e cinza' — parecerem decididamente de mau gosto.[74]"

Foi isso que Marx escreveu a Engels quase vinte anos depois da publicação de *A situação da classe trabalhadora na Inglaterra*. E estava certo. Hoje, o tom de paixão intransigente que há no livro assegura seu status de uma das polêmicas mais célebres da literatura ocidental, bem como de texto de referência — ao lado de *Sybil; or, The Two Nations*, de Disraeli, dos *Hard Times*, de Dickens, e de *Mary Barton*, de Elizabeth Gaskell — no cânone da "situação da Inglaterra". Mas o que distingue a obra de Engels desses romances (com suas açucaradas esperanças cristãs de uma absolvição conciliadora da divisão de classe) é o seu tom impiedosamente condenatório. *A situação* desafiava o leitor, como poucos outros textos contemporâneos ousaram, com todos os horrores — indisfarçados — da industrialização e da urbanização do *laissez-faire*. "Vou apresentar aos ingleses uma bela série de acusações", anunciou Engels no meio do texto. "Perante o mundo inteiro, acuso a burguesia inglesa de assassinato, roubo e outros crimes em escala maciça."[75] Misturando história e estatísticas, a obra trata de uma série de assuntos, desde "As grandes cidades" até "O proletariado da mineração", passando pela "Imigração irlandesa", todos eles abarcando uma litania de crimes que deviam ser atribuídos à burguesia. Além de suas próprias narrativas em primeira mão e daquelas escolhidas entre as de James Leach, Engels gostava particularmente de apresentar pilhas e pilhas de documentos oficiais (os chamados Blue Books, literalmente Livros Azuis) saídos diretamente de Whitehall [uma rua larga de Londres, entre a

Trafalgar Square e as Casas do Parlamento, onde se situavam muitos órgãos do governo]: "Sempre preferi apresentar provas de fontes liberais para derrotar a burguesia liberal fazendo-a engolir as próprias palavras."[76] Era um truque polêmico que Marx aperfeiçoaria em O capital. Portanto, A situação é uma obra cheia de relatórios de comissões de fábrica, arquivos de tribunais, artigos publicados pelo Manchester Guardian e pelo Liverpool Mercury, e textos espúrios sobre a alegre Inglaterra em processo de industrialização escritos por propagandistas liberais como Peter Gaskell e Andrew Ure.

Os pontos fortes de A situação são tanto o seu rigor intelectual quanto sua riqueza empírica. O que mais chama a atenção são as descrições detalhadas da Manchester que Engels viu com Mary Burns: seu fedor, seu barulho, sua fuligem e seu horror humano. Como Wilhelm Liebknecht, o social-democrata alemão, diria mais tarde: "Friedrich Engels tinha uma inteligência viva e brilhante, isenta de qualquer resquício romântico ou sentimental, que não via os homens e as coisas através de lentes coloridas ou de uma atmosfera nublada, mas sempre no ar limpo e claro, com olhos limpos e claros que não ficavam na superfície — viam o fundo das coisas, penetrando nelas cada vez mais."[77] A situação foi um produto espetacular de sua contundência intelectual, mas também mostrou uma certa licença jornalística óbvia e uma necessidade feroz de contrastar os "fantasmas" e os "disparates teóricos" dos Jovens Hegelianos com "coisas vivas, reais".[78] Essa combinação de filosofia política e realidade material criaria o precedente de grande parte da obra polêmica de Engels. "O conhecimento da situação do proletariado é absolutamente necessário para as teorias socialistas terem um chão firme", declarou ele.[79]

Seus golpes retóricos, escreveu Engels no prefácio, "embora tivessem a sela como alvo, destinam-se ao burro, isto é, à burguesia alemã".[80] Pois era só uma questão de tempo para a crise social gerada pela industrialização abrir caminho até o continente. "Embora as condições de vida do proletariado da Alemanha não tenham assumido a forma clássica que têm na Inglaterra, no fundo temos a mesma ordem social, que mais cedo ou mais tarde vai chegar necessariamente aos mesmos extremos a que já chegou do outro lado do mar do Norte, a menos que a inteligência da nação adote as medidas que vão oferecer uma nova base a todo o sistema social."[81] Escrito lá na casa de seus pais em Barmen, no final de 1844, o livro foi publicado em Leipzig em 1845, destinado a um público alemão (foi traduzido para o inglês — para uma edição americana — só em 1885, tendo chegado ao mercado inglês em 1892). O livro era um *tour de force* do horror industrial urbano. Numa passagem que lembra a descrição feita antes em "Letters of Wuppertal"dos cursos d'água de Barmen, Engels sobe na Ducie Bridge para ter uma visão "característica de todo o distrito": "No fundo corre, ou melhor, fica estagnado o Irk, um córrego estreito, fétido, negro como o carvão, cheio de lixo e refugos, que ele deposita na margem direita. Quando o tempo está seco, um longo colar das mais repugnantes poças de lodo verde enegrecido ficam nessa margem, do fundo das quais constantemente sobem bolhas de gás miasmático que exalam um fedor intolerável sentido até mesmo da ponte, que fica 12 ou 15 metros acima da superfície do córrego." Engels refaz os passos que James Phillips Kay deu ali perto ao entrar em algumas choupanas em condições insalubres: "Em um desses pátios há bem na entrada, no fim da passagem coberta, uma latrina sem porta, tão suja que os habitantes só podem entrar e sair do pátio passando por pilhas fétidas de excrementos e urina estagnada." Ao redor há centenas de outros desses "currais de seres humanos", onde os homens são reduzidos à condição de animais. Centenas de pessoas amontoam-se em porões úmidos, os porcos dividem os chiqueiros com as crianças, ferrovias atravessam bairros inteiros, e privadas, rios e sistemas de abastecimento de água parecem todos fundir-se numa única mistura letal:

> "Essa é a Cidade Velha de Manchester e, ao reler minha descrição, sou obrigado a reconhecer que, em vez de exagerada, ela está longe de ser sombria o bastante para passar a verdadeira impressão de sujeira, ruína e inabitabilidade, a negação de todas as preocupações com a limpeza, a ventilação e a saúde que caracteriza a construção desse distrito, que contém no mínimo 20-30 mil habitantes. E esse distrito existe no coração da segunda maior cidade da Inglaterra, da maior cidade fabril do mundo."[82]

Mas o pior estava por vir. O lado sul da cidade, bem na saída para a Oxford Road, era a região onde viviam amontoados cerca de 40 mil imigrantes irlandeses. Os conterrâneos de Mary Burns eram os mais explorados, mal pagos e maltratados entre todos os habitantes da cidade; a maioria, lúmpen do proletariado:

Capa da primeira edição de The Condition of the Working Class in England.

"Os casebres são velhos e sujos, os menores que se puder imaginar, as ruas são irregulares, desmoronam nas partes afundadas pelas rodas dos veículos e parte delas não tem pavimento nem rede de esgotos; há massas de lixo, restos de animais abatidos e sujeira repugnante entre as poças em todas as direções. [...] A raça que vive entre essas choupanas em ruínas, atrás de janelas quebradas, remendadas com tecido impermeável, portas desconjuntadas e batentes podres, ou em porões escuros e úmidos, no meio de uma sujeira e de um fedor incomensuráveis, e que nessa atmosfera fica enjaulada, como que de propósito, essa raça realmente deve ter chegado ao estágio mais baixo da humanidade.[83"]

Apesar de ter Mary Burns "Tipperary" como guia, não há dúvida alguma de que Engels sucumbiu à caricatura do irlandês imaturo, bêbado e imundo que era corrente em meados da era vitoriana (grande parte dela cofidificada por Thomas Carlyle). Ignorando tanto as diferenças no interior da comunidade irlandesa de Manchester, que era extremamente variada, quanto sua contribuição vital ao movimento cartista (sob a liderança de Feargus O'Connor e James Bronterre O'Brien), Engels descreveu seus membros *en masse* como um grupo debochado. "O irlandês", explicou Engels, "é um filho da natureza despreocupado e alegre, que gosta de batata" e é absolutamente incapaz de assimilar "a barafunda mecânica, egoísta e fria como gelo das cidades fabris da Inglaterra".[84] Era inevitável que ele logo descambasse para o álcool e a depravação: "O afável caráter sulista do irlandês, sua ignorância, que o deixa pouco acima do selvagem, seu desprezo por todos os prazeres humanos, [...] sua sujeira e pobreza, tudo isso favorece a embriaguez." Sua outra fraqueza era o gado: "O irlandês adora o seu porco como o árabe adora o seu cavalo. [...] Come e dorme com ele, seus filhos brincam com ele, montam nele, rolam com ele no meio da sujeira."[85] Como os salários locais haviam, inevitavelmente, sofrido uma redução em decorrência das reduzidíssimas exigências para o sustento desses trabalhadores, o efeito irlandês sobre a vida urbana estava longe de ser benigno. Em toda parte da economia onde esses "irlandeses selvagens" competiam por empregos, o resultado era o empobrecimento.

Era a natureza primitiva bruta do irlandês que lhe permitia enfrentar as terríveis exigências do emprego industrial. Com um prazer quase sádico, Engels apresentou uma lista sistemática das mutilações e desfigurações físicas que acompanhavam a vida fabril. "Os joelhos ficam curvados para dentro e para trás, os tornozelos ficam deformados e grossos, e muitas vezes a coluna vertebral encurva para a frente ou para um lado", escreveu ele a respeito dos efeitos das longas horas passadas na tecelagem. No ramo da mineração, o trabalho de transportar carvão e minério de ferro era tão exaustivo que a puberdade das crianças era atrasada de forma antinatural. E também havia a tirania da administração do tempo: "A escravidão à qual a burguesia mantém o proletariado algemado em parte alguma é mais visível do que no sistema fabril." Engels tinha diante de si uma cópia dos regulamentos fabris, "segundo os quais todo operário que se atrasar três minutos perde os salários relativos a um quarto de hora, e todo aquele que se atrasar vinte minutos perde os salários relativos a um quarto do dia. Todo aquele que estiver ausente até a hora do desjejum perde um *shilling* na segunda-feira e seis *pence* em todos os outros dias da semana etc.". Mas, como James Leach foi o primeiro a revelar, o tempo era um fenômeno variável: "Os operários descobrem que o relógio da fábrica foi adiantado em um quarto de hora e encontram as portas fechadas, enquanto o funcionário do escritório anda pelo estabelecimento com o livro de multas, anotando os nomes dos muitos ausentes." No idioma radical da época, tudo isso significava que as classes trabalhadoras estavam numa situação "pior que a dos negros nos Estados Unidos, pois são mais rigorosamente vigiadas e, apesar disso, exigem delas que vivam como seres humanos, que sintam e pensem como seres humanos!"[86]

As moradias imundas, a existência precária, sem nenhuma garantia para o futuro, e a tortura mental e física do local de trabalho — "As mulheres ficam incapazes de ter filhos, as crianças ficam deformadas, os homens tornam-se enfraquecidos, seus membros esmagados, gerações inteiras destruídas, afligidas pela embriaguez e pela doença, única e exclusivamente para encher os bolsos da burguesia" — levavam a uma retirada forçada para a bebida e a prostituição.[87] Esse certamente era o caso de Sheffield, observou Engels: "A geração mais nova passa o domingo inteiro deitada na rua, jogando moedas para o alto ou assistindo a brigas de cães, e vai regularmente ao palácio do gim. [...] Portanto, não é de surpreender, como todas as testemunhas podem confirmar, que as relações sexuais desenfreadas, a prostituição juvenil, que começa aos 14-15 anos, sejam extraordinariamente frequentes em Sheffield.

Crimes de um tipo selvagem e desesperado são uma ocorrência comum." A situação enfrentada pelos moradores da cidade industrial era exatamente o tipo de desintegração social contra o qual Carlyle fizera advertências: "A indiferença brutal, o isolamento apático de cada um em seu interesse pessoal torna-se mais repelente e ofensivo. [...] A dissolução da humanidade em mônadas, cada uma das quais tem uma essência distinta, um propósito distinto, o mundo de átomos, chega aqui a seu ponto mais extremo."[88] E o que as classes médias pensavam desse estado terrível da sociedade? "Fui certa vez a Manchester com um desses burgueses e conversei com ele sobre o método de construção, ruim e insalubre, sobre a situação apavorante dos alojamentos da classe operária, afirmando que nunca tinha visto cidade tão mal construída. O homem ouviu pacientemente até o fim, e então, na esquina onde nos separamos, disse: 'Apesar disso, aqui se ganha muito dinheiro; bom-dia, senhor.'"[89]

À primeira vista, Manchester parecia não ter propósito nem estrutura — "um intrincado caos de moradias, sem planejamento"; mas, na realidade, havia uma lógica terrível por trás da forma sufocante da cidade. Como em O capital Marx iria além da miragem burguesa de liberdade e igualdade para revelar "a residência oculta da produção", Engels também, como um bom hegeliano, transcendeu a aparência da cidade para elucidar a sua verdadeira essência. Sim, as favelas subiam ao acaso pelas margens precárias dos rios, e ferrovias cortavam bairros antigos em fatias, mas esses processos faziam parte de um projeto urbano que refletia perfeitamente as divisões de classe da sociedade industrial. Como poucos antes dele, Engels interpretou a dinâmica espacial da cidade — suas ruas, casas, fábricas e depósitos — como expressões de poder social e político. A luta entre a burguesia e o proletariado não se limitava às salas dos teares nem aos comícios cartistas; estava bem ali, no desenho das ruas, nos sistemas de transporte e no processo de planejamento urbano: "A própria cidade é construída de maneira peculiar, de modo que uma pessoa pode viver nela durante anos, entrando e saindo diariamente, sem ter contato com um bairro operário e nem mesmo com os trabalhadores. [...] Isso deriva principalmente do fato de que, sem nenhum acordo tácito, os bairros da classe operária estão completamente separados das partes da cidade reservadas à classe média." As linhas divisórias sociais criadas pela propriedade privada são visíveis até nas pedras do pavimento das ruas da cidade.

A análise do zoneamento de classe feita por Engels começa com a rua principal de Deansgate, onde os príncipes do comércio e os barões do algodão iam fazer seus negócios. Na década de 1840, como hoje, essa rua era uma atração varejista e comercial com lojas de vários andares e armazéns vistosos de ambos os lados, construídos em estilo que imitava o italiano e que eram usados tanto para mostrar seu poder no mundo dos negócios quanto para guardar mercadorias. E, como no caso de tantos outros centros de cidades modernas, "todo o distrito é abandonado pelos moradores, ficando desolado e deserto à noite; só vigias e policiais percorrem suas vielas estreitas com suas lanternas cobertas". Mas à sua volta, nos subúrbios mais internos, estão "isolados de tudo os alojamentos da classe operária" de Manchester, "estendendo-se como uma guirlanda [...] em volta do distrito comercial". E, além dela, fora dessa guirlanda, nos subúrbios, "vive a média burguesia [...] em ruas de desenho regular nas vizinhanças dos alojamentos operários, principalmente em Chorlton e nas partes de baixo de Cheetham Hill; a alta burguesia vive em mansões mais remotas ainda, todas com jardins, em Chorlton e Ardwick ou no alto de Cheetham, parte acariciada pelas brisas, ou de Broughton e Pendleton, no meio do ar fresco e saudável do campo, em casas belas e confortáveis". A melhor parte desse arranjo era que

> "os membros dessa aristocracia do dinheiro podem pegar a estrada mais curta — que passa no meio de todos os distritos operários — para chegar aos seus locais de trabalho sem nunca se darem conta de que estão no meio da miséria imunda que espreita à direita e à esquerda. Pois as ruas que saem da Bolsa de Valores em todas as direções da cidade são cobertas, de ambos os lados, por uma série quase ininterrupta de lojas, sendo mantidas nas mãos das burguesias média e baixa que, por interesse pessoal, se importam com uma aparência decente e limpa. [...] Elas [as lojas] bastam para esconder dos olhos das mulheres e dos homens ricos de estômago forte e nervos fracos a miséria e a imundície que são o complemento de sua riqueza."[90]

Engels, que em Barmen vivera no mesmo bairro que os tintureiros e tecelões locais, declarou-se devidamente chocado: "Nunca vi uma exclusão tão sistemática da classe operária das ruas, nem um ocultamento tão cuidadoso de tudo que possa afrontar os olhos e os nervos do burguês, como em Manchester." Ele estava convencido de que essa manipulação do *design* urbano não era mero acaso: "Não tenho como evitar sentir que os liberais que são donos de manufaturas, os mandachuvas de Manchester, não são tão inocentes assim nessa questão desse método ofensivo de construção."[91] "É claro que esse conceito de duas cidades em uma era familiar, e Léon Faucher, entre outros, já havia mostrado a geografia da divisão de classes de Manchester. Mas antes de Engels ninguém conseguira descrevê-la de modo tão claro.

Engels instituiu um modo de interpretar a cidade por meio de uma lente muito diferente: a declaração de que o poder de classe era o fator determinante do *design* urbano. Esse era um tema ao qual ele voltaria cerca de trinta anos depois numa análise da Paris do Segundo Império, que, graças às melhorias urbanas introduzidas pelo barão Georges-Eugène Haussmann, foi transformada, deixando de ser uma cidade medieval decadente para se tornar uma metrópole digna do imperador Napoleão III. Mercados foram construídos, canos de esgoto foram instalados, árvores foram plantadas, igrejas e museus foram redecorados e — o mais crucial de tudo — uma série de avenidas e ruas largas e arborizadas passaram a cortar os bairros tradicionais da classe operária. Durante esse processo, cerca de 27 mil casas foram demolidas e dezenas de milhares de operários foram obrigados a ir para o centro da cidade ou a sair de seus locais de moradia por causa da valorização dos imóveis. Não importa de que maneira a pílula foi dourada — se foi apresentada como uma melhoria nas condições de saúde pública ou do transporte —, esse processo foi muito mais obviamente um exemplo de planejamento urbano baseado em classe social, na qual o tecido da cidade constituía uma reificação dos valores da burguesia. Engels batizou-o pura e simplesmente de "Haussmann":

> "Com 'Hausmann' quero designar a prática — que agora se tornou generalizada — de abrir rombos nos bairros operários de nossas cidades grandes, principalmente aqueles situados no centro, independentemente disso ser feito em função de considerações pela saúde pública ou para embelezar a cidade, ou por causa da demanda por grandes edifícios comerciais situados no centro, ou em razão das exigências do trânsito, como a construção de ferrovias, ruas etc. Por mais diversas que sejam as razões, o

resultado é o mesmo em toda parte: as ruas e vielas vergonhosas desaparecem para ser substituídas pelo luxo com que a burguesia tece louvores a si mesma, mas elas aparecem imediatamente em algum outro lugar e, muitas vezes, no bairro vizinho."[92]

Críticos e biógrafos com frequência sugeriram que Engels simplesmente andava pelas ruas da Manchester da década de 1840 com um caderno de anotações na mão, escrevendo tudo o que via com pouca premeditação. Segundo Steven Marcus: "Engels estava optando por escrever a respeito de sua experiência pessoal: brigar com ela, explorá-la, esclarecê-la e, num sentido até certo ponto literal, criar a ela e a si mesmo. Pois, ao transformar suas experiências em linguagem, ele estava ao mesmo tempo gerando e descobrindo sua estrutura."[93] Da mesma forma, Simon Gunn descreve como "Engels desenvolveu um estilo de reportagem cheia de detalhes sombrios a fim de extrair significado da profusão de impressões sensoriais".[94] Jonathan Schofield, historiador de Manchester, vai mais longe ainda ao enfatizar que Lancashire remodelou o pensamento inglês e, com isso, a natureza do comunismo. "Sem Manchester, não teria havido uma União Soviética", declara ele. "E a história do século XX teria sido muito diferente."[95]

Boa parte dessa abordagem está contida numa concepção mais ampla de Engels na sua condição de repórter socialmente perspicaz mas filosoficamente ingênuo, o colaborador de Marx cuja única façanha verdadeira foi apresentar os dados sobre as condições capitalistas. No entanto, depois de sua "conversão" ao comunismo em 1842, Engels chegou a Manchester com uma ideia clara do significado político da sociedade industrial. Sentia-se muito atraído por essa cidade — "onde a arte moderna da manufatura chegou à perfeição" — exatamente porque ela prometia validar o comunismo que ele aprendera com Moses Hess, com sua profecia da revolução social. O papel de Manchester era confirmar uma teoria, não criar outra. Isto com o significado de que, apesar do quadro vívido pintado em *A situação*, o que destaca essa obra de outros livros de viagens por cidades escritos na época não é sua ressonância descritiva, mas sim seu caráter polêmico.

Isso explica a abertura curiosa do livro, com sua narrativa épica da industrialização britânica — "uma história que não tem precedentes nos anais da humanidade". Com essa narrativa empolgante, Engels declarou sua crença no "Triunvirato" de Hess, com cada uma das principais nações europeias desempenhando seu papel na marcha rumo ao comunismo: "A revolução industrial [tem] para a Inglaterra a mesma importância que a revolução política teve para a França, e a revolução filosófica para a Alemanha."[96] Engels revelou a maneira pela qual a dinâmica da industrialização desmantelou inexoravelmente a antiga economia das corporações medievais e de seus aprendizes em favor da divisão de classe, de "grandes capitalistas e operários que não têm nenhuma perspectiva de subir acima de sua classe". Pois o grande crime da Revolução Industrial inglesa foi que, graças ao sistema da propriedade privada, o progresso tecnológico e econômico do século XIX não havia levado ao enriquecimento equitativo dos homens. O capitalismo industrial havia prometido uma grande abundância de riquezas e um fim ao espectro malthusiano da fome, mas ambos foram negados ao povo pelas formas da propriedade privada que só aumentavam a desigualdade. Em vez de levar a uma ampla prosperidade social, a industrialização produziu o proletariado — "que nada tem além de suas mãos, que consome hoje o que ganhou ontem, que está à mercê de todos os acasos possíveis e não tem a menor garantia de que terá condições de ganhar sequer o mínimo indispensável para as necessidades da vida, ao qual toda crise, todo capricho do seu empregador pode privar do pão. Esse proletariado é lançado na situação mais revoltante e desumana que se pode conceber para um ser humano".[97] Com o correr do tempo, essa noção de classe social como um fator economicamente determinado se tornaria uma das proposições mais influentes do marxismo.

Esses proletários desesperados e miseráveis, nascidos com a industrialização vertiginosa da Grã-Bretanha, são os heróis inexperientes de A *situação*. Apesar da "simplicidade idílica" e bucólica da vida camponesa pré-industrial — de agricultores e campos, mastros enfeitados para as festas do início da primavera e das colheitas —, "em termos intelectuais eles [os camponeses] estão mortos", segundo Engels. "Estavam à vontade em sua silenciosa vida vegetativa e, não fosse a revolução industrial, nunca teriam saído dessa existência que, por mais acolhedoramente romântica que fosse, não era digna de seres humanos."[98] Foi só depois que as classes trabalhadoras foram arrancadas de suas aldeias e da idiotia da vida rural e levadas como rebanhos para as fábricas é que passaram a entender seu propósito como proletariado. E aqui

Engels apresenta uma das primeiras visões da função histórica do proletariado atuando como precursor e arauto da revolução comunista. A novidade introduzida por Engels em "Outlines of a Critique of Political Economy" — de que o capitalismo alienava o homem de sua essência humana — foi um preâmbulo ideológico essencial. Agora, seu arrastão pelas favelas de Salford e Little Ireland era uma tentativa, nas palavras de Gareth Stedman Jones, "de validar, tanto metafórica quanto literalmente, a concepção feuerbachiana da perda ontológica da humanidade associada à alienação religiosa e — na glosa comunista radical acrescentada pelos Jovens Hegelianos — à instituição do dinheiro e da propriedade privada".[99] Na cidade industrial, o homem foi reduzido a uma besta de carga — por isso as imagens ubíquas de animais, os infindáveis porcos e bois que impregnam o texto de Engels. Como *A situação da classe trabalhadora na Inglaterra* registra a respeito dos alojamentos da classe operária de Manchester, "nessas moradias só uma raça fisicamente degenerada, privada de toda a sua humanidade, degradada, reduzida moral e fisicamente à bestialidade, poderia se sentir bem e à vontade".[100]

Mas aquele sofrimento era necessário. Só depois que as massas empobrecidas chegassem a seu ponto mais baixo, depois que sua própria humanidade lhes tivesse sido tirada, é que elas começariam a ter consciência de classe. "Aqui a humanidade atinge seu desenvolvimento mais completo e é mais brutal; aqui a civilização opera seus milagres, e o homem civilizado retrocede quase à selvageria" — foi assim que Tocqueville descreveu o processo.[101] Portanto, na sua condição de terra natal do movimento operário, a cidade era ao mesmo tempo o cenário de um sacrifício imenso e a origem da redenção: por meio da exploração vinha a liberação final. Como Engels declarou mais tarde em "The Housing Question": "Só o proletariado criado pela indústria moderna de larga escala, liberado de todos os grilhões herdados, inclusive daqueles que o algemavam à terra, e levado como gado para as grandes cidades está em condições de realizar a grande transformação social que vai pôr fim a toda exploração de classe e a todo poder de classe."[102]

Por meio de seu planejamento urbano, as classes médias alimentaram esperanças de tirar a classe operária da vista e da cabeça. Mas, com o proletariado engaiolado em suas favelas, a configuração espacial da cidade só acelerou a tomada de consciência de classe. Por isso Manchester foi o cenário do triunfo da classe média e de sua condenação. Toda fábrica, favela e asilo era um *memento mori* da burguesia: suas cidades cintilantes eram tumbas de mortos-vivos. "A classe média vive sobre um solo que está minado e pode desmoronar um dia desses", declarou Engels. De Glasgow a Londres, a revolução era inevitável, "uma revolução em comparação com a qual a Revolução Francesa, e o ano de 1794, não terá passado de brincadeira de criança".[103]

Essa percepção do propósito da cidade permeia descrições aparentemente aleatórias que Engels fez da Manchester da década de 1840. Elas não eram apenas folhetinescas, mas sim uma obra politicamente persuasiva de propaganda abrangente. Tudo tinha um papel ideológico a desempenhar: a paisagem, o povo e a indústria. Por isso, na opinião de Engels, nunca ouvimos a classe operária falar; e também não há nenhuma percepção das múltiplas divisões no interior das massas trabalhadoras — os varredores de rua distintos dos fiadores de algodão, os conservadores dos liberais, os católicos dos protestantes. As nuances das múltiplas economias de Manchester — distribuição, serviços, construção e varejo, além das tecelagens de algodão — são sutilmente suprimidas em favor de um único confronto urbano monolítico entre o capital e o trabalho. Da mesma forma, as instituições da classe operária rica da cidade — institutos de mecânica, sociedades fraternas e clubes, partidos políticos e templos não anglicanos de operários — estão completamente ausentes. Em seu lugar, Engels apresenta uma única massa operária indiferenciada, ansiosa por cumprir o seu destino histórico.

Esse foco no papel histórico do proletariado distingue claramente o pensamento de Engels daquele dos movimentos owenita e cartista, que têm pouca consciência das forças socioeconômicas mais amplas que geraram a classe operária. E suas propostas de Novas Harmonias, falanstérios ou cartas também não levam em conta a necessária revolução social: "Não reconhecem a existência de um desenvolvimento histórico e desejam pôr a nação num estado de comunismo de uma vez só, da noite para o dia, em vez da ação política sistemática até o objetivo ser alcançado e o movimento poder dissolver-se. [...] Pregam, em vez disso, uma filantropia e um amor universal muitíssimo infrutíferos na situação atual da Inglaterra. [...] São abstratos demais, metafísicos demais e conseguem realizar pouco."[104] O que se fazia necessário era uma ação praticável, uma união entre o cartismo e o socialismo — e, com ela, a marcha da história rumo ao comunismo. "A revolução tem de acontecer; já está atrasada demais para levar a uma solução pacífica", declarou Engels. A única esperança era diminuir a violência concomitante convertendo a maior parte possível do proletariado ao comunismo: "Na mesma proporção em que o proletariado absorve elementos socialistas e comunistas, a revolução vai reduzir o derramamento de sangue, a vingança e a selvageria." Pois, mesmo que a tarefa específica de ajudar no parto do futuro comunista fosse do proletariado, a nova sociedade abarcaria todas as classes à medida que os velhos antagonismos se dissolvessem. "O comunismo é uma questão da humanidade, não só dos operários."[105]

Com o conflito entre o proletariado e a burguesia resolvido no futuro comunista, esse campo de batalha — a cidade grande moderna — ficaria obsoleto "pela abolição do modo de produção capitalista".[106] As cidades podiam ter visto o nascimento do movimento operário, mas o triunfo desse movimento resolveria a velha antítese entre cidade e campo. Em obras posteriores, Engels previu que as técnicas industriais modernas e uma economia planejada significavam que as concentrações comerciais em áreas urbanas se mostrariam desnecessárias. Por outro lado, a precariedade do saneamento e a degradação do meio ambiente — "o envenenamento do ar, da água e da terra de nossos dias" — seriam minoradas pela fusão cidade-campo. E, desse modo, temos a ironia de Engels, o grande apóstolo do radicalismo urbano, terminar seus dias defendendo um futuro tecnocrata destituído de vida cívica: "A abolição da antítese entre cidade e campo não é só possível: tornou-se uma necessidade direta da própria produção industrial, da mesma forma que se tornou uma necessidade da produção agrícola e, além disso, da saúde pública. [...] É verdade que, nas cidades muito grandes, a civilização deixou-nos uma herança que vai exigir muito tempo e trabalho para nos livrarmos dela. Mas é possível e necessário livrar-nos dela, por mais que o processo seja retardado."[107]

O impacto de *A situação da classe trabalhadora* foi imediatamente visível nos círculos radicais alemães. "Tanto quanto sei, fui o primeiro a descrever na Alemanha [...] as condições sociais criadas pela indústria moderna de larga escala", lembraria Engels mais tarde com orgulho, "a apresentar uma base real para o socialismo alemão, que nessa época estava em ascensão e desgastandose com frases vazias".[108] Segundo um comunista de Elberfeld: "O livro de Friedrich Engels, que critica toda iniquidade e absurdo sacrossanto, está à mostra nas tavernas."[109] A maioria das resenhas burguesas, inclusive aquela publicada no *Barmen Zeitung* local, foram sarcásticas, mas Friedrich Ludwig von Reden, o estatístico prussiano, foi uma exceção, declarando que a obra merecia "uma atenção particular tanto pelo tema quanto por sua profundidade e precisão". Ele ficou particularmente impressionado com "a representação claramente autêntica da atitude da burguesia inglesa em relação ao proletariado: o despotismo é praticado em todas as questões sociais importantes, por um lado, e a fúria e a amargura frustrada dos destituídos, por outro".[110] Como vimos, Marx ficou encantado com o livro e sua utilíssima compilação de dados, desde a manipulação dos relógios das fábricas por parte de seus donos até a situação física dos operários da história econômica da indústria do algodão. Foi uma fonte à qual recorreu muitas e muitas vezes em busca de evidência concreta da desumanidade do capitalismo. "A respeito do período que vai dos primórdios da indústria de larga escala na Inglaterra até o ano de 1845, só vamos tocar no assunto aqui e ali, recomendando ao leitor que quiser mais detalhes que leia a obra de Friedrich Engels, *A situação da classe trabalhadora na Inglaterra*", escreveu ele numa das primeiras notas do primeiro volume de *O capital*. "A clareza do *insight* de Engels sobre a natureza do método capitalista de produção é comprovada pelos relatórios de fábrica, de minas etc., que apareceram desde a publicação deste livro."[111]

Mas Engels contribuiu com mais coisas além de simples fatos. Embora os eruditos marxistas raramente lhe atribuam toda a importância que realmente tem, *A situação da classe trabalhadora* (junto com "Outlines of a Critique of Political Economy") foi um texto pioneiro da teoria comunista. Nas palavras de Wilhelm Liebknecht, Engels "deshegelianizou-se": as injustiças humanas de que foi testemunha ocular na Manchester em processo de industrialização levaram-no para além do "mero saber abstrato" de seus dias de Berlim. Com uma maturidade intelectual impressionante, Engels, aos 24 anos, aplicou a noção de alienação dos Jovens Hegelianos às realidades materiais da Grã-Bretanha vitoriana e, com isso, definiu a arquitetura ideológica do socialismo científico. O germe do comunismo teórico que ele herdou de Moses Hess brotou em seus dias de Manchester. Grande parte do que mais tarde seria considerado a principal corrente do pensamento marxista — a natureza da divisão de classe, a instabilidade inerente ao capitalismo industrial moderno, a criação de seus próprios coveiros pela burguesia, a inevitabilidade da revolução socialista — estava embutida na polêmica brilhante de Engels.[112] Apesar disso, *A situação* também foi a última obra substantiva da ideologia socialista escrita por Engels ao longo de trinta anos. No verão de 1844, o aprendizado de Engels em Manchester chegou ao fim, e o filho e herdeiro de Ermen & Engels voltou para casa, para Barmen. No caminho de volta, passou por Paris, onde teve um encontro muito mais cordial com Karl Marx. A partir de então, a obra da vida de Engels foi administrar "o Mouro".

4

Um pouco de paciência e um pouco de terrorismo

Nos momentos finais de *Pai Goriot*, a ácida crônica da Paris burguesa feita por Honoré de Balzac, o jovem Rastignac avança para enfrentar a capital francesa: "As luzes estavam começando a piscar aqui e ali. Seu olhar estava fixo de uma forma quase voraz no espaço que havia entre a coluna da Place Vendôme e a abóbada dos Inválidos; lá ficava o mundo esplêndido que ele desejara conquistar. Observava aquela colmeia agitada com um olhar que previa sua espoliação, como se já sentisse nos lábios a doçura do seu mel, e disse com um tom soberbo de desafio: 'Agora é a guerra entre nós!'"

Paris foi o palco cintilante da fase seguinte da vida de Engels. Era uma cidade, pensava ele, cuja "população combina como nenhuma outra a paixão pelo prazer com a paixão por ação histórica". Como Rastignac, o Engels ambicioso, intelectualmente voraz e devasso queria provar todas as delícias da cidade. Depois do filistinismo de Barmen e da garoa fumacenta de Manchester, Paris oferecia oportunidades incontáveis para um jovem de posses. Balzac também se maravilhou: "Paris é um oceano. Jogue na água a chumbada do fio de prumo — ela nunca chega ao fundo. Explore-a; descreva-a. Por mais consciente que seja sua exploração e por mais meticuloso que seja o seu mapa, por mais numerosos e ansiosos por descobrir a verdade que sejam os exploradores desse mar, sempre vai haver um território virgem, uma caverna, flores, pérolas e monstros desconhecidos, coisas inimagináveis ou ignoradas pelos mergulhadores literários."[1]

Engels não era o único a querer dominar essa metrópole. Para os radicais, intelectuais, artistas e filósofos, Paris era, como disse Walter Benjamin, "a capital do século XIX". O Jovem Hegeliano Arnold Ruge chamou-a de "o grande laboratório onde a história mundial é feita e tem sua fonte sempre fresca. É em Paris que vamos viver nossas vitórias e nossas derrotas. Até nossa filosofia, o campo onde estamos adiante do nosso tempo, só vai ter condições de triunfar quando for proclamada em Paris e estiver impregnada pelo espírito francês".[2] De acordo com o triunvirato europeu de Moses Hess, o papel de Paris era recorrer à sua essência revolucionária e fornecer a centelha de vida na luta pelo comunismo. Às injustiças materiais da Inglaterra e aos avanços filosóficos da Alemanha, a França acrescentaria a dinamite política, "o canto do galo gálico", como diria um Marx empolgado.

Em termos mais imediatos, Paris foi o pano de fundo da formação da Liga Comunista moderna, o veículo político que Marx e Engels usaram para promover sua filosofia. Foi ali que Engels aprendeu as artes sinistras da política das máquinas: em meio às pensões e oficinas da capital, ele começou a estruturar o movimento que culminaria no Partido Comunista internacional. Concomitante com a política — as fraudes eleitorais e as manobras procedimentais — aconteceu a colaboração de Engels com Marx na polêmica mais célebre do século XIX, *O manifesto do partido comunista*. Tudo começou regado a drinques no Café de la Régence — um bar que um dia serviu Benjamin Franklin, Luís Napoleão e o próprio Voltaire agora servia de anfitrião para um par cada vez mais debochado de jovens filósofos prussianos.

Karl e uma Jenny Marx grávida tinham chegado a Paris em outubro de 1843 depois do fechamento de seu jornal, o *Rheinische Zeitung*. Ninguém menos que o czar Nicolau I havia se queixado do tom antirrusso do jornal e obrigado as autoridades prussianas a cancelar sua licença. Arnold Ruge, o outro editor do jornal, sugeriu a Marx que deixasse a Prússia para dar continuidade à sua carreira jornalística na França, no recém-fundado *Deutsche-Französische Jahrbücher*. Porém, poucas semanas depois, Ruge, que havia investido uma grande quantia de dinheiro no jornal, já estava arrependido de sua sugestão, pois a falta de disciplina editorial de Marx tornou-se evidente: "Ele não termina coisa alguma, interrompe tudo e mergulha sempre de novo num mar infinito de livros."[3] E as diferenças entre os dois não eram só de temperamento. Logo depois de chegar a Paris, Marx começou a se apresentar como comunista e a adotar os elementos ativistas da classe operária parisiense. "Você devia estar presente numa das reuniões dos trabalhadores franceses para poder acreditar na nobreza e no frescor juvenil que prevalecem entre essas pessoas que se matam de trabalhar", escreveu ele a Feuerbach em agosto de 1844. "É entre esses 'bárbaros' de nossa sociedade civilizada que a história está preparando o elemento prático para a emancipação do homem."[4] Além disso, seu estudo da Revolução Francesa e sua leitura meticulosa das obras clássicas de economia política de Adam Smith e David Ricardo (além de os "Outlines of a Critique of Political Economy", de Engels) levaram Marx a mudar seu foco do problema da alienação religiosa para as realidades materiais da sociedade capitalista. "Os anos 1843-45 [foram] os mais decisivos de sua vida", declara Isaiah Berlin. "Em Paris, ele passou por sua última transformação intelectual."[5]

Menos preocupado com a crítica ao hegelianismo, Marx estava cada vez mais interessado na divisão do trabalho e na influência que o "nexo dinheiro" de Carlyle tinha sobre a natureza do homem. Como Engels em sua observação dos trabalhadores de Manchester, Marx viu que o capitalismo baseado em classes alienava progressivamente o homem de si mesmo. E, como Engels, achava que a solução para essa crise de alienação estava nas mãos de pessoas que não tinham propriedade — a própria classe criada pelo capitalismo, o proletariado. Era sua função histórica devolver o homem a si mesmo ("emancipação humana") transcendendo a iniquidade que sustenta a economia política, o sistema da propriedade privada. "O comunismo é a abolição positiva da propriedade privada e, portanto, da autoalienação humana e, assim, a verdadeira reapropriação da essência humana pelo homem e para o homem", escreveu Marx.[6] Essa confluência filosófica óbvia queria dizer que, no momento em que Marx e Engels tomavam seus aperitivos no Café de la Régence, a lembrança de seu encontro gelado em 1842 no *Rheinische Zeitung* já tinha se desvanecido. Agora, depois de dez dias encharcados de cerveja, os dois criaram um laço emocional e ideológico que duraria a vida toda. "Quando visitei Marx em Paris no verão de 1844, nossa concordância cabal em todos os campos teóricos ficou evidente e nosso trabalho conjunto data dessa época", disse Engels.[7]

Qual era a natureza dessa confluência intelectual, desse companheirismo que, nas palavras de Lenin, "superou as histórias mais tocantes da amizade humana entre os antigos?"[8] Edmund Wilson afirma de maneira pouco persuasiva que Marx constituía "a autoridade paternal" que Engels rejeitara no pai. Por outro lado, Francis Wheen descreve Engels como alguém que cuidava de Marx "como uma espécie de mãe substituta". De forma menos freudiana, talvez o melhor modo de ver a relação dos dois seja como a de dois primos afetuosos. Embora tivessem ambos uma formação renana-prussiana, os dois homens tinham características marcadamente diferentes, mas complementares. "Engels tinha um temperamento mais brilhante, menos contorcido e mais harmonioso: física e intelectualmente, era mais flexível e resiliente": era assim que o biógrafo Gustav Mayer o via.[9] Certamente havia menos do "dragão" em Engels — menos impetuosidade "moura", menos autoabsorção intelectual e menos indignação pessoal com o custo humano do capitalismo. Engels era tanto mais distante quanto mais rigorosamente empírico que seu colaborador desorganizado e atormentado. Paul Lafargue, genro de Marx, dizia que Engels era "metódico como uma solteirona".[10] Fisicamente Engels também era muito mais robusto do que Marx, afligido muitas vezes por bolhas e pústulas, cujas tensões pessoais e financeiras poderiam ser interpretadas como um braille enraivecido impresso no seu corpo. Muito foi dito sobre o quanto essas características distintivas se revelaram nos escritos dos dois homens, com o roteiro meticuloso e simétrico de Engels (decorado aqui e ali com uma ilustração benfeita e bem-humorada) fazendo grande contraste com os garranchos furiosos e cheios de borrões que Marx fazia. No entanto, como uma boa metáfora de sua amizade, muitas vezes só Engels é que conseguia entender o que Marx estava dizendo.

Durante os quarenta anos seguintes, essa relação nunca fraquejou, mesmo nas piores circunstâncias. "Dinheiro, saber — tudo era dividido entre eles. [...] Engels estendeu sua amizade a toda a família de Marx: tratava como suas as filhas de Marx, e elas o consideravam um segundo pai. Essa amizade perdurou no além-túmulo", foi como Lafargue a descreveu.[11] Uma divisão das responsabilidades foi fundamental para essa amizade: dos dias de Paris em diante, Engels reconheceu a capacidade superior de Marx no sentido de fornecer as bases ideológicas de "nossa perspectiva". Aceitou esse rebaixamento intelectual de uma forma tipicamente cândida e prosaica. "Não tenho como negar que, tanto antes quanto durante meus quarenta anos de colaboração com Marx, tive uma certa parcela independente na construção dos fundamentos da teoria", escreveu Engels depois da morte do amigo. "Mas a maior parte de seus princípios norteadores [...] coube a Marx definir. [...] Marx era um gênio; nós outros éramos, no melhor dos casos, talentosos. Sem ele, a teoria não seria nem de longe o que é hoje. Portanto, é mais que justo ela ter o seu nome."[12] Essa fé na genialidade de Marx foi o que convenceu Engels a recuar para o segundo plano, a sacrificar o desenvolvimento das próprias ideias e fazer o papel de "segundo violino" para "um primeiro violino tão esplêndido quanto Marx".[13] E o devotado Engels nunca entendeu que alguém pudesse agir de forma diferente, "que alguém pudesse ter inveja da genialidade; é algo tão especial que nós, que não a temos, sabemos desde o início que ela é completamente inatingível; mas, para ter inveja de uma coisa dessas, é preciso que a pessoa seja assustadoramente tacanha".[14] Um fator crucial: Engels nunca teve de ser convertido ao pensamento de Marx. Segundo Marx, ele "chegara por outra via... aos mesmos resultados que eu" e, por esse motivo, estava igualmente empenhado em explorar as implicações teóricas e políticas de sua postura filosófica. A única diferença, nas palavras de Engels, era que "Marx estava numa posição mais elevada, enxergava mais longe e tinha uma visão mais ampla e mais sintética do que todo o resto de nós".[15]

O primeiro fruto de sua amizade foi um panfleto intitulado *A Critique of Critical Criticism: against Bruno Bauer and Co.* (1845). Esse texto curto revelava a impaciência dos dois, na esteira de suas experiências em Manchester e Paris, com os resquícios idealistas da escola dos Jovens Hegelianos, e serviu de proclamação pública do materialismo adotado havia pouco tempo por Marx e Engels. "Em contraste direto com a filosofia alemã que desce do céu para a terra, aqui é uma questão de ascender da terra ao céu": foi dessa forma que os dois codificaram posteriormente essa ruptura filosófica. "O que significa não partir do que os homens dizem, imaginam, pensam [...] para chegar aos homens de carne e osso; mas sim partir de homens reais, ativos e, com base em seu processo de vida real, demonstrar o desenvolvimento dos reflexos e ecos ideológicos desse processo de vida."[16]

De acordo com seu novo modo de pensar, agora Marx e Engels viam a atividade filosófica idealista como "fórmulas, nada além de fórmulas", e denunciaram o círculo de Bauer em Berlim como um impedimento comodista à mudança social progressista. "Foi declarada guerra contra aqueles filósofos alemães que se recusam a tirar inferências práticas de suas reles teorias e que afirmam que o homem não tem nada a fazer além de especular sobre questões metafísicas", disse Engels mais tarde com uma estridência cada vez maior.[17] Deixando para trás os *literati* da cerveja", Marx e Engels queriam se concentrar nas condições sociais e econômicas, em vez de perseguir as sombras hegelianas da Ideia e do Espírito. "O verdadeiro humanismo não tem inimigo mais perigoso na Alemanha que o espiritualismo ou idealismo especulativo, que substitui o homem individual real pela 'consciência de si' ou 'espírito'", declararam eles.[18] As leituras de Marx sobre economia política e o tempo que Engels passou nas tecelagens de Manchester revelaram a ambos os homens o papel crucial da propriedade privada na organização da sociedade moderna. Era a realidade material, e não "a desbotada filosofia viúva de Hegel", que determinava as estruturas sociais, e, se houvesse necessidade de provas, era só examinar o passado. Numa tentativa exploratória inicial da interpretação materialista da história, Engels se contrapôs ao papel da Ideia hegeliana na história sublinhando a contribuição real da humanidade de carne e osso. "A história não faz nada, não tem uma 'riqueza enorme', não trava batalhas", escreveu ele na crítica a Bruno Bauer. "Não é a 'história', mas os seres humanos vivos que têm posses, agem e travam batalhas. Não existe uma entidade independente chamada 'história', que usa a humanidade para alcançar seus objetivos; a história é apenas a atividade proposital dos seres humanos."[19]

Apesar do tema grandioso, a *Critique* foi concebida inicialmente apenas como uma sátira curta a Bauer e companhia, e Engels logo terminou seu rascunho antes de partir de Paris para Barmen em setembro de 1844. "Até logo, caro Karl", escreveu Engels quando foi embora, "não consegui recapturar a animação e boa vontade que senti nos dez dias que passei com você."[20] Uma atitude insensata foi deixar o manuscrito com o "caro Karl", pois ele logo acumulou os sinais eloquentes da incontinência estilística de Marx. Em primeiro lugar, a extensão do texto. "O fato de você ter aumentado a *Critical Criticism* para vinte páginas não me surpreendeu nem um pouco", observou Engels. "Se você tivesse mantido meu nome na página de rosto, ele teria parecido meio estranho, uma vez que mal escrevi meia página." E depois vinha o espaço desproporcional dedicado a denunciar os inimigos ideológicos: "O desprezo supremo que nós dois sentimos pela *Literatur-Zeitung* faz um contraste gritante com as páginas dedicadas a ele." O aumento do panfleto também foi um dos primeiros indícios da fraqueza paralisante que Marx tinha de se desviar de projetos mais substantivos. "Faça o possível para terminar seu livro sobre economia política, mesmo que ainda haja nele muita coisa com a qual está insatisfeito, isso não importa realmente; as cabeças estão maduras e a gente precisa malhar enquanto o ferro está quente", pediu Engels em relação ao que, nas décadas seguintes, acabaria se tornando um refrão familiar. "Faça como eu, fixe uma data na qual você *terá terminado definitivamente* e providencie para que seja impresso logo." Por fim, a queda jornalística por um título que prendesse a atenção instantaneamente: fazendo uma referência desdenhosa ao círculo de Bauer, Marx rebatizara grosseiramente o panfleto *A sagrada família; ou Crítica da crítica crítica*. "Seu novo título [...] provavelmente vai me deixar em maus lençóis com meus piedosos pais, já extremamente exasperados", observou Engels, "embora você talvez não soubesse disso."[21]

Mesmo antes da publicação de *A sagrada família*, a situação de Engels em casa estava longe da harmonia. Apesar da ausência de dois anos e de sua concordância em voltar a "trabalhar como mascate" na empresa da família, as relações de Engels com o pai estavam tensas. Ambos achavam que o comunismo ateu e o protestantismo evangélico não se davam bem. "Não consigo comer, beber, dormir, soltar um pum, sem enfrentar essa mesma expressão amaldiçoada de cordeiro de Deus", queixou-se Engels a Marx. "Hoje a tribo toda saiu com passos incertos e vacilantes para a Comunhão. [...] De manhã, as expressões lúgubres se superaram. Para piorar as coisas, passei a noite de ontem com [Moses] Hess em Elberfeld, onde discutimos o comunismo até 2 horas da manhã. Hoje, claro está, caras feias por causa do meu retorno a altas horas, insinuações de que eu podia ter sido preso." A situação não melhorou em nada com o noivado da irmã Marie com outro comunista, Emil Blank: "É lógico que agora a casa está no meio de um turbilhão infernal."[22] Os bons pietistas Friedrich e Elise provavelmente estavam se perguntando onde foi que haviam errado.

Nenhum desses atritos familiares desviou Engels de sua obra missionária. Durante sua viagem de volta de Paris, que passava pela Renânia, havia ficado animadíssimo com o estado avançado do sentimento socialista. "Passei três dias em Colônia e fiquei maravilhado com a propaganda extraordinária que fizemos ali", escreveu ele numa carta a Marx. Até mesmo no vale do Wuppertal, aquele Monte Sion dos obscurantistas, havia sinais de progresso: "Isso aqui promete ser um solo de primeira para os nossos princípios. Em Barmen, o delegado de polícia é comunista. Anteontem recebi a visita de um ex-colega de escola, um professor de escola primária que já está completamente fisgado, embora não tenha tido contato algum com os comunistas."[23] Num artigo escrito para o jornal owenita *The New Moral World*, Engels fala da "rapidez com que o socialismo progrediu neste país". Dourando um pouco a pílula, Engels anunciava que "o socialismo é a questão do momento na Alemanha. [...] Você não sobe a bordo de um vapor, nem toma um vagão ferroviário, nem um carro-correio, sem encontrar alguém que esteja impregnado ao menos com uma ideia socialista e que concorda com você que é preciso fazer alguma coisa para reorganizar a sociedade". Chegou a ponto de sugerir que "entre minha própria família — que é muito piedosa e leal — conto seis ou mais, todos convertidos sem serem influenciados pelo resto".[24] Graças a esses êxitos, "os bons clérigos andam pregando contra nós. [...] No momento, limitam-se ao ateísmo dos jovens, mas espero que isso logo se faça seguir por uma filípica contra o comunismo".[25]

Engels estava particularmente empolgado com o crescente número de sublevações agrícolas e greves industriais nos estados alemães, a mais célebre das quais tendo sido a revolta dos tecelões silesianos de Peterswaldau em junho de 1844. Depois de anos de empobrecimento causado pela competição internacional e tecnológica, esses artesãos — que antes eram ricos e independentes — atacaram em desespero as fábricas locais de algodão. Tumultos semelhantes aconteceram em toda a Silésia e na Boêmia quando "a questão social" — o que fazer em relação à pobreza e à exploração em face da industrialização acelerada — começou a dominar o discurso público. Os tecelões silesianos ganharam uma notoriedade particular graças à melancólica "Canção dos Tecelões da Silésia", de Heinrich Heine. Enquanto os trabalhadores cantam um lamento pela "Alemanha de antigamente", tecem um sudário para sua sociedade, que está desaparecendo:

O estalo do tear e o voo da lançadeira;
Tecemos o dia todo e tecemos a noite toda.
Alemanha, estamos tecendo sua mortalha;
Ainda tecendo, sempre tecendo!

Engels traduziu os versos para o inglês e anunciou orgulhosamente que "Heinrich Heine, o mais eminente de todos os poetas alemães vivos, juntou-se às nossas fileiras".[26]

A estratégia política de Engels era canalizar esse interesse crescente para uma direção explicitamente comunista por meio de uma série de palestras e debates públicos que organizou junto com seu antigo mentor, Moses Hess. A primeira, em fevereiro de 1845, realizou-se no popular Zweibrücker Hof, em Elberfeld, com a presença da elite liberal da cidade. Dirigindo-se a um público de cerca de duzentas pessoas, entre as quais estavam os diretores de empresas fabris e comerciais da cidade, membros dos tribunais e até o procurador-geral, Engels apresentou os princípios do comunismo e convidou o público a se manifestar. Só membros da classe operária — as parteiras do futuro comunista, mas que ainda não tinham permissão para entrar nos melhores bares e restaurantes de Elberfeld — estavam ausentes da discussão sobre as dificuldades que enfrentavam. Engels considerou a noitada, que começou com uma leitura de Shelley, um sucesso retumbante. "Toda Elberfeld e Barmen, da aristocracia financeira à *épicerie*, estava representada; só o proletariado excluído. [...] A discussão que se seguiu durou até 1 hora da manhã. O assunto é um chamariz incrível. Toda a conversa girou em torno do comunismo e todo dia nos traz novos adeptos."[27]

Mas um morador de Elberfeld lembra essa noite de forma um pouco diferente:

> "Para fazer a coisa parecer inofensiva, foram chamados alguns harpistas. No começo da reunião foram lidos poemas sobre temas sociais. Depois Hess e 'Friedrich Oswald' começaram seus discursos. Entre o público havia donos de manufaturas que tinham vindo em busca de emoções fortes; expressavam sua irritação com gargalhadas e vaias. A defesa da sociedade capitalista foi deixada a cargo do diretor do teatro local. Quanto mais violentamente ele atacava a possibilidade do comunismo, tanto mais entusiasticamente os notáveis o aplaudiam."[28]

Engels gostava do vale-tudo de falar em público: "Estar na frente de pessoas reais, vivas, e dirigir-me a elas de uma forma direta e franca, de modo que elas vejam e escutem você, é muito diferente de estar às voltas com essa pena diabolicamente abstrata, com um público abstrato 'em mente'." Em seus discursos, Engels enfatizava a natureza iníqua da sociedade capitalista e da inevitabilidade de um conflito de classe à medida que as diferenças entre ricos e pobres aumentavam e as classes médias eram espremidas até se extinguir: "A ruína da pequena classe média, aquela camada social que constituiu o principal alicerce do Estado no último século, é o primeiro resultado dessa luta. Vemos diariamente a maneira pela qual essa classe é esmagada pelo poder do capital."[29] À medida que o desperdício, as falências e o desemprego inerentes ao modo de produção capitalista aumentassem, em decorrência das crises comerciais cíclicas e do colapso dos mercados, dizia ele, a sociedade passaria a exigir sua própria reorganização de acordo com princípios mais racionais de distribuição e troca. Esse futuro precisaria de uma forma de comunismo em que a competição fosse eliminada e o capital e o trabalho fossem alocados eficientemente por uma autoridade central. O crime deixaria de existir e a produtividade teria um crescimento vertical à medida que os avanços industriais fossem canalizados para o bem de todos e não para o lucro de uns poucos. "A melhor forma de poupar a força do trabalho é a fusão das capacidades individuais numa força social coletiva e no tipo de organização que se baseia na concentração de forças até agora opostas umas às outras."[30] Num tom reconfortante, Engels explicou a série de práticas políticas que levariam a esse futuro comunista: educação infantil universal, seguida pela reorganização do sistema de assistência social aos pobres e uma tributação progressiva do capital. "Os senhores estão vendo, portanto, que não há a menor intenção de introduzir a propriedade coletiva da noite para o dia e contra a vontade do país. O que estamos tentando fazer é definir o objetivo e as formas e os meios para avançar em sua direção", declarou ele, tentando tranquilizar a elite de mentalidade conservadora de Elberfeld.[31] Na verdade, era quase uma questão de paternalismo antiquado. "Temos de assumir como responsabilidade nossa fazer a nossa parte no sentido de humanizar a situação dos escravos modernos", sugeriu o jovem herdeiro de uma fábrica.[32]

Apesar da mensagem conciliadora, os sermões de Engels chamaram a atenção das autoridades. O prefeito de Elberfeld ameaçou cancelar a licença de funcionamento de qualquer dono de hotel que fornecesse um local para a próxima reunião. E também enviou uma carta ao governador da Renânia, Freiherr von Spiegel-Borlinghausen, contando os debates subversivos e apontando Hess e Engels como os organizadores. Os serviços de segurança também entraram em ação. "Friedrich Engels, de Barmen, é um homem que merece confiança, mas tem um filho que é um comunista raivoso e que se apresenta como um homem de letras; é possível que seu nome seja Frederick", observou um relatório policial enviado ao Ministério do Interior.[33] Com base nessas informações do serviço de inteligência, o ministro do Interior da Prússia baixou um decreto proibindo todas as reuniões comunistas em Elberfeld-Barmen. As terríveis dificuldades que Engels pai estava enfrentando e seu filho vergonhoso logo passaram a ser o assunto predileto da sociedade elegante de Barmen. Um notável de Wuppertal, Georg Gottfried Gervinus, fez comentários sobre os perigos crescentes da doutrinação comunista numa carta a seu amigo Otto Freiherr von Rutenberg. Usou Engels como prova inquestionável "da maneira pela qual estão seduzindo um jovem comerciante e convertendo-o à sua filosofia". Contou uma conversa com Engels pai: "O pai está muito infeliz com essa experiência do filho; disse-me o seguinte: 'Você não pode imaginar o quanto isso faz um pai sofrer; primeiro meu pai fez uma doação à paróquia protestante de Barmen, depois eu construí a igreja e agora meu filho a está demolindo.' — E eu respondi: 'Essa é a história de nosso tempo.'"[34]

Na verdade, o pai de Engels estava furioso com as atividades políticas do filho. Um Engels nada arrependido descreveu a cena a Marx: "Minha postura pública de comunista alimentou nele um fanatismo burguês de proporções realmente esplêndidas."[35] E, em resposta à última declaração de Engels de que, afinal de contas, não ia continuar na empresa da família, o patriarca cortou sua mesada, deixando o aspirante a revolucionário "levar uma vida de cão" e ficar se lastimando pela casa. "Agora ele está numa discórdia terrível com a família", declarou George Weerth, de Bradford, que era amigo de Engels. "É considerado ateu e ímpio, e o pai rico não vai dar nem mais um *pfennig* ao filho para as suas despesas."³⁶ Portanto, no outono de 1844, Engels bateu em retirada para seu gabinete a fim de trabalhar em A *situação da classe trabalhadora na Inglaterra*. Mas isso também despertou suspeitas: "Quando me sento em meu quarto e trabalho — sobre comunismo, claro está, como eles sabem —, a mesma expressão." A essa altura, Marx havia sido deportado de Paris como um político indesejável e estava lutando com muita dificuldade para ganhar a vida no exílio em Bruxelas. Por devoção, Engels prometera dar ao novo amigo o adiantamento do livro; e depois, ao saber dos planos da polícia de prendê-lo e decidido a não constranger mais os pais aos olhos da burguesia de Barmen, resolveu juntar-se a Marx na Bélgica. Foi um passo da maior importância: quando cruzou a fronteira belga na primavera de 1845, estava claro que não seria fácil conseguir permissão para voltar à Prússia — nem mesmo para o casamento de Marie com Emil. "Como você sabe, de todos os meus irmãos e irmãs, é você quem mais amo e você era aquela em quem eu sempre tive a maior confiança", escreveu ele à sua decepcionada irmã predileta em maio daquele ano.³⁷

Pouco depois que Engels se encontrou com Marx, os dois saíram da Bélgica para uma viagem de estudos à Inglaterra. Ali Engels reatou com Mary Burns (que voltaria com eles para o continente), enquanto Marx mergulhava na economia política, lendo as obras de vários economistas liberais e trabalhando arduamente em publicações oficiais do governo. O local favorito de leitura dos dois era uma mesa que ficava ao lado da janela que dava para o mar em Chetham's Library, a biblioteca de Manchester que datava do século XVII, cujas centenas de milhares de volumes foram vasculhados em busca de dados políticos e sociais. "Nos últimos dias, sentei-me durante bastante tempo à mesa quadrada que fica ao lado da seteira, onde ficávamos 24 anos atrás", escreveu Engels a Marx em 1870. "Gosto muito desse lugar; por causa de sua janela com vitrais, o tempo está sempre bom ali dentro."³⁸ A pesada mesa de carvalho e a janela com vitrais ainda estão lá hoje, mesmo que agora elas deem para o alvoroço juvenil da Chetham School of Music e estejam cercadas por arranha-céus, hotéis e magnatas da Manchester empresarial. A biblioteca é uma espécie de sacrário popular de peregrinos comunistas em busca de algum tipo de contato físico direto com os patriarcas fundadores. Segundo um guia turístico: "Sempre que trago alguém do consulado chinês aqui e tiro os livros antigos que Marx e Engels tocaram, a pessoa chora."[39]

Dessa vez, Engels não ficou muito tempo em Manchester, e ele e Marx estavam de volta à Bélgica no final do verão de 1845. Os meses seguintes foram dos mais felizes que os dois passaram juntos: vivendo ao lado um do outro em apartamentos vizinhos em Bruxelas, com suas respectivas mulheres, debatiam, riam e bebiam até tarde da noite. "Quando informei minha mulher a respeito de seu sistema muito filosófico de escrever em dupla até as 3 ou 4 da manhã, ela protestou, dizendo que essa filosofia não lhe serve", brincou com Engels o cartista George Julian Harney em março de 1846, "e que, se estivesse em Bruxelas, ela faria um *pronunciamento* às suas mulheres."[40] Bruxelas ofereceu a Engels a oportunidade de se dedicar inteiramente ao socialismo. Não havia ameaça alguma de "fazer trabalho de mascate" na Bélgica — em seu lugar, o que havia eram noites inebriantes passadas nos bares com Marx, Moses Hess, George Weerth (que estava deliciado por trocar Bradford por Bruxelas), Stephan Born, o poeta Ferdinand Freiligrath e o jornalista Karl Heinzen. Mikhail Bakunin, o aristocrata e futuro anarquista russo, ficou de fora do círculo e contou com amargura ao amigo Georg Herwegh que "os alemães, aqueles empregados de Bornstedt [editor do jornal pró-democracia *Deutsche-Brüsseler Zeitung*], Marx e Engels — principalmente Marx —, estão urdindo suas intrigas habituais aqui. Vaidade, despeito, altercações, intolerância teórica e covardia prática, teorização interminável sobre vida, atividade e simplicidade e, na prática, total ausência de vida, ação ou simplicidade. [...] A simples palavra *burguês* tornou-se um epíteto que eles repetem *ad nauseam*, embora eles próprios sejam burgueses inveterados da cabeça aos pés".[41]

Havia uma dificuldade social nesse grupo de emigrados que, sem ela, seria um ambiente gregário: "a inglesinha de Manchester", nas palavras de George Weerth. Definida na correspondência do período tanto como "amante" de Engels quanto como sua "esposa", era claro que Mary Burns não agradava a todos. Alguns socialistas tinham uma restrição ideológica à sua relação com Engels, ressentindo-se com o fato de o filho rico de um dono de fábrica desfilar pelos salões de Bruxelas com a amante proletária. Segundo Stephan Born, era "um excesso de confiança de Engels introduzir sua amante nesse círculo, que era frequentado basicamente por operários, invocando assim a acusação feita muitas vezes contra os filhos ricos de donos de fábricas, qual seja, de que sabem pôr as filhas das pessoas comuns a serviço de seus amigos".[42] E não era só Mary. Engels tinha o hábito de apresentar suas outras amantes — entre as quais se destacaram uma "Mademoiselle Josephine" e uma "Mademoiselle Félicie" — no círculo socialista. Não era uma prática com a qual Jenny Marx, filha do barão Ludwig von Westphalen, um homem das altas rodas, e ela própria metida a intelectual, algum dia tenha se sentido à vontade. Os Marx, nas palavras de Max Beer, "no fundo, nunca consideraram Engels e suas acompanhantes como iguais. [...] Marx, um dos maiores revolucionários que já existiram, em termos de retidão moral era tão conservador e cheio de protocolos quanto seus antepassados rabinos".[43] Esse puritanismo — ou esnobismo, ou retidão moral — atingiu seu ponto culminante quando Engels chegou com a amante do momento numa das numerosas noites de gala dos socialistas de Bruxelas. Stephan Born estava lá:

> "Entre os presentes estavam Marx e sua mulher, e Engels e sua... amiga. Os dois casais estavam separados por um grande salão. Quando me aproximei de Marx para cumprimentar sua esposa e ele, ele me lançou um olhar e um sorriso significativos que me informaram que sua mulher se recusava redondamente a ter qualquer contato com essa [...] amiga. A aristocrata era intransigente quando se tratava de respeitar os *costumes*. Se alguém tivesse tido a impertinência de exigir dela que fizesse uma concessão nesse sentido, ela teria recusado com indignação."[44]

É bom lembrar que Born contou essa cena muitas décadas após o evento e muito tempo depois de ter se desentendido tanto com Marx quanto com Engels. Eleanor Marx, que não estava presente, sempre contestou o que chamava de "história idiota de Bruxelas". "Para começo de conversa, uma pessoa teria de conhecer muito pouco os meus pais para lhes atribuir a 'moralidade' lamentável da pequena burguesia", escreveu ela numa longa carta ao socialista alemão Karl Kautsky depois da morte de Engels. "Sei que, de vez em quando, o General [Engels] *realmente* aparecia com umas conhecidas esquisitas, mas, tanto quanto eu sempre soube, isso só divertia minha mãe, que tinha um senso de humor raro e absolutamente nenhum 'decoro' hipócrita de classe média."[45]

Desse círculo estreitamente unido e às vezes tenso, surgiu algo muito grande: A *ideologia alemã*. Escrito a quatro mãos por Marx e Engels, o livro não foi publicado enquanto viveram; é público e notório que foi abandonado "à crítica corrosiva dos ratos" e só veio a lume em 1932. Mas essa obra alcançou seu objetivo de dar a seus autores uma oportunidade de esclarecer seus pensamentos, e foi mais um passo na estrada que levava do idealismo para o materialismo, outro ato consciente de distanciamento da herança dos Jovens Hegelianos. Como aconteceu muitas vezes com Marx e Engels, eles definiram sua posição massacrando uma ideologia rival — dessa vez, o pensador sob sua mira foi o filósofo Max Stirner. E, de forma igualmente típica, o grau da agressividade de que foi alvo era exatamente proporcional à dívida intelectual que Marx e Engels tinham com ele.

Um membro influente da fraternidade berlinense de Jovens Hegelianos, Stirner não se deixara convencer pela crítica de Feuerbach ao hegelianismo. Feuerbach tinha sugerido que a filosofia idealista — isto é, o hegelianismo — era pouco melhor que a teologia cristã: ambas exigiam que o homem cultuasse algo externo a si mesmo, fosse o *Geist* hegeliano, fosse o Deus cristão e, por isso, ambas empobreciam a espiritualidade do homem. A solução, segundo Feuerbach, era o homem "cultuar a humanidade", por assim dizer. Mas Stirner achava que a crítica de Feuerbach a Hegel era igualmente aplicável ao próprio Feuerbach: como Hegel, ele simplesmente pusera no pedestal outra teofania escravizante no lugar da divindade cristã. No caso de Hegel, tinha sido o Espírito; no de Feuerbach, o "Homem com H maiúsculo"; mas, na opinião de Stirner, essa "religião HUMANA é só a última metamorfose da religião cristã". Por outro lado, em *O único e sua propriedade* (1845) Stirner defendia o egoísmo absoluto, completamente livre de qualquer efeito alienante da devoção a Deus, ao Homem, ao Espírito ou ao Estado. Era um éthos supremamente ateísta, solipsista e, em última instância, niilista, em que o egoísta "não se vê como um instrumento da ideia ou um recipiente de Deus, não reconhece nenhuma vocação, não imagina que existe para um desenvolvimento maior da humanidade e que tem de contribuir para ele com a sua partezinha minúscula — vive completamente a sua vida, sem se preocupar se a humanidade vai ficar bem ou mal por causa disso".[46] Enquanto Marx e Engels não tinham interesse algum na defesa stirneriana da rebelião pessoal, nem pela natureza a-histórica de seu homem individual, as inclinações materialistas dos dois foram alimentadas pelas críticas de Stirner à filosofia humanista de Feuerbach como algo pouco melhor que a religião atualizada. Mas, onde Stirner se manteve comprometido com uma moralidade do eu, eles estavam determinados a passar de sua filosofia do individualismo para a política da ação em massa. Como disse Engels numa carta a Marx com explicações meio forçadas: "Temos de usar o Ego como ponto de partida, o indivíduo empírico de carne e osso, se não quisermos, como Stirner, ficar paralisados nesse ponto, mas sim começar a nos elevar até o 'homem' [...]. Em resumo: temos de usar o empirismo e o materialismo como ponto de partida, se quisermos que nossos conceitos, e principalmente nosso 'homem', tenham algo de real; temos de deduzir o geral do particular, e não de si mesmo ou, *à la* Hegel, do nada."[47]

Essa ambição materialista serviu de base para A *ideologia alemã*, que expressou pela primeira vez a visão que Marx e Engels tinham das estruturas sociais — religião, classe, sistemas políticos — como produto de forças econômicas e tecnológicas. "No começo, a produção de ideias, de concepções, de consciência, está diretamente interligada à atividade material e às interações materiais dos homens. Não é a consciência que determina a vida, mas sim a vida que determina a consciência."[48] Cada estágio da produção, do comunismo primitivo dos primeiros homens ao feudalismo medieval e depois ao capitalismo industrial do século XIX, resultou em diferentes "formas de interação" na sociedade. A mais notável delas foi o sistema de propriedade, que arrastou em sua marcha classes sociais, formas políticas, a religião e até movimentos culturais. Como Marx declarou posteriormente: "As relações sociais estão intimamente ligadas às forças produtivas. Ao adquirir novas forças produtivas, os homens mudam seu modo de produção; e, ao mudar seu modo de produção, ao mudar sua maneira de ganhar a vida, eles mudam todas as relações sociais. O trabalhador braçal do moinho produz a sociedade com o senhor feudal; a sociedade da fábrica que utiliza o motor a vapor produz o capitalista industrial."[49]

A interpretação materialista da história sugeria que toda civilização era, em última instância, uma expressão dos modos de produção que a moldaram: a superestrutura política e ideológica foi determinada pela base econômica da maneira mediada por suas regras de posse dos bens, as chamadas relações de produção. Isso é particularmente verdade quando se trata da superestrutura política do Estado, que era apenas "a forma pela qual os indivíduos da classe dominante fazem valer seus interesses comuns e na qual toda a sociedade civil de uma época é sintetizada".[50] Mas, num certo estágio do desenvolvimento (como, por exemplo, a luta entre a burguesia ascendente e a monarquia medieval do rei Carlos I durante a Guerra Civil Inglesa), as forças materiais da produção entram em conflito com as relações de propriedade existentes na época e com a superestrutura política, social e ideológica que as acompanha — e então o momento está maduro para a revolução. Quando os sistemas políticos estavam em desavença com os princípios econômicos fundamentais, os primeiros teriam de se reajustar aos últimos por meio de uma série de transformações em geral penosas. Mas nada disso significava que a mudança política era espontânea ou automática. Dada a oposição inevitável da elite dirigente, o progresso só seria possível pela luta por ele, por meio de organizações políticas, movimentos de massa e agitação prática. Nem a Commonwealth britânica nem a monarquia francesa entregariam o poder de boa vontade. "Portanto, uma revolução se faz necessária não só porque não é possível derrubar a classe dominante de nenhuma outra maneira", explicavam Marx e Engels, "mas também porque a classe que vai derrubá-la só pode ter êxito por meio da revolução, tanto para se livrar de todo o estrume tradicional quanto para se tornar capaz de reestruturar a sociedade."[51]

A *ideologia alemã* deixou claro, pela primeira vez, que o motor histórico dessas mudanças memoráveis era a luta de classes. No caso específico da industrialização da década de 1840, caberia à nova classe proletária instigar a revolução e abrir caminho para um futuro comunista, que prometia não só a sua liberação como também uma mudança de toda a condição humana. À medida que a competição e a propriedade privada davam lugar ao comunismo, os homens recuperariam "o controle da troca, da produção e do modo de sua relação mútua", e "a alienação entre os homens e seus produtos" se dissolveria. Em contraste com a sociedade capitalista, na qual a divisão do trabalho obriga cada homem a entrar "numa esfera particular e exclusiva de atividade", a sociedade comunista regulamentaria a produção e com isso asseguraria que "ninguém tivesse uma esfera de atividade exclusiva, mas sim que todos se qualificassem devidamente para trabalhar em qualquer ramo que quisessem, [...] para fazer uma coisa hoje e outra amanhã, caçar de manhã, pescar à tarde, cuidar do gado à noitinha, criticar depois do jantar, mesmo que eu nunca tenha pensado antes em me tornar caçador, pescador, vaqueiro ou crítico".[52] Mas era preciso abrir caminho até esse futuro invejável.

"Os filósofos têm apenas *interpretado* o mundo de várias formas; a questão é *transformá-lo*", declarou Marx em suas "Teses sobre Feuerbach" de 1845. O instrumento que ele e Engels trouxeram à luz para realizar essa transformação era a Bund der Gerechten, a Liga dos Justos. Fundada em Paris na década de 1830, a liga fazia parte de uma sociedade comunista clandestina administrada pelos alfaiates alemães emigrados, cuja inspiração política poderia ser atribuída ao igualitarismo radical de Babeuf. Em 1839, eles colaboraram com Louis-Auguste Blanqui numa revolta condenada ao fracasso que terminou com Blanqui preso, enquanto os outros três dirigentes da liga cruzaram o canal da Mancha em busca de asilo político. "Cheguei a conhecer todos os três em Londres, em 1843", lembrou Engels. Quem mais o impressionou foi Karl Schapper — um homem "de estatura gigantesca, resoluto e cheio de energia, sempre disposto a arriscar a existência civil e a vida, era o modelo do revolucionário profissional".[53] Schapper, ao lado do sapateiro Heinrich Bauer e do relojoeiro Joseph Moll ("esses três homens de verdade", como Engels os chamava), fundou a Sociedade Educacional dos Operários Alemães em fevereiro de 1840, em Great Windmill Street, Soho, como organização de fachada para a liga. Muito provavelmente por causa do vínculo constante desses homens com os blanquistas — que trazia consigo uma crença comum em tramas, conspirações e putsches —, Engels não quis entrar na liga em 1843. Mas ele e Marx participaram de uma série de reuniões durante sua viagem de 1845 à Inglaterra, como parte de uma tentativa de desenvolver uma associação internacional de socialistas, ou "Democratas Fraternos". De volta a Bruxelas, deram continuidade a essa proposta com a fundação da Associação dos Trabalhadores Alemães e de um Comitê de Correspondência Comunista para coordenar a agitação socialista e a educação operária em toda a Europa. A Liga dos Justos devia funcionar como o braço inglês reconhecido do movimento.

Politicamente, o objetivo imediato do Comitê de Correspondência Comunista era promover a democracia. "Hoje democracia é comunismo: a democracia tornou-se o princípio do proletariado, o princípio das massas", explicou Engels.⁵⁴ Em última instância, a democracia levaria ao poder político do proletariado e, por conseguinte, ao comunismo. Na verdade, a conquista do direito de voto seria, por si mesma, um evento revolucionário. "Comunismo e comunistas não eram palavras de ordem", lembrou Stephan Born, um dos membros fundadores do comitê. "De fato, as pessoas raramente conversavam sobre isso. Muito mais pertinente era o movimento cada vez mais significativo de reforma da lei eleitoral na França."⁵⁵ Para destruir o feudalismo e tomar a direção de um Estado democrático, uma aliança com a classe média era um mal necessário. "Para derrubar a nobreza se faz necessário uma outra classe, com interesses mais abrangentes, propriedade maior e uma coragem mais determinada: a burguesia."⁵⁶ De 1845 até as revoluções de 1848, Marx e Engels foram inabaláveis em seu apoio ao sistema (pela força, se preciso) de poder burguês e da democracia liberal como um estágio intermediário que levaria ao comunismo. Não poderia haver uma ditadura do proletariado da noite para o dia; a situação exigia, ao contrário, um longo processo de engajamento político e compromisso com uma revolução democrática burguesa. "Num partido, é preciso apoiar tudo o que estimula o progresso e não ter nada a ver com tediosos escrúpulos morais", declarou o comitê em termos quase stalinistas.⁵⁷ Mas a burguesia não ia se sentir muito à vontade com essa aliança. Como advertiu Engels em vésperas de 1848: "Portanto, continuem lutando bravamente, boníssimos senhores do capital! Precisamos de vocês no momento; aqui e ali, precisamos de vocês até como governantes. Vocês têm de eliminar de seu caminho os vestígios da Idade Média e da monarquia absoluta. [...] Em recompensa do que lhes será permitido governar por um breve período. [...] Mas não se esqueçam de que 'O carrasco está à espera!'"⁵⁸

Nem todos os membros do movimento comunista europeu estavam dispostos a se aliar à burguesia, nem mesmo temporariamente. Alguns ansiavam por uma revolução proletária imediata, com sua promessa de extasiante realização humana, e consideravam a estratégia de Marx e Engels algo pouco melhor que um gradualismo de homens fracos. Seu líder era o alfaiate itinerante Wilhelm Weitling, que fugira da França para a Suíça e a Áustria depois da insurreição blanquista de 1839. Ali fundou postos avançados da Liga dos Justos e alimentou o entusiasmo de seguidores plebeus. Não havia muito de Adam Smith, David Ricardo ou Jeremy Bentham na política terrena de Weitling. Sua doutrina era uma mistura extremamente emotiva de comunismo babeufista, cristianismo quiliasta e populismo milenarista. De acordo com a obra do cristão radical Felicité de Lamennais, Weitling insistia em instaurar o comunismo por meio da força bruta, com a ajuda de um exército poderoso de 40 mil ex-condenados à prisão. Uma comunidade prelapsariana [anterior à queda de Adão e Eva] de bens, companheirismo e harmonia societal viriam em seguida, liderada pela figura crística do próprio Weitling. Enquanto Marx e Engels lutavam com o intrincado dos modos de produção modernos do capitalismo industrial, Weitling ressuscitava a política apocalíptica dos anabatistas de Münster do século XVI e suas tentativas goradas de preparar o terreno para a Segunda Vinda. Ele gostava de se vincular ao martirológio comunista, mostrando a seu público as cicatrizes ainda vívidas do que sofrera nas mãos dos carcereiros prussianos. Para grande irritação de Marx e Engels, a mistura irrefletida de evangelismo e protocomunismo feita por Weitling atraiu milhares de dedicados seguidores em todo o continente. E, quanto mais Weitling era perseguido pelas autoridades oficiais, tanto mais brilhante seu halo de martírio era moralmente justificado. "Ele era então o grande homem, o profeta, escorraçado de um país a outro", zombava Engels, "que levava no bolso, pronta para usar, uma prescrição para a realização do céu na terra e que imaginava que todo mundo estava querendo roubá-la dele."[59]

Não é de surpreender que o establishment socialista continental estivesse consternado com a abordagem acessível de Weitling. Em Londres, "os homens de verdade" da liga descartaram-no sumariamente, e por isso, em 1846, ele voltou a Bruxelas com a esperança de conquistar o Comitê de Correspondência Comunista. Seria um encontro muito penoso, pois Marx e Engels estavam sempre ansiosos por massacrar um concorrente ideológico. "O agitador-alfaiate Weitling era um homem jovem, loiro e bonito, num casaco bem-talhado, uma barba curta aparada de forma coquete, mais parecido com um caixeiro-viajante do que com o operário carrancudo e amargo que eu esperava conhecer", lembra Pavel Annenkov, um observador russo do encontro de Bruxelas. Os ideólogos reuniram-se em volta de uma "mesinha verde", disse ele. "Marx se sentou numa das pontas com um lápis na mão e sua cabeça leonina inclinada sobre uma folha de papel, enquanto Engels, seu colaborador inseparável e companheiro de luta, alto e ereto, tão digno e sério quanto pode ser um inglês, fez o discurso de abertura. Falou da necessidade que tinham as pessoas que haviam se dedicado a transformar o trabalho de explicar seus pontos de vista umas para as outras e de concordar com uma única doutrina comum que poderia ser a bandeira de todos os seus seguidores que carecessem de tempo e oportunidade de estudar a teoria." Mas, antes de ele continuar sua arenga, Marx — cheio de fúria reprimida com as pretensões de Weitling — levantou-se de um salto e exigiu: "Diga-nos, Weitling, você que fez tanto barulho na Alemanha com sua pregação: com que bases você justifica sua atividade e de que forma pretende fundamentá-la no futuro?" Quando Weitling, que gostava de usar abstrações e imagens bíblicas, não conseguiu responder com o grau exigido de rigor científico, Marx bateu na mesa e gritou: "A ignorância nunca ajudou ninguém até hoje!"[60]

Não bastava só massacrar Weitling: seus acólitos também tinham de ser demolidos. O principal deles era Hermann Kriege, que tentara disseminar os pontos de vista de Weitling entre uma comunidade alemã dos Estados Unidos por meio de seu trabalho de editor do periódico *Der Volks-Tribun*, sediado em Nova York. "Ele fundou um jornal no qual, em nome da Liga, pregava um comunismo efusivo de amor irreal, baseado no 'amor' e transbordante de amor", ironizou Engels. Em face desse desvio ideológico, era claramente muito mais importante reforçar a pureza do partido do que sair à caça de um apoio público amplo. Em decorrência das depredações ideológicas de Kriege, o Comitê de Correspondência Comunista de Bruxelas (a essa altura só com 18 homens) resolveu, como um de seus primeiros atos públicos, expulsar um membro fundador. A "Circular contra Kriege", assinada por Engels, acusava-o de "pomposidade infantil", "emocionalismo fantasioso", danos ao moral operário e um desvio inaceitável da "linha" comunista oficial. O crime de Kriege, como o de Weitling, era uma incapacidade irremediável de reconhecer que "um movimento revolucionário de importância histórica mundial" tinha de ser construído sobre algo mais que aspirações vagas sobre "o grande espírito de comunidade" e a "religião do amor". O comunismo de Marx e Engels era um processo metódico, cada vez mais rigoroso e que dependia de ações históricas do proletariado para emancipar a sociedade. "E o comunismo", declarou Engels, "não significava mais inventar, por meio da imaginação, uma sociedade ideal tão perfeita quanto possível, mas sim introspecção sobre a natureza, as condições e os objetivos gerais decorrentes da luta travada pelo proletariado."[61] Não bastava querer o comunismo; o proletariado precisava entender sua função de parteiro do futuro. Portanto, os erros de Kriege tinham de ser silenciados, e Engels "distribuiu uma circular que não deixou de ter o efeito desejado". Logo depois, "Kriege desapareceu da cena da Liga".[62] O que os 150 anos seguintes trouxeram em termos de expulsões, denúncias e expurgos políticos no interior dos partidos da ala esquerda é prenunciado nessa arrepiante circular de três pontos. E desde o início Engels esteve na vanguarda: ao longo das décadas, expressaria seu amor e lealdade a Marx impondo alegremente a disciplina partidária, perseguindo hereges ideológicos e, em geral, fazendo o papel de Grande Inquisidor quando se tratava de preservar a verdadeira doutrina comunista.

Além do comunismo rudimentar de Weitling, outra ameaça ao domínio do comunismo continental por Marx e Engels foi o "verdadeiro" socialismo, ou socialismo "filosófico", que gravitou em torno do filósofo francês Pierre-Joseph Proudhon. Inicialmente, Marx — como Engels — tinha ficado impressionado com Proudhon e sua obra, *O que é a propriedade?*, de 1840. Proudhon ensinara a Marx que a solução para a iniquidade da propriedade privada não estava, como sugeria Weitling, em uma mística "comunidade de bens". O que Proudhon propunha era a abolição de toda renda que não derivasse do trabalho produtivo e o estabelecimento de um sistema justo de troca em que os bens fossem comercializados equitativamente com base no trabalho embutido neles. Marx ficou tão apaixonado pela abordagem de Proudhon que em maio de 1846 convidou-o a participar do Comitê de Correspondência Comunista como o representante francês. Engels acrescentou um pós-escrito manifestando a firme esperança de que Proudhon "aprovar[ia] a proposta" que haviam feito e teria "a bondade de não recusar" sua cooperação. No entanto, Marx não resistiu a fazer mais um pequeno acréscimo e, de repente, a máscara de cooperação harmoniosa do comitê caiu: "Agora é preciso denunciar a você o Sr. Grün, de Paris. O homem não passa de um vigarista literário, uma espécie de charlatão que procura se valer de ideias modernas."[63]

Infelizmente, os agitadores de Bruxelas tinham exagerado. Proudhon era um aliado íntimo de Karl Grün, *émigré* alemão e importante popularizador do chamado verdadeiro socialismo, e respondeu julgando com clareza a medida do absolutismo político de Marx e Engels. "Vamos, por todos os meios, colaborar na tentativa de descobrir as leis da sociedade [...] mas, pelo amor de Deus, depois de demolir todos os dogmatismos *a priori*, que não tentemos, por nossa vez, entre todas as coisas, instilar outro tipo de doutrina no povo. [...] Que não tentemos nos apresentar como líderes de uma nova intolerância, que não posemos de apóstolos de uma nova religião — mesmo que essa religião seja a religião da lógica, a religião da própria razão."[64] Marx e Engels não aceitavam bem uma crítica, e os meses seguintes foram testemunhas de um verdadeiro mar de bile atirado contra Proudhon. O ataque culminou no panfleto ferino de Marx intitulado *A miséria da filosofia* (uma resposta quiasmática à obra de Proudhon, *Filosofia da miséria*), que desacreditava a atividade filosófica pequeno-burguesa de Proudhon, os planos utópicos de bolsa de trabalho e a incapacidade paralisante de ver o papel histórico do proletariado de acabar com as relações capitalistas. Para Marx e Engels, esse era o problema com a noção de "verdadeiro socialismo" de Grün e Proudhon: era uma filosofia que ignorava a vocação histórica da classe operária e não conseguia compreender o salto societal sísmico exigido pelo comunismo. Os "verdadeiros socialistas" não conseguiam enxergar além das instituições burguesas existentes, ao passo que toda a sua abordagem "pressupunha a existência da sociedade burguesa, com as condições de vida econômica correspondentes, e a constituição política adaptada a elas".[65] Na verdade, suas tentativas provincianas de preservar uma qualidade de vida pequeno-burguesa em face da competição internacional só atrasava o advento do triunfo final do comunismo. Era uma filosofia casada com a noção romântica da cooperação pré-industrial e servindo covardemente de instrumento das necessidades estreitas de uma classe de artesãos empobrecidos pela industrialização acelerada. Ao menos o igualitarismo messiânico de Weitling reconhecia a enormidade histórica do projeto comunista, em contraste com o remendo descuidado do "verdadeiro socialismo". No entanto, por mais irresistível que fosse a crítica filosófica de Marx, os aliados de Proudhon e Grün estavam bem entrincheirados na classe operária de Paris, onde seu programa politicamente viável de cooperação, definição justa de preços e emprego universal desfrutava de apoio popular. De modo que foi para lá que Engels, o Grande Inquisidor, foi obrigado a transferir a batalha.

"O perfume da grande Revolução e da Revolução de Julho ainda está no ar", escreveu Stephan Born sobre a Paris da década de 1840. "Ao contrário da Alemanha, onde nada do gênero existia na época, os trabalhadores parisienses já constituíram uma oposição distinta à burguesia dirigente."[66] A correspondência de Engels para Paris em agosto de 1846 chegou com instruções claras: conquistar esses trabalhadores para a Liga dos Justos e evitar que qualquer proletário caia nas mãos dos "verdadeiros socialistas" de Grün ou dos "comunistas de alfaiataria" de Weitling.

A metrópole francesa era tão sedutora e perigosa quanto dizia a descrição feita pelo Rastignac de Balzac. E, como a Manchester em processo de industrialização, era considerada cada vez mais uma cidade dividida. Historicamente, Paris sempre se orgulhara da intimidade geográfica entre as diversas classes sociais — "um palácio na frente de um estábulo e uma catedral ao lado de um galinheiro", segundo um visitante norte-americano. Mas agora os ricos estavam se separando dos pobres, deixando para trás bairros povoados por um resíduo perigoso. Entre os mais notórios estava Île de la Cité, horrivelmente superpopuloso — "um labirinto de ruas escuras, tortas e estreitas, que se estende do Palais de Justice até a Notre Dame" — que serviu de cena de abertura de *The Mysteries of Paris*, um best seller que Eugène Sue publicou em 1842 com o intuito de ganhar dinheiro.[67] Enquanto os enclaves ocidentais de Paris eram verdadeiros casulos no meio da riqueza e do privilégio, os *faubourgs* do centro e do leste abrigavam *as classes dangereuses* cada vez mais nervosas. Os romancistas da época adoravam descrever sua capital como uma prostituta velha e decadente. O heroísmo da revolução foi progressivamente empanado tanto pela terrível realidade da doença, da prostituição e do crime quanto pela vulgaridade superficial da cultura burguesa mercantil. O economista político Victor Considérant descreveu a Paris de 1848 como "uma grande fábrica de putrefação, onde a pobreza, a peste [...] e a doença trabalham de comum acordo e onde raramente entra a luz do sol. [É] um buraco imundo onde as plantas definham e quatro de cada dez crianças morrem nos seus primeiros anos de vida".[68]

Lutando para ganhar a vida pouco acima desse lumpemproletariado estavam os operários qualificados das comunidades de emigrados. Foi para eles que Engels voltou a atenção. A Revolução Industrial tinha demorado para chegar à França; mas, na década de 1840, a economia finalmente estava começando a progredir. A expansão do setor de defesa e o aumento da construção de ferrovias, junto com o desenvolvimento das indústrias do algodão, da seda e dos minérios, levaram a um surto de produção industrial e exportações para outros países. Mas, em Paris, o sistema de oficinas de manufatura continuava firme, resistindo contra a linha de produção fabril. Operários qualificados de pequenas empresas, que vendiam para um mercado voltado para a moda, ditavam grande parte dos tipos de emprego que havia na cidade. Em 1848, Paris tinha 350 mil operários, um terço deles envolvidos com o setor têxtil e boa parte do restante dividida entre a construção civil, o ramo dos móveis, joias, metalurgia e serviços domésticos. Uma grande parte da força de trabalho era constituída por alemães — Engels os descreve como gente que estava "em toda parte". No final da década de 1840, havia cerca de 60 mil deles, e sua força era tal que em certos bairros parisienses não se ouvia uma única palavra de francês.[69]

A competição por sua afiliação política era acirrada. Como vimos, a França há muito tempo era um centro de pensamento socialista, e, depois dos primeiros anos de Fourier e Saint-Simon, a política radical ressurgiu na década de 1840 graças à "questão social" — a pobreza, o desemprego e, as divisões urbanas vindos na esteira da industrialização. A Proudhon se juntaram Louis Blanc, Ètienne Cabet, Pierre Leroux e George Sand, todos oferecendo visões de uma nova sociedade, que iam da cooperação ao estilo owenita ao comunismo puro-sangue. A teorização encontrou seu público mais ávido entre a comunidade alemã, explorada e empobrecida — tanto que, em 1843, o governo prussiano mandou investigar a extensão do perigo representado pelos alemães expatriados. Uma consequência foi a expulsão de Marx da França em 1845. "Temos de expurgar Paris dos filósofos alemães!", foi a reação compreensível do rei Luís Filipe à panfletagem subversiva que estava infectando sua capital.

Engels entrou nesse mercado político competitivo apoiado somente por sua autoconfiança (e pela retomada relutante das mesadas que lhe dava o pai). Ele se pôs a trabalhar disposto a enfrentar qualquer parada para livrar a classe operária parisiense do desvio representado pela linhagem de Grün e Weitling. Seu alvo eram os chamados *Straubingers*, os artesãos e jornaleiros alemães simpatizantes do "verdadeiro socialismo", que residiam no distrito fabril de St. Antoine. Para os estudiosos do entrismo, as táticas de Engels nas reuniões políticas semanais dos *Straubingers* são matéria de livros didáticos, uma mistura brutalmente bem-sucedida de ameaças, dividir para governar, denúncias e intimidação ideológica. "Por meio de um pouco de paciência e um pouco de terrorismo, saí vitorioso com a grande maioria me apoiando", vangloriou-se ele a Marx, contando como "entrou em ação, intimidando de tal maneira o velho Eisermann [um participante e membro da Liga dos Justos] que ele não apareceu mais". A única preocupação de Engels era o nível primitivo de compreensão ideológica que encontrou entre os *Straubingers*: "Os companheiros são terrivelmente ignorantes." O problema era que sua prosperidade relativa estava atrasando o desenvolvimento de sua consciência de classe. "Não há competição entre eles, os salários continuam sempre no mesmo patamar insignificante; a luta contra o mestre, longe de girar em torno dos salários, preocupa-se com 'o orgulho dos jornaleiros' etc." Idealmente, Engels preferiria que eles estivessem muito mais pobres e desesperados.

Na reunião seguinte, Engels resolveu mostrar o verdadeiro significado de comunismo a esses trabalhadores miopicamente satisfeitos. Aqui começou sua carreira de um dos mais férteis e inteligíveis popularizadores da doutrina marxista. Seus objetivos, explicou ele, eram claros:

1. assegurar que os interesses do proletariado prevaleçam, em contraposição aos da burguesia;
2. fazer isso abolindo a propriedade privada;
3. não admitir outros meios de alcançar esses objetivos além da revolução democrática pela força.

UM POUCO DE PACIÊNCIA E UM POUCO DE TERRORISMO 161

Depois ele pediu que votassem nos objetivos, para determinar logo se os *Straubingers* eram comunistas engajados ou apenas uma sociedade de debates excêntricos com a qual ele não perderia mais tempo. "No começo, quase toda a roda estava contra mim e, no fim, só Eisermann e os outros três grünianos", declarou Engels. Ele denunciou os sentimentos antiproletariado e pequeno-burgueses de Grün e de seus discípulos em tons tão estridentes que a reunião acabou concordando com sua definição de comunismo com uma maioria de 13/2, o que dá uma certa medida tanto da habilidade de Engels como orador quanto da intimidade das reuniões.[70]

Em Paris, como em Elberfeld, suas façanhas não passaram despercebidas às autoridades. Entre os que se interessaram estava a polícia da cidade, que usou o número crescente de tumultos sociais no bairro de St. Antoine como pretexto para dar uma batida nas células *Straubingers* subversivas. Os seguidores de Grün delataram Engels como o agitador, e logo ele estava com um monte de espiões e informantes seguindo seus passos em Paris. Talvez cansado dos debates noturnos e dos votos sobre moções procedimentais, Engels usou o assédio da polícia como uma desculpa bem-vinda para trocar as noites de estudos socialistas por um mergulho nos prazeres carnais de Paris. "Se os indivíduos suspeitos que andam me seguindo nos últimos 15 dias forem realmente informantes, como estou convencido de que alguns deles são, ultimamente a prefeitura deve ter fornecido um grande número de entradas para os *bals* de Montesquieu, Valentino, Prado etc.", disse ele a Marx. "Agradeço ao Sr. Delessert [chefe da polícia de Paris] por alguns encontros deliciosos com *grisettes* e por muito prazer, pois eu queria aproveitar os dias e as noites que podem muito bem ser os meus últimos em Paris."[71]

Agora por volta dos seus 25 anos, Engels era um dom-juan experiente, cuja boa aparência e comportamento devasso granjeavam-lhe muitas amantes. Nem bem saíra do abraço terreno de Mary Burns em Manchester, já estava escrevendo a Marx sobre um "caso amoroso" que teve "para aclarar as ideias".[72] Em janeiro de 1845, ele chegara "a um fim horrível", contou ele. "Vou lhe poupar os detalhes desagradáveis, nada mais pode ser feito a respeito, e eu já estou mais do que satisfeito com o jeito que as coisas estão."[73] Em Bruxelas, no verão, ele estava de volta à sua "esposa" Mary; mas, no outono, em Paris, o puritano Stephan Born ficou estarrecido com o gosto do companheiro por bacanais e com sua presença "nos espetáculos de variedades mais desregrados no teatro do Palais Royal".[74] Engels teve uma série de amantes (parece que suas "maneiras insolentes davam certo com o sexo feminino"), passou noitadas em bebedeiras com grupos de artistas suspeitos e, como tantos outros de sua classe social e de sua época, não tinha o menor constrangimento em pagar por sexo. Quase um ano depois, ele condenaria a prostituição como "a mais tangível das explorações — uma exploração que ataca diretamente o corpo físico — do proletariado pela burguesia", mas nenhuma dessas reservas o preocupavam agora.[75] "É absolutamente essencial que você deixe essa Bruxelas tediosa de uma vez por todas e venha para Paris; quanto a mim, tenho grande desejo de sair para a farra com você", insistiu ele com Marx, homem dedicado ao lar. "Se eu tivesse uma renda de 5 mil francos, não faria mais nada além de trabalhar e me divertir com as mulheres até sofrer um colapso. Se as francesas não existissem, não valeria a pena viver. Mas, enquanto houver *grisettes*, tudo bem!"[76] Felizmente para Engels, quando se tratava de relações com as mulheres, o pessoal e o ideológico fundiam-se deliciosamente: ele tinha muita libido, adorava a companhia das mulheres e também tinha uma aversão inata pela moralidade burguesa do casamento e da monogamia. Com o tempo, essas tendências desembocariam numa teoria coerente de feminismo socialista; mas, por volta de seus 25 anos, elas só faziam parte dos prazeres que a vida noturna parisiense oferecia a um homem jovem.

Havia um lado mais sombrio da busca constante de Engels por sexo descompromissado com as mulheres. Desde o início de sua amizade com Marx, a atitude de Engels com Moses Hess começou a ser de hostilidade. Engels procurava desacreditar cada vez mais o "rabino comunista" que o havia introduzido na corrente socialista da época, declarando que era um agitador ideologicamente confuso, cuja simpatia crescente pelo "verdadeiro socialismo" de Grün era uma prova inquestionável de suas tendências suspeitas. Como um par de valentões de parquinho que gostam de intimidar os outros, Marx e Engels resolveram tornar o político pessoal e dirigir sua atenção para a esposa de Hess. Segundo relatórios da polícia de Colônia, Sibylle Hess havia sido prostituta antes de ser costureira. Hess tirou-a da sarjeta tanto por convicção política quanto por apego emocional. "Ele queria realizar um ato que expressasse a necessidade de amor dos homens e da igualdade entre eles", segundo Isaiah Berlin. Mas parece que Sibylle não era fiel.[77]

Em julho de 1846, Engels concordou em ajudar Hess fazendo sua esposa, que não tinha passaporte, atravessar clandestinamente a fronteira de Bruxelas para a França. Assim que os dois chegaram a Paris, Engels começou a citar seu nome numa série de cartas pouco cavalheirescas para Marx. "A Sra. Hess está à caça de marido. Não dá a mínima para Hess. Se acontecer de surgir alguém apresentável, é só procurar Madame Gsell, Faubourg St. Antoine. Não há pressa, uma vez que a competição não é acirrada." Em setembro, parece que Engels havia assumido ele próprio o papel conjugal e, logo depois, escreveu a Marx contando que havia despachado a Sra. Hess, "xingando e praguejando", de volta para "o fundo do Faubourg St. Antoine". O que lhe deu um prazer especial foi que Hess, sem saber que havia sido traído — e agora pouco mais que uma figura fallstafiana, enquanto Engels fazia o papel de príncipe Hal —, estava tentando reaquecer a amizade entre os dois. Quando Hess finalmente voltou a Paris em janeiro de 1847, Engels tripudiou: "Eu o tratei com tanta frieza e desprezo que ele não vai ter nenhum desejo de voltar. Tudo quanto fiz por ele foi dar-lhe conselhos sobre a gonorreia que trouxera da Alemanha." Não é de surpreender que a amizade tenha acabado quando Hess descobriu que Engels havia seduzido sua mulher. Hess voltou a Bruxelas e começou a criticar ferozmente seu antigo *protégé*. Engels, por seu lado, adotou um ar de indiferença superior: "Moses brandindo as pistolas, desfilando com os chifres diante de toda Bruxelas [...] deve ter sido engraçado", escreveu ele a Marx. Mas uma coisa certamente aborreceu Engels — a "mentira absurda sobre estupro" que Hess estaria espalhando. Isso era, garantiu ele ao amigo, um absurdo completo. "Posso contar a ele muitos detalhes anteriores, concomitantes e posteriores que o deixariam tonto. Pois bem no último mês de julho, aqui em Paris, essa mula de Balaão me fez, *in optima forma*, uma declaração de amor misturada com resignação e me fez confidências sobre os mais íntimos segredos noturnos de sua *ménage*! A raiva que sente de mim é amor não correspondido, pura e simplesmente." Grosseiramente, chega a sugerir que "o Siegried cornudo" tinha "total liberdade [...] para se vingar em todas as minhas amantes, presentes, passadas e futuras", e apresentou prestimosamente a lista. Mas se Hess quisesse levar essa questão de honra em frente, então

Engels, que aprendera a duelar entre os ricos de Bremen, "daria a ele o que merecia".[78]

Será que Engels estuprou mesmo a Sra. Hess? Com suas supostas "maneiras insolentes", Engels certamente tinha algo de predador sexual durante sua fase parisiense, mas parece improvável que ele tenha recorrido à violência. O mais plausível é que os dois tenham tido um caso — iniciado em parte pelo desejo que Engels tinha de humilhar Moses Hess — que acabou mal. Apesar disso, há uma passagem curiosa numa carta de 1898 de Eleanor Marx para Karl Kautsky, na qual ela menciona um incidente de Paris envolvendo Engels sobre o qual, inusitadamente, ninguém podia falar na casa de Marx, geralmente liberal: "Se havia na história uma mulher que eu *realmente* com certeza conhecia e, a julgar por algumas palavras que ouvi, parecia ser malafamada, eu não sei. Mas isso foi tudo — só que foi um episódio a ser ignorado e acobertado." Foi, garantiu ela a si mesma e a Kautsky, "algum disparate juvenil".[79]

Impressionante é o fato de Engels ter conseguido fazer política enquanto andava atrás de um rabo de saia. Em junho de 1847, a Liga dos Justos realizou um congresso em Londres para o qual Marx e Engels foram convidados como novos membros. O objetivo da reunião era Schapper, Bauer e Moll se aliarem ao comitê de Bruxelas, trocando a velha mentalidade clandestina por um programa político mais público. Com as finanças de Marx numa outra baixa característica, o contingente de Bruxelas foi representado pelo professor e comunista Wilhelm Wolff, mas Engels teve de batalhar numa reunião do ramo parisiense para garantir que seria escolhido como seu representante. "Percebi que seria muito difícil conseguir a indicação de Engels, embora ele esperasse ser escolhido", lembra Stephan Born. "Havia grande oposição a ele. Consegui fazer com que fosse eleito só pedindo — contrariando as regras — aos que eram contra sua candidatura, e não a favor, que levantassem as mãos. Hoje esse estratagema me parece abominável. 'Muito bem!', disse Engels para mim quando voltávamos para casa."[80]

O congresso foi um momento seminal do desenvolvimento do Partido Comunista. Os delegados concordaram em rebatizar a Liga dos Justos como Liga Comunista e substituir o lema "Todos os homens são irmãos" por outro muito mais bombástico: "Trabalhadores do mundo inteiro, uni-vos!" Engels foi encarregado de fazer o esboço do "catecismo revolucionário" da liga, que apresentaria sua postura político-filosófica. O resultado foi o "Rascunho de uma Profissão de Fé Comunista", cujo título já revelava a mistura de fervor religioso e envolvimento pessoal que marcaram o início do movimento comunista:

Pergunta 1: *Você é comunista?*
Resposta: Sou.
Pergunta 2: *Qual é o objetivo dos comunistas?*
Resposta: Organizar a sociedade de tal forma que todo membro seu possa desenvolver e usar todas as suas capacidades e poderes em completa liberdade e sem com isso infringir as condições básicas da sociedade.
Pergunta 3: *Como você deseja alcançar esse objetivo?*
Resposta: Eliminando a propriedade privada e substituindo-a pela propriedade comunal.[81]

O rascunho da profissão de fé, que chegou a quase duas dúzias de perguntas, era um documento de conciliação que mostrava muito do "verdadeiro" socialismo, ou socialismo utópico, que Marx e Engels abominavam — incluindo até uma passagem insípida (o que era pouco característico) sobre o quanto "todo indivíduo luta para ser feliz. A felicidade do indivíduo é inseparável da felicidade de todos".[82] Mas a profissão de fé também continha alusões do toque popularizador muito brilhante que culminaria em *O manifesto do partido comunista*. A chegada do proletariado e sua função histórica de levar à revolução socialista estava no âmago do catecismo. O texto de Engels também estava repleto de interpretação materialista da história e da sociedade que ele e Marx vinham desenvolvendo nos últimos anos. A revolução política, declarava o documento, dependia de uma disjunção entre as relações de propriedade e o modo de produção; isto é, a probabilidade da revolta dependia do fato de a superestrutura política e social estar de acordo com a base econômica. Mas essa dependência não impedia que os comunistas lutassem para criar a condição desejada: "Se, no fim, o proletariado oprimido for desse modo levado a fazer uma revolução, vamos defender a causa do proletariado com atos tanto quanto agora a defendemos com palavras." O primeiro passo ao longo do caminho para "a liberação política do proletariado" era garantir "uma constituição democrática". Depois dela viria a limitação da propriedade privada, a educação pública universal e até algumas reformas no sistema de casamento.[83]

Depois que o congresso terminou, Engels se lançou numa rodada intensiva de diplomacia com muitas viagens de ida e volta, da qual Marx foi excluído por causa de suas numerosas interdições a viagens. Engels foi de Londres a Bruxelas para reforçar a posição marxista contra facções alemãs rivais que estavam tentando usurpar a rede comunista; depois, voltou a Paris para fazer propaganda da "Profissão de Fé" nos ramos locais da Liga Comunista. "Fundei imediatamente uma comunidade propagandística e logo fiz uma série de palestras", escreveu ele a Marx de Paris. "Fui imediatamente eleito para o distrito [Comitê da Liga Comunista] e fui encarregado da correspondência." Para fazer com que o comitê adotasse a "Profissão", Engels teve de manobrar para excluir Moses Hess, que estava fazendo propaganda de uma versão alternativa. Mais uma vez, a habilidade política de Engels foi para o primeiro plano quando ele pregou "uma peça infernal em Mosi": "Na última sexta-feira, no distrito, enfrentei essa questão [a versão de Hess] ponto por ponto e ainda não estava na metade quando os companheiros se declararam *satisfaits*. Sem nenhuma oposição, consegui que me confiassem a tarefa de esboçar uma nova versão que vai ser discutida pelo distrito na próxima sexta-feira e vai ser mandada para Londres sem que os comitês saibam. Naturalmente, nenhuma alma viva deve saber disso; caso contrário, seremos todos destituídos e vai ser o diabo."[84]

O rascunho seguinte do catecismo, feito por Engels em outubro de 1847 como forma de preparar o segundo congresso da Liga Comunista, marcado para o mês de novembro daquele ano, era intitulado "Os Princípios do Comunismo". Embora grande parte do texto lembrasse a "Profissão", houve um aumento perceptível da ênfase no materialismo e redução da ênfase no socialismo utópico de antes. Também havia ali um apelo mais declarado à revolução proletária, bem como um novo destaque no caráter global do capitalismo e na solidariedade operária. "Portanto, se hoje, na Inglaterra e na França, os trabalhadores se liberarem", declarou Engels, "isso deve levar a revoluções em todos os outros países, o que, cedo ou tarde, também vai levar à liberação dos trabalhadores desses países." Mas até esse dia era preciso adotar os processos do capitalismo globalizado: "Precisamente esse tipo de indústria de larga escala que, na sociedade atual, produz toda miséria e toda crise comercial é exatamente o tipo que, numa organização social diferente, vai acabar com essa mesma miséria e essas flutuações desastrosas." Em *A ideologia alemã*, Engels declarou que, quando a ordem social "não corresponde mais às condições existentes", o resultado é revolução. Em "Os Princípios do Comunismo", Engels preservou o compromisso de abolir a propriedade privada e a inauguração de uma constituição democrática, mas agora oferecia uma lista maior dos passos de transição que levariam ao socialismo. Um deles, de certo modo uma reversão às tradições fourierista e owenita, era a proposta de construir "grandes palácios em terras públicas para serem moradias coletivas de comunidades de cidadãos que estariam trabalhando na indústria e na agricultura, combinando as vantagens da vida urbana e da vida rural sem a unilateralidade nem as desvantagens de ambas". Engels também sugeriu que a futura ordem comunista transformaria as relações entre os sexos, uma vez que "acaba com a propriedade privada e educa as crianças comunalmente, destruindo assim os alicerces gêmeos do casamento que existiu até o momento — a dependência, por meio da propriedade privada, que a mulher tem do marido, e os filhos dos pais".[85]

Inédito até 1914, "Os Princípios do Comunismo" se tornariam a base de *O manifesto do partido comunista*. "Esse congresso vai ser decisivo", afirmou Engels a Marx antes de viajarem juntos para uma reunião em Londres. "Pense um pouco na Profissão de Fé. Acho que o melhor seria abandonarmos a forma de catecismo e chamar o texto de Manifesto Comunista. Na sede da Sociedade Educacional dos Operários Alemães, e depois no bar Red Lion em Great Windmill Street, os "Princípios" foram criticados no segundo congresso durante dez dias exaustivos de novembro de 1847. Mas foi Marx quem dirigiu a reunião. "Seu discurso foi breve, convincente e com uma lógica soberba", afirmou Engels. "Não disse uma única palavra supérflua; toda frase continha uma ideia, e toda ideia era um elo essencial na corrente de seu raciocínio."[86]

No fim, "todas as contradições e dúvidas foram finalmente discutidas e resolvidas, os novos princípios básicos foram adotados por unanimidade e Marx e eu fomos encarregados de escrever o Manifesto. O que foi feito imediatamente". "Desde então", Engels observou, orgulhoso, "o *Manifesto* viajou o mundo todo, foi traduzido para várias línguas e ainda hoje serve como um guia do movimento proletário em diversos países."[87]

A partir dos rascunhos toscos e às vezes pesados da "Profissão de Fé" e dos "Princípios do Comunismo", surgiu a prosa fluente de *O manifesto do partido comunista*. "Essa combinação irresistível de confiança utópica, paixão moral, análise rigorosa e — igualmente importante — uma sombria eloquência literária acabaria se tornando talvez o panfleto mais célebre e certamente o mais amplamente traduzido no século XIX", nas palavras admiráveis de Eric Hobsbawm. Marx e Engels tinham começado a trabalhar juntos no Manifesto em Londres e continuaram a obra em Bruxelas, mas foi Marx quem fez a edição final, e é essa ausência deliciosa de consenso de um comitê que faz de *O manifesto do partido comunista* uma leitura tão fluente. Desde suas primeiras linhas épicas — "Um espectro assombra a Europa — o espectro do Comunismo" — ao seu final provocador — "Os proletários não têm nada a perder além de suas algemas. Têm um mundo a ganhar. TRABALHADORES DO MUNDO INTEIRO, UNI-VOS!" —, trata-se de um texto polêmico, escrito em um único arroubo heroico. No entanto, grande parte do trabalho intelectual maçante e pesado em reuniões da liga e em sessões de redação de rascunhos foi feita por Engels. O líder socialista alemão Wilhelm Liebknecht pôs os pingos nos ii: "O que foi contribuição de um, o que foi contribuição do outro? Uma questão fútil! Tem um único molde, e Marx e Engels eram uma única alma — tão inseparáveis em *O manifesto do partido comunista* quanto sempre foram até a morte em todas as suas obras e planos."[88]

O Manifesto talvez tenha uma dívida maior com o trabalho prévio de Engels com sua narrativa do surgimento do proletariado, "uma classe de trabalhadores que existem somente quando conseguem emprego e que só conseguem emprego quando seu trabalho aumenta o capital". Essa história socioeconômica, que se baseia principalmente no papel da Revolução Industrial de levar a sociedade para o comunismo, poderia ter saído diretamente de *A situa-*

Capa da primeira edição alemã de 23 páginas de O manifesto do partido comunista.

ção *da classe trabalhadora na Inglaterra*. A singular história do proletariado escrita por Engels de repente se tornou, no *Manifesto*, um modelo universal de desenvolvimento da classe operária.[89] O *Manifesto* reafirmou e reenfatizou muitas ideias que Engels já havia esboçado. Denunciou a natureza imoral da sociedade burguesa, que "demoliu impiedosamente os diversos vínculos feudais que ligavam o homem a 'seus superiores naturais' e não deixou nenhum outro nexo entre os homens além do interesse pessoal cru, além do 'pagamento em dinheiro'"; revelou a preferência de classe do governo burguês, em que "o executivo do Estado moderno é apenas um comitê para administrar as questões comuns a toda a burguesia"; apontou a ironia mortal de a burguesia produzir sobretudo "seus próprios coveiros". E reiterou a principal demanda comunista, que poderia ser "sintetizada numa única frase: abolição da propriedade privada".

Marx realmente eliminou algumas das fantasias de Engels, entre as quais os planos de comunas agroindustriais e todas as alusões ao fim do casamento (um alvo comum dos críticos do comunismo). Em seu lugar, ofereceu o tipo de voos retóricos que Engels nunca dominaria:

> "Ela [a burguesia] foi a primeira a provar o que a atividade humana pode realizar. Criou maravilhas que superam de longe as pirâmides egípcias, os aquedutos romanos e as catedrais góticas; conduziu expedições que eclipsaram todos os Êxodos anteriores de nações e cruzadas. A burguesia só pode existir com a condição de revolucionar constantemente os instrumentos de produção e, por conseguinte, as relações de produção e, com isso, todas as relações da sociedade. [...] Dissolvem-se todas as relações antigas e cristalizadas, com seu séquito de preconceitos e opiniões secularmente veneradas, são varridas, todas aquelas recém-formadas se tornam antiquadas antes de ossificarem. Tudo o que é sólido se dissolve no ar, tudo o que é sagrado é profanado, e, por fim, o homem é obrigado a encarar com serenidade suas verdadeiras condições de existência e suas relações com sua espécie."[90]

Apesar dessas previsões extravagantes, o *Manifesto*, quando foi publicado, não causou impacto nenhum. Saiu das prensas londrinas da Sociedade Educacional dos Operários Alemães em fevereiro de 1848 para enfrentar uma retumbante "conspiração do silêncio". Talvez tenha sido lido por algumas centenas de membros da Liga Comunista, e uma tradução para o inglês saiu em capítulos no *Red Republican* de Harney em 1850, mas o opúsculo não vendeu muitos exemplares nem teve nenhuma influência óbvia. Isso se deveu — num grau nada desprezível — ao fato de a história já o estar superando. A burguesia de Marx, que já realizara tantas façanhas, estava prestes a marcar mais um ponto: a extinção da monarquia do rei Luís Filipe da França. Na manhã do dia 24 de fevereiro de 1848, Alexis de Tocqueville saiu de sua casa em Paris, virou o rosto para o vento gelado e declarou que podia "sentir o cheiro da revolução no ar". À tarde, com o Boulevard des Capucines coberto de sangue e árvores ao longo da Champs-Elysées derrubadas para servirem de barricadas, a monarquia de julho de 1830 dissolveu-se no ar. "Nossa era, a era da democracia, está raiando", exclamou Engels. "As chamas das Tulherias e do Palais Royal são a aurora do proletariado."[91] O galo francês estava cantando vitória; Paris estava cumprindo seu destino. A revolução chegara.

5
A safra infinitamente rica de 1848

"À meia-noite e meia o trem chegou com a notícia gloriosa da revolução de quinta-feira, e toda a massa da população gritou, numa súbita explosão de entusiasmo, Vive la République!", escreveu Engels empolgadíssimo com os eventos que estavam prendendo a atenção da Europa em março de 1848.[1] Enquanto a monarquia francesa se desintegrava, Marx e Engels estavam no lugar errado, na hora errada, andando lentamente em círculos numa estação ferroviária de Bruxelas na tentativa de descobrir as últimas notícias. Esse se tornaria um comportamento padrão durante os 18 meses seguintes, enquanto os dois aspirantes a revolucionários rastreavam as grandes revoluções de 1848 em todo o continente — às vezes participando, às vezes influenciando uma delas; mas, em geral, sendo arrastados por elas. Foi um período cheio de promessas e carregado de frustrações.

Da perspectiva esperançosa de Marx e Engels, os acontecimentos chocantes de 1848 pareciam um manual da revolução democrática burguesa. Os sistemas políticos e jurídicos arcaicos da Europa estavam fora de sintonia com os modos de produção capitalista — que só faziam acelerar cada vez mais — e seriam obrigados a se ajustar às novas realidades econômicas. Dado o descompasso entre a base em processo de industrialização e a superestrutura feudal, uma revolução dirigida pela burguesia ascendente era o próximo passo óbvio. E então, depois que as classes médias tivessem feito o trabalho sujo de acabar com o velho mundo, a revolução burguesa, por sua vez, seria substituída pelo governo do proletariado.

Depois de toda aquela conversa da última década — "fórmulas, nada além de fórmulas" —, 1848 ofereceu a perspectiva tentadora da práxis e a chance de dar uma mãozinha à história. Deixando pouca coisa para a inevitabilidade do progresso, Marx e Engels procuravam acelerar a futura revolução por meio de um programa exaustivo de organização política, propaganda em jornais e, por fim, insurreição militar. Depois que *O manifesto do partido comunista* saiu das prensas, Marx e Engels cruzaram a Europa de Bruxelas a Berna, de Paris a Colônia, escapando de mandados de prisão e espiões prussianos para apressar a destruição do *ancien régime* da Europa.

O próprio Engels deixaria o campo de batalha de 1848 particularmente satisfeito: o pretenso *montagnard*, praticante de esgrima e boxeador de quartel finalmente teve a experiência pessoal de alguma ação militar na linha de frente. Realizando um sonho infantil de aventura, ele hasteou a bandeira vermelha em sua cidade natal de Barmen e lançou grupos de ataque contra as tropas de infantaria da Prússia, antes de fugir, sob fuzilaria, pela Floresta Negra. Houve sangue derramado nas barricadas, um investimento pessoal na luta de vida ou morte pela revolução. Nas décadas seguintes, Engels raramente deixaria os amigos ou os inimigos se esquecerem disso.

Quaisquer que tenham sido os heroísmos pessoais, a realidade incômoda era que as revoluções de 1848-49 — na Dinamarca, na Sicília, na Sardenha, em Piemont, na França, na Prússia, na Saxônia, na Hungria e na Áustria — estavam longe da insurreição de classe idealizada por Marx e Engels. Elas foram alimentadas por uma multiplicidade de motivos, que iam da insegurança econômica e da identidade nacional às demandas republicanas pelo fim da monarquia e instauração de um autogoverno democrático. Esses levantes, *frondes*, rebeliões ou revoluções — dê-lhes o nome que quiser — também estiveram sujeitos a uma reversão rápida, dependendo do grau de apoio operário, liderança radical e força dos reacionários para se recompor. Essas ambições volúveis e, em última instância, não realizadas levaram o historiador A. J. P. Taylor a descrever 1848 como "a virada" que a Europa "não conseguiu dar". Para Marx e Engels, essa apregoada "era da democracia" foi uma época de frustração pessoal e reavaliação ideológica.

A tempestade épica que desabou sobre a Europa na primavera de 1848 começou com uma nuvem menor que a mão de um homem, na cidade de Palermo, onde o descontentamento crescente com o rei Bourbon Ferdinando II e seu governo distante, sediado em Nápoles, levou a uma rebelião em janeiro. Insatisfeitas com décadas de um governo napolitano distante e agressivo, as principais famílias sicilianas se aproveitaram de uma grande dificuldade econômica para promover a restauração de seu parlamento autônomo, anterior a 1816. Manifestações de rua bem organizadas logo passaram a confrontos com a polícia; não demorou para as barricadas serem erguidas, as tropas do rei desertarem dos quartéis para o continente e a dinastia Bourbon ser deposta. Poucas semanas depois, um governo provisório foi instituído e um novo Parlamento eleito.

A Sicília foi a primeira, mas as tensões eram evidentes nas cortes dos reis de toda a Europa, enquanto as pressões aumentavam e as rendas em queda precisavam de voz nos parlamentos. Essas assembleias nacionais tinham tipicamente o poder de reabastecer os fundos do tesouro real por meio da arrecadação de impostos, mas agora, os políticos, por sua vez, estavam exigindo uma reforma constitucional. Era a época da "pré-revolução", ou *Vormärz*, em que abundavam expectativas mal definidas nos jornais e nos parlamentos de todas as capitais europeias. Uma década de safras ruins — com seu séquito de preços altos de cereais, depressão econômica e o espectro da fome — exacerbou a instabilidade. A quebra generalizada das safras em 1845 teve um efeito devastador sobre numerosas economias rurais, enquanto uma redução crescente do crédito levou ao colapso da confiança nos mercados urbanos, a uma crise no setor bancário e a um declínio na capacidade comercial das empresas. O preço dos alimentos subiu, as rendas disponíveis caíram e o desemprego aumentou. Tudo isso alimentou uma insatisfação popular com as monarquias que governavam a Europa desde a Conferência de Viena de 1815. Mas, como previra Marx, seria preciso ouvir o canto de vitória do galo francês para transformar esse ressentimento numa conflagração europeia.

A Revolução de Fevereiro de 1848 na França colocou os operários parisienses na linha de frente do comunismo europeu. Na esteira do levante de Palermo, os radicais franceses organizaram banquetes ao ar livre — uma tradição do descontentamento popular que remontava à época da Revolução

Francesa — como manifestação de apoio ao sufrágio masculino universal e à reforma econômica. Tendo como pano de fundo a nostalgia renovada dos grandes acontecimentos de 1789, hinos revolucionários eram cantados por artistas do teatro parisiense e soavam ameaçadores do lado de fora dos salões de baile da alta sociedade. O historiador liberal François Guizot, o insultadíssimo primeiro-ministro do rei Luís-Filipe, reagiu à crise proibindo os banquetes e convocando a Guarda Nacional. Não adiantou nada: no dia 23 de fevereiro de 1848, Guizot foi oferecido em sacrifício político à turba. No dia seguinte, o próprio Luís-Filipe abdicou e fugiu para a Inglaterra. Os acontecimentos logo sucumbiram à tradição de rua de Paris e, depois do fuzilamento acidental de manifestantes por soldados nervosos, a capital começou sua coreografia familiar de revolução.

Marx e Engels, sem poder se mexer na Bélgica, estavam desesperados para garantir que Bruxelas não deixasse de aproveitar esse ímpeto revolucionário que estava varrendo o continente — ou, como disseram numa carta a Julian Harney, queriam que os habitantes locais "obtivessem, pelos canais competentes das instituições políticas belgas, as vantagens que o povo francês conquistara". Para Marx, essa "agitação pacífica, mas vigorosa", significava organizar reuniões fora da prefeitura, enviar petições à câmara dos vereadores da cidade e comprar armas clandestinamente para os operários belgas com o dinheiro retirado do espólio de seu falecido pai.[2] Mas o astuto rei Leopoldo I não estava com a menor vontade de seguir os passos de Luís Filipe em sua fuga pelo canal da Mancha, e a polícia belga logo deu um aperto nos seus hóspedes alemães encrenqueiros. No dia 3 de março de 1848, Marx recebeu ordens de deixar o reino em 24 horas. Engels seguiu-o pouco tempo depois.

Como convinha à capital do século XIX, Paris foi o gatilho que detonou levantes em toda a Europa, enquanto a promessa de liberdade e democracia, nacionalismo e republicanismo questionava o sistema conservador — a monarquia e a autarquia do *ancien régime* — que havia ditado a política continental desde a derrota de Napoleão na batalha de Waterloo. Para os radicais, a irrupção de revoltas que exigiam pão e de rebeliões rurais era uma oportunidade gloriosa de inculcar a reforma constitucional e a autodeterminação nacional. No começo de março de 1848, o congresso austríaco de Viena foi sequestrado por ativistas estudantes e operários. Barricadas foram erguidas imediatamente, seguidas de um contra-ataque sangrento das tropas dos Habsburgos — mas nem isso salvaria o chanceler austríaco Klemens von Metternich, a própria encarnação da arrogância do *ancien régime*, que foi obrigado a fugir para a Inglaterra. Enquanto a monarquia Habsburgo cambaleava, os estados setentrionais da Itália se insurgiam, com os pobres urbanos da Lombardia, Piemont, Veneza e Milão liderando a rebelião. Milão sofreria uma reação particularmente feroz por parte dos austríacos, sob o comando do marechal Radetzky: durante os célebres Cinco Dias, 1.500 barricadas foram erguidas da noite para o dia, e as estreitas ruas da cidade se tornaram palco de uma selvagem guerra urbana. Mas foi para Paris, o laboratório da revolução e agora cidade anfitriã da Segunda República, que Marx e Engels se dirigiram.

A cidade que um dia os perseguira e deportara agora abraçava Marx, Engels e o comitê executivo da Liga Comunista com um ardor oficial. Um governo provisório estava instalado, a equipe constituída por um grupo de republicanos moderados, como o filósofo socialista Louis Blanc e o jornalista radical Ferdinand Flocon, para cujo jornal, *La Réforme*, Engels contribuíra. Estavam orgulhosos por receber os revolucionários comunistas, e Engels, mais acostumado a ser hostilizado por informantes da polícia, delirou com a mudança das circunstâncias. "Almocei recentemente nas Tulherias, na suíte do príncipe de Joinville, com o velho Imbert, que era refugiado em Bruxelas e agora é o governador das Tulherias", vangloriou-se ele a seu cunhado Emil Blank.[3] Verdade seja dita, o restante da carta foi ocupado com uma denúncia das prevaricações, burrice e fraquezas do governo recém-instalado.

Apesar de todo o seu *glamour* e hospitalidade oficial, Paris era só um refúgio provisório. Como explicou numa carta a Marx, no fundo Engels ansiava pela Alemanha. "Se ao menos Frederico Guilherme IV batesse o pé! Aí tudo seria conquistado e em poucos meses teríamos a revolução alemã. Se ao menos ele se ativesse às suas formas feudais! Mas só o diabo sabe o que sua vontade individual caprichosa e louca vai fazer."[4] Engels não era o único a ter esperanças de transplantar a revolução de volta à sua terra natal: a vasta comunidade alemã *émigré* de Paris estava igualmente ansiosa por cruzar o Reno e inaugurar sua república democrática, esperada há tanto tempo. Com essa finalidade, uma legião de artesãos alemães voluntários saíra dos *faubourgs* parisienses pronta para marchar contra a Prússia e lançar uma série de ataques militares. O governo provisório da França estava compreensivelmente mais que satisfeito de ver esses *Straubingers* encrenqueiros de volta e ofereceu-lhes um subsídio de cinquenta cêntimos por dia para ajudá-los a chegar à fronteira.

Marx e Engels estavam convencidos de que essa proposta funesta de ataque direto estava condenada a fracassar — e fracassou mesmo. Eles preferiam uma abordagem mais bem pensada, que esboçaram nas "Demandas do Partido Comunista da Alemanha". Curiosamente, dada a urgência do tom de *O manifesto do partido comunista*, as "Demandas" não defendiam a revolução instantânea nem um assalto imediato à propriedade privada. Defendiam, em vez disso, uma revolução burguesa — um processo complexo que não poderia se concretizar da noite para o dia por uma brigada tosca de *émigrés* descontentes. A prioridade era eliminar as classes *junker* alemãs da cena política e militar e depois trabalhar para conseguir uma república burguesa baseada no sufrágio masculino universal, na liberdade de imprensa, no estado de direito e na autoridade parlamentar. Nesse estágio, a esperança da Liga Comunista era unir a burguesia, a pequena burguesia, as classes operárias e até o campesinato da Alemanha numa grande coalizão democrática. A estratégia proposta exigia propaganda e organização em vez de ação política violenta. Para preparar o terreno, Marx e Engels fundaram o Clube dos Trabalhadores Alemães, que enviou sub-repticiamente cerca de trezentos militantes comunistas para a Renânia.

Já encontraram o terreno bem preparado. Parte do fenômeno de 1848 foi a rapidez com que a política popular respondeu aos acontecimentos em toda a Europa, pois a locomotiva a vapor e o telégrafo garantiam o movimento rápido não só das tropas, mas também das informações e ideias. Os telegramas e uma indústria jornalística em expansão forneciam uma cobertura constante dos eventos, e o incêndio das Tulherias de Paris em fevereiro de 1848 foi todo o estímulo de que precisavam as iradas massas radicalizadas da Alemanha. Como em toda a Europa, uma série de safras ruins combinou-se com uma baixa do ciclo comercial e levou a aumentos substanciais do preço dos alimentos ao lado de uma queda no padrão de vida. A fome em áreas rurais, rebeliões que exigiam pão nas cidades e o desemprego crescente produziram um terreno político traiçoeiro para os governos aristocráticos dos principados alemães. Na Bavária, a notícia da Revolução de Fevereiro levou à substituição imediata do rei Ludovico I (que havia ignorado a situação difícil do campesinato por causa dos prazeres carnais oferecidos por sua amante Lola Montez) por seu filho Maximiliano II. Na Saxônia, o rei Frederico Augusto II cedeu às exigências por um "ministério de março" dedicado às reformas, com uma expansão do direito de voto e a convocação de uma assembleia nacional. Em todos os Estados alemães, as "reuniões públicas em prol da democracia" floresciam à medida que as petições eram assinadas, imensos comícios eram realizados e vastas multidões de jornaleiros, camponeses, operários e estudantes faziam piquetes na frente das prefeituras e dos palácios. Segundo o historiador James J. Sheehan: "Com a possível exceção dos meses imediatamente anteriores à Primeira Guerra Mundial, não há outro período na história da Alemanha tão cheio de ação social espontânea e dramáticas possibilidades políticas."[5]

A revolução chegou oficialmente à Prússia em março de 1848. Berlim sofrera particularmente com a baixa das atividades econômicas, com o colapso da manufatura levando a graus dramáticos e perigosos de desemprego. Por outro lado, a realização habitual de petições, comícios e reuniões aumentara sistematicamente até se transformar numa série ameaçadora de acampamentos ao ar livre e escaramuças antimilitares em toda a capital. Ao contrário da expectativa popular, o rei Frederico Guilherme IV não bateu o pé, longe disso: procurou sabiamente uma rota que o levasse a superar a rebelião, relaxando a censura e oferecendo (como na Saxônia) um pacote progressista de um "ministério de março" de reformas constitucionais. Quando as concessões foram anunciadas, o estado de espírito de Berlim melhorou instantaneamente, com multidões alegres se aglomerando na Praça do Palácio para ver seu soberano benigno. Enquanto Frederico Guilherme estava recebendo aplausos, seus comandantes militares menos esclarecidos estavam planejando evacuar a praça com um esquadrão de soldados da cavalaria. Enquanto as tropas cercavam a praça, as armas de dois oficiais dispararam acidentalmente. Ninguém foi ferido, mas as multidões febris da capital — justificadamente desconfiadas da classe dirigente de Berlim — pensaram que o exército as estava atacando. Reagiram com barricadas e projéteis improvisados, inaugurando uma das revoluções de março mais sangrentas da Europa. Num único dia, mais de trezentos manifestantes (a maioria artesãos e trabalhadores empregados em projetos de obras públicas) foram mortos e os militares tiveram quase cem baixas. Depois do massacre, Frederico Guilherme foi obrigado a vistoriar os mortos. Ele e sua mulher, a rainha Elisabeth, ficaram de pé, "brancos de medo" na frente das multidões, e dizem que ela teria sussurrado: "Tudo quanto está faltando é a guilhotina."[6] Para evitar esse destino, o rei fez mais concessões. Retirou as tropas da cidade e publicou um discurso humilhante que prometia uma liberalização maior do Estado prussiano. Também declarou seu apoio à convocação de uma Assembleia Nacional de toda a Alemanha como o primeiro passo para a unificação e a democracia liberal.

Com a monarquia batendo em retirada, tinha chegado a hora da revolução burguesa de Marx e Engels. Em vez de se dirigirem para as ruas mais sangrentas de Berlim — uma cidade da qual não tinham boas lembranças, por causa de sua "pequena burguesia bajuladora" e sua "massa de burocratas, aristocratas e gentalha da corte" —, os dois preferiram reentrar na política alemã na cidade renana de Colônia. Marx ainda tinha contatos úteis ali de sua época no jornalismo; além disso, a industrialização acelerada da cidade, seu proletariado crescente e sua rica elite fabril faziam dela, "em todos os aspectos, a parte mais avançada da Alemanha daquele tempo".[7] A Renânia urbana e industrial estava destinada a ocupar a linha de frente da revolução iminente, e seu regime mais relaxado de censura fazia dela uma base perfeita para o projeto de Marx de ressuscitar o *Rheinische Zeitung*.

Mas esse local não deixava de ter seus problemas. O principal deles era Andreas Gottschalk, o filho de um açougueiro e médico talentoso que cuidava de moradores de favelas. Gottschalk liderara corajosamente a revolução de março em Colônia invandindo a câmara dos vereadores e exigindo reformas eleitorais, abolição do exército permanente e liberdade de imprensa. Por causa dos problemas que causou, foi detido e preso antes de ser liberado na esteira das revoltas de Berlim. Quando Marx e Engels chegaram, Gottschalk estava na presidência de uma Associação de Operários de oito mil membros e em condições de ditar grande parte da política da cidade. Naturalmente, essa autenticidade proletária enfureceu Marx, que reagiu fundando uma instituição rival de trabalhadores, conhecida como Sociedade Democrática. Era uma tentativa evidente de dividir o movimento da classe operária da cidade, mesmo que — verdade seja dita — a divisão tivesse alguma base em diferenças ideológicas reais. Gottschalk era seguidor de Moses Hess, de Karl Grün e da escola de pensamento do "verdadeiro socialismo", que defendia uma reorganização pacífica do sistema capitalista que levaria a um modo justo de troca. Ignorando grande parte do comunismo de Marx e Engels, o socialismo de Gottschalk evitava a dinâmica da luta de classes e a progressão histórica rumo à revolução proletária. Em vez disso, a Associação dos Operários propunha uma mistura de cooperação e mutualismo com base num ideal harmonioso de humanidade, um ideal que estava além da política partidária. Era um programa que Marx e Engels procuravam desacreditar como pequeno-burguês, utópico e ingênuo.

Ironicamente, essa postura, na verdade, levou os verdadeiros socialistas a uma posição *mais* antagônica à burguesia dirigente do que a de Marx e Engels, pois para eles não havia necessidade de um período intermediário de governo democrático burguês. Queriam ir direto dos resquícios de uma política feudal para o socialismo. "Vocês nunca falaram sério a respeito da emancipação dos oprimidos", foram as palavras de Gottschalk escarnecendo dos dois intelectuais prussianos. "A miséria do operário, a fome dos pobres só têm para vocês um interesse científico, doutrinário. [...] Vocês não acreditam na revolta do povo trabalhador, cuja maré crescente já começa a preparar a destruição da capital; vocês não acreditam na permanência da revolução, não acreditam sequer na capacidade de fazer uma revolução."[8] A defesa de um governo constitucional era, nas palavras de Karl Grün, "um desejo egoísta das classes de posses", com as quais os "verdadeiros socialistas" não tinham nada a ver. Eles boicotaram as eleições seguintes para a Assembleia Nacional de toda a Alemanha — uma decisão que instantaneamente colocou a Associação dos Operários em rota de colisão com os planos cuidadosamente traçados por Marx e Engels para uma revolução do tipo democrático-burguês.[9]

Tendo voltado à Prússia para criar uma democracia burguesa como parte da transição para o comunismo, Marx e Engels não estavam com a menor disposição de participar de nenhum disparate indulgente a respeito de cooperativas operárias. A Alemanha atrasada, feudal — em contraste, digamos, com a Inglaterra avançada, industrial, com sua classe operária em desenvolvimento — ainda não estava pronta para uma revolução proletária. Sua hostilidade a essa proposta fútil logo se tornou evidente nas páginas do jornal recém-fundado por Marx, *Neue Rheinische Zeitung*, que ostensivamente dava pouco espaço para a cobertura de greves, congressos de radicais e qualquer outro indício de insurreição proletária. Na verdade, o *Neue Rheinische Zeitung* era tão hostil à classe operária radical da cidade que o historiador Oscar J. Hammen chega a sugerir que o jornal era produzido por uma força de trabalho ocasional com salários muito menores que seu rival reacionário, o *Kölnische Zeitung*.[10] A estratégia política de Marx e Engels era clara: transformar o *Neue Rheinische Zeitung* em "órgão do movimento democrático"; mas, segundo Engels, "uma democracia que enfatizasse em toda parte e em todos os aspectos o caráter proletário específico que ainda não poderia inscrever em sua bandeira de uma vez por todas".[11] A longo prazo, as iniciativas democráticas ajudariam a dar ao proletariado uma consciência maior, armando-os com as ferramentas políticas de que precisariam para derrubar a burguesia quando chegasse a hora certa. Semana após semana, o periódico lançava insultos contra os burocratas prussianos e contra os aristocratas *junker*, mas as reformas que defendia eram bem modestas, girando em torno do sufrágio universal, do desmantelamento do feudalismo e de assistência aos desempregados. Apesar do estilo inflamado do jornalismo de Marx, na verdade o periódico estava defendendo um programa muito moderado de apoio à burguesia como um primeiro estágio da revolução. E ele se revelou um grande sucesso comercial, pois as vendas do jornal elevaram-se verticalmente, chegando a quase cinco mil exemplares por dia.

Dada a sua postura liberal-democrática de cima do muro, Marx e Engels achavam que não seria muito difícil conseguir algum investimento para o jornal junto às classes médias da região. Com uma confiança totalmente injustificada, Engels foi despachado para Barmen para bajular a burguesia do vale do Wupper. A volta ao lar era mais um problema. "C. e A. Ermen estavam tremendo visivelmente quando entrei em seu escritório hoje", comentou ele maldosamente com Emil Blank. Não é de surpreender que o levantamento de fundos não tenha tido êxito: a burguesia de Barmen tinha pleno conhecimento do programa comunista: "O fato é que, *au fond*, até esses burgueses radicais daqui nos veem como seus principais inimigos no futuro e não têm a menor intenção de pôr em nossas mãos as armas que logo apontaremos contra eles." Depois Engels pediu insensatamente à família que ajudasse a financiar o *Neue*

Rheinische Zeitung. Seu tio August era um reacionário notório da câmara dos vereadores da cidade, e seu irmão Hermann era o comandante de uma tropa de Guarda Civil contrarrevolucionária. Quanto ao pai: "Absolutamente nada vai ser conseguido do meu velho. Para ele, até o *Kölner Zeitung* [outro jornal reacionário] é um viveiro de agitadores, e é mais fácil ele mandar nos fuzilar com tiros de canhão do que nos dar mil táleres."[12]

Os poucos investidores que Marx e Engels conseguiram realmente atrair para financiar o seu periódico desertaram em massa depois que Engels usou o primeiro número para publicar uma diatribe sarcástica contra a nova Assembleia Nacional recém-eleita em Frankfurt. Como ele escreveu em sua história da Liga Comunista: "No fim do mês, não tínhamos mais absolutamente nenhum [investidor]."[13] Mas o jornal conseguiu se manter de algum modo, com Marx fazendo o grosso da cobertura da política alemã e Engels ocupando-se principalmente com questões estrangeiras e militares. E, apesar dos receios de seus acionistas, no começo o *Neue Rheinische Zeitung* foi extremamente favorável à assembleia de Frankfurt. Marx e Engels só queriam que os representantes da assembleia fossem mais longe e mais depressa no processo de transformar a Alemanha num Estado burguês unitário, o primeiro passo indispensável para a revolução. O problema era o "cretinismo parlamentar" da assembleia, com seus intermináveis debates introspectivos e sua série estonteante de advogados, funcionários e professores universitários verborrágicos. Depois de uma sessão improdutiva, Engels descartou a assembleia como "nada além de um palco onde personagens políticos velhos e desgastados exibiam seu ridículo involuntário e sua impotência tanto de pensamento quanto de ação".[14] O arrastar dos procedimentos não deixava de ter o seu custo: o precioso momento da revolução tinha de ser aproveitado rapidamente se os principados e estados dispersos da Alemanha quisessem se estruturar numa única república burguesa. Enquanto os delegados de Frankfurt discursavam a respeito de trâmites e protocolos, as forças da reação estavam se reagrupando. Em Paris, já tinham atacado.

*

A lua de mel política do governo provisório em Paris não durou muito. A deterioração das finanças públicas obrigou o governo republicano a aumentar os impostos, e as eleições de abril de 1848 para a Assembleia Constituinte da França viram o ressurgimento de uma opinião conservadora leal à monarquia deposta. Os candidatos socialistas e republicanos foram mal nas urnas, ganhando apenas 100 dos 876 assentos em questão. Uma vez no poder, os conservadores agiram rapidamente no sentido de desmantelar o plano de "oficina nacional" que havia sido uma pedra angular do governo provisório. O plano havia sido concebido como o "verdadeiro socialismo" em ação, com a oferta de empregos em obras públicas pagos com salários decentes ou generosos seguros-desemprego para os homens desempregados residentes em Paris. Mas o sistema logo desmoronou, com dezenas de milhares de trabalhadores, desocupados e oportunistas mudando-se para Paris a fim de se aproveitar desse sistema gigantesco de assistência aos pobres. Enfrentando custos ruinosos, um resíduo de ociosos bem pagos e a fúria de empregadores privados obrigados a aumentar os salários para poderem competir, a assembleia que acabara de se tornar conservadora anunciou sua intenção de acabar com o sistema de oficina, forçando os operários desempregados a entrar no exército ou a voltar para seus empregos mal pagos nas províncias. Temendo uma reação popular, a assembleia também promulgou uma série de medidas contra clubes políticos radicais e os banquetes ao ar livre, que haviam se tornado populares. Em junho de 1848, o governo deu um ultimato aos mais de 120 mil trabalhadores parisienses que estavam recebendo apoio financeiro para se alistar ou voltar para casa. Nos *faubourgs* empobrecidos do leste da cidade, os trabalhadores reagiram com rebeliões de rua sob as palavras de ordem "Trabalho ou Morte!" e "Pão ou Morte!" Na manhã seguinte, as barricadas cada vez mais altas estavam de volta outra vez.[15]

Era de enfurecer qualquer um: enquanto a revolução era deflagrada de novo, Engels não podia sair de Colônia. Mas a distância em que estava dos acontecimentos de Paris não prejudicou em nada suas reportagens estonteantes para o *Neue Rheinische Zeitung*, redigidas como se as balas estivessem zunindo ao passar por ele. Para Engels, o que junho de 1848 tinha de tão revigorante — em contraste com fevereiro — era que a insurreição consistia em "um levante exclusivamente operário", enquanto a França passava de uma revolução burguesa para uma revolução proletária com uma alacridade deliciosa. Mais que isso: era um momento de solidariedade proletária internacional. "O povo não está nas barricadas como em fevereiro, cantando 'Mourir pour la patrie'", escreveu ele. "Os trabalhadores de 23 de junho estão lutando pela vida, e a pátria perdeu todo o significado para eles." Comparando o levante com as grandes revoltas de escravos da Roma antiga, Engels, o jacobino *manqué*, comemorava uma "Paris banhada em sangue" e admirava o quanto a insurreição de 50 mil homens estava "se transformando na maior revolução que já houvera, numa revolução do proletariado contra a burguesia".[16] Em sua obra *Class Struggles in France* [*Lutas de classe na França*. São Paulo: Global, 1986], Marx declararia mais tarde que os Dias de Junho significaram "guerra entre trabalho e capital". Embora os eruditos modernos em geral sejam céticos quanto ao grau de envolvimento do proletariado no levante (vendo-o mais como uma revolta tradicional liderada por artesãos), não há dúvida quanto ao antagonismo de classe nu e cru da reação do governo.

O contra-ataque foi dirigido por Louis-Eugène Cavaignac, um veterano de Algiers sedento de sangue que havia sido nomeado ministro da Guerra havia pouco tempo. Foi um caso sinistro: as tropas de Cavaignac limparam os bulevares com ataques da cavalaria, barricadas equipadas com canhões que usavam munição *grapeshot* [em vez de um projétil sólido, trata-se de uma massa de balas de metal embaladas num saco de lona, muito eficaz quando detonada de perto] e encerraram o dia com uma barragem de granadas e bombas incendiárias Congreve. Do outro lado da fronteira alemã, Engels contou tudo, baseando-se em fontes de segunda mão, numa prosa da qual pingava o martirológio socialista e o sentimento nacionalista. "Um grande destacamento da guarda nacional fez um ataque pelo flanco contra a barricada da rue de Clery", escreveu ele no *Neue Rheinische Zeitung* do dia 28 de junho de 1848:

> "A maioria dos defensores da barricada bateu em retirada. Só sete homens e duas mulheres, duas belas *grisettes* jovens, continuaram no seu posto. Um dos sete sobe nas barricadas com uma bandeira nas mãos. Os outros abrem fogo. A guarda nacional responde e o porta-bandeira cai. Então uma *grisette*, uma moça alta, linda e bem-vestida, de braços nus, pega a bandeira, sobe a barricada e avança na direção da guarda nacional. O fogo continua e os membros burgueses da guarda nacional fuzilam a moça quando ela chega perto de suas baionetas. A outra *grisette* dá imediatamente um salto para a frente, pega a bandeira, levanta a cabeça de sua companheira e, ao

descobrir que está morta, atira pedras furiosamente contra a guarda nacional. Ela também cai sob as balas da burguesia."[17]

A anarquia das ruas de Paris foi muito bem aproveitada pelas autoridades em batalha por toda a Europa. No fim do verão, os reacionários da Prússia estavam muito mais ousados no combate às ambições liberais da Assembleia Nacional, fazendo as tropas marcharem pelos bairros radicais e proibindo os clubes republicanos e socialistas. A equipe do *Neue Rheinische Zeitung* enfrentava uma perseguição constante, com Marx e Engels levados aos tribunais praticamente toda semana, acusados de "insultar ou difamar o promotor público", "instigação a revolta" e vários outros atos subversivos. Os operários de Colônia reagiram à força crescente da contrarrevolução fundando um Comitê de Segurança Pública e depois organizando um grande comício em Fühlinger Heide, perto de Worringen, uma charneca que ficava ao norte de Colônia. Viajando em barcaças com bandeiras vermelhas flutuando na proa, cerca de oito mil operários e socialistas subiram o Reno no dia 17 de setembro para ouvir um discurso inflamado de Engels, no qual ele declarava que, na luta iminente com as autoridades prussianas, o povo de Colônia estava "pronto para sacrificar a vida e a propriedade".[18] Dez dias depois, a cidade foi posta sob lei marcial. As reuniões públicas foram proibidas, a milícia civil foi desmantelada e a circulação de todos os jornais foi suspensa.

Felizmente para ele, Marx não havia tomado parte nas reuniões de Worringen. Mas mandados de prisão por alta traição foram emitidos contra o resto da editoria do *Neue Rheinische Zeitung*. Wilhelm Wolff fugiu para o Palatinado bávaro; George Weerth foi para Bingen, em Hesse-Darmstadt; Karl Schapper (membro do triunvirato original da Liga Comunista) foi direto para a cadeia. O promotor público de Colônia estava particularmente ansioso por colocar as mãos no "mercador" Friedrich Engels, descrito no mandado de prisão como um homem que tinha uma testa "comum", uma boca "bem proporcionada", "bons" dentes, um rosto "oval", uma pele "saudável" e um corpo "esbelto". Infelizmente, a mãe de Engels viu a notícia do mandado no *Kölnische Zeitung* ao tomar seu café da manhã. "Agora você foi realmente longe demais", foram as palavras de censura de uma Elise mortificada ao filho. "Eu lhe pedi tantas vezes para não ir em frente, mas você prestou mais atenção a outras pessoas, a estranhos, e não deu a menor importância aos rogos de sua mãe. Só Deus sabe o que senti e sofri ultimamente." A humilhação pública era mais que suficiente para partir um coração de mãe: "Não consigo pensar em mais nada além de você, e muitas vezes ainda o vejo como um menininho, brincando perto de mim. Como eu era feliz nessa época e que esperanças não alimentei em relação a você." A única solução era ele se afastar da influência perigosa de seus amigos e dar início a uma nova vida no comércio do outro lado do Atlântico: "Querido Friedrich, se as palavras de uma pobre mãe sofredora ainda significam alguma coisa para você, siga o conselho de seu pai, vá para os Estados Unidos e abandone o rumo que tomou até agora. Com seus conhecimentos, certamente vai conseguir um cargo numa boa companhia."[19] Ela não poderia conhecer menos o filho que tinha.

Como Wolff e Weerth, Engels agora estava fugindo. Depois de parar por pouco tempo em Barmen (de onde, felizmente, os pais estavam ausentes), ele partiu para Bruxelas. Mas as autoridades belgas já estavam familiarizadíssimas com gente do seu tipo. Quando a polícia ficou sabendo da chegada de Engels e de seu companheiro comunista Ernst Dronke, um jornal disse que "o inspetor levou-os para a prefeitura e, de lá, para a prisão do Petits-Carmes, de onde, após uma ou duas horas, foram transportados em um veículo fechado até a Southern Railway Station".[20] No dia 5 de outubro de 1848, usando as ordens de dispersar "vagabundos" — uma das táticas prediletas para enfrentar os comunistas —, a polícia belga pôs os dois defensores da liberdade num trem para Paris sem a menor cerimônia. Enquanto Engels e Dronke viajavam pela noite, a Europa estava em chamas: a luta entre as forças da revolução e da contrarrevolução estava se intensificando em todo o continente. Na França, Luís Napoleão estava começando sua marcha para o poder; em Viena, tropas imperiais estavam se movimentando em meio à artilharia pesada para expulsar os revolucionários do Parlamento a bala; em Praga, o levante tcheco havia sido esmagado pelas forças dos Habsburgo, que logo, por sua vez, voltaram a atenção para a nova invasão do norte da Itália; em Berlim, o exército prussiano estava prestes a retomar a cidade; e, em Colônia, o *Neue Rheinische Zeitung* de Marx estava exigindo o "terrorismo revolucionário" como a única maneira de vingar "a carnificina inútil dos dias de junho e outubro".[21] E o que Friedrich Engels fez para ajudar a ver a prometida aurora do proletariado? Voltou à luta? Fez propaganda em Paris? Apoiou um fundo de defesa dos trabalhadores? Não, ele se afastou de tudo isso — tirou férias.

Sua viagem começou em Paris — ele ficou arrasado ao ver os efeitos da fuzilaria de Cavaignac sobre a capital: "Paris estava morta; não era mais Paris. Nos bulevares, ninguém, a não ser a burguesia e espiões da polícia; os salões de baile e os teatros estavam desertos. [...] Era a Paris de 1847 outra vez, mas sem o espírito, sem a vida, sem o fogo e o fermento que os operários punham em tudo naqueles dias."[22] Ele tinha de ir embora. Dando as costas a esse "belo cadáver" de cidade, Engels dirigiu-se para *la France profonde*. O fugitivo de 28 anos estava farto, ao que parecia, das exigências da revolução. O lado sensual e quase fourierista de seu caráter afirmou-se, e ele abandonou as demandas tediosas da vida insurgente por uma escapada para as riquezas sexuais e gastronômicas da França rural.

Engels contou essa viagem sinuosa de Paris a Genebra num folhetim constrangido que lembra a prosa mais vibrante de seus anos de adolescência. Nesse diário de viagem inédito há alguns lampejos de comentários políticos, como quando ele encontra alguns antigos participantes das oficinas nacionais de Paris — agora obrigados a retornar às províncias — e fica horrorizado com a sua decadência ideológica. "Nenhum resquício de preocupação com os interesses de sua classe nem com as questões políticas do momento que tocam os operários tão de perto", observa ele. "Parecia que haviam deixado de ler os jornais. [...] Já estavam prestes a se tornar rústicos..., e só estavam ali havia dois meses."[23] Mas o grosso do diário trata menos de política e muito mais de vinhos, mulheres e da beleza natural do vale do Loire. "O caminho é ladeado por olmos, freixos, acácias ou castanheiras", diz ele sobre o interior. "O fundo do vale tem pastos luxuriantes e campos férteis, nos quais uma segunda safra do trevo da melhor qualidade estava germinando."

Às vezes, as anotações não parecem ser nada além de uma brochura sobre uma requintada turnê de vinhos: "Que diversidade, de Bordeaux a Borgonha, [...] de Petit Macon ou Chablis a Chambertin, [...] e daqui para o champanhe borbulhante! [...] Com algumas garrafas é possível experimentar todos os estados intermediários que vão de uma quadrilha de Musard à Marseillaise, da exultação do cancã ao calor febril e tempestuoso da revolução, e depois, por fim, com uma garrafa de champanhe, pode-se de novo entrar no mais alegre espírito carnavalesco desse mundo!" Enquanto os revolucionários estavam arriscando a vida atrás de barricadas em toda a Europa, Engels se permitiu uma brincadeirinha ao entrar na cidade de Auxerre, "vestida de vermelho":

> "Não era só um salão aqui, mas toda a cidade que estava decorada em vermelho. [...] Cursos d'água vermelho-escuros enchiam até as sarjetas e salpicavam as pedras do pavimento, e um líquido enegrecido, com espuma vermelha e aparência sinistra, estava sendo levado pelas ruas em grandes tinas por sinistros homens barbados. A república vermelha, com todos os seus horrores, parecia estar continuamente em ação. [...] Mas a república vermelha de Auxerre era a mais inocente do mundo, era a república vermelha da colheita de uvas para fazer o vinho borgonha."

Será que seus companheiros revolucionários gostaram da piada? Não importa: "A safra de 1848 foi infinitamente rica [...] melhor que a de 46, talvez melhor até que a de 34!" Sempre o taxonomista, Engels encontrou tanta variedade nas mulheres que conheceu nos vinhedos quanto na bebida local. Sua preferência pessoal era "pelas borgonhesas acabadas de sair do banho, bem penteadas e de corpo esbelto de Saint-Bris e Vermenton", em vez "daquelas jovens búfalas molossas desgrenhadas e sujas de terra [que há] entre o Sena e o Loire". No frigir dos ovos, ele não era exageradamente seletivo. Foi um interlúdio de prazeres simples: "Deitar na grama com os donos dos vinhedos e suas namoradas, comendo uvas, tomando vinho, conversando fiado e rindo, e depois subindo o morro."[24]

Quando um Engels bem saciado atravessou a fronteira francesa para entrar na Suíça no começo de novembro, a contrarrevolução alemã estava prestes a reverter os avanços de março de 1848. Frederico Guilherme IV abandonara suas reformas em troca de uma estratégia reacionária proposta pelo general Brandenburg, que fez o exército marchar novamente de Potsdam para Berlim, fechou o Parlamento prussiano, proibiu a circulação dos jornais radicais e declarou lei marcial. Não é de surpreender que Engels não estivesse ansioso por voltar a Colônia, onde enfrentaria acusações de alta traição. Em vez de ir para lá, refugiou-se em Berna (auxiliado pelo dinheiro que a mãe lhe enviava secretamente, preocupada com a possibilidade de ele pegar um resfriado no inverno suíço), envolveu-se sem entusiasmo com a Associação dos Operários do local e passou a maior parte do tempo atualizando-se em relação aos acontecimentos revolucionários que perdera enquanto se refestelava nos campos da Borgonha.

Engels estava particularmente interessado no levante húngaro liderado por Lajos Kossuth. Essa rebelião nacionalista contra a monarquia austríaca dos Habsburgo estava fermentando desde o fim do século XVIII, quando um ressurgimento romântico da cultura magiar se combinara com um preconceito cada vez mais evidente contra os milhões de residentes eslavos transnacionais para formar um movimento coeso de reforma política e social, dirigido por uma nobreza húngara que sofrera influência do Iluminismo e defendia a determinação nacional livre da interferência austríaca. Inspirado pelas revoltas de Paris e Viena, Kossuth e outros nobres assumiram o controle do Parlamento numa revolução sem sangue, promulgaram uma série de "leis de março" antifeudais e restauraram a soberania húngara. Mas a Hungria nunca havia sido o Estado étnico unitário da imaginação romântica, e o levante magiar encontrou resistência não só das forças dos Habsburgo como também das minorias de desafetos eslavos, croatas e romenos. O inverno de 1848-49 testemunhou uma série de batalhas dramáticas entre a coalizão austro-croata e o exército magiar nacionalista de Kossuth, que culminou com a captura de Budapeste pelos húngaros.[25] A campanha tinha múltiplos atrativos para Engels. Apesar de suas críticas iniciais à teoria da história do "grande homem" Thomas Carlyle, ele adorava os estadistas heróis de guerra, sendo Wellington, Napoleão e Cromwell seus ídolos particulares. Da mesma forma, considerava Kossuth um "personagem verdadeiramente revolucionário", lutando por uma causa evidentemente justa. Ignorando a opinião geral de que os nobres húngaros eram pouco mais que um Fronde [partido político da França que durante a minoridade de Luís XIV fazia oposição ao governo] aristocrático, Engels defendeu a causa magiar em razão de suas ambições nacionalistas, seu espírito republicano e sua estratégia militar — todos elementos essenciais para derrubar as monarquias do *ancien régime* e para dirigir uma revolução democrática burguesa.

Numa veia bem menos agradável, ele também defendeu o preconceito dos magiares contra os eslavos. Abandonando momentaneamente sua análise materialista de classe por uma mistura claramente pouco científica de opiniões raciais e nacionalistas, Engels considerava os eslavos parte daquele subgrupo da humanidade que chamava de povos "sem história", ou "a-históricos", prontos a interferir no processo revolucionário e que, por isso, deviam ser eliminados. Engels já havia aludido antes a essa etnofilosofia capciosa na reta final dos comícios de Colônia em setembro de 1848, quando houve um clamor na Renânia por causa do armistício de Malmö — um tratado humilhante que obrigava a Prússia a se retirar do ducado de Schleswig e concordar com sua anexação pela Dinamarca. Para nacionalistas revolucionários que alimentavam esperanças de ter uma Alemanha unificada, este foi um retrocesso debilitante, e Engels usou a controvérsia do tratado como desculpa para censurar os "traços nacionais nórdicos, brutais, sórdidos, de piratas", que faziam a cultura escandinava, com sua "embriaguez perpétua e frenesi delirante, alternar com um pieguismo lacrimoso". Por trás desse estereótipo grosseiro havia um argumento mais alarmante em favor da reivindicação etnonacional da Prússia dos ducados. "Com o mesmo direito com que a França tomou Flandres, Lorraine e a Alsácia, e vai tomar a Bélgica mais cedo ou mais tarde — com esse mesmo direito a Alemanha toma Schleswig; é o direito da civilização contra o barbarismo, do progresso contra a estagnação", escreveu Engels num artigo para o *Neue Rheinische Zeitung*.[26]

O historiador ucraniano Roman Rosdolski sugeriu há muito tempo que Engels devia a sua teoria de povo "a-histórico" a Hegel, cuja *Philosophy of Mind* afirmava que somente aqueles povos capazes de instituir um Estado — graças a "capacidades naturais e espirituais" inerentes — podiam ser considerados parte do progresso histórico. "Uma nação sem Estado [...] a rigor não tem história", declarou Hegel, "como as nações que existiram antes da ascensão dos Estados e outras que ainda existem em estado de selvageria."[27] Era uma divisão arbitrária que só apresentava os critérios mais vagos possíveis para o que constituía "a viabilidade nacional" — que parecia girar em torno principalmente da capacidade de produzir uma burguesia e, com ela, empresários, capitalistas e operários —, mas permitiu a Engels desacreditar vários povos que não conheciam o Estado como a-históricos e, em sua oposição a uma noção marxista de progresso na direção de um Estado-nação unificado, inerentemente contrarrevolucionários. Entre eles incluiu os bretões da França, os gaélicos da Escócia, os bascos da Espanha e, claro está, os eslavos. "Não há país na Europa que não tenha num lugar ou noutro um ou vários fragmentos arruinados de povos", escreveu ele num ensaio sobre "A Luta Magiar". E não era de surpreender que "esses fragmentos residuais de povos sempre se tenham tornado defensores fanáticos da contrarrevolução e assim continuam até sua extirpação completa ou perda do caráter nacional, exatamente porque toda a sua existência em geral é, em si, um protesto contra a grande revolução histórica".[28] Talvez o melhor exemplo dessa luta entre as etnias antigas e o progresso histórico estivesse acontecendo na América do Norte, onde os Estados Unidos estavam assumindo o controle da Califórnia, do Texas e de outros territórios do México. Engels era inteiramente a favor dessa tomada de terras colonialista. É de alguma forma uma infelicidade, perguntava Engels, "que a esplêndida Califórnia tenha sido tomada dos mexicanos preguiçosos, que não poderiam fazer nada com ela?" Os mexicanos tinham capacidade para explorar minas de ouro, edificar cidades no litoral do Pacífico, construir ferrovias e tranformar o comércio global? Nem um pouco. "A 'independência' de alguns californianos e texanos de ascendência espanhola pode sofrer com isso, em alguns lugares 'a justiça' e outros princípios morais podem ser violados; mas o que importa isso em comparação com esses fatos de importância histórica mundial?"[29]

Para Engels, a sujeição dos povos "a-históricos" era particularmente apropriada no caso dos eslavos, que haviam cometido o crime contrarrevolucionário supremo de se aliar tanto aos Habsburgo imperiais quanto à Rússia czarista contra os magiares de Kossuth. Em palavras que muitos ditadores repetiriam no século XX, Engels defendeu uma política de limpeza étnica a serviço do progresso e da história. "Tenho autoridade suficiente para considerar um anacronismo a existência desses aborígenes no coração da Europa", escreveu ele sobre os eslavos numa carta ao teórico socialista alemão Eduard Bernstein. "Eles e seu direito ao roubo de gado terão de ser sacrificados impiedosamente pelo interesse do proletariado europeu."[30] Era uma ideologia feia, brutal, e há algo de profundamente estarrecedor na facilidade com que Engels fez a transição de sua turnê sibarita de experimentação de vinhos para o apelo por uma "vingança sangrenta contra os bárbaros eslavos" no curso de poucas semanas. "A próxima guerra mundial vai resultar no desaparecimento da face da terra não só das classes e dinastias reacionárias, mas também de todos os povos reacionários", escreveu ele muito animado no *Neue Rheinische Zeitung*. "E esse também é um passo em frente."[31]

Em dezembro de 1848, Engels estava farto de ficar nos bastidores da revolução e queria voltar ao "movimento". "Agora que Gottschalk e [Friedrich] Anneke [colíder da Associação dos Operários de Colônia] foram descartados, será que eu não devia voltar logo?", pergunta ele em tom queixoso a Marx, que estava em Colônia testando as águas jurídicas. Os atrativos de uma vida de reflexão em Berna — "vagabundando em lugares desconhecidos" — tinham começado a perder a graça. "Estou chegando rapidamente à conclusão de que a detenção para interrogatório em Colônia é melhor que a vida livre na Suíça." E, apesar dos esforços do general Brandenburg, o espírito revolucionário da Renânia não havia sucumbido completamente ao revanchismo prussiano. Na verdade, para manter viva a chama democrática, uma facção de esquerda da Assembleia Nacional de Frankfurt recentemente tinha formado a Associação Central de Março para defender o legado liberal de março de 1848 e, na primavera de 1849, tinha mais de meio milhão de membros. A luta estava longe de terminar.

Enquanto isso, o *Neue Rheinische Zeitung* havia encontrado sua verdadeira voz depois que Marx levou o jornal para uma direção mais obviamente esquerdista. Agora acusando a falta de vontade política da burguesia pelo "fracasso" da revolução, Marx procurava desenvolver uma linha política independente para as classes operárias, que seria distinta daquela do movimento democrático-burguês. A aliança de 1848 entre a classe operária e a classe média tinha de ser recalibrada e a rota para o governo proletário tinha de ser traçada. Para Engels, as façanhas de Marx no *Neue Rheinische Zeitung* talvez fossem o que ele tinha de melhor: "Nenhum jornal alemão, de antes ou depois, jamais teve o mesmo poder e influência, nem conseguiu eletrizar as massas proletárias tão efetivamente quanto o *Neue Rheinische Zeitung*. E devemos isso sobretudo a Marx."[32] Engels estava encantado com a virada militante do jornal e, num de seus primeiros artigos depois de voltar a Colônia em janeiro de 1849, censurou a si mesmo e aos outros militantes pela ingenuidade em relação à burguesia: "Por que, depois da revolução na França e na Alemanha, mostramos tanta generosidade, magnanimidade, consideração e bondade, se não queremos que o burguês levante de novo a cabeça e nos traia, nem que a contrarrevolução calculista ponha o pé no nosso pescoço?"[33]

Inspirado pelos impressionantes ataques militares de Kossuth contra as forças dos Habsburgo, Engels agora queria importar as táticas insurgentes da Hungria para a Alemanha. No começo de 1849, o que ele propunha era que Frankfurt e o sul da Alemanha se revoltassem e apoiassem a revolução magiar para criar uma coalizão revolucionária mais abrangente contra as monarquias reacionárias da Alemanha e da Áustria. Era uma estratégia que exigiria o uso sofisticado de táticas de guerrilha, uma vez que os revolucionários renanos nunca poderiam esperar vencer o exército prussiano num campo de batalha. As lições da Hungria eram claras: "Insurreição das massas, guerra revolucionária, destacamentos guerrilheiros por toda parte — esse é o único meio pelo qual uma nação pequena pode vencer outra grande, pelo qual um exército menos poderoso pode estar em condições de resistir a outro mais forte e mais bem organizado."[34] E agora era o momento certo para agir. Em março de 1848, os cretinos parlamentares de Frankfurt finalmente tinham feito algo histórico votando para adotar uma constituição imperial madura, reunindo todos os Estados que formavam a Alemanha sob uma autoridade federal única. Essa decisão política sísmica preparou o terreno para uma monarquia constitucional genuína, com uma só moeda, uma só estrutura de tarifas e uma política unificada de defesa. Mas tudo isso dependia da disposição do rei prussiano, Frederico Guilherme IV, de governar de acordo com os parâmetros de uma monarquia constitucional e de um Parlamento democrático. Não é preciso dizer que o grande soberano feudal e crente fervoroso no direito divino dos reis não estava com disposição nenhuma para essas coisas. "Isso a que chamam coroa não é de fato coroa nenhuma, mas sim uma coleira com a qual querem me atrelar à revolução de 1848", foi sua resposta desdenhosa à oferta do parlamento.[35]

Para a Associação Central de Março e outros grupos radicais, a constituição imperial proposta representava tudo pelo que haviam lutado. Eles não iam deixar que ela desaparecesse sem mais nem menos. Quando a Vestfália renana se insurgiu em apoio à constituição, Frederico Guilherme lançou as forças da milícia, o *Landwehr* prussiano, contra os trabalhadores. Em abril de 1849, a revolução estava no ar outra vez no oeste e no sul da Alemanha, enquanto militantes comunistas e socialistas assumiam postos de liderança antes ocupados por democratas e constitucionalistas de classe média mais inclinados à negociação do que ao confronto. À medida que uma solução política começou a parecer cada vez menos provável, a agitação violenta ressurgiu. "Em toda parte o povo está se organizando em companhias, elegendo líderes, conseguindo armas e munição", declarou Engels empolgadíssimo.[36] No dia 3 de maio, Dresden rebelou-se contra o rei da Saxônia, Augusto II, fechou a câmara de deputados e juntou-se a Frederico Guilherme em sua recusa a reconhecer a constituição imperial. Trabalhadores e revolucionários inundaram as ruas para lutar contra as tropas saxônicas e contra as tropas prussianas. Entre os defensores das barricadas estava o antigo colega de classe de Engels em Berlim, Mikhail Bakunin, agora um anarquista ativo; o puritano e afetado Stephan Born, que havia passado os meses anteriores administrando uma fraternidade operária em Berlim; e Richard Wagner, recém-nomeado diretor da ópera de Dresden. A Renânia seguiu o exemplo do sul: Düsseldorf, Iserlohn, Solingen e até o vale do Wupper rebelaram-se. Depois de toda a sua pesquisa sobre guerra revolucionária, depois de seus artigos de juventude denunciando o conservadorismo prussiano e das longas noites que passara com Moses Hess apresentando a promessa comunista a industriais que riam às gargalhadas, Engels tinha certeza de que o momento da revolução havia chegado. "O *Neue Rheinische Zeitung* também estava representado nas barricadas de Elberfeld", nas orgulhosas palavras usadas por Engels, o filho do Wupper.[37]

***

Em maio de 1849, com a oposição às autoridades prussianas se espalhando pela Renânia, os operários de Elberfeld reuniram-se no salão de uma cervejaria com vista para a cidade para ouvir discursos inflamados de democratas e radicais que exigiam uma campanha de resistência. O resultado foi a formação de uma milícia revolucionária, que a guarda civil local se absteve sabiamente de desarmar. Quando chegou uma tropa de soldados de Düsseldorf para enfrentar a insubordinação, o prefeito ordenou-lhe que voltasse. A tropa recusou-se e, em 10 de maio, o comissário do condado havia fugido e Elberfeld estava em revolta armada.[38] "Do meio de Kipdorf e na parte de baixo de

Hofkamp, tudo estava fechado com barricadas", lembra Alexander Pagenstecher, um cirurgião de Elberfeld. "Havia homens ocupados com reparos e com o reforço das barricadas antigas, bem como construindo outras novas."[39] Para coordenar a resistência, o Clube Político de Elberfeld fundou um Comitê de Segurança Pública que incluía (para desgosto dos ativistas mais fervorosos) alguns membros da câmara dos vereadores local.

Foi nessa situação delicada que Engels entrou. Adotando rigorosamente os protocolos, assim que chegou a Elberfeld — "com duas caixas de cartuchos capturadas por operários de Solingen no ataque ao arsenal de Gräfrath" — ele se apresentou ao comitê. Consciente de sua reputação de revolucionário, os membros queriam saber quais eram exatamente os seus motivos para estar ali. Engels respondeu com uma mentira, dizendo ter sido enviado pelos operários de Colônia e sugeriu inocentemente que poderia oferecer alguma assistência militar contra a inevitável reação prussiana. Mas havia algo muito mais importante: "Tendo nascido em Bergisches Land, ele considerava questão de honra estar ali quando o primeiro levante armado de seu povo acontecesse." E os bons burgueses de Elberfeld não precisavam se preocupar com sua política comunista radical. "Ele disse que desejava se ocupar exclusivamente de questões militares e que não tinha nada a ver com o caráter político do movimento."[40] Aceitando-o imprudentemente, o comitê encarregou-o de inspecionar as barricadas, posicionar as instalações da artilharia e terminar as fortificações. Levando consigo um grupo de sapadores, Engels reconfigurou várias defesas, fortalecendo todos os possíveis pontos de entrada ao longo do estreito vale do Wupper.[41] Mas havia pouca chance de que esse radical inveterado deixasse de explorar a promessa revolucionária das barricadas de Elberfeld.

"Depois que escalei a barricada ao lado da Haspeler Bridge, que estava armada com três ou quatro canhõezinhos Nuremberg de salva de pequeno calibre, parei na frente da casa próxima que servira de barreira", continuou o preocupado Pagenstecher. "Havia sido transformada num posto de sentinela, e o Dr. Engels de Barmen estava no comando."[42] Engels decorara o local de maneira apropriada: "Em cima da barricada ao lado da casa do prefeito, um pedaço de material vermelho arrancado de suas cortinas havia sido hasteado, e homens jovens tinham feito cintos e faixas com esse mesmo material; esses sinais eram considerados prova de que tudo isso era em favor da república — de cor vermelha, naturalmente."[43] No Comitê de Segurança Pública, a ficha finalmente caiu: exatamente como temiam, tratava-se da tomada de poder pelos radicais comunistas, instigada pelo mais famoso comunista da cidade. "Quando as bandeiras vermelhas da república comunista finalmente flutuaram sobre as barricadas em nossas ruas desertas, caiu a venda dos olhos de nossos bem-intencionados elberfelders", foram as palavras usadas pelo jornal local na reportagem sobre os eventos de maio de 1849.[44]

Uma bela série de mitos e lendas cerca a época de Engels nas barricadas de Elberfeld. A melhor é a história de Friedrich Engels pai encontrando o filho rebelde comandando os artilheiros de Haspeler Bridge. Segundo o relato de Friedrich von Eynern, morador de Barmen e dono de uma fábrica na cidade, o encontro tenso entre "o filho que levantava barricadas" e o "velho e digno dono de fábrica" (a caminho da igreja, nada menos) parece quase patético demais para ser verdade.[45] E, de fato, a evidência desse encontro parece muito tênue. Da mesma forma, Alexander Pagenstecher sugere que Engels estava envolvido na captura e no pedido de resgate de um ministro de Elberfeld, Daniel von der Heydt, junto com a mãe e o irmão. Repetindo: à parte o aflito Pagenstecher, as fontes corroboradoras são escassas. O que certamente é real é que a época que Engels passou em Elberfeld foi breve e causou grande ressentimento. Para um membro do Comitê de Segurança Pública, um advogado chamado Höchster, Engels era "um sonhador, um daqueles que estragam tudo".[46] E a substituição que ele fez da bandeira alemã tricolor pela bandeira vermelha não teve uma repercussão nada boa. Segundo um outro insurgente, o professor de desenho Joseph Körner, "as pessoas estavam tão irritadas cedo, na manhã seguinte, que uma contrainsurreição e maus-tratos a Engels só poderiam ser evitados fazendo desaparecer rapidamente os trapos vermelhos e com a 'remoção de Engels da cidade'".[47] Coube a Höchster dar o ultimato: ele procurou Engels e afirmou (na versão deste último) que, "embora não haja absolutamente nada a dizer contra o seu comportamento, sua presença despertou um alarme terrível entre a burguesia de Elberfeld; as pessoas ficaram com medo de que, a qualquer momento, ele proclamasse uma república comunista e, de modo geral, queriam que ele fosse embora."[48]

Engels ficou furioso e exigiu "que o pedido supracitado lhe fosse apresentado em preto e branco, com a assinatura de todos os membros do Comitê de Segurança Pública". Se essa foi uma tentativa de blefar com o comitê, fracassou miseravelmente, pois os membros voltaram rapidamente com uma declaração assinada que, para aumentar a humilhação pública, mandaram espalhar em cartazes por toda Elberfeld: "EMBORA APRECIANDO DEVIDAMENTE A ATIVIDADE EXERCIDA ATÉ AGORA NESSA CIDADE PELO CIDADÃO FRIEDRICH ENGELS, DE BARMEN, RESIDINDO ULTIMAMENTE EM COLÔNIA, PEDE-SE QUE, A PARTIR DE HOJE, ELE DEIXE O RECINTO DA PREFEITURA, UMA VEZ QUE SUA PRESENÇA PODE LEVAR A MAL-ENTENDIDOS QUANTO AO CARÁTER DO MOVIMENTO." A mensagem não poderia ser mais clara. Segundo Engels: "Os operários armados e os corpos de voluntários ficaram extremamente indignados com a decisão do Comitê de Segurança Pública. Exigiram que Engels ficasse e disseram que o 'protegeriam com a vida'."[49] Mas, altruísta até o fim, Engels aceitou o veredito e resolveu sair de Elberfeld. Com sua partida, a cidade voltou à sua moderação habitual. Quando, uma semana depois, as forças prussianas chegaram prontas para atacar o vale do Wupper, encontraram as barricadas desmanteladas, com bandeiras vermelhas e tudo. Quando Engels deixou Elberfeld, recebeu uma última reprimenda ofensiva, uma carta do cunhado Adolf von Griesheim, que dava vazão às repetidas humilhações que Engels fizera a família passar — mandados públicos de prisão, batidas policiais na casa da família e fofocas intermináveis dos vizinhos. "Se você tivesse uma família e se preocupasse com ela como eu", escreveu Griesheim, "deixaria essa vida agitada e, no círculo familiar de entes queridos, teria mais a ganhar nessa vida breve do que jamais vai conseguir receber de uma quadrilha de encrenqueiros frios, covardes e ingratos. [...] É como se você ainda tivesse essa ideia mal-agradecida de se sacrificar pela humanidade irredimível, de se tornar um Cristo social e de investir todo o seu egoísmo para alcançar esse objetivo."[50]

Com mais um mandado de prisão esperando por Engels ("características especiais: fala muito rapidamente e é míope") e o *Neue Rheinische Zeitung* bem fechado depois de uma última edição melodramática impressa com tinta vermelha, a influência comunista sobre a revolta alemã parecia encerrada.

Mas, enquanto ainda houvesse alguma chance de revolução, Marx e Engels se recusariam a desistir. Arrastaram-se de Colônia para Frankfurt e daí para Baden, Speyer, Kaiserslautern e Bingen, supostamente para apoiar a luta armada em favor da constituição imperial, mas, na realidade, em favor da rebelião como veículo para demandas políticas mais radicais. Na opinião de Engels, a última chance de insurreição que restava era a região sudoeste da Alemanha — o Palatinado e Baden. Conforme contou depois: "O povo todo estava unido no ódio por um governo que não cumpriu sua palavra, empenhado na duplicidade e que perseguiu cruelmente seus adversários políticos. As classes reacionárias, a nobreza, a burocracia e a grande burguesia, eram pouco numerosas."[51]

Infelizmente, as aspirações revolucionárias de Baden estavam sendo erodidas sistematicamente pela tímida liderança do advogado local Lorenz Peter Brentano, que não conseguia se livrar do medo de cometer uma alta traição. Além disso, o grupo de Brentano parecia sofrer de uma falta visível de rigor revolucionário. "As pessoas bocejavam e conversavam fiado, contavam anedotas e piadas sujas e faziam planos estratégicos e iam de um escritório a outro tentando matar o tempo da melhor forma que podiam", foi a maneira pela qual Engels descreveu aquela cena triste no relato que fez da luta em *The Campaign for the German Imperial Constitution*. Como sempre, Marx e Engels deram sua opinião sobre a incompetência daqueles que estavam no comando. A certa altura, Engels foi tão preciso em sua análise dos pontos fracos da liderança e tão explícito na descrição da carnificina prussiana iminente que foi preso como espião, com a alegação de que só um inimigo da revolução poderia fazer algo tão prejudicial ao moral. Depois de passar um dia na cadeia, foi liberado graças à intervenção de vários militantes comunistas. Não vendo nenhuma possibilidade real a essa altura, Marx abandonou a insurreição de Baden e voltou para Paris. Engels estava pronto para fazer o mesmo quando August von Willich, um ex-oficial prussiano e agora um comandante dos rebeldes, marchou para Kaiserslautern com uma companhia de voluntários de oitocentos soldados operários e estudantes. "Como não tenho a intenção de deixar escapar a oportunidade de obter um pouco de educação militar", conta Engels, "eu também afivelei uma espada de folha larga e saí para me juntar a Willich."[52] Logo nomeado ajudante de campo de Willich, Engels considerava seu comandante uma das poucas personalidades que tinha algum valor no exército revolucionário do Palatinado e Baden. Em batalha, achou-o "corajoso, de cabeça fria e astuto, capaz de avaliar uma situação rápida e acuradamente". Fora da zona de guerra, considerava-o um homem absurdamente chato — "*plus ou moins* ideólogo tedioso e um verdadeiro socialista".[53] Apesar disso, depois de sua saída forçada de Elberfeld, ali estava uma chance de combate real, pois as forças prussianas começaram a cercar esse último reduto da revolução de 1848.

"Todo homem pensa mal de si mesmo por não ter sido soldado ou por não ter se lançado ao mar", afirmou Samuel Johnson. E Engels certamente pensava muito bem de si por ter estado em combate. Numa longa carta a Jenny Marx, na esteira da campanha de Baden, Engels estava praticamente se exibindo. "O assobio das balas é de fato uma coisa trivial", declarou ele despreocupadamente, "e, mesmo que durante a campanha muita covardia tenha ficado em evidência, não vi nem um dúzia de homens cuja conduta fosse covarde em batalha."[54] Engels envolveu-se em quatro combates ao todo, "dois deles bem importantes", mas a maior parte de seu tempo foi gasta numa alternância fútil de escaramuças e retirada. "Mal tínhamos subido o morro coberto de arbustos quando nos deparamos com o campo aberto onde, na extremidade oposta arborizada, artilheiros prussianos estavam descarregando seus projéteis alongados em nós. Reuni mais alguns voluntários, que estavam escalando o morro de forma desordenada e nervosa, deixei-os o mais abrigados que era possível e examinei melhor o terreno", diz um relato bem típico da *Campaign* de Engels.[55] E, embora tivesse muita admiração por Willich, por alguns dos oficiais e pela unidade de operários da companhia, tinha o desdém absoluto do autodidata pelo contingente de estudantes: "No decorrer de toda a campanha, os estudantes em geral se mostraram jovens cavalheiros descontentes e tímidos; sempre queriam participar de todos os planos da operação, queixavam-se dos pés doloridos e resmungavam quando a campanha não lhes oferecia todo o conforto de uma viagem de férias."[56]

Foi na fortaleza de Rastatt, às margens do rio Murg, na ponta mais ocidental da Alemanha, que Engels participou da maior batalha da campanha — e descobriu, como disse a Jenny, "que a tão propalada bravura sob fuzilaria é a qualidade mais comum que há".⁵⁷ Enfrentando uma tropa prussiana quatro vezes maior que a dos 13 mil homens da força revolucionária, Engels lutou com valentia e distinção. Comandou uma companhia de operários das tropas de Willich na batalha com o Primeiro Contingente do Exército Prussiano e tomou parte numa série de escaramuças ao longo do Murg. Na verdade, durante toda a campanha, Engels foi muito elogiado pelos outros soldados por sua disposição em se juntar às tropas e por sua "energia e coragem" em batalha.⁵⁸ No entanto, com a superioridade das armas e do treinamento do exército prussiano, os homens de Willich não tinham a menor chance de vencer. Rastatt foi uma derrota sangrenta, com Joseph Moll, membro fundador da Liga Comunista, entre as muitas baixas.

Na esteira da debandada, os restos dispersos do exército revolucionário retiraram-se para a Floresta Negra, tomando a direção da fronteira suíça. Embora Willich e Engels quisessem travar uma última batalha, não conseguiram mais obter o apoio das tropas desmanteladas, exaustas e famintas. "Marchamos através de Lottstetten até a fronteira, naquela noite ainda acampamos em solo alemão, disparamos com nossos rifles na manhã do dia 12 [de julho] e depois entramos em território suíço, os últimos homens do exército de Baden e do Palatinado a fazerem isso", conta ele.⁵⁹ Desde seus infelizes primórdios até a liderança dividida e a logística deplorável, a campanha de Baden-Palatinado era um empreendimento condenado ao fracasso. Mas, para Engels, serviu a um propósito vital: ele tivera seu batismo de sangue e agora podia se considerar um igual a qualquer revolucionário. "*Enfin*, passei pela coisa toda incólume", disse ele a Jenny Marx, "e *au bout du compte,* foi bom que um membro do *Neue Rheinische Zeitung* estivesse presente, uma vez que toda a quadrilha de patifes democráticos estava em Baden e no Palatinado, e agora está se vangloriando de feitos heroicos que nunca realizou."⁶⁰ Marx também se deu conta da importância da campanha em termos da imagem pública dos dois. "Se você não tivesse participado da luta propriamente dita, não poderíamos apresentar nossas opiniões sobre aquela brincadeira", escreveu ele de Paris. Agora Marx estava insistindo com Engels para ele pôr no papel, o mais rápido possível, esse episódio de fervor revolucionário autêntico. E estava otimista: "A coisa vai vender bem e vai lhe render dinheiro".⁶¹

De volta à Suíça, segura, mas tediosa, junto com milhares de outros refugiados políticos em busca de asilo, Engels seguiu o conselho de Marx e escreveu *The Campaign for the German Imperial Constitution* a toque de caixa. Seu objetivo era cimentar sua reputação de conduta heroica em combate e, ao mesmo tempo, definir os contornos das acusações do pós-1848. Os vilões impenitentes da obra, criticados ferozmente por terem permitido que toda a safra de 1848 se perdesse, eram os burgueses que convenceram os operários a percorrer o caminho da insurreição e os abandonaram na mesma hora em que a contrarrevolução veio à tona. Num primeiro capítulo empolado, Engels os qualificou de "covardes, prudentes e calculistas assim que o menor perigo se aproxima; aterrorizados, alarmados e vacilantes assim que a agitação criada por eles é aproveitada e levada a sério pelas outras classes". Não houve fracasso por parte dos democratas radicais, dos comunistas ou do proletariado, longe disso. Foi "a facada nas costas" dada pela burguesia que traiu a promessa da revolução. Nos meses seguintes, o desprezo de Engels pela prevaricação da burguesia — "assim que aparece a mais insignificante possibilidade de volta à anarquia, isto é, da luta real, decisiva, ela [a burguesia] sai de cena temendo e tremendo" — acabaria se consolidando numa ideologia política.[62] Depois do fracasso da Europa na hora de se transformar, Marx e Engels perceberam que o modelo de dois passos — uma revolução democrática burguesa seguida depois por uma revolução proletária — era algo que eles precisavam repensar em sua totalidade. E agora tinham tempo para isso.

Marx só estava em Paris havia um mês quando as forças da reação o alcançaram. Ameaçado de ser banido pelas autoridades para "os Pântanos Pontinos da Inglaterra", ele preferiu o exílio em Londres. "Então você tem de partir para Londres imediatamente", escreveu ele a Engels, agora definhando em Lausanne. "Seja como for, sua segurança exige isso. Os prussianos vão fuzilar você sem piscar: (1) por causa de Baden; (2) por causa de Elberfeld. E por que ficar na Suíça, onde você não pode fazer nada? [...] Em Londres a gente pode discutir e tratar dos nossos negócios."[63] Mas não era fácil para um homem procurado pela lei, numa época de efervescência contrarrevolucionária, abrir caminho no meio de uma Europa ainda cozinhando em fogo brando. A França e a Alemanha estavam fora de questão, de modo que ele se dirigiu a Gênova, passando pelo Piemonte a fim de pegar uma carona para Londres a bordo do *Cornish Diamond*. Correndo para se encontrar com Marx, Engels, o veterano coberto de sangue da campanha de Baden, juntou-se a uma diáspora de *émigrés*, exilados, revolucionários e comunistas amontoados na capital de um país que tinha falhado tão espetacularmente em se levantar para a revolução de 1848. Bem longe do turbilhão do continente, a Inglaterra conservadora de meados da era vitoriana seria o seu lar nos quarenta anos seguintes.

6

Manchester em tons de cinza

No sábado, saí para a caça à raposa — sete horas na sela. Esse tipo de coisa sempre me deixa num estado de excitação diabólica por vários dias; é o maior prazer físico que conheço. Vi somente dois homens em todo o campo que eram cavaleiros melhores do que eu, mas eles também estavam com cavalos melhores. Isso vai realmente pôr minha saúde em dia. Ao menos vinte dos companheiros desistiram ou caíram, dois cavalos foram sacrificados, uma raposa morta (eu estava presente NA HORA DA MORTE).[1]

Mal transcorrera uma década desde o hasteamento da bandeira vermelha nas barricadas de Barmen, e Friedrich Engels parecia ter passado por uma mudança de caráter impressionante. O revolucionário de 1849 era agora o baluarte da sociedade de Manchester: saindo a cavalo com o pessoal da Cheshire Hunt, membro do Albert Club e do Brazenose Club, morador de um subúrbio saudável da cidade e um empregado respeitável e diligente da Ermen & Engels, com boas perspectivas de se tornar sócio. "Estou muito satisfeita por você ter ido embora e estar bem adiantado no caminho de se tornar um BARÃO DO ALGODÃO", escreveu Jenny Marx com admiração ao amigo do marido.[2] Parecia que Elise e Friedrich Engels podiam finalmente descansar em paz, agora que o filho ovelha negra assumira o lugar que era seu de direito na empresa da família. Será que ele, como tantos outros jovens radicais, deixara de ser incendiário para ser bombeiro? Ou esta seria, como no caso de "Oswald", só outra frente de batalha?

Na verdade, as décadas do meio da vida de Engels foram uma época terrível. Exilado novamente em Manchester, obrigado humilhantemente a voltar para a Ermen & Engels, ele sentiu os vinte anos que passou no setor do algodão como uma era de sacrifícios desgastantes, exaustivos. Karl Marx as chamava de anos de Sturm und Drang de Engels — e ele não tinha culpa nenhuma nessa história. Heroicamente, entre 1850 e 1870, Engels abandonou grande parte daquilo que dava sentido à sua vida — investigação intelectual, ativismo político, colaboração com Marx — para servir à causa do socialismo científico. "Nós dois juntos formamos uma sociedade", explicava Marx apaziguadoramente, "na qual passo meu tempo no lado teórico e partidário do negócio", enquanto a tarefa de Engels era fornecer o apoio financeiro ocupando-se com o comércio.[3] Para sustentar Marx, sua família cada vez maior e — o mais importante de tudo — financiar a redação de *O capital*, Engels sacrificou de bom grado a própria segurança financeira, suas pesquisas filosóficas e até sua boa reputação. Os anos de Manchester custaram um preço alto ao homem que optou voluntariamente por ser o segundo violino.

"Se alguém tivesse tido a ideia de escrever com um ponto de vista externo a história oculta dos *émigrés* e exilados políticos do ano de 1848 em Londres, que página melancólica não teria acrescentado aos anais do homem contemporâneo", escreveu o exilado russo Alexander Herzen em suas memórias. "Quanto sofrimento, quanta privação, quantas lágrimas, [...] e quanta banalidade, quanta estreiteza, quanta pobreza em termos de capacidade intelectual, de recursos, de compreensão, quanta obstinação nas discussões e disputas, quanta mesquinharia de vaidade ferida."[4]

Quando Engels desceu do *Cornish Diamond* em 1849 e alugou cômodos em Chelsea, e depois no Soho, reentrou exatamente nessa cena, a mesquinharia e a política ainda piores por causa dos onipresentes espiões prussianos. "Não podemos dar um único passo sem sermos seguidos por eles onde quer que a gente vá", protestou Engels publicamente para o *Spectator* em junho de 1850. "Não podemos pegar um ônibus ou entrar num café sem sermos favorecidos com a companhia de ao menos um desses amigos indesejáveis. [...] A maioria deles parece tudo, menos limpa e respeitável."[5] Enquanto isso, os dias passavam em batalhas para a seleção para o Comitê Central da Liga Comunista, lutas para se tornarem membros da Sociedade Educacional dos Operários Alemães de Londres e numa disputa pelos fundos de caridade destinados a *émigrés* empobrecidos, que estavam sendo dilapidados. Marx e Engels logo reverteram ao seu estilo, solapando o Comitê de Assistência aos Refugiados Alemães e fundando o seu próprio Comitê de Assistência Social-Democrata aos Refugiados Alemães. Depois de fugir dos exímios atiradores prussianos e de suportar o tédio da Suíça, essa política de ratoeira foi uma volta — de bom grado — aos bons tempos dos quais Engels se lembrava de Bruxelas e Paris. "Em geral, as coisas estão indo razoavelmente bem por aqui", escreveu ele ao amigo editor Jakob Schabelitz, de Paris. "[Gustav] Struve e [Karl] Heinzen estão conspirando com todo mundo contra a Sociedade dos Operários e contra nós, mas sem êxito. Eles, junto com alguns queixosos de tendência moderada que foram expulsos de nossa sociedade, formam um clube seleto, no qual Heinzen dá vazão ao ressentimento que nutre pelas doutrinas mefíticas dos comunistas."[6] Dias felizes.

Esse mundo embriagado de cerveja e cheio de fumaça que girava em torno de Great Windmill Street divertia-se numa época de distorção política. "Depois de cada revolução ou contrarrevolução fracassada, desenvolve-se uma atividade febril entre os *émigrés* que fugiram para o exterior", escreveu Engels mais tarde.

> "Grupos partidários de várias tendências se formam e acusam uns aos outros de terem posto tudo a perder, de traição e de todos os outros possíveis pecados mortais. Também mantêm laços íntimos com a terra natal, organizam, conspiram, imprimem panfletos e jornais, juram que tudo vai começar de novo dali a 24 horas, que a vitória é certa e, na esteira dessa expectativa, distribuem cargos governamentais. Naturalmente, é uma decepção atrás da outra, [...] as recriminações acumulam-se e o resultado é uma guerra de palavras generalizada."[7]

A enormidade da derrota de 1848 — o colapso de uma revolução democrática burguesa frente à reação do *ancien régime* — e a predominância do sentimento contrarrevolucionário no continente simplesmente não foram percebidas. Os comunistas de Great Windmill Street ainda acreditavam que a derrubada do monarquismo era iminente. "A revolução está avançando tão depressa que todos *devem* ver sua aproximação", previu um Engels confiante ao falar da cena política francesa em março de 1850 (enquanto o Segundo Império de Bonaparte estava à espreita).[8] Marx e Engels esperavam usar aquele intervalo para reafirmar suas demandas por um movimento mais organizado e mais autônomo da classe operária. A tese da "facada nas costas" que promoviam desde o fracasso das revoluções do continente — a disposição de uma burguesia liberal em sacrificar a causa operária ao primeiro indício de um acordo com as classes dominantes — agora se tornara a base de uma estratégia política mais ampla. Em seu "Discurso da Autoridade Central à Liga" de 1850, Marx e Engels explicavam que só um sistema de associações operárias poderia explorar os ganhos políticos da revolução iminente sem cair na armadilha de uma aliança liberal. "Em síntese, a partir do primeiro momento da vitória, a desconfiança não deve mais ser dirigida contra o partido reacionário vencido, mas sim contra os antigos aliados dos operários", recomendavam eles.[9] O que isso exigia, numa frase de que Leon Trotski se apropriaria mais tarde, era uma "revolução permanente" e um compromisso proletário muito mais agressivo de se apoderar das alavancas do poder. Para evitar qualquer possibilidade de consolidação burguesa, não poderia haver um período de calma depois da revolução democrática inicial.

Mas, ao mesmo tempo, a revolução não poderia ser apressada se os fundamentos socioeconômicos não estivessem em seu devido lugar. E, exatamente como acontecera em Colônia, essa ambiguidade política deixou-os em desvantagem em relação aos outros membros da Liga Comunista. Em Londres, a liga era dirigida por Karl Schapper e pelo antigo comandante de Engels, August Willich, e ambos defendiam a ação militar imediata. Para Marx e Engels, isso era terrorismo barato e uma ameaça prematura à causa comunista. Além do mais, Marx não suportava a fanfarronice pretensiosa de Willich, nem sua aura de veterano de guerra (nada o enfurecia mais do que credenciais revolucionárias autênticas). Naturalmente, ele acabou desafiando o condecorado lutador da classe para um duelo e depois, num ataque de despeito, transferiu novamente a Diretoria Central da Liga Comunista para a Alemanha.

Mas as desavenças não se limitavam a Willich e Schapper. Marx e Engels também não se davam bem com Gottfried Kinkel e Arnold Ruge, os líderes da comunidade alemã e seus supostos amigos da época de Berlim. Também não gostavam de Struve, nem de Heinzen, nem do nacionalista italiano exilado Giuseppe Mazzini, nem dos socialistas franceses Louis Blanc e Alexandre-Auguste Ledru-Rollin, nem de Lajos Kossuth, que já havia sido seu herói, e nem mesmo do aliado cartista Julian Harney. Obstinadamente persistente no erro, Engels abraçou a perspectiva de isolamento político total. "Finalmente, depois de tanto tempo, temos de novo a oportunidade — a primeira depois de séculos — de mostrar que não precisamos de popularidade nem do APOIO de nenhum partido de nenhum país", escreveu ele a Marx. Seu papel de ideólogos comunistas era mapear a marcha da história e revelar as contradições do capitalismo a fim de preparar o proletariado para os deveres da revolução que se aproximava. Essa solidão política parecia alimentar o ardor instintivo e quase puritano de Engels pelo sacrifício e pelo martírio. "Como é que pessoas como nós, que fogem de cargos oficiais como o diabo da cruz, podem se encaixar num 'partido'?", pergunta ele a Marx.[10]

A pobreza que acompanhou sua permanência em Londres nada tinha de sedutora. Jenny Marx havia atravessado o canal da Mancha atrás do marido em setembro de 1849 com os três filhos pequenos e um quarto a caminho — Heinrich Guido (apelidado de "Fawksey", em homenagem a Guy Fawkes, soldado inglês católico que participou da Conspiração da Pólvora e era o responsável pelos barris do explosivo que deveria fazer o Parlamento voar pelos ares em 1605. Sua captura é comemorada até hoje no dia 5 de novembro e, por ser simpatizante dos católicos espanhóis, adotou a versão espanhola de seu nome, [Guido]) —, que ganhou essa alcunha incendiária por ter nascido no dia 5 de novembro de 1849. Mas, só com os fundos irregulares do jornalismo freelance, contratos editoriais avarentos e uma tentativa fracassada de relançar o *Neue Rheinische Zeitung*, Marx não estava em condições de sustentar a família. Mais tarde, Jenny Marx descreveu esse período como de "grande dificuldade, privações severas e contínuas, miséria mesmo".[11] Espremido entre irmãs e irmãos subnutridos numa série de apartamentos caindo aos pedaços, Guido teve uma infância de terríveis privações e fadiga. "Desde que veio ao mundo, nunca dormiu uma noite inteira — no máximo, duas ou três horas. Mais tarde também houve convulsões violentas, de modo que a criança estava constantemente entre a morte e uma vida miserável. Em seu sofrimento, sugou tão forte que feriu meu seio — uma ferida aberta; muitas vezes o sangue esguicha na sua boquinha trêmula", escreveu Jenny numa carta desesperada para levantar fundos junto a seu amigo comunista Joseph Weydemeyer.[12] Para uma dama da estirpe de Jenny von Westphalen, também houve a indignidade de ser perseguida por toda Londres por padeiros, açougueiros, leiteiros e advogados, pois Marx não pagava as contas e resolvia os problemas mudando-se para outro endereço. Foi uma época debilitante e humilhante, e o jovem Guido sofreu as consequências. "Só uma linha ou duas para você saber que Fawksey, o nosso pequeno conspirador, morreu às 10 horas da manhã de hoje", escreveu Marx a Engels em novembro de 1850. "Você não imagina como está isso aqui. [...] Se por acaso tiver vontade, escreva algumas linhas à minha mulher. Ela está muito mal."[13] Jenny e Karl Marx perderiam mais dois filhos, Franziska e Edgar ("Coronel Musch"), para a mesma combinação de pobreza, umidade e doença.

Morando em Macclesfield Street, descendo a rua do apartamento de Marx em Dean Street, no Soho, Engels não estava em melhor situação financeira enquanto trabalhava para conseguir apoio para a comunidade de refugiados e cumpria vários contratos editoriais. Embora não tivesse a ninhada de dependentes de Marx, enfrentava uma falta de dinheiro semelhante, uma vez que seus pais habitualmente indulgentes tinham por fim fechado a torneira financeira depois de mais um mandado de prisão. "Seria cômodo mandar dinheiro para suas despesas básicas", escreveu Elise depois de mais um pedido, "mas acho bem estranha essa sua exigência, segundo a qual eu deveria dar apoio financeiro a um filho que está procurando disseminar ideias e princípios que considero pecaminosos."[14] Diante de um número cada vez menor de oportunidades no Soho, Engels preparou-se para o inevitável: a única forma de se alimentar, de ajudar Marx e de promover a causa era dobrar a espinha, reconciliar-se com a família e voltar ao comércio. Sua irmã Marie dirigiu com habilidade a diplomacia familiar. "Ocorreu-nos que você talvez quisesse entrar nos negócios seriamente por algum tempo, a fim de assegurar uma renda para si; você pode largar tudo assim que seu partido tiver uma chance razoável de sucesso e você retomar o trabalho em favor dele", escreveu ela numa carta elegante com as bênçãos dos pais.[15] Ele voltar para a firma talvez não fosse agradável, acrescentou o pai, mas seria bom para o negócio da família. Com poucas opções, Engels aceitou o acordo numa base temporária, de modo a poder voltar para as barricadas quando a revolução dos trabalhadores o chamasse. "Meu pai", escreveu ele, "vai precisar de mim aqui ao menos por três anos, e eu nunca assumi obrigações de longo prazo, nem mesmo por três anos, nem ninguém exigiu isso de mim, nem no que diz respeito a meus textos, nem à minha permanência aqui em caso de revolução. Isso parecia estar longe de preocupá-lo, de tão seguras que essas pessoas se sentem agora!"[16] Bem que poderiam: Engels acabaria trabalhando 19 anos para a empresa da família.

* * *

O fracasso das revoluções de 1848 não foi lamentado em parte alguma mais do que em Manchester. O fiasco da Câmara dos Comuns de Kennington — onde o sonho cartista de marchar até o Parlamento para fazer pressão a respeito dos seis pontos caiu vítima da inércia pública, da repressão do governo e da chuva — marcou o colapso do radicalismo da classe operária inglesa. Os 150 mil manifestantes que saíram às ruas em favor da democracia depararam-se com 85 mil guardas especiais, 7 mil soldados, 5 mil policiais, 1.200 mercenários de Chelsea e até o duque de Wellington. Foi um *affair* brutal, resolvido no meio da chuva, com os cartistas reduzidos a sair correndo para atravessar o Tâmisa em veículos alugados para apresentar sua petição ao Parlamento. Enquanto as capitais europeias tinham se incendiado, foi espetacular a incapacidade do proletariado inglês — que tinha tanta consciência de classe — de se rebelar. Entre as fábricas e charnecas de Lancashire, onde o apelo cartista em favor da reforma social e política ressoou mais alto, a decepção foi a mais visível. Mas tudo isso estava em sintonia com uma cidade em processo de mudança.

A revogação das Leis do Trigo de 1846 — uma tarifa importante, introduzida na esteira das guerras napoleônicas para manter o preço do trigo artificialmente alto, que há muito tempo vinha atraindo o opróbrio, por ser considerado um subsídio para a elite proprietária de terras — marcou o triunfo da chamada Escola de Manchester, com sua filosofia de livre comércio, intervenção estatal mínima, mercados abertos e democracia. Organizado informalmente sob a liderança de dois membros do Parlamento, John Bright e Richard Cobden, esse movimento político conscientemente classe média fazia pressão pelo fim de tarifas protetoras e de despesas estatais elevadas (muitas vezes ligadas ao imperialismo), mas não tinha grande afinidade com os interesses do trabalho organizado. E Manchester, a cidade que um dia prognosticou um futuro apavorante de luta de classes, agitação industrial e revolução proletária, era o lar espiritual do movimento. Diante do boom econômico de meados da era vitoriana, a "cidade do choque" da Revolução Industrial foi transformada num império da classe média. Para "Algodonópolis", essa seria não a era de paralisações de empregadores, greves de operários e comícios realizados à luz de tochas, mas sim de banhos e casas de banho, bibliotecas e praças, Institutos de Mecânica e Sociedades de Amigos.

Enquanto Engels reconstituía seus passos, *A situação da classe trabalhadora* já parecia uma obra datada. No lugar de Little Ireland (o menor distrito de Manchester habitado por imigrantes irlandeses e o que teve vida mais curta), havia por toda parte sinais da nova ordem mercantil: capelas enormes, armazéns de vários andares inspirados nos *palazzi* renascentistas e — o mais simbólico de tudo — os alicerces do Salão do Livre Comércio, construídos impassivelmente no local do massacre de Peterloo de 1819, para comemorar a vitória da Lei do Trigo. Projetado de acordo com o edifício da Gran Guardia Vecchia de Verona, o salão, nas palavras de A J P. Taylor, foi "dedicado, como os Estados Unidos da América, a uma proposição — a mais nobre e edificante que já foi feita. [...] Os homens de Manchester tinham derrubado a nobreza e a pequena nobreza da Inglaterra numa Crécy sem sangue mas decisiva. O Salão do Livre Comércio era o símbolo de seu triunfo".[17] A Manchester radical se tornara tão inofensiva que, em outubro de 1851, a cidade foi considerada digna de uma rainha. A procissão cívica de Vitória e Albert pela Victoria Bridge, passando por um dossel de arcos à moda italiana antes das várias homenagens na câmara dos vereadores, foi transformada num espetáculo de ostentação do orgulho burguês e amor-próprio provinciano. O significado de Manchester — comércio, tolerância religiosa, sociedade civil, autogoverno político — agora tinha a aprovação da rainha. A cidade mostrou ser, segundo o *Manchester Guardian*, "uma comunidade baseada na indústria ordeira, sóbria e pacífica das classes médias".[18]

Para Engels, essa empáfia burguesa foi uma terrível festa de boas-vindas. Até seu velho amigo e mentor, o palestrante owenita John Watts, jogou-se nos braços do liberalismo presunçoso que estava levando todos de roldão. "Fui visitar John Watts recentemente; o homem parece hábil na prática da vigarice e agora tem uma loja muito maior em Deansgate", escreveu Engels a Marx. "Transformou-se numa mediocridade radical consumada. [...] Em função dos poucos exemplos que me deu, transpirou que ele sabe promover muito bem a sua alfaiataria exibindo seu liberalismo burguês."[19] O mais vergonhoso de tudo é que Watts estava vendendo aquela grande ágora da proposta radical, o Owenite Hall of Science, para dar lugar a uma nova biblioteca e sala de leitura. "Os adeptos do livre comércio daqui estão explorando a prosperidade ou semiprosperidade para comprar o proletariado, com John Watts como intermediário."[20]

O ex-cartista Thomas Cooper ficou igualmente irritado com as tendências burguesas daqueles que haviam sido seus companheiros de luta. "Nos velhos tempos cartistas, é verdade que os operários de Lancashire andavam em farrapos aos milhares; e muitos deles também passaram fome muitas vezes. Mas sua inteligência era demonstrada onde quer que você fosse", escreveu ele em sua autobiografia. "Você podia vê-los em grupos discutindo a grande doutrina da justiça política. [...] Agora você não vai ver esses grupos em Lancashire. Mas vai ouvir operários bem-vestidos falando, enquanto andam de mão na cava, de 'cooperativas' e de sua participação nelas, ou em fundar sociedades."[21] Desconsolado, Engels observava o progresso dessa burguesificação. "Na verdade, o proletariado inglês está se tornando cada vez mais burguês, de modo que o objetivo supremo desta que é a mais burguesa de todas as nações parece ser possuir, ao lado da burguesia, uma aristocracia burguesa e um proletariado burguês", resmungou ele.[22] No início da década de 1850, Engels alimentou esperanças na liderança do socialista Ernest Jones e nas suas tentativas de ressuscitar o cadáver do cartismo. Estava pensando até em "fundar um pequeno clube com esses companheiros ou organizar reuniões sistemáticas para discutir *O manifesto* com eles".[23] Porém, como Jones não assinou embaixo do cânone de Marx e Engels em sua totalidade e concordou com um número grande demais de concessões aos reformadores de classe média, Engels o renegou. "A energia revolucionária do proletariado inglês evaporou-se", concluiu ele em 1863.[24]

O que estava impulsionando o boom de meados da era vitoriana e corroendo as ambições do proletariado era a indústria do algodão, que ressurgira. Os lucros eram cada vez maiores graças aos novos mercados da América, da Austrália e da China, enquanto os avanços tecnológicos mantinham os ganhos de produtividade. O crescimento econômico era particularmente visível em Lancashire, onde tanto os índices dos salários quanto os dos empregos aumentaram; as duas mil fábricas do condado mantinham seus teares de 300 mil cavalos a vapor em atividade dia e noite. Em 1860, no auge de seu poder, a indústria do algodão respondia por quase 40% do valor total das exportações britânicas. Graças à invenção da máquina de costura, Ermen & Engels abocanhou um pedaço lucrativo desse ramo. As fortunas da empresa receberam outro impulso em 1851, quando Godfrey Ermen patenteou uma invenção para polir o fio de algodão, o que lhe permitiu comercializá-lo sob a marca exclusiva de "Diamond Thread" [fio de diamante]. Com a enxurrada de pedidos, a companhia mudou suas instalações para 7 Southgate (um armazém que dava para o pátio da hospedaria Golden Lion) e comprou outra fábrica — Bencliffe Mill, em Little Bolton, Eccles —, que se juntou à que tinha a sua Victoria Mill, em Salford.

Por trás do balancete saudável, havia habituais lutas internas das empresas. Ermen & Engels era propriedade de quatro sócios — Peter, Godfrey e Anthony Ermen e Friedrich Engels pai. O ramo manchesteriano desse conglomerado anglo-germânico era administrado por Peter e Godfrey Ermen, enquanto Engels pai passava o tempo na fábrica Engelskirchen, na Renânia. Além de administrar Ermen & Engels, Peter e Godfrey também operavam uma estamparia e uma firma de alvejamento de algodão. Essa empresa, a Ermen Brothers, era tecnicamente independente da Ermen & Engels, mas era administrada no mesmo escritório e, por mero acaso, era um dos principais fornecedores da Ermen & Engels. Engels pai estava convencido de que estava sendo ludibriado por esse arranjo cômodo e queria que o filho — empregado simplesmente como escriturário responsável pela correspondência e assistente-geral — examinasse as finanças da companhia e revelasse toda e qualquer vigarice.

É compreensível que os Ermen não tenham dado pulos de alegria com a perspectiva de um auditor interno na equipe e tenham passado a dificultar ao máximo a vida do novo escriturário. Lembravam muito a Engels o processo de aprendizagem no escritório oito anos antes, quando "ele trabalhava para a firma o mínimo possível e passava a maior parte do tempo em reuniões políticas ou estudando a situação social de Manchester".[25] E agora, nas palavras de Engels, Peter Ermen estava "andando em círculos como uma raposa que ficou com o rabo preso numa armadilha e [está] tentando tornar insuportável a minha vida aqui — o diabo estúpido imagina que pode me irritar!". Enquanto isso, os Ermen tinham seus próprios problemas, com Peter e Godfrey lutando pelo controle da firma. "Veja se consegue se entrincheirar firmemente entre os dois irmãos em guerra", foi o conselho de Jenny Marx para Engels sobre política de escritório, depois que ele lhe enviou pelo correio um grande pacote de fio de algodão. "A rixa entre os dois está fadada a colocar você numa situação em que se tornará indispensável *vis-à-vis* seu respeitado pai, e, mentalmente, já vejo você como Friedrich Engels filho, sócio do Engels pai."[26]

O que ninguém tinha esperado era o quanto Engels mostraria ser esforçado e competente nesse emprego. Ele examinou os livros, tentou desembaraçar a Ermen & Engels da Ermen Brothers e, em geral, cuidou dos interesses da família Engels com uma diligência exemplar. "Meu velho está encantado com minhas cartas sobre a empresa e considera minha estadia aqui um grande sacrifício de minha parte", disse a Marx aquele capitalista improvável.[27] Na verdade, pai e filho estavam bem adiantados no processo de se reaproximarem. Em junho de 1851, encontraram-se em Manchester pela primeira vez desde o incidente apócrifo de Barmen. "Penso que provavelmente seja melhor vocês não estarem juntos o tempo todo, pois não podem estar sempre falando de negócios, e é melhor evitar a política, sobre a qual vocês têm opiniões tão diferentes", foi o conselho nervoso da mãe antes do encontro.[28] Ela estava certa. Em geral, a viagem foi considerada um sucesso, mas Engels achou que "se o meu velho tivesse ficado aqui mais uns dias, teríamos pulado no pescoço um do outro. [...] No último dia de sua visita, por exemplo, ele procurou tirar vantagem da presença de um dos Ermen [...] e deleitar-se, à minha custa, entoando um ditirambo em louvor das instituições prussianas. Uma palavra ou duas e um olhar furibundo foram, claro está, o suficiente para fazê-lo cair em si".[29]

Apesar da melhora das relações familiares, do prazer de irritar os irmãos Ermen e até do desafio intelectual inicial da contabilidade, não havia como fugir à realidade de que Engels havia retornado ao negócio infernal dos mascates. Suas cartas da época estão cheias de referências ao "maldito comércio" e "comércio imundo", pois a vida no escritório atrapalhava sua vida intelectual, seu jornalismo e seu socialismo. Era uma existência monótona, tediosa. "Tomo rum com água, trabalho com afinco e passo meu tempo 'entre a tecelagem e o tédio'", escreveu ele ao amigo Ernst Dronke em 1851. Com Marx, foi mais franco ainda: "Sinto um tédio mortal aqui."[30] Politicamente, o emprego também tinha seus custos, uma vez que a posição de Engels como burguês dono de uma tecelagem punha em risco a sua posição e a de Marx dentro do mundo comunista. "Espere e verá, os palermas vão dizer: quem é esse Engels, afinal de contas? Como é que pode falar em nosso nome e nos dizer o que fazer se o sujeito está lá em Manchester explorando os operários etc.? Claro, não ligo a mínima para isso agora, mas vai acontecer", confidenciou ele a Marx.[31] E essas acusações certamente lhe foram feitas. Friedrich von Eynern, por exemplo, um jovem industrial de Barmen e amigo da família, visitou Engels em 1860, levou-o numa turnê a pé pelo País de Gales (durante a qual Engels cantou versos de *Die Heimkehr*, de Heine) e encheu-o de perguntas. "Encorajado pelo seu gosto pelo debate", lembra Eyern,

> "Não deixei de observar a ele que sua posição de dono de fábrica, de sócio de uma das piores 'grandes empresas capitalistas' da época, devia deixá-lo em desavença profunda com suas teorias se ele não utilizasse na prática seus recursos consideráveis para ajudar os 'destituídos' que estavam sob sua responsabilidade direta. No entanto, uma vez que, segundo seus ensinamentos, os objetivos de liberdade econômica universal só podem ser alcançados por meio da cooperação sistemática da força de trabalho internacional, ele descartou essa ajuda insignificante como algo sem sentido e demolidora no que diz respeito a todos os círculos do movimento. Não mostrou a menor inclinação de permitir que fossem impostos quaisquer limites à liberdade básica de sua existência: usar seus rendimentos pessoais consigo mesmo da maneira que considerava a melhor."[32]

As críticas não eram sem fundamento, uma vez que, quando se tratava dos empregados sob sua "responsabilidade direta", Engels bem que podia intimidar. "Godfrey contratou três sujeitos para mim que são absolutamente incompetentes. [...] Vou ter de demitir um ou dois deles", escreveu ele a Marx em 1865 numa defesa fervorosa de leis trabalhistas flexíveis. Um mês depois, um dos sujeitos foi dispensado depois de um erro administrativo: "Foi a gota-d'água no que dizia respeito ao seu desleixo, e ele foi demitido."[33] A bem da verdade, em contraste com os escriturários, diziam que os braços mais obviamente operários de Ermen & Engels desfrutavam melhores condições de trabalho que a média. Um relatório da reunião anual de 1871 da Sick and Burial Society [Sociedade de Doentes e Funerais] de Bencliffe — onde ficava a segunda fábrica de Ermen & Engels — refere-se à "corrente de mulheres jovens, limpas e bem-vestidas que passam pela aldeia" e comentava que "em poucas fábricas os trabalhadores eram empregados de forma tão lucrativa e regular".[34]

O emprego do próprio Engels era igualmente lucrativo. Apesar de toda a banalidade e aversão que o trabalho implicava, fornecia um salário razoável que começou com £100 por ano mais "despesas e ajuda de custo para o lazer" de £200. A partir de meados da década de 1850, Engels também passou a ter direito a 5% dos lucros, que aumentaram para 7,5% no fim da década. Em 1856, a parte de Engels nos lucros da firma foi de £408; essa parte aumentou para algo como £987 em 1860 e, com isso, sua renda anual passou a ser superior a £1 mil anuais — o que não está longe de US$ 150 mil em moeda de hoje.*

Apesar disso, a verdade constrangedora era que a renda lucrativa de Engels era resultado direto de sua exploração da força de trabalho do proletariado de Manchester. As próprias mazelas que ele e Marx tinham denunciado financiavam seu modo de vida e sua filosofia. Engels sempre se sentiu mais incomodado com essa contradição política do que Marx (muitas vezes o prin-

---

* Para contextualizar melhor, o comentarista social Dudley Baxter analisou o censo de 1861 para fazer uma análise de classe da Inglaterra de meados da era vitoriana relativa à renda. Para fazer parte da classe média, era preciso ganhar mais que £100 anuais, que era a quantia mínima tributável, e vigários, oficiais do exército, médicos, funcionários públicos e advogados em geral estavam na faixa salarial de £250-£350. Baxter achava que, para subir ao patamar confortável das classes médias superiores, era preciso levar para casa um salário anual de £1 mil-£5 mil. Em contraste com a riqueza de Engels, outro grande escritor vitoriano, Anthony Trollope, estava tendo de viver com £140 por ano, a renda que lhe proporcionava o emprego diurno de funcionário dos correios.

cipal beneficiário da predominância de Ermen & Engels no mercado), mas era ele quem assinava o cheque. A defesa óbvia era que, sem o dinheiro tirado aos operários da fábrica, Engels nunca poderia ter financiado os avanços seminais de Marx na análise científica do capitalismo. "Os oponentes da classe operária teriam preferido, naturalmente, que Engels abrisse mão do emprego e renunciasse à sua renda", foi o comentário comunista oficial sobre os lucros auferidos por Engels. "Nesse caso, ele não teria tido condições de sustentar Marx, *O capital* não teria sido escrito e o processo das classes trabalhadoras se tornarem política e teoricamente independentes teria sido protelado." Mas, felizmente, "Engels considerava os lucros obtidos como dono de fábrica e comerciante uma contribuição para a luta pela emancipação da classe operária e usou-os para isso durante a vida toda".[35]

Na primeira carta que temos de Engels em Manchester para Marx em Londres, ele já está prometendo enviar parte de seu salário. Nunca houve um acordo explícito entre Engels e Marx de que seu emprego no setor do algodão financiaria os esforços intelectuais de Marx em favor da causa comunista, mas apenas um reconhecimento implícito de que seria assim que sua parceria iria funcionar. E o dinheiro foi para o sul em cascatas como uma torrente de primavera pelo resto da vida profissional de Engels. Houve ordens de pagamento pelo correio, selos de postagem, notas de cinco libras, algumas libras surrupiadas da caixa registradora de Ermen & Engels quando Godfrey estava fora do escritório e somas muito mais substanciais quando chegava o dia do pagamento. Além disso, também houve baús generosos, engradados de vinho e presentes de aniversário para as meninas. "O Prezado Sr. Engels" — era a maneira apropriada pela qual Jenny o tratava — mandou regularmente mais de metade de sua renda anual para a família de Marx — um total de £3 mil-£4 mil (US$450 mil-US$600 mil em termos de hoje) durante o período de vinte anos em que ficou empregado. Mesmo assim, nunca era o suficiente. "Garanto que eu preferiria cortar fora o meu polegar a ter de lhe escrever essa carta. É realmente demolidor ser dependente durante metade da vida", começa uma carta típica de Marx pedindo um empréstimo urgente.[36] "Considerando os grandes esforços — maiores até do que você poderia fazer — que tem feito em meu favor, não preciso dizer o quanto detesto estar incomodando você perpetuamente com as minhas lamúrias", começa outra. "A última quantia de dinheiro que você me mandou, mais uma libra emprestada, foi para pagar a conta da escola — para que não houvesse uma dívida duas vezes maior em janeiro. O açougueiro e o *épicier* obrigaram-me a lhes assinar notas promissórias, uma de £10, a outra de £12, a serem pagas no dia 9 de janeiro."[37] Quando Marx tinha um ataque de covardia particularmente agudo, pedia à mulher para escrever a carta solicitando dinheiro. "Para mim é uma tarefa odiosa ter de lhe escrever sobre questões financeiras. Você já nos ajudou demais. Mas, dessa vez, não tenho alternativa, não tenho outra saída", declarou Jenny em abril de 1853. "Poderia nos enviar alguma coisa? O padeiro avisou-nos de que não haverá mais pão depois de sexta-feira."[38]

Como observaram muitos biógrafos, Marx não era pobre. Segundo o julgamento comedido de David McLellan, biógrafo de Marx, "suas dificuldades se deviam menos à pobreza real do que ao desejo de manter as aparências, combinado com uma incapacidade de administrar seus recursos financeiros".[39] O subsídio de Engels, mais o que ele ganhava com o jornalismo, os contratos editoriais e o que lhe restou da herança, totalizavam cerca de £200 por ano, o que significava — depois dos anos de privação no Soho — que sua situação financeira era muito melhor do que a de muitas famílias de classe média. No entanto, Marx era terrível com dinheiro ("Acho que nunca ninguém escreveu sobre 'dinheiro' estando com tanta falta dele") e ele oscilava entre os banquetes e a fome num ciclo interminável de fartura e aperto financeiro. A cada golpe de sorte, a família mudava-se para uma casa nova e maior — do Soho para Kentish Town e dali para Chalk Farm —, ficando os custos maiores por conta de Engels. "É verdade que minha casa está além dos meus recursos e que, além disso, vivemos melhor este ano do que antes", escreveu Marx a Engels depois da ascensão representada pela casa na elegante Maitland Park Road. "Mas é a única maneira de as crianças se estabelecerem socialmente com vistas a garantir seu futuro. [...] Mesmo de um ponto de vista meramente comercial, ter uma casa puramente proletária não seria apropriado nas circunstâncias atuais."[40] Aqui estava o xis do problema: Marx e Jenny estavam muito mais preocupados em manter as aparências, em casar as filhas bem e em garantir seu lugar na alta sociedade — enfim, em ser burgueses — do que o boêmio Engels jamais esteve. "Por causa das crianças", explicava Jenny Marx na defensiva e sem reconhecer a generosidade de

Engels, "já adotamos um modo de vida regular e respeitável de classe média. Tudo conspirou para levar a uma vida burguesa e para nos enredar nela."[41] O próprio Marx, o filósofo-profeta, nunca iria se rebaixar a ponto de exercer uma profissão para sustentar a família, de modo que foi Engels quem se algemou ao trabalho monótono e exaustivo do escritório para financiar o modo de vida ambicioso do amigo. É por isso que está errado pintar Marx como um Mr. Micawber* de carne e osso, esperando em vão que algo aparecesse. "Karl sentiu um prazer tremendo quando ouviu a portentosa BATIDA dupla do carteiro", escreveu Jenny para seu benfeitor em 1854. "'*Voilà* Frederick, duas libras, estamos salvos!' gritou ele."[42] Não é de surpreender que, pelas costas, Marx chamasse Engels de "Sr. Chitty" [o homem que assina os vales de uma firma aos empregados].

O fluxo de dinheiro fazia-se acompanhar de uma correspondência absorvente. Embora tanto Marx quanto Engels se ressentissem desesperadamente com a distância entre eles depois dos anos que passaram morando bem perto um do outro em Paris, Bruxelas e Colônia, a posteridade foi quem se beneficiou. As décadas de 1850 e 1860 representam os anos dourados de sua troca de cartas, pois eles exploraram de todas as formas a revolução postal de meados da era vitoriana — dos *Penny Blacks* (os primeiros selos adesivos do Reino Unido, impressos em preto) às agências e caixas de correio. Uma carta postada em Manchester antes da meia-noite chegaria às mãos de Marx no dia seguinte às 13h; uma carta enviada às 9h estaria em sua casa às 18h do mesmo dia. E esse dilúvio de cartas oferece uma compreensão ímpar de suas neuroses, frustrações, paixões e decepções individuais. Abundam histórias sobre a flatulência da casa real, *émigrés* chifrados e maratonas de bebedeiras — nas palavras de Francis Wheen, "um ensopado picante de história e fofocas, economia política e conversas obscenas de escolares, ideais elevados e baixaria na intimidade".[43] As cartas também são um comentário eloquente sobre a profundidade do afeto entre os dois homens, pois ambos procuravam consolar um ao outro nas horas difíceis do luto, incentivar no trabalho e criticar a estratégia política. A correspondência também compreendia uma troca comovente de fotografias.

---

* Wilkins Micawber, personagem de David Copperfield, de Charles Dickens. Vive em dificuldades financeiras e passa grande parte do tempo na prisão por causa das dívidas. (N. da E.)

Para Engels em seu escritório e para Marx em seu gabinete, a chegada do correio era a melhor hora do dia. "Os dois amigos escreviam um para o outro quase todos os dias", recorda Eleanor Marx, "e me lembro a frequência com que o Mouro, como chamávamos meu pai em casa, conversava com as cartas como se o seu autor estivesse presente. 'Não, não é desse jeito'; 'você está certo ali' etc. etc. Mas o que mais me lembro é que, às vezes, o Mouro ria com as cartas de Engels até as lágrimas escorrerem por seu rosto."[44]

Uma boa parte da correspondência inicial entre Manchester e Londres girava em torno da perspectiva torturante de colapso econômico. O conflito de Marx e Engels com a facção de Willich-Schapper na Liga Comunista foi alimentado em parte por sua convicção, como bons materialistas que eram, de que a revolução só poderia acontecer nas circunstâncias econômicas apropriadas. As tentativas de insurreição e *putsche* estariam condenadas ao fracasso se os pré-requisitos socioeconômicos não estivessem em seu devido lugar — como os eventos de 1848-49 mostraram de forma tão frustrante. O que o socialismo revolucionário pedia era a previsão do colapso econômico para que os ativistas pudessem estar preparados para as consequências políticas. E, por sorte, o movimento tinha um homem estacionado atrás das linhas inimigas: de sua mesa de trabalho nas salas de contabilidade de Algodonópolis, Engels tornou-se a principal fonte de informações confidenciais sobre a situação do capitalismo internacional.

"A especulação nas ferrovias já está chegando outra vez a alturas estontantes — uma vez que, em janeiro, as ações subiram 40%, e as piores mais que todas as outras. *Ça promet!*", disse ele a Marx seis meses depois de estar no emprego. É claro que o fim do capitalismo estava bem perto. O mercado das Índias Orientais estava com excesso de estoque, enquanto o setor de tecidos da Inglaterra estava sofrendo muito com uma enxurrada de algodão barato. "Se a quebra do mercado coincidir com essa safra gigante, as coisas vão ficar realmente muito animadoras. Peter Ermen já está borrando as calças só de pensar nisso, e o rainetazinho é um barômetro bem bom", escreveu Engels em julho de 1851. Com falências começando a acontecer em Londres e Liverpool e a superprodução saturando o mercado, Engels tinha certeza absoluta de que a quebra aconteceria em março de 1852.[45] "Tudo isso é só palpite", reconheceu ele no dia 2 de março, revendo ligeiramente a sua previsão. "Pode acontecer igualmente em setembro. Mas vai ser uma situação muito difícil, pois nunca antes uma tal massa de mercadorias de todos os tipos foi posta no mercado, bem como nunca houve meios de produção tão colossais." A única circunstância que poderia estragar tudo isso seria uma greve da Amalgamated Society of Engineers exigindo condições de trabalho melhores, pois havia interrompido a construção de máquinas. Engels, o defensor dos operários, achava que essa atitude irremediavelmente egoísta poderia "adiar [a quebra] ao menos por um mês".[46] No entanto, enquanto abril se seguia a março e 1852 dava lugar a 1853, por algum motivo o dia do acerto de contas nunca chegava; ao contrário: a produção aumentou, as exportações cresceram verticalmente, os salários subiram, os padrões de vida melhoraram e o boom de meados da era vitoriana continuou inexplicavelmente.

Em setembro de 1856, o profeta da Bolsa de Valores de Manchester tinha recobrado a voz. "Dessa vez vai haver um *dies irae* como nunca se viu antes; toda a indústria da Europa está em ruínas, todos os mercados com excesso de estoque, [...] todas as classes proprietárias em apuros, falência total da burguesia, guerra e desperdício elevados a mil." Por fim, Engels estava parcialmente correto: a superprodução dos mercados têxteis, combinada com uma alta inesperada no custo da matéria-prima, foi seguida por uma corrida aos bancos e uma enxurrada de insolvências comerciais. A economia global, da América à Índia, passando pela Grã-Bretanha e pela Alemanha, ficou abalada quando os preços do açúcar, do café, do algodão e da seda subiram vertiginosamente. "A quebra americana está sendo soberba e ainda falta muito tempo para ela terminar", escreveu Engels extasiado em outubro de 1857. "A repercussão na Inglaterra parece ter começado com o Liverpool Borough Bank. *Tant mieux*. Significa que, nos próximos três ou quatro anos, o comércio vai estar novamente em maus lençóis. *Nous avons maintenant de la chance*." As condições para a revolução estavam maduras; eles tinham de atacar! "Um período de pressão crônica é necessário para fazer o sangue do povo ferver." Agora estava mais claro do que nunca que 1848 havia sido um falso amanhecer, mas esse era de verdade "uma questão de vida ou morte". Apesar disso, depois de dois meses de quebradeira, o proletariado ainda não tinha conseguido se dar conta de sua vocação. "Os indícios de revolução ainda são muito poucos, pois o longo período de prosperidade foi temivelmente desmoralizante", observou Engels em dezembro de 1857. E, na primavera seguinte, os negócios recuperaram-se outra vez, graças aos mercados em desenvolvimento da Índia e da China.[47]

A última e maior esperança de Engels era a Guerra Civil dos Estados Unidos. Em abril de 1861, as forças da União começaram a bloquear os portos sulistas, elevando o custo do frete, dos seguros e sobretudo o preço do algodão de segunda de Nova Orleans, com graves consequências para a produção e o emprego no Reino Unido. As importações da América do Sul caíram de 2,6 milhões de fardos em 1860 para menos de 72 mil em 1862. Centenas de milhares de operários de Lancashire, defendendo valentemente os ideais de Abraham Lincoln e o Norte antiescravagista, receberam um corte nas horas de trabalho, que passaram a ser de meio período, e depois foram demitidos. A redução dos seus ganhos começou a solapar a economia mais abrangente do noroeste, e lojas fecharam, as poupanças minguaram e houve distúrbios por causa de comida. Em novembro de 1862, quase 200 mil operários de todo Lancashire estavam recebendo ajuda de vários comitês de assistência. Os historiadores econômicos modernos agora sugerem que a "fome do algodão" de Lancashire foi causada tanto por uma saturação do mercado global quanto pelo embargo da Guerra Civil; mas, qualquer que tenha sido a causa, os resultados foram os mesmos. "Você logo vai ver que todos os filisteus estão suando frio", disse Engels em abril de 1865 quando a indústria de importação-exportação de Liverpool ficou abalada e 125 mil desempregados fabris vagavam pelas ruas de Manchester. "Um monte de gente da Escócia também está liquidada, e um belo dia vai ser a vez dos bancos, e isso vai ser o fim da questão."[48] Como muitas outras firmas que giravam em torno do algodão, a Ermen & Engels foi diretamente afetada: introduziu o regime de meio período nas tecelagens, viu os lucros evaporarem enquanto um estoque indesejável se acumulava e reduziu até mesmo o salário dos diretores. Para Engels, fossem quais fossem os custos pessoais, essa era mais uma chance de revolução. "Aos poucos, as dificuldades aqui estão ficando agudas", observou ele enquanto os casos de desnutrição, pneumonia, febre tifoide e tuberculose se multiplicavam. "Imagino que daqui a um mês a própria população operária vai estar farta de ficar esperando com uma expressão de sofrimento passivo no rosto."[49]

Na verdade, aconteceu exatamente o contrário. Os operários do setor do algodão de Manchester acabariam se transformando no símbolo do consenso de meados da era vitoriana, recebendo tapinhas no ombro pela determinação digna com que suportaram a pobreza. Era uma mostra exemplar de autocontrole no interesse de uma vocação moral superior: "Em geral, os líderes da classe operária são extremamente favoráveis à polícia nortista, firmes em seu horror à escravidão e firmes na sua fé na democracia", escreveu R. Arthur Arnold em sua *History of the Cotton Famine*.[50] Um inspetor do governo achou que "em nenhum período da história das manufaturas sofrimentos tão repentinos e tão severos foram suportados com tanta resignação silenciosa e com tanto autorrespeito paciente".[51] Em vez de se rebelarem, os braços fabris aceitaram os caprichos do mercado global com um estoicismo inabalável e, para a opinião pública vitoriana, parecia que a respeitável classe operária que ajudava a si própria tinha finalmente chegado à maioridade. John Watts, o ex-radical que se tornara um defensor da burguesia, achava que essa resignação revelava a influência das escolas dominicais, da literatura cada vez melhor e de sentimentos de cooperação.[52] Tudo quanto Engels temera inicialmente a respeito da falta de inclinação do proletariado de Manchester pela luta de classes estava se mostrando horrivelmente correto.

Com a revolução adiada, Engels voltou ao seu trabalho diurno — ou, melhor dizendo, trabalhos, uma vez que agora Marx pedira a Engels que assumisse o único emprego profissional para o qual ele havia sido contratado pessoalmente. No começo de 1851, Charles Dana, ex-fourierista e agora diretor-executivo do *New York Daily Tribune*, um periódico progressista e antiescravagista, pediu a Marx que contribuísse com artigos para o jornal sobre questões inglesas e europeias. No entanto, Marx escrevia tão mal em inglês que Engels tinha de traduzir os textos do alemão para o inglês — o que, muitas vezes, significava ele mesmo escrevê-los. "Se for possível você me mandar um artigo sobre a situação da Alemanha na sexta-feira de manhã, seria um começo esplêndido", escreveu Marx grandiosamente ao receber a notícia de seu emprego.[53] A que Engels respondeu obedientemente: "Escreva e me diga logo que tipo de coisa deve ser — se você quer que seja um só ou uma série, e (2) que atitudes devo adotar."[54] O pagamento — £2 por artigo — era muito bom, e o jornal tinha mais de 200 mil leitores nos Estados Unidos, mas Marx achava, sem sombra de dúvida, que era trabalho indigno de um filósofo. "Toma muito tempo, dispersa meus esforços e, em última instância, não é nada."[55] Mas estava ótimo para o sofrido amigo mourejando em Manchester. "Engels tem trabalho demais mesmo", explicou Marx majestosamente a seu amigo americano Adolf Cluss, "mas, sendo de fato uma enciclopédia ambulante, ele é capaz, bêbado ou sóbrio, de trabalhar a qualquer hora do dia ou da noite, escreve depressa e é diabolicamente rápido para entender".[56]

Não estava errado. Engels era um jornalista talentoso, capaz de criar um texto sobre a maioria dos tópicos e a tempo e hora. "Essa noite vou traduzir a parte final de seu artigo e escrever o artigo sobre 'a Alemanha' amanhã ou quinta-feira", diz a resposta tipicamente obediente de Engels.[57] Mas era trabalho mercenário, e muito poucos dos outros artigos do *New York Daily Tribune* chegaram às alturas habituais do intelecto de Engels. As cartas iam e vinham rapidamente entre Manchester e Londres com traduções, sugestões de novos artigos, pedidos de informação sobre assuntos desconhecidos, exigências de brevidade ("Você tem realmente de parar de escrever artigos tão longos. Dana não vai querer mais que 1-1,5 coluna"), críticas estilísticas ("Você precisa colorir um pouco mais os seus artigos sobre a guerra, pois está escrevendo para um jornal de interesse geral") e pedidos urgentes para garantir que a cópia seguisse no vapor de Liverpool.[58] Mas Marx sempre adorou assumir a totalidade do crédito. "O que achou do meu marido causar sensação com seu artigo em todo o oeste, leste e sul dos Estados Unidos?", perguntou Jenny indelicadamente depois que os múltiplos fascículos sobre a história de 1848-49, *Revolução e Contrarrevolução na Alemanha*, foram bem recebidos pelos leitores do *Tribune*.

O trânsito não era de mão única, claro. As cartas também revelam o grau em que Marx dividia com Engels o desenvolvimento de suas teses sobre *O capital*. Grande parte do ímpeto inicial do livro viera do próprio Engels. Ele já chamava a atenção de Marx em 1851, dizendo que "o principal é você fazer de novo uma estreia pública com um livro substancioso. [...] É absolutamente essencial romper o feitiço criado por sua ausência prolongada do mercado de livros da Alemanha".[59] Nove anos depois, ainda sem nenhum indício óbvio de que ele estava prestes a publicar alguma coisa, Engels lembrou-o da "importância crucial" do trabalho, ao qual estava resistindo desnecessariamente, usando como pretexto obras intelectuais secundárias. "*O principal* é que [o livro] seja escrito e publicado; os pontos fracos nos quais você pensa nunca serão descobertos por aqueles burros; e, se surgir um período de instabilidade, o que vai lhe restar se a coisa toda for interrompida antes de você terminar completamente *O capital*?"⁶⁰

Por fim, em seu poleiro no banco 07 da Sala de Leitura do Museu Britânico, Marx se pôs a escrever sua obra — e logo começou a metralhar Engels com pedidos de dados técnicos. Embora o Museu Britânico tivesse muito a oferecer, quando se tratava de entender o funcionamento do capitalismo não havia substitutos para as realidades do setor algodoeiro de Manchester. "Agora cheguei a um ponto da minha obra sobre economia em que preciso de alguns conselhos técnicos de sua parte, pois não consegui achar nada relevante nos textos teóricos", escreveu Marx em janeiro de 1858. "Dizem respeito à *circulação* do capital — suas várias formas nos vários setores; seus efeitos sobre os lucros e os preços. Se você puder me dar algumas informações sobre isso, elas vão ser muito bem-vindas." Seguia uma série de perguntas sobre custos de maquinaria e taxas de depreciação, sobre a alocação do capital no interior da firma e sobre o cálculo do movimento de vendas pela contabilidade da empresa. "As leis teóricas sobre isso são muito simples e evidentes por si mesmas. Mas é bom ter uma ideia da maneira como funcionam na prática."⁶¹ Durante os cinco anos seguintes, os pedidos de informações sobre a vida real continuaram chegando. "Você poderia me informar a respeito de todos os tipos de trabalhadores empregados em sua fábrica, por exemplo, e qual é a proporção de uns em relação aos outros?", perguntava Marx em 1862. "Pois em meu livro preciso de um exemplo que mostre que, em oficinas mecânicas, a divisão de trabalho, que constituiria a base da manufatura e tal como descrita por A[dam] Smith, não existe. [...] Tudo quanto é necessário é algum tipo de exemplo."⁶² Os anos de Engels em Ermen & Engels forneceram os fundamentos empíricos de *O capital*. "Como a prática é melhor que qualquer teoria, eu lhe pediria para descrever para mim, *muito precisamente* (com exemplos), como é que você administra seu negócio", é a frase de abertura de mais uma rodada de perguntas.⁶³

A contribuição de Engels vai além da estatística, pois ele se tornou a caixa de ressonância da filosofia econômica nascente de Marx. "Deixe-me dizer uma palavra ou duas sobre o que, no texto, vai ser uma questão longa e complexa, para você ME DAR SUA OPINIÃO A RESPEITO", foi como Marx começou uma carta de 2 de agosto de 1862. Depois entra numa explanação sobre a diferença entre o capital constante (maquinaria) e o capital variável (trabalho), apresentando um esboço inicial da teoria da "mais-valia" da exploração dos empregados, que se tornaria uma parte crucial de O capital. Engels respondeu na mesma moeda, levantando uma série de objeções metodológicas à forma pela qual Marx estava calculando o valor do trabalho de um operário fabril e sua compensação relativa em índices salariais. No entanto, Marx raramente via com bons olhos um questionamento tão profundo e respondeu despreocupadamente que nenhuma dessas críticas poderia receber um tratamento adequado "antes do terceiro livro. [...] Se eu quisesse refutar todas essas objeções de antemão, estragaria todo o método dialético de exposição".[64]

Apesar de todas as resmas de correspondência a respeito de O capital, às vezes discutir esses temas complexos no papel era exasperante. "Será que você não poderia vir para cá por uns dias?", perguntou Marx no dia 20 de agosto de 1862. "Na minha crítica, demoli tanto da velharia que há uma série de pontos a respeito dos quais eu queria consultá-lo antes de continuar. Discutir essas coisas no papel é tedioso tanto para você quanto para mim." E até o vigoroso Engels podia achar os pedidos de esclarecimento de Marx um pouco árduos depois de um dia de trabalho no escritório. "No que diz respeito ao algodão, a teoria da renda mostrou ser abstrata demais para mim", respondeu ele fatigado em setembro de 1862. "Vou ter de pensar nisso quando finalmente tiver um pouco de paz e silêncio."[65]

Em meio a essa profusão de material intelectual, profissional e pessoal, há um silêncio incômodo na correspondência sobre o sacrifício mais generoso de Engels. "No começo do verão de 1851 aconteceu uma coisa na qual não vou tocar mais, embora tenha aumentado muito nossos sofrimentos privados e públicos", foram as palavras com que Jenny Marx aludiu à delicada história de Henry Frederick Demuth.[66] A mãe do menino, Helene "Lenchen" Demuth, que tinha o apelido de "Nim", havia muito tempo trabalhava como doméstica para a família de Marx e dormia no emprego. Mesmo nas moradias mais apertadas dos Marx no Soho, a família sempre arranjou um lugar para Nim. Na verdade, foi exatamente essa intimidade que desencadeou a crise: quando

Jenny Marx viajou para o continente em 1850 em missão de levantamento de fundos junto à família, Marx se aproveitou da empregada de 28 anos. E, no dia 25 de junho de 1851, o filho dos dois, Freddy Demuth, chegou ao mundo sem muitos aplausos.

O menino era filho de Marx, mas a certidão de nascimento ficou em branco e foi Engels quem assumiu a paternidade oficiosamente. Para o bem do casamento de Marx e da causa política mais ampla (não havia nada de que os grupos *émigrés* gostassem mais do que desacreditar os inimigos com escândalos sexuais), Engels permitiu que o filho de Marx assumisse seu nome de batismo e, com isso, manchou sua reputação. Marx se comportou de forma abominável no tocante à educação de Freddy, despachando-o para ser criado por pais adotivos insensíveis na região leste de Londres. O menino nunca recebeu uma educação decente nem desfrutou o tipo de formação intelectual — as peças de Shakespeare, os piqueniques animados em Hampstead Heath, as brincadeiras socialistas — que Marx deu ao resto da prole. Freddy passou sua vida profissional como montador e torneiro habilidoso e membro do Hackney Labour Party [Partido Trabalhista de Hackney]. Mais tarde, quando Engels se mudou para Londres e, depois da morte de Marx, contratou Nim como empregada, Freddy e seu filho Harry usavam a entrada de serviço para visitar — nas palavras de Harry — "um tipo de pessoa maternal" que vivia "num porão". Mas Engels sempre tinha o cuidado de estar ausente nessas ocasiões.

Só Eleanor (ou "Tussy", o apelido com que era tratada no seio da família) uma das filhas de Marx, parece ter se comovido com a situação constrangedora de Freddy. "Talvez eu seja muito 'piegas', mas não tenho como evitar sentir que Freddy foi terrivelmente injustiçado durante toda a sua vida", escreveu ela em 1892. Ela também não conseguia aceitar a atitude hostil e distante de Engels em relação ao "filho" quando ele era, em todos os outros sentidos, tão generoso e cordial com todos do círculo familiar extenso. Em seu leito de morte, para horror de Tussy, tudo foi revelado. Numa carta de 1898, agora nos arquivos do International Institute for Social History, em Amsterdã, a última governanta e acompanhante de Engels, Louise Freyberger, descreve a maneira pela qual, em seu leito de morte, Engels confidenciou a Tussy a verdadeira identidade do pai de Freddy. "O General [Engels] deu-nos [...] permissão para fazer uso dessa informação só se ele fosse acusado de tratar Freddy mal", escreveu Freyberger. "Ele disse que não queria seu nome sujo, principalmente quando este não poderia mais fazer bem algum a ninguém." Nos anos que se seguiram, Tussy tentou desesperadamente reparar o dano fazendo amizade com Freddy, que seria um de seus correspondentes mais simpáticos e nos quais ela teria mais confiança. Mas, a essa altura, a má fama de Engels como pai omisso estava bem consolidada. Esse episódio sórdido é um indício eloquente dos sacrifícios pessoais que Engels estava disposto a fazer para proteger o amigo e acelerar a marcha do socialismo.[67]

Essas mentiras são só uma parte do miasma dos subterfúgios que envolveram as décadas do meio de sua vida. Pois Engels levava uma espécie de vida dupla: de dia era um respeitável barão algodoeiro, um membro de casaca da classe média alta; à noite, o socialista revolucionário, um discípulo fervoroso das classes menos favorecidas. Para manter o emprego no escritório, sustentar Marx e manter a causa comunista à tona, Engels foi obrigado a manter uma fachada de penoso decoro. O esforço de viver em dois mundos era desgastante, e a contradição entre as declarações públicas e as crenças pessoais acabou lançando Engels numa espiral de doença, depressão e colapso nervoso.

As âncoras de sua vida privada, sua vida de verdade, eram sua amante de longa data, Mary Burns, e sua irmã Lizzy. Mas, para manter sua posição na sociedade de Manchester e evitar a desaprovação dos pais, Engels sentiu-se obrigado a esconder suas relações com as irmãs irlandesas tanto dos colegas quanto da família (uma carta do cunhado encrenqueiro Adolf von Griesheim, queixando-se dessa ligação e de seus efeitos perniciosos sobre a posição social dos Engels sugere que esse segredo vazou de alguma forma).[68] Ao chegar a Manchester, Engel hospedou-se com "a bruxa velha de uma estalajadeira", a Sra. Isabella Tatham, no número 70 da Great Ducie Street, no distrito de Strangeways, perto de onde fica hoje uma desajeitada cadeia vitoriana. Também moravam ali, nesse estabelecimento insalubre, um sapateiro, um vendedor de resíduos industriais e um artesão que trabalhava com prata e que também era comerciante. Depois de alugar por pouco tempo uns cômodos mais dispendiosos para convencer o pai de visita que estava gastando sensatamente sua mesada (em vez de estar mandando para Marx), em março de 1853 Engels mudou-se: foi morar com as irmãs Burns. Graças à reconstrução meticulosa dos anos de Engels em Manchester feita por Roy Whitfield, sabemos que os livros dos impostos dos pobres (na Inglaterra e no País de Gales, de acordo com a Lei Elizabetana dos Pobres de 1601, o *poor rate* era um imposto sobre a propriedade, cobrado nas paróquias que davam assistência social aos pobres) mostram um tal de Frederick Mann Burns (um trocadilho bem à moda de Engels) como o ocupante do número 17 da Burlington Street e depois do número 27 da Cecil Street.[69] Mas em abril de 1854 houve uma calamidade. "Os filisteus ficaram sabendo que estou vivendo com Mary", escreveu Engels furioso a Marx, e ele foi obrigado a ter "alojamentos privados de novo".[70]

A partir de 1854, depois da descoberta de seu lar proletário, um Engels em dificuldades financeiras foi obrigado a manter duas residências separadas, uma pública, a outra privada: passou a morar oficialmente no número 5 da Walmer Street — onde recebia os sócios comerciais e a correspondência e mantinha o decoro burguês — ao mesmo tempo que vivia escondido com as irmãs Burns. Em 1858, ele mudou a residência oficial para Thorncliffe Grove, onde o censo de 1861 o registrou como "um comerciante prussiano míope".[71] Enquanto isso, ele havia realojado as duas irmãs em duas casas menores, construídas às pressas em Hulme e Ardwick, subúrbios operários em expansão. O livro dos impostos registra os moradores desses endereços — 7 Rial Street e 252 Hyde Road — vivendo sob o pseudônimo de Frederick e Mary Boardman, junto com uma tal de "Elizabeth Byrne". Com muita habilidade, Engels conseguiu fazer com que a amante e sua irmã fixassem residência a pouco mais de meio quilômetro de sua residência oficial.

Essas foram só as primeiras de numerosas propriedades que Engels arranjou sub-repticiamente para as Burns durante os 15 anos seguintes. "Estou vivendo com Mary quase o tempo todo agora, de modo a gastar o mínimo possível de dinheiro", explicou ele a Marx em 1862. "Não posso ficar sem os meus alojamentos, senão eu me mudaria com tudo para a casa dela." Mas não era fácil. "Você tem razão, estou completamente quebrado", respondeu Engels naquele mesmo ano a outro pedido de dinheiro de Marx. "Na esperança de que, levando uma vida domesticada em Hyde Road, vou conseguir sanar o problema; incluo aqui uma nota de £5."[72] Em 1864, a caravana mudou-se de novo, motivo de briga com sua empregada de Thorncliffe Road;

ele mudou sua residência oficial para um apartamento em Dover Street, no afluente bairro de Oxford Road, e a oficiosa para Mornington Street, que ficava perto. Manter tudo funcionando bem nos dois endereços, certificar-se de que ninguém violara as fronteiras entre sua vida pública e sua vida privada eram todos acréscimos indesejados à carga de trabalho de Engels, e ele se queixava interminavelmente das despesas e do incômodo. No entanto, a gente também fica com a impressão de que Engels, agressivamente independente, gostava da liberdade de manobra que esses dois mundos distintos lhe proporcionavam.

Era no seu ambiente privado, oficioso, que o revolucionário podia se revelar. Ali Engels reunia regularmente um círculo de adeptos do socialismo e interlocutores intelectuais para tomar cerveja, discutir os últimos avanços da filosofia e lamentar as concessões à burguesia que viam por toda parte à sua volta. Wilhelm Wolff ("Lupus"), o comunista de Bruxelas que se tornou professor particular de crianças da classe média de Manchester, era um amigo íntimo. "Durante vários anos Wolff foi o único companheiro que tive em Manchester com as mesmas opiniões que eu", recorda Engels tempos depois. "Não é de surpreender que nos encontrássemos quase todo dia nem que eu tenha tido muitíssimas oportunidades de admirar sua avaliação quase instintivamente correta dos acontecimentos do momento."[73] George Weerth, trabalhando como escriturário lá naquela Bradford "bestial", participou novamente do círculo antes de o comércio o levar para o exterior, para Havana. Outro favorito era Carl Schorlemmer, de Darmstadt, que dava aulas de química orgânica no Owens College, membro da Royal Society e especialista em hidrocarbonos de parafina — que explodiam frequentemente, deixando queimaduras em seu "rosto machucado e escalavrado",[74] o que Engels achava muito engraçado. Schorlemmer também era um socialista da gema, que desfrutava da confiança de Marx e Engels a ponto de corrigir as provas de O capital. Numa noite de sábado, era possível vê-lo ao lado de Engels entrando na Thatched House Tavern, em Newmarket Place, bem pertinho da Bolsa de Valores.[75]

Outro grande companheiro que morou com ele em Dover Street foi Samuel Moore, um negociante de algodão falido que se tornou advogado e marxista (honrado com a tarefa de traduzir O capital para o inglês) antes de terminar incongruentemente a vida profissional em Asaba como presidente do Supremo Tribunal dos territórios da Royal Niger Company. Além desses amigos constantes, ele conhecia muitos *émigrés* alemães, comunistas desempregados e primos distantes e recebia visitas ocasionais do próprio Marx. Às vezes, as noites de pileque saíam do controle: "Numa reunião em que todo mundo estava embriagado", conta Engels, "fui insultado por um inglês que eu não conhecia; ataquei-o com o guarda-chuva que eu estava carregando, e uma argola atingiu-o no olho." Infelizmente para Engels, o inglês em questão processou-o com a acusação de agressão, exigindo £55 de indenização mais as custas. Engels pagou a soma com relutância, na esperança de evitar "um escândalo público e uma BRIGA com meu pai".[76]

A vida pública de Engels estava a um mundo de distância dessas rixas de botequim. Os Cheshire Hounds — um dos mais ilustres grupos de caçadores da Grã-Bretanha vitoriana, "composto dos cavalheiros mais importantes daquele condado aristocrático" — remontava a 1763, quando o Honorável John Smith-Barry reuniu uma matilha de cães de caça das linhagens Belvoir e Milton. E esses nobres se encontravam, segundo o *Field*, num dos ambientes mais favoráveis à caça que havia na Inglaterra: "Cheshire é cheio de parques e mansões, e desde tempos imemoriais a aristocracia exerceu devotadamente a caça à raposa; na verdade, não há condado na Inglaterra onde esse sentimento prevaleça mais universalmente entre as classes superiores."[77] De Tatton Hall, ao sul de Manchester, a Crewe Hall, a leste de Crewe; de Norton Priory, às margens do rio Mersey, a Alderlely Park, bem na saída de Macclesfield, os Cheshire Hounds cruzavam o condado em todas as direções duas ou três vezes por semana durante a temporada de novembro a abril. Mas não era um passatempo barato: a assinatura anual paga ao Cheshire Hunt Covert Fund, como era conhecido, era de £10, enquanto as anuidades para a manutenção das estrebarias chegavam perto de £70 (esses custos corresponderiam a cerca de US$ 12 mil em moeda de hoje). E ainda havia os custos de um bom caçador. "No sábado encontrei-me com Murray, o vendedor de cavalos, e perguntei-lhe se tinha alguma coisa [...] capaz de carregar 90 quilos, mais os cães, por volta de £70. Parece que ele tinha", começava um bilhete enviado a Engels por um tal de James Wood Lomax, que parece ter sido seu intermediário na compra de cavalos.[78] Felizmente, quando se tratava de financiar atividades respeitáveis como a caça, ele sempre podia conseguir recursos do pai. "Como presente de Natal, meu velho me deu dinheiro para comprar um cavalo e, como havia um bom à venda, comprei-o na semana passada", escreveu Engels a Marx em 1857. "Mas estou constrangidíssimo por manter um cavalo enquanto você e sua família estão numa maré de azar em Londres."[79]

Não se sabe bem quem foi que apresentou Engels aos Cheshire Hounds, mas logo ele se tornou um participante indefectível das caçadas, ao lado de membros da mais elevada nobreza da Inglaterra. Nas palavras de Paul Lafargue, genro de Marx: "Ele montava muito bem e tinha seu próprio caçador para perseguir a raposa; quando a nobreza e a pequena nobreza vizinha mandavam convites a todos os cavaleiros do distrito segundo o velho costume feudal, ele nunca deixava de ir."[80*] Engels tentava justificar esse passatempo com argumentos revolucionários, dizendo tratar-se da "melhor escola de todas" para a guerra. Na verdade, ele achava que um dos poucos méritos da cavalaria britânica era seu passado de caça à raposa. "Sendo a maioria deles caçadores fervorosos, têm aquela avaliação instintiva e rápida da vantagem da topografia, que a prática da caça certamente proporciona", escreveu ele num comentário sobre a estratégia militar britânica.[81] No entanto, por mais que dourasse a pílula, o que empolgava Engels era a excitação visceral da caça. E ele nunca tinha medo de entrar em campo. "Estava sempre entre os líderes na hora de abrir caminho nas valas, sebes e outros obstáculos", conta Lafargue.[82] "Deixe-me contar que ontem fiz o meu cavalo pular uma sebe num barranco com mais de um metro de altura, o maior salto que já dei", vangloriou-se Engels a um Marx sedentário que estava definhando no Museu Britânico. Mesmo com um horrível ataque de hemorroidas, Engels saía alegremente a cavalo numa corrida de 45 quilômetros atrás de uma presa.

---

* Em 2004, quando o governo trabalhista promulgou uma lei para proibir a caça à raposa, a participação de Engels no Cheshire Hunt foi citada em sua defesa. "A ideia de juntar a luta de classes à caça à raposa é patética, além de obscena, como ficou bem comprovado por ninguém menos que Friedrich Engels, uma autoridade em ambos os campos", declarou lorde Gilmour de Craigmillar à Câmara Alta durante um debate sobre a Lei da Caça. "Acho que isso demonstra que, ao menos de certa forma, o velho comunismo era muito mais sensato do que o novo Partido Trabalhista." E Engels não foi o único vitoriano de esquerda com gosto pela caça: Michael Sadler, líder do movimento de Reforma Fabril; Joseph Arch, o líder dos trabalhadores rurais; e Robert Applegarth, o secretário-geral dos Carpinteiros e Marceneiros, todos eles praticavam a caça com cães.

Na verdade, com o passar dos anos, percebe-se que ele foi ficando cada vez mais sedento de sangue. "Ontem me deixei convencer a participar de uma caçada em que as lebres são perseguidas por galgos e passei sete horas na sela. No frigir dos ovos, me fez um bem danado, embora eu tenha faltado ao trabalho."[83]

Os outros interesses de Engels eram bem menos selvagens. "Agora todo mundo daqui gosta de arte, e a conversa gira toda em torno dos quadros da exposição", escreveu ele a Marx no verão de 1857, depois de visitar a célebre Exposição dos Tesouros da Arte em Trafford Square e se apaixonado pelo retrato de Ariosto pintado por Ticiano. "*S'il y a moyen*, você e sua mulher deviam vir para cá este verão e ver o quadro."[84] A galeria encaixava-se perfeitamente bem na vida de Engels, a vida de um negociante ilustre de Manchester — um mundo sofisticado de jantares, clubes, eventos de instituições de caridade e cultivo de bons contatos que girava em torno da respeitável área alemã que ficava perto de suas residências em Thorncliffe Grove e Dover Street. Manchester havia sido a meca dos mercadores prussianos desde a década de 1780, e em 1870 havia cerca de 150 casas de comércio alemãs operando na cidade e mais de mil moradores nascidos na Alemanha. A nata dessa comunidade reunia-se toda noite no Schiller Anstaldt (Institute), na Oxford Street.[85] O instituto tinha suas origens numa festa de 1859 que comemorou o centenário de nascimento de Friedrich Schiller, e sua missão era dar à comunidade alemã um clube onde pudesse conviver socialmente e que lhe desse um certo consolo cultural à saudade da pátria. Em meados da década de 1860, ele se vangloriava de ter trezentos membros, uma biblioteca de quatro mil volumes, uma raia de boliche e uma sala de bilhar, uma academia de ginástica, uma sala de leitura bem aparelhada e um calendário prodigiosamente lotado de eventos, que iam de concertos de corais masculinos a séries de palestras abertas ao público, passando por produções teatrais amadoras. Engels entrou para o instituto em 1861 e brigou imediatamente com a diretoria por causa de um bilhete do bibliotecário pedindo a devolução de um livro, cujo prazo para entrega já havia se esgotado. "Quando li essa missiva, foi como se, de repente, eu estivesse de volta ao lar." E não por razões nostálgicas. "Foi como se, em vez de um comunicado do bibliotecário do Schiller Institute, eu tivesse em mãos uma intimação peremptória de um inspetor da polícia alemã ordenando-me, sob pena de multas pesadas, a tomar as devidas providências para resolver algum tipo de violação 'no prazo de 24 horas'."[86] Para Engels, que recebeu tantas intimações policiais, uma inocente multa da biblioteca era um lembrete vívido demais da mão pesada do Estado prussiano.

As notificações de atraso na entrega de livros não o mantiveram a distância por muito tempo. Engels logo mergulhou de cabeça nas atividades do instituto, foi eleito para a diretoria e, por fim, votaram nele para presidente. Nesse cargo ele mostrou ser um bom membro de comitê, introduzindo a cerveja nas reuniões dos diretores, presidindo numerosos subcomitês e supervisionando a compra de seis mil volumes da Manchester Subscription Library.[87] Mas no ano seguinte Engels desligou-se por completo, depois que o instituto fez um convite ao famoso popularizador científico Karl Vogt. Sem que o comitê que o convidou soubesse, Vogt era um dos principais nomes da extensa lista negra de Marx e Engels sob a suspeita de ser um espião bonapartista, e Engels renunciou imediatamente aos cargos que exercia no instituto.

Felizmente, ele tinha um grande número de outras instituições para frequentar. Junto com Samuel Moore, era membro do Albert Club, "batizado apropriadamente com o nome do marido de nossa ilustríssima rainha". Célebre por sua sala de fumar — "Acreditamos que é, sem exceção, a melhor sala do gênero em Manchester" —, o clube tinha uma série igualmente impressionante de salões de jogos de cartas, salas de jantar privadas e mesas de bilhar. A lista dos membros, repleta de nomes como Schaub, Schreider, Von Lindelof e König, mostrava a alta proporção de alemães no clube — quase 50%.[88] Além disso, Engels era membro do Athenaeum, do Brazenose Club, da Manchester Foreign Library e até da Bolsa de Valores Real. "Então você é membro da Bolsa de Valores Real e absolutamente respeitável. Meus parabéns", escreveu Marx com uma leve ponta de sarcasmo. "Uma hora dessas eu gostaria de ver você uivando no meio daquela alcateia."[89] Apesar dessa programação intensa de palestras, jantares e concertos, Engels continuava desprezando o provincianismo da vida de Manchester. "Nos últimos seis meses, não tive uma única oportunidade de fazer uso do meu reconhecido talento para temperar uma salada de lagosta — *quelle horreur*; isso deixa uma pessoa bem enferrujada", declarou o excêntrico comunista consumidor de champanhe.[90]

Em meados da década de 1850, a carga de trabalho e as tensões de sua vida dupla estavam começando a ser demais até para a resistência de Engels. "Agora tenho três homens para controlar e estou sempre verificando, corrigindo, atribuindo tarefas e dando ordens", queixou-se ele a Marx em 1856. "Acrescente a isso a batalha que estou travando com os donos da manufatura por causa de um fio de algodão ordinário ou atraso na entrega e meu próprio trabalho." A montanha de correspondência comercial, junto com as exigências rivais de seu pai e de Godfrey Ermen, significava que Engels estava tendo de "labutar como um escravo no escritório até as 20h toda noite e não consigo começar a trabalhar antes das 22h, depois da ceia". Seu jornalismo estava sofrendo, a tentativa de aprender russo foi protelada, e ele tinha avançado pouco na teorização socialista. "Neste verão, as coisas vão ter de ser reorganizadas", anunciou ele em março de 1857.[91] Mas, naquele momento, Marx resolveu aumentar a pressão aceitando um contrato ridículo — embora lucrativo — de contribuição para *The New American Cyclopaedia*, a última proposta editorial de Charles Dana. É claro que Engels adorou saber que Marx ganharia dinheiro — "Agora vai ficar tudo bem outra vez" —, mas era ele quem teria de fazer o trabalho de pesquisa para essa tediosa obra de referência. No começo do verão de 1857, o corpo de Engels estava sucumbindo. "Estou em casa com cataplasmas de linhaça no lado esquerdo do rosto, na esperança de melhorar de um abscesso repugnante. [...] Tive problemas constantes no rosto durante o mês passado — primeiro dor de dente, depois bochecha inchada, depois mais dor de dente e agora a coisa toda desembocou num furúnculo." Em meados do verão, ele estava sofrendo de exaustão e com uma febre glandular a todo vapor (um desdobramento preocupante na Inglaterra vitoriana), e quem cuidou dele foi a irmã Marie. "Sou de fato um de seus personagens verdadeiramente desgraçados, curvado, manco e fraco e — por exemplo agora — fora de mim de tanta dor."[92] E qual foi a reação de Marx à doença debilitante do amigo? "Como você vai entender, nada poderia ser mais desagradável para mim do que FAZER PRESSÃO SOBRE VOCÊ quando está doente", mas ele precisava dos artigos da *Cyclopaedia* — e logo.

Só quando Engels sofreu um colapso total é que Marx diminuiu suas exigências. "O principal para você no momento é, naturalmente, recuperar a saúde. Vou ter de ver se consigo protelar as coisas com Dana outra vez", escreveu ele constrangido em julho de 1857.

Mas seria um erro sugerir que Marx não se importava com a saúde de Engels. Na verdade, as discussões sobre doença, remédios, terapias e médicos constituíram muitas vezes as partes mais detalhadas e cheias de sentimento de sua correspondência. Como quaisquer bons hipocondríacos, os dois deleitavam-se claramente com seus achaques. "Como vão as coisas em relação à 'tosse'?", foi uma pergunta frequente depois que Marx ficou sabendo da doença de Engels. Depois de fazer alguns "estudos médicos meticulosos" no Museu Britânico (ansioso por adiar a redação de O capital sempre que possível), Marx pediu a Engels para "informar-me se está tomando ferro. Em casos como o seu, como em muitos outros, o ferro mostrou ser mais forte que a doença".[93] Engels não estava convencido disso e respondeu com uma longa dissertação sobre os méritos do ferro *versus* o óleo de fígado de bacalhau, antes de revelar uma preferência pessoal por uma variedade norueguesa deste último. Mas essa foi uma exceção: em geral, eram os problemas de saúde de Marx que ocupavam o lugar central — sua série de doenças psicossomáticas (de problemas de fígado a dores de cabeça, passando pela insônia), bem como a luta muito real contra os furúnculos, que arrasavam seu corpo como minas terrestres. Uma pequena amostra das desgraças que Marx enfrentou é dada numa carta de 1866 que ele enviou a Engels depois que os carbúnculos atacaram sua virilha: "A coceira e as esfoladuras entre meus testículos e na parte de trás deles durante os últimos dois anos e meio, com a consequente perda da pele, foram mais perniciosas para a minha saúde do que qualquer outra coisa." O remédio preferido de Marx era atacar cada erupção com uma lâmina até o sangue e o pus espirrarem. Engels defendia uma estratégia menos invasiva, com fosfato de cal — ou ao menos um pouco de arsênico. Chegou a pedir conselho a um novo amigo que fizera em Manchester, o pediatra Edward Gumpert, que tinha usado arsênico "num caso de carbúnculos e em outro de uma furunculose muito virulenta e conseguira uma cura completa em aproximadamente três meses".[94]

A recuperação do próprio Engels de sua febre glandular deveu-se menos à atenção médica do que à quebradeira econômica que devastou Manchester em 1857. Ver Peter Ermen e os outros rainetas borrarem as calças quando os preços do algodão caíram verticalmente era exatamente o tônico de que ele precisava: "A aparência geral da Exchange aqui foi realmente maravilhosa na última semana. Os sujeitos ficaram completamente enfurecidos com o fato de eu ter recuperado meu bom humor de forma súbita e inexplicável."[95] Mas ele ainda estava fragilizado, e a morte do pai em março de 1860 fez com que ele tivesse uma recaída. O que afetou Engels não foi tanto a perda — sendo o seu afeto filial notoriamente morno —, mas sim a disputa familiar que se seguiu em relação às finanças de Ermen & Engels. Godfrey Ermen não perdeu tempo no sentido de tentar pôr Engels filho para fora da empresa. As relações logo foram cortadas no escritório de Southgate enquanto Engels tentava desesperadamente negociar seu futuro e manter o emprego. Como tinha de enfrentar o faro comercial de Ermen "quando estou fisicamente tão indisposto e incapaz de tomar uma única decisão urgente com calma e na plena posse de minhas faculdades mentais", ele sabia que não ia conseguir garantir um acordo decente. Foi humilhante, mas ele apelou para o irmão Emil — "clareza de visão, firmeza da vontade e em pleno controle da situação" — para resolver e garantir seu futuro.[96]

O pior estava por vir. Seus irmãos Rudolf e Hermann aproveitaram o momento para excluir Engels — o filho mais velho e o herdeiro — do lucrativo negócio familiar de Engelskirchen enquanto sua adorada mãe caía doente com suspeita de febre tifoide. "Faz sete semanas que estou vivendo num estado de tensão e excitação constante que agora chegou ao clímax — nunca foi tão ruim", escreveu Engels a Marx em maio de 1860.[97] Ludibriado pelos irmãos, Engels aceitou um acordo absolutamente injusto — eles o obrigaram a ceder todos os direitos ao componente alemão de Ermen & Engels — para agradar a mãe doente. "Querida mãe, engoli tudo isso e muito mais por sua causa. Por nada desse mundo eu contribuiria da forma mais insignificante para amargurar o inverno de sua existência com disputas por herança", escreveu-lhe amorosamente o seu primogênito. "Posso adquirir cem outras empresas, mas não outra mãe." Mas Engels queria que ela soubesse que "foi extremamente desagradável para mim ter de me afastar desse modo da empresa da família".[98] O que Engels conseguiu em troca do depósito de £10 mil na empresa de Manchester foi a promessa de uma sociedade em Ermen & Engels em 1864. Dada a sua fragilidade, era tudo quanto ele poderia esperar.

1. Friedrich e Elise Engels: modelo de retidão familiar.

2. "Sion dos obscurantistas." A cidade natal de Engels: Barmen no início do século XIX.

3. Georg Wilhelm Friedrich Hegel na Universidade de Berlim em 1828, lançando as sementes do dragão.

4. "A contradição foi pulverizada com um golpe só." Ludwig Feuerbach, autor de *A essência do cristianismo*.

5. "O porco do mato negro", "o tratante malvado", "o Mouro": o jovem Karl Marx.

6. "Estou muito ocupado no momento com filosofia e teologia crítica." Autorretrato de Engels, aos 19 anos, o intelectual sedento de saber.

7. "O Barão do Algodão": desenho da fábrica de John Marshall & Sons, mostrando as maravilhas civilizadoras do setor do algodão, *c.* 1821.

8. Bobinas da fábrica de Ermen & Engels com as três torres de sua marca registrada.

9. "O Juggernaut do Capital": a fábrica de Ermen & Engels em Weaste, à beira da ferrovia que ligava Manchester a Liverpool.

10. Oswald, o Montagnard. Retrato de Engels, o visionário romântico, 1840.

11. Cara a cara com o proletariado: trabalho infantil no setor algodoeiro da era vitoriana.

12. "Apesar disso, aqui se ganha muito dinheiro; bom-dia, senhor." A riqueza de Manchester em meados da era vitoriana.

13. O outro mundo de Engels: o Albert Club na Dover Street, Manchester, célebre pelo salão de fumar, pelas salas de jogos de cartas e pelas mesas de bilhar.

14. "A mesa quadrada ao lado da seteira", Biblioteca de Chetham, Manchester, onde Marx e Engels passaram o verão de 1845 lendo sobre economia política.

15. A Revolução de 1848: Dresden insurge-se contra o rei da Saxônia. Entre os rebeldes estavam Mikhail Bakunin e Richard Wagner.

16. A Revolução de Março em Berlim: "Só falta a guilhotina", sussurrou a rainha Elizabeth.

17. "Encontro dos cavalheiros mais importantes daquele condado aristocrático." Reunião dos Cheshire Hounds, de Henry Calvert.

18. "O que a Arte era para o mundo antigo, a Ciência é para o mundo moderno: a faculdade distintiva." O médico James Joule (*à esquerda*) e o químico John Dalton cara a cara na magnífica entrada do Manchester Town Hall.

19. Engels, o segundo pai, aquele que dava as coisas boas. "O General" com Marx e suas filhas – (*da esquerda para a direita*) Laura, Eleanor, Jenny – nas férias de 1864.

20. A mimadíssima Laura Marx.

21. Lizzy Burns, a única Sra. Friedrich Engels – de "genuíno sangue irlandês proletário" e "sentimentos fervorosos por sua classe".

22. Eleanor Marx, a adorada e pobre "Tussy".

23. "O Grande Lama da Regent's Park Road" em 1891.

24. A meca do socialismo internacional. O gabinete de Engels no número 122 da Regent's Park Road como é hoje.

25. Hampstead Heath – "Chimborazo de Londres" – o local favorito de caminhadas de Marx e Engels e de piqueniques em família.

26. "Olhe a Comuna de Paris. Aquilo foi uma ditadura do proletariado." Barricada no Faubourg Saint-Antoine durante a Comuna, 18 de março de 1871.

27. Uma visão dos incêndios de Paris durante a Comuna, maio de 1871.

28. "É o maior evento que aconteceu na Inglaterra desde as últimas Leis de Reforma." Estivadores em greve marcham pelas ruas de Londres em 1889.

29. Engels achava que a coesão política e a consciência de classe proletária anunciavam "o início de uma revolução total em East End". Pose para uma fotografia, com a embarcação, 1889.

30. A influência global de Friedrich Engels. Um cartaz de Havana, Cuba, em comemoração ao 130° aniversário do Manifesto Comunista, c. 1978.

31. Engels, ao lado de Marx e Lenin, num mural destruído pela guerra em Addis Ababa, Etiópia, 1991.

7

O fim da vida de mascate

É inacreditável, mas entre alojar as irmãs Burns, trabalhar no escritório de Ermen & Engels e andar a cavalo com os companheiros de Cheshire, Engels conseguiu fazer algumas contribuições significativas para o cânone marxista. A primeira delas foi um desenvolvimento melhor do conceito de "materialismo histórico", esboçado em *A ideologia alemã*. Para Engels, essa maneira de estudar o passado — que apontava para os modos de produção como os fatores que determinavam as relações de propriedade e, a partir delas, os contornos mais amplos da sociedade — foi uma das façanhas seminais de Marx. Marx havia descoberto, escreveu Engels, "a grande lei do movimento da história" — "que toda a história [vivida] até o momento presente é uma história de luta de classes, que em todas as multifacetadas e complicadas lutas políticas a única coisa em jogo foi o poder social e político das classes da sociedade" e, consequentemente, que "a concepção e as ideias de cada período histórico podem ser explicadas muito simplesmente a partir das condições econômicas da vida e das relações sociais e políticas do período, que, por sua vez, são determinadas por essas condições econômicas".[1] Ou, como declarou o próprio Marx no prefácio a *Contribuição à crítica da economia política*: "O modo de produção da vida material condiciona o processo da vida social, política e intelectual em geral. [...] Não é a consciência do homem que determina o seu ser, mas sim, ao contrário, seu ser social é que determina sua consciência."[2] Tudo isso ajudou a explicar o fenômeno da falsa consciência ("uma consciência que é espúria"), por meio do qual os verdadeiros motivos materialistas por trás de uma mudança política ou intelectual na história — a Reforma, por exemplo, ou o romantismo — eram atribuídos erroneamente ao papel autônomo das ideias ou da religião e não à atividade inescapável das forças socioeconômicas. Da mesma forma, analisar a economia política sem considerar a verdadeira natureza da exploração, como fizeram Adam Smith e David Ricardo, produzia apenas um entendimento parcial, uma falsa consciência do presente, comprometida por sua incapacidade de mergulhar abaixo da superestrutura política das ideias para chegar à base materialista da sociedade.

Em A *ideologia alemã*, Marx e Engels consideraram a sociedade capitalista contemporânea de uma perspectiva materialista. Depois voltaram sua atenção para o passado, afirmando que era a condição (a base) econômica — seu grau de tecnologia, divisão de trabalho, meios de produção e assim por diante — que moldava suas leis, ideologias, religião e até sua arte e ciência (a superestrutura). Certamente os agentes históricos, sendo indivíduos dotados de livre-arbítrio, podem fazer escolhas. No entanto, Marx e Engels estavam interessados era nos fenômenos de massa e na mudança social como produto de numerosas decisões individuais motivadas pelas condições econômicas estruturais. Como disse Engels: "A vontade é determinada pela paixão ou pela deliberação. Mas os fatores que determinam imediatamente a paixão ou a deliberação são de tipos muito diferentes." Marx, mais uma vez, teve o fraseado mais vívido: "Os homens fazem a própria história, mas não a fazem a seu bel-prazer", escreveu ele em *O Dezoito Brumário de Luís Bonaparte*. "Não a fazem em circunstâncias escolhidas por eles mesmos, mas nas circunstâncias encontradas, dadas e transmitidas diretamente pelo passado. A tradição de todas as gerações mortas pesa como uma cruz no cérebro dos vivos."[3] Marx e Engels demoliram a visão da história do "grande homem" de Carlyle: "O fato de tal e tal homem, e ele somente, dever surgir num determinado momento em qualquer país dado é, claro está, puramente fortuito."[4] Na falta de um Napoleão, algum outro simplesmente teria ocupado o seu lugar. Em vez de grandes homens, as lutas de classes (dono/escravo, senhor/servo, capitalista/operário) — elas próprias o produto de desenvolvimentos históricos dos modos de produção — tornaram-se os elementos definidores da historiografia marxista. Como Hegel traçara os passos da marcha do Espírito nas páginas da história, agora Marx e Engels mapeavam a ascensão e queda da luta de classes no interior de um quadro de referências igualmente teleológico. A história era uma história de escravidão e liberação, uma batalha que continuaria até que o triunfo redentor final do proletariado desse fim à luta de classes — na verdade, o fim da própria história.

Engels foi um dos primeiros a praticar essa disciplina, e o fato de essa abordagem ter sido muito influenciada pela versão pioneira da história econômica que ele apresentou primeiro em A *situação da classe trabalhadora na Inglaterra* foi um dos motivos de peso. Sua narrativa da Revolução Industrial prenunciara mudanças no modo de produção — a divisão do trabalho, o movimento rumo à mecanização, o colapso das economias domésticas, o fim das regulamentações das corporações medievais — como o elemento essencial para compreender as atitudes políticas, religiosas e culturais da era. Mas, em seus últimos anos, ele se preocuparia com a possibilidade da estratégia ter sido degradada por inteligências menores que queriam reduzir tudo a causas econômicas estritas. "Segundo a visão materialista da história, o fator determinante da história é, *em última instância*, a produção e a reprodução da vida real", escreveu ele numa carta que respondia a uma série de perguntas feitas por um estudante de Berlim, Joseph Bloc von Boegnik, em 1890. "Mais que isso nunca foi defendido por Marx ou por mim. Mas se alguém distorce isso, declarando que o momento econômico é o único fator determinante, esse alguém transforma a proposição num jargão sem sentido, abstrato e ridículo." Na mesma carta, Engels chega a introduzir uma nova variável no modelo materialista histórico, sugerindo que a superestrutura — aquelas efêmeras formas das leis, filosofias e religiões — tinha de alguma forma uma "influência recíproca" sobre a estrutura econômica e, por conseguinte, sobre o desenvolvimento histórico: "Todos esses fatores também têm uma influência sobre o curso das lutas históricas das quais, em muitos casos, determinam a forma em grande parte. É a interação de todos esses fatores e em meio a uma miríade de acasos [...] que a tendência econômica acaba por se afirmar como algo inevitável." A história, sugeria ele agora numa reavaliação significativa do pensamento historiográfico, era muito mais fluida do que diria o estereótipo materialista. Pois o processo dialético não era apenas uma questão de causa e efeito, e sim de interação mútua de opostos: portanto, embora o contexto econômico fosse "o decisivo em última instância", Engels agora achava que a política, a cultura e até a "tradição" podiam desempenhar um papel na moldagem das decisões e da história do homem. O passado era "constituído de tal maneira que o resultado final é produzido invariavelmente pelo choque de muitas vontades individuais, e cada uma delas, por sua vez, tornou-se o que é graças a uma grande variedade de condições de vida". Essas foram as ressalvas introduzidas na noção de materialismo histórico que parecia desvalorizado na qualidade de ferramenta intelectual digna de crédito, para não falar dessa noção como ferramenta política. A essa altura com 70 anos e firmemente entronizado como o maior vidente comunista da Europa, Engels estava numa frequência reflexiva, reconhecendo que a batalha contra a história idealista pode ter levado Marx e ele a superenfatizar o componente materialista. "Se alguns jovens autores atribuem mais importância do que se deve ao aspecto econômico, Marx e eu somos, em certa medida, os culpados. Tivemos de sublinhar esse princípio norteador diante de oponentes que o negavam, e nem sempre tivemos o tempo, o espaço ou a oportunidade de fazer justiça aos outros fatores que interagiam uns com os outros", escreveu ele numa passagem cheia de contestações especiais. Não há dúvida de que ele se deu conta de que seu teorema histórico corria perigo de se tornar um truísmo banal (no sentido de que se deve, claro está, levar em certa conta o contexto econômico de um período) ou uma espécie indefensável de reducionismo econômico.[5]

Na Manchester da década de 1850, Engels ainda não estava preocupado com essas nuances. Na verdade, redigiu uma obra decididamente maçante de materialismo histórico, *As guerras camponesas na Alemanha*, de 1850, que tentava explicar "a estrutura política da Alemanha da época, as revoltas contra ela e as teorias políticas e religiosas contemporâneas não como causas, mas sim como resultados do estágio de desenvolvimento da agricultura, da indústria, das estradas e vias fluviais, do comércio de mercadorias e do lucro então obtido".[6] De fato, seu objetivo era uma antiquada pilhagem da história (bem como da obra recente do historiador Wilhelm Zimmerman) para ajudar nas batalhas políticas da época — nesse caso, estudar as guerras camponesas da década de 1520 como inspiração para os radicais alemães desencorajados com os retrocessos de 1848-49: "Diante do afrouxamento que agora se seguiu em quase toda parte depois de dois anos de luta, está mais que na hora de lembrar o povo alemão das figuras desajeitadas mas potentes e tenazes da Grande Guerra Camponesa."[7] Ele fez isso com toda a crueza de um materialista do ano zero.

Ironicamente, o herói da história de Engels era um grande homem carlyliano, a "figura magnífica" do radical protestante Thomas Müntzer. Um místico itinerante na tradição quiliasta alemã, Müntzer tentou, no começo da década de 1520, combinar a ala radical da Reforma com uma revolta tradicional de camponeses para formar uma "Liga Cristã" dos devotos contra os ateus. Sua ênfase no sofrimento de Deus, o destaque que dava à igualdade social ao lado da igualdade espiritual, e seu ataque à "reforma burguesa" de Martinho Lutero galvanizaram um campesinato empobrecido e irado com os elevados dízimos clericais e reformas agrárias impopulares. Instruído para ser sacerdote, estudante de Wittenberg e pregador em Allstedt, Praga e Zwickau durante muitos anos, Müntzer propunha uma visão da reforma social profundamente marcada por sua teologia protestante. Mas Engels não estava pensando em nada disso. É claro que "as lutas de classe daquele tempo vestiam-se de princípios religiosos", reconheceu ele, mas não se podiam esquecer as bases materialistas.[8] Nessa linha, Engels passa a apresentar com detalhes fastidiosos os fundamentos econômicos da sociedade alemã do começo do século XVI e como as divisões de classe — entre a nobreza feudal, os reformadores protestantes burgueses e o campesinato — moldaram essa época revolucionária. Müntzer só conseguiu levar os elementos plebeus a reconhecer sua consciência de classe: bem compreendido, era um agitador marxista em estado embrionário que conseguiu levar a seção mais avançada do campesinato rumo à luta de classes. "À medida que a filosofia religiosa de Müntzer se aproximava do ateísmo, seu programa político também se aproximava do comunismo. [...] Com o Reino de Deus, Müntzer queria dizer uma sociedade sem diferenças de classe, sem propriedade privada e sem autoridade do Estado independente e estranha aos membros da sociedade."[9] Seu azar foi estar à frente dos modos de produção: "A pior coisa que pode acontecer ao líder de um partido extremista é ser obrigado a assumir o poder numa época em que o movimento ainda não está maduro."[10] Apesar da oratória heroica e da organização política de Müntzer, nem o sistema social feudal nem sua economia agrícola estavam prontos para o comunismo revolucionário. E, por isso, nos campos de Frankenhausen, no leste da Alemanha em 1525, o exército da ralé camponesa de Müntzer foi passado a fio de espada pelos aliados de Lutero. O refrão familiar de Engels da "facada nas costas" dada pela burguesia mostrou-se acuradíssimo.

As derrotas de 1525 e 1848-49 não foram resultado só da disjunção entre a base econômica e a superestrutura política; muitos erros militares crassos também desempenharam seu papel. O estudo da guerra tornou-se, portanto, uma segunda área de interesse acadêmico para Engels. Meses depois de se mudar para Manchester, ele estava escrevendo para seu velho aliado comunista Joseph Weydemeyer em Frankfurt, pedindo alguns livros sobre história militar (que ele adquiriu mais tarde com a compra da biblioteca de um oficial prussiano aposentado) a fim de aprender o suficiente sobre a ciência militar "para ter condições de participar de uma discussão teórica sem exagerar no papel de bobo".[11] A guerra tornou-se o "tópico especial" de Engels e, com seu rigor típico, ele mergulhou no estudo da função da liderança, da natureza da estratégia e do papel da topografia, da tecnologia e do moral do exército. Apesar de sua aversão teórica aos "grandes homens", Engels não teve como evitar o conceito quando se tratava dos grandes generais. Admirava Garibaldi e Napier com um fervor de escolar, mas foi o choque maniqueísta entre Napoleão e Wellington que realmente o encantou. Contra todas as suas inclinações materialistas, Engels venerava o herói de Waterloo — "Ele seria um gênio se o senso comum não fosse incapaz de se elevar às alturas do gênio" — e, em 1852, lamentou publicamente a morte do mais reacionário político-general da Grã-Bretanha.[12]

Os anos passados estudando história militar renderam dividendos em meados da década de 1850, quando a península da Crimeia tornou-se um atoleiro deplorável para as tropas russas, britânicas e francesas. Engels começou uma segunda carreira bem-sucedida como um dos principais generais de gabinete da Inglaterra e chegou até a alimentar esperanças de que sua erudição militar pudesse lhe abrir caminho para sair de Manchester. Assim que a guerra foi deflagrada em 1854, ele imediatamente enviou um pedido de emprego ao editor do *Daily News*. "Talvez eu não esteja errado ao supor que, no momento presente, uma oferta de colaboração com o departamento militar de seu jornal seja bem recebida", escreveu ele, passando a apresentar uma espécie de breve currículo militar — que começava com o serviço militar na artilharia prussiana e incluía seu "serviço ativo durante a guerra insurreicional no sul da Alemanha". Embora esperasse que os russos sofressem uma derrota esmagadora, Engels prometia misturar "tão pouco quanto possível" a sua política com crítica militar. Mas, a despeito dessas promessas, o emprego nunca se materializou. "Está tudo acabado com o *Daily News*", escreveu ele irritado a Marx quando viu outra possibilidade de sair da Ermen & Engels escorregar de suas mãos. Tudo parecia resolvido — os honorários, as provas, os termos —, mas então "finalmente chega a resposta dizendo que os artigos são profissionais demais" e que ele devia procurar um periódico especializado em questões militares. Numa rara explosão de fúria pura e simples, Engels acusou as fofocas dos *émigrés* de Londres por subestimarem sua experiência militar e arruinarem suas chances: "Nada foi mais fácil do que representar Engels, O MILITAR, como alguém que não passava de um ex-voluntário que serviu por um ano, um comunista e um escriturário de profissão, colocando assim um ponto final em tudo."[13] Toda a horrível indignidade da sua posição — de trabalhar como mascate — voltou a atormentá-lo. Mas, embora haja pouca evidência de qualquer campanha difamatória contra ele, há provas abundantes na coluna do *Daily Tribune* que ele escrevia para Marx do tom seco e excessivamente analítico de seu jornalismo militar. Seu artigo sobre o ataque da Brigada Ligeira, um dos momentos mais sangrentos e dramáticos de toda a campanha, é um caso em pauta. Depois de descrever a maneira pela qual "o conde de Cardigan conduziu sua brigada ligeira por um vale que estava do lado oposto à sua posição", Engels conta prosaicamente a sua demolição: "Dos setecentos homens que avançaram, nem duzentos voltaram em condições de lutar. A brigada ligeira da cavalaria pode ser considerada destruída até receber reforços."[14] Não é de admirar que o *Daily News* tenha descartado essa narrativa soturna.

Felizmente, o texto de Engels amadureceu, e no final da década de 1850 a tensão crescente entre a Prússia, a Áustria e a França por causa da unificação italiana permitiu sua reentrada no campo com um panfleto anônimo intitulado *Po and Rhine* [O Pó e o Reno]. Com uma boa visão panorâmica das atividades dos serviços secretos dos grupos políticos, da geografia alpina e dos preparativos para a guerra, Engels fez um esboço de qual deveria ser a atitude da Prússia diante de várias situações militares que a guerra franco-prussiana poderia apresentar. "Li tudo", escreveu Marx ao receber o artigo. "Inteligentíssimo; o lado político recebeu um tratamento esplêndido, o que é muito difícil de fazer. O panfleto vai ser um grande sucesso."[15] E foi mesmo, conseguindo uma cobertura bajuladora da imprensa alemã e austríaca e, segundo os boatos, teria sido aceito na íntegra pelo general Giuseppe Garibaldi. Na verdade, *Po and Rhine* foi um texto tão bem escrito que seu autor anônimo se tornou objeto de muitas brincadeiras de adivinhação no QG. "Seu panfleto é considerado nas altas rodas militares — se não nas mais elevadas — (inclusive, *inter alia*, aquela do príncipe Carlos Frederico) obra de um general prussiano anônimo", respondeu um Marx alegríssimo a Engels.[16] Foi frustrante, mas o escriturário de Manchester continuou anônimo.

A crescente hostilidade entre a França e a Áustria era apenas uma das consequências dramáticas da ascensão de Bonaparte ao poder. Desde o início de seu reinado, Napoleão III estava ansioso por ampliar os domínios da França imperial, e no final da década de 1850 (depois de uma tentativa frustrada de assassinato com tênues ligações britânicas) alguns membros dos quadros militares ingleses achavam que a ambição de Napoleão III podia levar a uma invasão da Inglaterra. Depois de uma campanha extremamente xenófoba na imprensa, no dia 12 de maio de 1859 o corpo local de voluntários britânicos — convocado pela última vez para repelir Napoleão I em 1804 — foi reunido para combater a nova ameaça bonapartista. Num ato notável de associação militar espontânea, 170 mil voluntários apresentaram-se para lutar pelo povo inglês, com "Unidades Irlandesas", "Unidades de Artesãos", os "Guardas Municipais" e até uma "Guarda da Imprensa" prontos a entrar em ação.[17] Enquanto lorde Palmerston construía uma série de fortes (chamados de Follies — literalmente, loucuras, extravagâncias financeiras) ao longo do canal da Mancha para enfrentar a invasão de uma frota, as praças e os locais de treinamento da Grã-Bretanha ressoavam com o passo indisciplinado dos corpos de voluntários e suas inflamadas canções contra a França. Engels sempre confiara no espírito marcial do povo inglês — "Em parte alguma há mais caçadores legais e ilegais, isto é, infantaria ligeira semitreinada e atiradores de elite" — e ele abraçou entusiasticamente esse movimento local de resistência contra o regime bonapartista reacionário.[18] Aplaudiu especialmente o treinamento que os voluntários recebiam. Pois, se o veterano de Baden tinha aprendido alguma coisa ao fugir pela Floresta Negra, foi a importância do apoio logístico, uma cadeia de comando apropriada e conhecimentos militares básicos. "A experiência ensina que, por mais intenso que seja o patriotismo das massas, o fato de elas, em geral, não terem armas e não as saberem usar em caso de necessidade torna sua disposição algo de muito pouco valor numa emergência", escreveu ele num artigo para o *Daily Tribune*, com o título melodramático de "Será que os franceses têm condições de saquear Londres?"[19] Felizmente, as autoridades já estavam adiantadas no sentido de enfrentar essa possibilidade com inspeções e um programa de treinamento extremamente eficazes. "Em geral, o experimento deve ser considerado, depois de três anos, um êxito absoluto", declarou Engels em 1862. "Quase sem despesas para o governo, a Inglaterra criou um exército organizado de 163 mil homens para a defesa do país."[20] Seu entusiasmo só arrefeceu quando, numa viagem de trem em que voltava de Londres para Manchester, ele teve "também o prazer de ver uma bala de rifle quebrar a janela e passar voando pelo vagão a menos de 30 centímetros do meu peito: provavelmente um voluntário querendo provar mais uma vez que não deviam ter lhe confiado uma arma de fogo".[21]

O apoio que Engels deu aos voluntários foi mais um exemplo de sua confusão de classe ocasional quando um antibonapartismo intenso levava a melhor sobre sua ideologia comunista. Embora o corpo de voluntários fosse realmente a primeira linha da resistência contra uma invasão francesa, também era uma força inerentemente reacionária. Pois não foram os trabalhadores em massa que se alistaram, mas só aqueles indivíduos que tinham condições de comprar as próprias armas, que podiam "arcar com todas as despesas" e tinham disponibilidade para o treinamento de 24 dias todo ano. O Preston Volunteer Corps destacava-se pela "ausência total do elemento operário", ao passo que o Fortieth Lancashire Rifle Volunteers (Manchester) era constituído por uma maioria esmagadora de "nobres", comerciantes, escriturários e artesãos.[22] Era um exército de homens ricos, liderado pelos aristocratas e industriais locais; na verdade, os radicais da classe operária de Rochdale e Oldham batizaram-no de "estratagema conservador", por desviar a atenção da reforma política. Na verdade, o corpo de voluntários era mais um componente do domínio burguês da

Inglaterra de meados da era vitoriana: uma associação de voluntários de classe média confirmando sutilmente a estratificação de classe existente. Engels, que instintivamente assumiu a visão dos oficiais, continuava inteiramente cego para o componente subalterno, concentrado como estava nos preparativos militares contra o inimigo bonapartista.[23]

Sem dúvida alguma para grande decepção dos voluntários, o plano de invasão de Bonaparte nunca envolveu a travessia do canal da Mancha. Ele estava em rota de colisão com outra potência europeia em expansão, a Prússia de Bismarck. O chanceler da Confederação da Alemanha Setentrional já tinha declarado guerra contra a Áustria em 1866 por causa da complicada questão de Schleswig-Holstein, e no final da década um choque com a França parecia inevitável. Engels havia subestimado a determinação de Bismarck no início da ascensão do Chanceler de Ferro ao poder e, numa avaliação extraordinariamente incorreta, chegou a pensar que a Áustria venceria a peleja de 1866. Mas em julho de 1870 ele não alimentava mais nenhuma apreensão indevida quanto à belicosidade, ambição e perícia estratégica de Bismarck. Conforme se viu, a Guerra Franco-Prussiana seria um ponto alto na carreira de especialista militar de Engels.

Dessa vez ele teve um canal de expressão adequado para seus pontos de vista depois que Marx o apresentou como comentarista militar para o jornal londrino *Pall Mall Gazette*, um periódico de boa qualidade, mas fácil de ler. Obviamente ainda se recuperando da débâcle do *Daily News*, Engels não deu uma resposta muito entusiasmada à oferta de trabalho: "Acho que eu gostaria de escrever dois artigos por semana sobre a guerra para a *Pall Mall Gazette* em troca de um bom pagamento em dinheiro." Suas primeiras colunas, mapeando as rotas das forças bonapartistas definidas pelos prussianos, baseavam-se em relatórios da linha de frente e num apanhado dos jornais europeus. Mas no final de julho Engels conseguiu informações confidenciais sobre as manobras das tropas alemãs graças ao primo de seu amigo Edward Gumpert, "um comandante de companhia do 77° Regimento". O resultado foi que ele previu acuradamente que um dos principais combates entre as forças francesas e as forças prussianas se daria perto de Saarbrucken. "Anexo, você vai encontrar o plano da campanha prussiana. Por favor, tome um CARRO DE PRAÇA imediatamente e leve-o à *Pall Mall Gazette*, para que ele possa ser publicado na manhã de segunda-feira", ordenou a Marx um Engels desesperado pelo furo de reportagem. "Ele vai tornar a *Pall Mall Gazette* e a mim incrivelmente célebres. Um atraso agora seria fatal para artigos desse tipo." Ele provaria que estava certo quando todos os jornais de Londres — do *Times* ao *Spectator* — deram seguimento à matéria. "Se a guerra durar um certo tempo, você logo vai ser considerado a maior autoridade militar de Londres", respondeu Marx com orgulho.[24] A autoridade de Engels aumentou ainda mais quando, em agosto de 1870, ele previu a derrota das tropas francesas em Sedan e a captura de Bonaparte. Muitas e muitas vezes Engels acertou na mosca e foi por isso que ganhou o apelido com o qual a família de Marx o tratava — "general de exército", ou simplesmente "General". O apelido pegou instantaneamente e logo foi adotado pela fraternidade socialista mais ampla. Pois não captava só o domínio que Engels tinha da política militar, mas também sua resistência física, autodisciplina admirável, confiabilidade pessoal, sensatez estratégica e, acima de tudo, dedicação integral no sentido de alcançar os objetivos de Marx. E, à medida que os anos foram passando e os talentos de Marx começaram a desbotar, o rígido compromisso de Engels com sua causa mostra todos os sinais que expressam a essência de um general.

Mas a análise de Engels tinha outras coisas além de estimativas do poder de fogo e avaliações da estratégia. Graças às reimpressões posteriores de alguns artigos de Engels sobre insurreição publicados pelo *New York Daily Tribune*, ele muitas vezes foi considerado um teórico pioneiro da guerra de guerrilha. E Engels realmente definiu a insurreição como "uma arte muito parecida com a da guerra", com suas regras particulares: "Agir com a maior determinação, e na ofensiva. A defensiva é a morte de qualquer levante armado. [...] Surpreenda seus inimigos enquanto suas forças estiverem se dispersando, prepare novos êxitos, por menores que sejam, mas que sejam diários. [...] Obrigue o inimigo a bater em retirada antes de ele conseguir reunir forças contra você; e, nas palavras de Danton, o maior mestre conhecido da revolução política, *de l'audace, de l'audace, encore de l'audace!*"[25] Mas, intrinsecamente, Engels continuava profundamente cético em relação ao combate de guerrilha, em parte por causa de sua experiência infeliz em Baden, mas principalmente porque preferia uma abordagem materialista da ciência militar.

Segundo a visão materialista, a Grã-Bretanha havia perdido a campanha da Crimeia e Bonaparte foi derrotado por Bismarck porque suas respectivas estruturas militares refletiam seus fundamentos socioeconômicos antiquados. Para Engels, a guerra era outro componente da superestrutura — como a religião, a política, o direito ou a cultura — e, por isso, era determinada pela base econômica. "Armamentos, composição social, organização, táticas e estratégia dependem sobretudo do nível que a produção e as comunicações atingiram." A guerra só assumiu sua forma moderna nos anos seguintes à Revolução Francesa, sugeriu Engels, quando a burguesia ascendente e o campesinato emancipado produziram o dinheiro e os homens para as colossais máquinas de guerra do século XIX. Por conseguinte, o desenvolvimento dos vários exércitos europeus era produto do desenvolvimento socioeconômico dessas nações — seus sistemas de classe, capacidade tecnológica, relações de propriedade —, onde "a influência dos comandantes geniais restringe-se no máximo a adaptar os métodos de luta às novas armas e lutadores".[26] Um exemplo óbvio da dependência militar em relação aos avanços tecnológicos era o vaso de guerra moderno, que era "não só um produto, mas também um exemplar da indústria moderna de larga escala, uma fábrica flutuante".[27]

No caso do exército britânico, o estado das tropas também revelou um sistema político obsoleto com toda a sua elegância corrupta. "Como a própria Velha Inglaterra, uma grande massa de abusos gritantes, a organização do exército inglês está podre até o fundo", escreveu Engels a respeito das forças crimeanas, chegando a apresentar uma lista de venda de comissões, falta de profissionalismo, divisões de classe entre oficial e soldado, e o entusiasmo antinatural pela punição física que floresciam nos regimentos de Sua Majestade.[28] Em termos materialistas, o desastroso ataque da Brigada Ligeira deveu-se menos às derrotas particulares do conde de Cardigan no campo de batalha e mais à incapacidade da elite britânica de se ajustar à era industrial moderna. A incompetência, as baixas desnecessárias, "a liderança horrorosa do exército britânico [são] o resultado inevitável do governo de uma oligarquia antiquada".[29]

Como uma parte muito grande da guerra comentada por Engels era de origem imperialista, ele naturalmente começou a pensar em termos mais abrangentes a respeito da natureza do colonialismo. No século XX, os escritos de Marx e Engels sobre esse tópico estariam entre seus legados políticos mais duradouros, com "defensores da liberdade" como Mao, Ho Chi Min e Fidel Castro adotando o marxismo como um componente essencial da liberação das colônias. Como no caso de sua conversão ao comunismo, Marx e Engels chegaram tarde a essas ideias. Embora a crítica à brutalidade e ao favoritismo do imperialismo fosse parte do radicalismo britânico desde Thomas Paine e William Cobbett, Engels foi mais digno de nota pelo repúdio arbitrário desses povos "a-históricos" — aqueles cujos resíduos étnicos se contrapunham à maré da história, como os eslavos durante as revoluções de 1848 — que haviam resistido à agressão colonialista. "A conquista da Argélia é um fato importante e feliz para o progresso da civilização", escreveu ele em 1848. "E, se lamentamos que a liberdade dos beduínos do deserto tenha sido destruída, não podemos esquecer que esses mesmos beduínos eram uma nação de ladrões." Devemos lembrar, continua ele, que "o burguês moderno, com civilização, indústria, ordem e ao menos um pouco de iluminismo atrás de si, é preferível ao senhor feudal ou ao ladrão saqueador".[30]

Os benefícios do imperialismo capitalista — a indução forçada dos povos atrasados a entrarem no fluxo da história, levando-os assim na direção da tomada da consciência de classe, da luta de classe e de todo o resto — pesavam mais que as atrocidades das forças invasoras. Como disseram Marx e Engels em O manifesto do partido comunista: "Os preços baixos de suas [do capitalismo] mercadorias são a artilharia pesada com que ele derruba todas as muralhas da China, com a qual obriga a capitular a aversão intensamente obstinada dos bárbaros pelos estrangeiros."

Certamente esse era o seu ponto de vista em relação ao sul da Ásia. "A sociedade indiana não tem história nenhuma, ao menos nenhuma história conhecida", escreveu Marx num artigo baseado no pensamento dos economistas políticos James Mill e Jean-Baptiste Say, bem como no de Hegel, para classificar o povo do subcontinente como estacionário, a-histórico e com necessidade de liberação forçada. "O que chamamos de sua história é apenas a história de invasores sucessivos que fundaram seus impérios sobre a base passiva dessa sociedade submissa e imutável." Portanto, o Império Britânico tinha de realizar uma missão dupla na Índia: "uma destrutiva, a outra regeneradora — a aniquilação da velha sociedade asiática e o lançamento das bases materiais da sociedade ocidental na Ásia".[31] Da mesma forma, Engels, o dono de uma fábrica, mais do que consciente da ameaça representada pela indústria sul-asiática, fala com um prazer visível dos "artesanatos nativos [da Índia] [...] finalmente esmagados pela competição inglesa".[32] Quando houve o Motim Indiano (ou a Primeira Guerra da Independência) em 1857, Marx não demorou a pôr o relato das atrocidades no contexto de décadas de abuso imperialista: "Por mais infame que seja a conduta dos sipaios, isso é apenas o reflexo, em forma concentrada, da própria conduta da Inglaterra na Índia."[33] Mas nem Marx nem Engels foram capazes de apoiar inteiramente a luta pela independência, uma vez que as exigências do progresso econômico e da modernidade imperialista suplantavam quaisquer direitos estreitos da Índia ao autogoverno.

Por outro lado, durante mais de uma década Marx e Engels condenaram a opressão da Polônia pela Alemanha e pela Rússia, tanto como negação da autodeterminação democrática quanto por ser um chauvinismo feio que corroía a sensibilidade operária das nações agressoras. "Um povo que oprime outros não tem condições de se emancipar", escreveu Engels. "O poder de que necessita para oprimir os outros sempre acaba, em última instância, voltando-se contra ele próprio."[34] A causa da Polônia era a causa da classe operária alemã, declararam ambos os homens; a Polônia nunca se livraria de suas algemas feudais enquanto os operários alemães não se livrassem de sua mentalidade imperialista e não se dessem conta de que a sua causa era a mesma do povo polonês. Em algum momento da década de 1850, Marx e Engels estenderam sua crença no destino comum da solidariedade operária e da liberação nacional das "nações antigas, instruídas" do Ocidente aos povos não europeus. Ao mesmo tempo, reinterpretaram a economia do colonialismo. Se antes Marx e Engels consideravam o colonialismo um auxiliar importante da acumulação primitiva de capital, agora o viam como um componente iníquo do capitalismo global, por meio do qual a matéria-prima e os mercados desprotegidos sustentavam as classes dominantes da metrópole. Em vez de ser uma força de modernização, o colonialismo era uma ferramenta da hegemonia burguesa. Afinal de contas, havia sido a entrada do comércio britânico nos mercados coloniais virgens que evitara que a grande quebra de 1857 se transformasse numa espiral revolucionária.

Quando Engels abandonou sua noção de povos a-históricos, começou a adotar o princípio da resistência colonial. Se um dia ele havia defendido todos os avanços da civilização europeia, em 1860 ele apoiou os chineses em sua luta contra os ingleses durante a Segunda Guerra do Ópio. Também ficou chocado com a brutalidade do governador Edward Eyre durante a rebelião de Morant Bay ("Todo carteiro traz notícias das piores atrocidades na Jamaica. As cartas dos oficiais ingleses a respeito de seus feitos heroicos contra negros desarmados são indescritíveis") e elogiou sarcasticamente as atrocidades grotescas da "Association Internationale da Bélgica, humana, civilizadora", no Congo.[35] Em uma inversão completa, ele chegou a celebrar a resistência de tribos "árabes e cabilas" na Argélia (o beduíno ladrão de antes?) ao mesmo tempo que condenava o "sistema bárbaro de guerra [da França] [...] contra todos os ditames de humanidade, civilização e cristianismo".[36] Nos países que eram "habitados por uma população nativa, que é simplesmente subjugada, Índia, Argélia, as possessões holandesas, portuguesas e espanholas", Engels agora defendia um programa de insurreição revolucionária da classe trabalhadora que levaria "o mais rápido possível à independência". Na década de 1870, a visão marxista da resistência colonial liderada pelo proletariado que seria tão inspiradora no século XX estava finalmente no seu devido lugar.[37]

Por mais assiduamente que Engels tentasse separar sua vida profissional da vida política, havia uma contradição em sua nova postura progressista em relação ao colonialismo que ele não conseguia resolver. Como dono de uma parte de Ermen & Engels, ele era um cúmplice consciente do complexo comercial-imperialista. O boom do setor algodoeiro de Manchester em meados da era vitoriana, que tanto enriqueceu Engels pessoalmente, foi alimentado por um mercado estrangeiro de exportação que não teria funcionado sem as colônias. O algodão cru barato vinha das plantations escravagistas do sul dos Estados Unidos e era reexportado como produto acabado para os confins do império. Em 1858-59, a Índia era o destino de 25,8% das exportações britânicas de algodão (seguida dos Estados Unidos, da Turquia e da China), aumentando os lucros e ajudando a oferecer um contrapeso vital para a depressão cíclica de costume. Enquanto isso, o morim indiano continuava proibido nas nações europeias por tarifas penalizadoras, enquanto os mercados asiáticos eram obrigados a aceitar as importações inglesas. Na esteira do Motim Indiano de 1857, os últimos resquícios da autonomia algodoeira do subcontinente foram eliminados. As crenças clássicas da Escola de Manchester no anti-imperialismo e no livre-comércio foram para o lixo. Agora os barões do algodão insistiam numa subjugação ainda maior da Índia e num aumento do orçamento militar para garantir a continuidade dos termos comerciais favoráveis.[38] As fábricas e o mundo mercantil que Engels habitava beneficiaram-se muitíssimo com esse acordo político. Como parecia inevitável, ele acusou o proletariado inglês de embolsar os lucros imperialistas — "Os operários participam alegremente do banquete do monopólio inglês do mercado mundial e das colônias" —, mas nunca conseguiu enfrentar a questão de seu próprio lugar no nexo colonial.[39]

No inverno calamitoso de 1863, essas hipocrisias tinham pouca importância para Engels.

> Caro Mouro,
> Mary morreu. Na noite passada ela foi para a cama bem cedo, e, quando Lizzy quis ir dormir pouco antes da meia-noite, descobriu que ela já estava morta. De repente. Falência cardíaca ou um ataque apoplético. Eu só fiquei sabendo de manhã: na noite de segunda-feira ela ainda estava bem. Simplesmente não sei dizer o que estou sentindo. A pobre moça me amava com todas as suas forças.

Ainda enfraquecido com sua depressão de 1860, a morte súbita de sua amante foi um golpe terrível para Engels. Apesar de andar sempre atrás de um rabo de saia e do seu exterior vulgar, ele foi um companheiro devotado a Mary. Eles haviam ficado juntos — contando separações intermitentes — durante vinte anos, desde a primeira vez que o Jovem Hegeliano de rosto juvenil apareceu em Manchester para trabalhar na fábrica de Salford. Fora ela quem lhe abrira as portas do submundo de Algodonópolis, e era com ela e com gente como ela que Engels mais se sentia à vontade. Para Engels, sua morte foi como se "Eu estivesse enterrando o último vestígio da minha mocidade". O que foi quase igualmente devastador foi a reação de Marx à morte de Mary. Ele começou sua carta de pêsames anunciando que "a notícia da morte de Mary me consternou mais que me surpreendeu. Ela era tão bem-humorada, inteligente e apegada a você". Depois de limpar a garganta, ele então se lançou numa diatribe longa e extraordinariamente egocêntrica a respeito da própria falta de sorte — mensalidades escolares caras, pagamento de aluguel — num tom moroso e brincalhão completamente despropositado. "É terrivelmente egoísta da minha parte falar com você dos *horreurs* nesse momento. Mas é um remédio homeopático. Uma calamidade distrai de outra", escreveu ele antes de concluir com um animado "*Salut!*" Talvez por nunca ter aceitado Mary como uma igual socialmente ou como companheira digna do General, Marx achou que sua morte tinha pouca importância. Engels ficou estarrecido com a sua insensibilidade, e a carta levou ao mais longo rompimento de sua amizade. "Você vai achar perfeitamente razoável que, dessa vez, minha própria desgraça e a visão gelada que você teve dela tenham tornado completamente impossível para mim responder-lhe antes", replicou ele depois de um hiato de cinco dias. Até os "conhecidos filisteus" de Engels — aqueles dos quais passara anos escondendo Mary — mostraram uma simpatia e um afeto maior que Marx. "Você pensou por um momento em fazer valer a superioridade de sua 'mudança de ideia imparcial'. Que seja!"

Marx estava naturalmente envergonhado. "Foi muito equivocado da minha parte escrever para você aquela carta, e eu me arrependi no exato momento em que foi enviada. Entretanto, o que aconteceu não foi, de forma alguma, devido à falta de compaixão", respondeu ele uma semana depois, oferecendo como desculpa o estado lamentável de seu empregado. Embora mal escrita, a carta constituía um raro pedido de desculpas de Marx, e o magoado Engels aceitou de bom grado. "Obrigado por ser tão sincero", escreveu Engels. "Não se pode viver com uma mulher durante anos sem-fim sem ser assustadoramente afetado por sua morte.[...] Quando sua carta chegou, ela ainda não havia sido enterrada. [...] Sua última carta reparou o erro e estou satisfeito porque, ao perder Mary, não perdi também meu melhor amigo, e o mais antigo." O mal-estar passou e, para reafirmar sua amizade, Engels surrupiou £100 das contas de Ermen & Engels para pagar uma fiança de Marx e tirá-lo da cadeia.[40]

Engels não era de ficar remoendo o passado: perdoou Marx e esqueceu-se lentamente de Mary. No outono de 1864, houve um número crescente de perguntas de Marx a respeito da saúde e felicidade de "Madame Lizzy". Era bem comum na era vitoriana um homem passar da esposa falecida para a irmã solteirona, e em algum momento daqueles 18 meses Engels fez exatamente isso, elevando Lizzy da posição de empregada doméstica para a de amante. Sabemos muito mais sobre Lizzy do que sobre Mary, principalmente por causa da "amizade sólida" que ela fez com Tussy Marx. "Ela era analfabeta, não sabia ler nem escrever", foi como Tussy a descreveu numa carta a Karl Kautsky, "mas era tão fiel, tão honesta e, em alguns aspectos, tinha uma alma tão delicada quanto se possa desejar. [...] É verdade que, nos últimos anos, tanto ela quanto Mary bebiam demais: mas meus pais sempre disseram que isso era culpa tanto de Engels quanto das duas mulheres".[41] Enquanto isso, Engels preferia sublinhar as qualidades operárias de Lizzy, descrevendo-a como alguém de "genuíno sangue irlandês proletário" e, num reconhecimento tocante de seu analfabetismo, afirmando que "seus sentimentos fervorosos por sua classe, sentimentos que eram inatos, eram de valor imensamente maior para mim [...] do que qualquer coisa que o pedantismo e os sofismas das 'benducadas' e 'sensíveis' filhas da burguesia seriam capazes".[42]

A primeira consequência notável da sucessão de Lizzy a Mary, que era mais irritadiça, foi a grande melhoria das relações entre as famílias de Marx e Engels. Embora geralmente o próprio Marx tenha ignorado a existência de Mary, suas cartas eram repletas de "meus cumprimentos à Sra. Burns" e outras amenidades do gênero. Engels, por sua vez, era muito mais aberto a respeito do fato de estar com Lizzy, chamando-a de "minha cara esposa" e transmitindo os cumprimentos dela — e o trevo [emblema nacional da Irlanda] — à Sra. Marx e às filhas. As irmãs Marx — Laura, Jenny e Tussy (como era chamada Eleanor) eram a chave dessa amizade crescente. Desde tenra idade, Tussy adorava o "tio Angel". Como disse um biógrafo: "Ela o considerava um segundo pai/ aquele que dava as coisas boas. Dele vieram aos borbotões vinho, os selos e as cartas alegres durante toda a infância dela."[43] E agora ela incluía "tia" Lizzy no seu afeto. No verão de 1869, ela passou algumas semanas felizes em Manchester com Engels e Lizzy, fazendo compras, indo ao teatro e passeando pela cidade. "Caminho bastante com Tussy e com tantos da família, humanos e caninos, que consigo induzir a ir conosco", escreveu Engels a Jenny Marx, "Tussy, Lizzy, Mary Ellen [ou "Pumps", sobrinha de Lizzy], eu e dois cachorros, e recebo instruções especiais para informá-la de que essas duas amáveis damas tomaram dois copos de cerveja cada uma."[44] Pois, apesar dos comentários depreciativos que fez mais tarde sobre o alcoolismo de Lizzy, Tussy não era avessa a bebidas alcoólicas e desfrutava uma liberdade de conduta na casa de Engels que era desconhecida na residência mais puritana de Marx. Num dia de verão fez tanto calor que, segundo Tussy, as damas da casa "ficaram deitadas no chão o dia todo, tomando cerveja, clarete etc.", e foi assim que Engels as encontrou quando chegou em casa: "A tia [Lizzy Burns], Sarah [Parker, uma criada], eu e Ellen [Pumps] [...] estávamos todas deitadas de corpo inteiro no chão sem espartilho, sem botas, usando uma anágua e um vestido de algodão, e era tudo."[45] Engels adorava esse ambiente solto, boêmio, dominado pelas mulheres e muitas vezes sentiu-se felicíssimo entre as várias filhas de Marx — participou de seus casamentos, encorajou seu jornalismo, deleitava-se com seus jogos de palavras filosófico-intelectuais e pôs seus retratos em lugares de honra na "cornija da lareira". Só seu afeto explica a capacidade da jovem Jenny Marx em arrancar de Engels seus segredos mais bem guardados no jogo de salão extremamente popular de meados da era vitoriana chamado "Confissões". Para um biógrafo, o resultado oferece um estudo de caráter de valor incalculável:

Virtude predileta: alegria;
num homem: cuidar da própria vida;
numa mulher: não pôr as coisas no lugar errado;
Principal característica: saber de tudo pela metade;
Ideia de felicidade: Chateau Margaux 1848;
Ideia de infelicidade: ir ao dentista;
O vício que você desculpa: todo tipo de excesso;
O vício que você detesta: canto;
Sua maior aversão: mulheres convencidas, afetadas;
As personagens de quem tem horror: [Charles Haddon] Spurgeon [influente pregador batista];

Ocupação favorita: caçoar das pessoas, ser alvo de caçoadas;
Herói favorito: nenhum;
Heroína favorita: um número grande demais para citar uma;
Poetas favoritos: Renard, the Fox, Shakespeare, Ariosto;
Prosa favorita: Goethe, Lessing, Dr. Samuelson;
Flor favorita: campainha;
Cores favoritas: qualquer uma que não tenha anilina [corante do algodão];
Pratos favoritos: frio: salada; quente: ensopado irlandês;
Máxima favorita: não ter nenhuma;
Lema: vá com calma.[46]

Parte da atração que Lizzy exercia sobre as filhas de Marx se devia a seu sangue irlandês proletário. Tussy e Lizzy, segundo Engels, gostavam de passar as noites em Manchester "preparando chá [...] e, depois do chá, haveria a leitura de romances irlandeses que provavelmente duraria até a hora de dormir ou quase, a menos que [a leitura] fosse substituída por um pouco de conversa sobre a 'nação condenada'".[47] Engels podia zombar dessa melancolia, dizendo tratar-se de *aligorning* irlandês, mas era tão suscetível às conversas sobre "a ilha inculta" quanto qualquer outro membro da comunidade feminina de Marx. As duas décadas que passou com as irmãs Burns voltaram seu pensamento para a questão irlandesa numa direção muito mais sofisticada. As grosseiras caricaturas raciais dos irlandeses que ele fizera um dia em *A situação da classe trabalhadora na Inglaterra* — baseadas em grande parte em Thomas Carlyle — deram lugar a uma interpretação muito mais requintada das relações anglo-irlandesas, muitíssimo enriquecida por sua teorização materialista e colonialista.

O mais importante de tudo é que Engels visitou a ilha em 1856, viajando com Mary Burns de Dublin para Galway, e em 1869 voltou lá com Lizzy e Tussy para visitar as montanhas Wicklow, Killarney e Cork. Sempre um pesquisador, Engels planejava escrever uma história da Irlanda e se pôs a estudar o gaélico antes de encher 15 cadernos com anotações sobre as leis, a geografia, a geologia, a economia e as canções folclóricas do país. A obra devia ser um épico da luta topográfica, cultural e econômica de uma nação e um povo pelos quais desenvolvera uma empatia inesperada. "O clima, como os habitantes, tem um caráter mais forte", dizia uma das passagens mais vívidas da história abortada de Engels. "Tem contrastes mais definidos, mais repentinos; o céu é como o rosto de uma irlandesa: aqui também sol e chuva se sucedem súbita e inesperadamente e não há resquício do cinzento tédio inglês."[48]

Talvez porque o campesinato irlandês ainda não o houvesse decepcionado, ele sentia mais agudamente a sua exploração do que a exploração da classe operária inglesa. "Nunca imaginei que a fome pudesse ser tão tangivelmente real", escreveu ele durante a viagem de 1856. "Aldeias inteiras estão desertas; e lá entre elas ficam os esplêndidos parques dos pequenos proprietários de terras, que são praticamente os únicos que ainda vivem ali, a maioria advogados. A fome, a emigração e os desmatamentos entre elas levaram a isso." A fome da batata, induzida por Westminster, seguida por desmatamentos — "a expulsão em massa dos irlandeses de sua casa e de seu lar" —, produziu uma economia de pastagens que dizimou o proletariado agrícola. Por motivos inexplicáveis, Engels não considerava a ação britânica uma intervenção progressista e modernizadora de um grande país sobre um povo atrasado e a-histórico, mas sim uma sujeição indesejada. Na verdade, Engels afirmava que a Irlanda havia sido reduzida ao estado de "uma nação completamente arrasada" pela pilhagem sistemática dos ingleses que remontava à Conquista Normanda.[49] E, embora tenha sancionado essa agressão antes — no caso da França e da Argélia, por exemplo —, quando se tratava dos gaélicos, seu julgamento era um pouco diferente. Na verdade, o que tornava heroico o povo irlandês era sua resistência contínua, mesmo que hesitante, a esse imperialismo inglês.

Muito antes de Marx codificar seu pensamento sobre o radicalismo da Irlanda e da Inglaterra, Engels ligou a estrutura de classe britânica à sua soberania imperialista do outro lado do mar da Irlanda. "A Irlanda pode ser considerada a primeira colônia inglesa", escreveu ele e, por isso, "a suposta liberdade dos cidadãos ingleses baseia-se na opressão das colônias."[50] As riquezas que a Irlanda oferecia, das plantations da rainha Elizabeth I aos vastos tratos de terra de proprietários ingleses ausentes, fortaleceram incomensuravelmente a mão das classes dominantes imperialistas. A renda derivada das propriedades irlandesas enriqueceu a nata da nobreza da Inglaterra e forneceu um impulso vital para a industrialização. "A Irlanda é o baluarte da aristocracia rural inglesa", foram as palavras que Marx usou mais tarde para definir a situação. "O *grand moyen* por meio do qual a aristocracia inglesa mantém seu domínio sobre a própria Inglaterra." Além disso, a pilhagem da economia irlandesa levou centenas de milhares de imigrantes para as cidades industriais inglesas, onde reduziram os salários, empobreceram a classe operária e desviaram o espírito revolucionário do proletariado para os becos sem saída do chauvinismo. "Em relação ao operário irlandês, ele [o operário inglês] se sente membro da nação dominante e, por isso, torna-se um instrumento dos aristocratas e dos capitalistas contra a Irlanda, fortalecendo assim o domínio destes sobre ele próprio", nas palavras de Marx.[51] Assim como o progresso da classe operária alemã dependia da liberação da Polônia, a revolução na Grã-Bretanha dependia da independência irlandesa. A Irlanda era o ponto mais fraco da Inglaterra, e o republicanismo irlandês certamente corroeria o Império Britânico e levaria à guerra contra a Inglaterra.

Mas, como sempre, as condições políticas ainda não estavam completamente maduras. Fundada em março de 1858, a Fraternidade Republicana Irlandesa, ou "os fenianos" (uma referência ao exército Fianna da saga medieval de Fionn Mac Cumhail), era uma sociedade secreta irlandesa-americana que pregava a derrubada violenta do poder britânico e o estabelecimento de uma república irlandesa democrática e independente. Liderado por filhos de fazendeiros, lojistas e pequeno-burgueses de cidades pequenas — todos com rendas medianas —, o movimento organizou-se em torno de um "compromisso místico com a Irlanda" e também de "uma visão da Inglaterra como uma potência satânica sobre a Terra" e da "crença de que uma república irlandesa independente, estabelecida 'virtualmente' no coração dos homens, possuía uma autoridade moral superior".[52] O que isso significou na prática foi uma série de "levantes" condenados ao fracasso, esmagados facilmente pelas autoridades britânicas, seguidos de uma campanha de ataques terroristas, incêndios premeditados e sabotagem no interior. As ações mais notórias foram a explosão da Clerkenwell Prison — que matou 12 pessoas inocentes — e o resgate ousado de dois ativistas fenianos, Thomas Kelly e Timothy Deasy, de uma viatura policial de Manchester em 1867. Infelizmente, um sargento da polícia britânica foi morto na luta em torno de Kelly e Deasy. Nos dias seguintes, a polícia prendeu cinco fenianos suspeitos, que foram rapidamente condenados por seu assassinato.

Nas mesmas condições de temperatura e pressão, esse seria exatamente o tipo de terrorismo autodestruidor que Marx e Engels teriam abominado: uma vanguarda insurreicional pondo-se à frente das condições materiais e, desse modo, colocando em perigo a revolução social mais ampla. Mas sua opinião foi refratada pelo envolvimento apaixonado de Lizzy com a causa feniana: ela era, segundo a descrição que Engels fez dela mais tarde, "uma irlandesa revolucionária". Paul Lafargue, o genro de Marx, lembra que Lizzy estava "em contato sistemático com os muitos irlandeses de Manchester e sempre [estava] bem informada a respeito de suas conspirações". Ele chegou até a sugerir que "mais de um feniano desfrutou a hospitalidade da casa de Engels e foi graças à sua mulher que o líder da tentativa de libertar os Sinn Feiners condenados [Kelly e Deasy] a caminho do patíbulo conseguiu fugir da polícia".[53] Essa foi uma história repetida por Max Beer, que descreveu a casa de Engels como "o refúgio mais seguro que os fugitivos fenianos tinham para escapar à justiça: a polícia não tinha a menor pista de seu esconderijo".[54] Há pouca evidência corroboradora que prove que Lizzy estivesse envolvida com o ataque à viatura policial em 1867, mas a casa de Hyde Road ficava tentadoramente perto da arcada da ferrovia onde, nas palavras de Engels, "a grande batalha de liberação feniana aconteceu". Talvez — só talvez — Lizzy e Engels tenham ajudado alguns dos quarenta membros do grupo feniano a fugir.

Na sua condição de malfadado grupo terrorista construído em torno do nacionalismo romântico, a Fraternidade Republicana Irlandesa precisava sobretudo de um martirológio, e a execução de três dos cinco fenianos condenados — William Allen, Michael Larkin e Michael O'Brien — forneceu exatamente isso. Engels previu corretamente que essa execução "transformaria a liberação de Kelly e Deasy num ato de heroísmo, do tipo que vai ser cantado junto ao berço de toda criança irlandesa da Irlanda, Inglaterra e Estados Unidos. As irlandesas vão tomar as devidas providências nesse sentido, como certamente fizeram as polonesas".[55] Apesar da promessa de halo muito necessário, o enforcamento dos três "mártires de Manchester" deixou Lizzy, Tussy e Jenny em luto coletivo. "Jenny anda de preto desde a execução de Manchester e usa sua cruz polonesa num laço *verde*", conta Marx. "Não preciso lhe dizer que o preto e o verde são as cores prevalecentes na minha casa também", replicou Engels um pouco aborrecido.[56]

A reação da classe operária de Manchester à causa da liberação irlandesa foi muito diferente daquela das emotivas irmãs Marx. Em vez de procurar uma aliança com a FRI e proclamar sua causa comum contra uma classe dominante exploradora, os operários de Manchester tomaram a direção exatamente contrária: as atrocidades fenianas só intensificaram o sentimento anti-irlandês que grassava em Manchester desde o auge da imigração irlandesa no começo da década de 1860. Quando ele se combinou com uma aversão maior pela autocracia fabril liberal da cidade na esteira de sua resposta parcimoniosa à fome do algodão, o sentimento anti-irlandês desencadeou um revival conservador extraordinário, bem na hora de a nova classe operária urbana que conquistara recentemente o direito ao sufrágio universal pôr o seu voto nas urnas nas eleições de 1868. Para Engels, essa foi a indignidade suprema: a promessa de Manchester — o baluarte da revolução proletária — gorou para sempre com o triunfo do partido conservador reacionário. "O que me diz sobre essas eleições nos distritos fabris?", perguntou ele indignado a Marx. "Mais uma vez, o proletariado deu o maior vexame. Manchester e Salford elegeram três conservadores contra dois liberais. [...] Em toda parte o proletariado é a escória dos partidos oficiais, e, se algum partido se fortaleceu com os novos eleitores, foi o partido conservador." A sefologia [ramo da sociologia que estuda o processo eleitoral] pura e simples da situação era aterradora: "Não se pode negar que o aumento dos votos da classe operária deu aos conservadores mais que a sua porcentagem habitual e melhorou sua posição relativa." A Irlanda, e a questão irlandesa, havia fortalecido a estrutura de classe inglesa ao invés de debilitá-la.[57]

Mesmo assim, em 1868, Engels conseguiu assimilar esses retrocessos. Os anos de tumulto, tensão e comércio amaldiçoado finalmente frutificaram. "No dia em que aquele manuscrito for enviado, vou brindar comigo mesmo a chegada do reino", prometera Engels a Marx em 1865.[58] Era inevitável que se passasse ainda algum tempo antes de o primeiro volume de O capital — "essa merda de economia" — estar pronto para ser impresso. Mas, quando foi publicado, o alívio foi tangível. O sacrifício, o tédio, a frustração estéril dos anos de Manchester tinham todos valido a pena. "Estou satisfeitíssimo com todos esses imprevistos, primeiro por eles mesmos, segundo por você e por sua mulher e, em terceiro lugar, porque está realmente na hora de as coisas melhorarem", escreveu Engels numa carta cheia de emoção que enviou a Marx. "Não há nada que eu deseje tanto quanto ser liberado desse comércio vil, que é completamente desmoralizante para mim com todo o tempo que ele me faz desperdiçar. Enquanto eu estiver nele, não presto para mais nada." "Sem você, eu nunca teria conseguido levar o trabalho até o fim", respondeu Marx com um tom culpado a seu financiador inabalável em maio de 1867, "e posso lhe garantir que sempre pesou sobre mim como uma cruz na minha consciência que você esteja permitindo que suas preciosas energias sejam desperdiçadas e se enferrugem no comércio, principalmente por minha causa, e, ainda por cima, você tenha de compartilhar todas as minhas *petites misères*."[59] Mas preferiu não dedicar a obra a Engels. Em seu lugar, Marx deu essa honra a Wilhelm Wolff, que morrera em 1864 e lhe deixara uma renda bem-vinda de £843.

A contribuição de Engels para a obra-prima de Marx foi muito além da financeira. Foi ele quem forneceu muitos dos *insights* cruciais do livro sobre o funcionamento real do capital e do trabalho (aos quais Marx acrescentou uma generosa pilhagem de relatórios oficiais), bem como sobre sua filosofia essencial. Também sugeriu um dilúvio de revisões, esclarecimentos e novas redações, fazendo suas correções no gargantuesco original em alemão que chegou no verão de 1867. "A sequência do raciocínio é interrompida constantemente com exemplos, e a questão exemplificada nunca é retomada no final do exemplo, de modo que a gente sempre pula de um exemplo direto para outro sem a exposição de outra questão", observou ele corretamente sobre o estilo de Marx, muitas vezes caótico. "Isso é terrivelmente cansativo e até cria confusão se não formos muito atentos."[60] Às vezes a obra parecia muito apressada ("O trecho que acabou de inserir sobre a Irlanda foi escrito com a maior pressa e o material não recebeu uma forma apropriada"), e em outras passagens a redação era inflamada demais ("A folha dois em particular tem as marcas dos carbúnculos, em vez de estar claramente definida").[61] Por sorte,

Engels era uma das *poucas* pessoas de quem Marx estava disposto a aceitar críticas.

O resultado final foi o texto fundacional do socialismo científico e um dos clássicos do pensamento político do Ocidente. No resumo de Robert Skidelsky, anexado à obra, *O capital* combinava "uma teoria dialética de estágios históricos, uma teoria materialista da história (em que a luta de classes substitui a luta das ideias de Hegel na ascensão da humanidade), uma crítica econômica e moral da civilização capitalista (encarnada nas teses da exploração e da alienação), uma demonstração econômica de que o capitalismo estava fadado ao colapso (por causa de suas contradições), um apelo à ação revolucionária e uma previsão (talvez mais uma certeza) de que o comunismo seria o próximo — e último — estágio histórico".[62] No cerne intelectual de *O capital* estava o conceito de mais-valia (para Engels, a segunda descoberta monumental de Marx depois do materialismo histórico), que era a equação do alquimista para explicar exatamente como acontece a exploração de classe numa economia capitalista. Para Marx, a venda forçada da força de trabalho por um valor menor que o valor de troca das mercadorias produzidas com sua força de trabalho era o meio pelo qual a burguesia era progressivamente enriquecida e o proletariado constantemente alienado de seu próprio trabalho e de sua própria humanidade. Em essência, Marx argumentava que, se em seis horas o operário produziu o suficiente para cobrir suas necessidades de subsistência, então a produção das seis horas seguintes — de um dia de 12 horas — estava sendo expropriada pelo capitalista como lucro. Esse modo de produção explorador — o resultado necessário de um sistema baseado na propriedade privada — era antinatural, transitório do ponto de vista histórico e violentamente injusto. A grande esperança de liberação de *O capital* era que essa forma de iniquidade capitalista seria destruída por um proletariado com consciência de classe:

> "Junto com o número sempre decrescente de magnatas do capital, que usurpam e monopolizam todas as vantagens desse processo de transformação, cresce a massa de miséria, opressão, escravidão, degradação, exploração; mas com isso cresce também a revolta da classe operária, uma classe que está sempre crescendo em número e disciplinada, unida, organizada pelo próprio mecanismo do processo da produção capitalista. O monopólio do capital torna-se um entrave que restringe o modo de

produção, que surgiu e floresceu junto com ele e sob seu poder. A centralização dos meios de produção e a socialização do trabalho finalmente chegam a um ponto em que se tornam incompatíveis com seu invólucro capitalista. Este é rompido. Os sinos tocam, anunciando o fim da propriedade privada capitalista. Os expropriadores são expropriados."

Mas o árido conceito de mais-valia nunca seria suficiente para popularizar a causa comunista, de modo que Marx decorou o livro com todos os detalhes infernais da vida fabril vitoriana que Engels lhe fornecera. Os capitalistas "mutilam o trabalhador, transformando-o num fragmento de homem, degradam-no ao nível de apêndice de uma máquina, destroem todos os resquícios de encanto do seu trabalho e o transformam numa labuta odiosa", foi a maneira pela qual descreveu o processo industrial de "acumulação capitalista". "Transformam seu tempo de vida em tempo de trabalho e arrastam sua mulher e seu filho para baixo das rodas do *Juggernaut* do capital."[63] E, apesar disso, sempre é bom lembrar que os fundos que mantiveram Marx à tona durante a longa gestação de *O capital*, o dinheiro que serviu de combustível para sua prosa acusadora, veio, em última instância, dessa mesma força de trabalho explorada — os braços dos trabalhadores de Ermen & Engels, aquele *Juggernaut* do capital.

Desde que foi lançado, *O capital* foi alvo de inúmeras interpretações diferentes — como obra de economia, ciência política, sátira, gótico literário, sociologia e todas as alternativas acima ou nenhuma delas. Essa tradição de múltiplas interpretações começou com o próprio Engels. Tendo sacrificado 17 anos de sua vida em prol dessa obra, ele estava determinado a garantir que ela não sucumbiria à habitual conspiração do silêncio. "Estou convencido de que o livro vai causar o maior rebuliço a partir do momento em que for publicado", escreveu ele a Marx em 1867, "mas vai ser muito necessário alimentar o entusiasmo dos burgueses e funcionários públicos de inclinação científica para que ele se mantenha e não desprezar pequenos estratagemas". Engels sempre adorou os pequenos estratagemas e, com toda a astúcia de um especialista tarimbado em relações públicas, abriu sua caderneta de endereços para conseguir uma cobertura decente. "Espero que você tenha condições de chamar a atenção da imprensa germano-americana e dos operários para o livro de Karl Marx", escreveu ele a seu companheiro Hermann Meyer, veterano de 1848 e na época envolvido com o movimento comunista americano. "A imprensa alemã ainda está observando o mais completo silêncio a respeito de *O capital* e é realmente da maior importância que algo seja dito", queixou-se ele a Ludwig Kugelmann, um amigo de Hanôver que era médico. "Temos a obrigação moral de nos sairmos incrivelmente bem na hora de publicar esses artigos nos jornais e, o mais simultaneamente que for possível, nos europeus em particular, e isso inclui os reacionários."[64]

Por fim, deu-se conta de que ele mesmo teria de fazer isso. "Você acha que devo atacar a questão de um ponto de vista burguês, para fazer as coisas andarem?", perguntou ele a Marx.[65] Os dois concordaram que o melhor para chamar a atenção era "conseguir que o livro fosse denunciado" e criar uma tempestade jornalística. Toda a panóplia de manipulação da mídia e capacidade de vender livros foi posta nas mãos do mais talentoso propagandista de Marx e, se Engels não conseguiu chegar ao ponto de denunciar a obra, produziu de fato uma resenha atrás da outra para a imprensa inglesa, americana e europeia. Para *Die Zukunft*, ele adotou um elevado tom acadêmico ("Reconhecemos considerar um avanço a categoria recém-nascida da mais-valia"); para o *Staatsanzeiger für Württemberg*, um diapasão mais comercial ("Os homens de negócios da Alemanha [...] vão encontrar aqui uma fonte copiosa de instrução e vão nos agradecer por termos chamado sua atenção para isso"); para o *Beobachter*, uma interpretação devidamente patriótica ("Podemos dizer que essa é uma das proezas que fazem jus ao espírito alemão"); e, para o *Demokratisches Wochenblatt*, a sua verdadeira voz ("Enquanto houver capitalistas e operários sobre a face da terra, nenhum livro publicado teve tanta importância para os operários quanto este diante de nós. A relação entre capital e trabalho, o eixo em torno do qual gira todo o nosso sistema social do presente, é tratada cientificamente aqui pela primeira vez").[66]

O contrato de Engels com Godfrey Ermen devia expirar em junho de 1869, e ambos os homens queriam o fim daquela sociedade incômoda. A questão era: a que preço? Caracteristicamente, o primeiro pensamento de Engels foi para as finanças da família Marx. Que dívidas eram inadiáveis e "você pode se virar com £350 para suas necessidades regulares *usuais* por um ano"?, perguntou ele ao amigo quando abriu as negociações de encerramento da sociedade com Ermen. Seu objetivo era garantir uma boa renda para ele e garantir um subsídio anual razoável para a família de Marx. Conseguir uma definição de Ermen era um "negócio sujo", estressante, e Engels foi obrigado a aceitar um acordo que não era exatamente ótimo. "Se eu tivesse querido levar as coisas com G. Ermen a um extremo, isto é, arriscar-me a um rompimento e, por isso, ter de começar uma outra coisa, acho que poderia ter conseguido arrancar dele umas £750 a mais", explicou ele a seu irmão Hermann. "Mas eu não tinha absolutamente nenhum interesse em ficar amarrado ao velho e bom comércio por mais uns dez anos."[67] Ermen sabia que seu relutante sócio comercial nunca iria fundar uma empresa concorrente e, por isso, impôs um acordo desfavorável a Engels, entregando-lhe a quantia de £12.500 (aproximadamente US$ 2,5 milhões em termos de hoje). Por uma sociedade numa empresa multinacional bem-sucedida não era muito, mas Engels aceitaria qualquer preço. Por fim, tinha a oportunidade de deixar para trás os anos de sua vida de mascate. "Viva! Hoje *doux commerce* acaba, e sou um homem livre", anunciou Engels a Marx no dia 1º de julho de 1869. "Tussy e eu comemoramos meu primeiro dia de liberdade essa manhã com uma longa caminhada pelos campos."[68]

A libertação da desgraça que era a vida comercial — com todas as concessões pessoais e ideológicas implícitas — viu Engels renascer aos 49 anos de idade. "Hoje é o primeiro dia da minha liberdade", escreveu à mãe o filho ainda zeloso. "Esta manhã, em vez de ir para aquela cidade melancólica, caminhei pelos campos durante algumas horas — com um tempo magnífico; e, à minha mesa de trabalho, num cômodo bem mobiliado onde se podem abrir as janelas sem que a fumaça deixe manchas negras por todo lado, com flores nos peitoris e árvores na frente da casa, a gente pode trabalhar de forma muito diferente da que trabalhava naquela sala sombria do armazém, que dava para o pátio de uma cervejaria."[69] Mas, apesar de toda a sua alegria, as atividades prazerosas de um dono de fábrica aposentado nos subúrbios de Manchester nunca iriam manter Engels sossegado por muito tempo. Depois que Lizzy teve uma das muitas brigas com o que restou da família dela, o casal resolveu mudar-se para Londres no fim do verão de 1870. "Nos últimos 18 anos, não consegui fazer quase nada *diretamente* pela nossa causa, tendo de me dedicar a atividades burguesas", foram as palavras usadas por Engels para a explicação que se sentiu obrigado a dar a Friedrich Lessner, outro veterano de 1848. Agora tudo isso ia mudar. Tendo suportado a abstinência política de seus anos naquele fim de mundo, Engels estava louco para voltar para o lado de Marx nas barricadas ideológicas. "Sempre vai ser um prazer para mim combater o mesmo inimigo no mesmo campo de batalha ao lado de um velho companheiro como você", garantiu ele a Lessner.[70] O General estava pronto para entrar em ação mais uma vez.

8

O grande lama da Regent's Park Road

Engels não se adaptou imediatamente a Londres. "É só com dificuldade que a gente se acostuma à atmosfera sombria e ao povo mais melancólico do mundo, à reclusão, às divisões de classe em reuniões sociais, à vida em lugares fechados que o clima prescreve", escreveu ele. "A gente tem de diminuir um pouco a força do espírito da vida trazido do continente, deixar o barômetro da sede de vida cair de 760 para 750 milímetros até começar, aos poucos, a se sentir em casa." Mas havia coisas favoráveis à vida na capital de céu de chumbo: "A gente vai se envolvendo gradualmente e descobrindo que ela tem seu lado bom, que o povo geralmente é mais direto e digno de confiança do que em outros lugares, que para o trabalho intelectual nenhuma cidade é tão apropriada quanto Londres e que não ser importunado pela polícia compensa muita coisa."[1]

De fato, Londres provou ser um lar perfeito para Engels assim que ele voltou ao seu papel preferido de assessor de Marx e propagandista para toda obra. Eleito imediatamente para o Conselho Geral da Associação Internacional dos Operários (mais conhecida como Internacional), Engels começou a trabalhar nos bastidores, impondo as ideias de Marx e reprimindo o desvio ideológico. Na condição de secretário da Internacional responsável pela correspondência com a Bélgica, e depois com a Itália, Espanha, Portugal e Dinamarca, na verdade Engels estava encarregado de coordenar a luta proletária em todo o continente. Sua paixão pela política de rua, seu talento para organizar e sua capacidade de dar início a polêmicas mordazes faziam dele a opção ideal para manter em ordem as facções rivais da esquerda europeia. Nas palavras do comunista austríaco Victor Adler, Engels mostrou ser o "maior de todos os táticos" do socialismo internacional.

Ele administrava esse movimento confuso e fragmentado de seu gabinete no número 122 da Regent's Park Road. "Todo dia, o carteiro entregava em sua casa jornais e cartas em todas as línguas europeias", lembra o genro de Marx, Paul Lafargue, "e era impressionante como ele achava tempo, com todos os outros trabalhos que fazia, para ler tudo de ponta a ponta, manter em ordem e lembrar o principal do conteúdo de todos eles." A extraordinária facilidade de Engels para línguas — ele falava línguas que iam do russo ao português e ao romeno, bem como dialetos locais, como o provençal e o catalão — significava que o secretário encarregado da correspondência podia responder na língua com que haviam se dirigido a ele — e Engel fazia questão disso. Além do mais, Engels também era responsável por revisar e autorizar as publicações oficiais do cânone marxista: "Quando qualquer dos seus textos, ou dos textos de Marx, era traduzido para outras línguas, o tradutor sempre mandava as versões para ele supervisionar e corrigir." Junto com a correspondência vinha a enxurrada familiar de *émigrés*, exilados, oportunistas e acólitos aos quais Engels abria infalivelmente a porta. "Era uma espécie de Torre de Babel em miniatura", segundo Edward Aveling, amante de Tussy. "Os socialistas de outros países faziam do 122 da Regent's Park Road a sua Meca."[2]

Agora que os costumes sociais da Manchester burguesa não o preocupavam mais, Engels estava vivendo abertamente com Lizzy, numa casa que não ficava longe da casa da família Marx. O melhor de tudo era ele estar de volta ao jogo político, lutando pela causa comunista ao lado do seu colaborador da vida inteira. À medida que suas ideias se espalhavam pelas regiões em processo de industrialização rápida, e os partidos socialistas se formavam onde quer que as autoridades permitissem, as opiniões dos "velhos londrinos", como passaram a ser conhecidos, mostraram ser cada vez mais influentes.

Engels e Lizzy Burns deviam o aluguel de Primrose Hill aos esforços de Jenny Marx. Parecendo uma pequena Margaret Schlegel na primeira vez que foi a Howards End, uma Jenny empolgada escreveu a Engels em julho de 1870, dizendo que havia "encontrado uma casa que nos encanta a todos por causa de sua localização maravilhosa". Ela sabia exatamente do que Engels precisava: quatro, idealmente cinco, dormitórios, um gabinete, duas salas de visita, uma cozinha e, dada a asma de Lizzy, nada de rampas íngremes demais. "Todos os cômodos da frente têm a vista mais linda e ampla e são bem ventilados. E, à volta, nas ruas laterais, há lojas de todos os tipos, de modo que sua mulher vai poder comprar de tudo ela mesma." O interior da casa orgulhava-se de uma cozinha impressionante e de "um banheiro muito espaçoso com uma banheira grande". Jenny achava melhor "sua mulher vir imediatamente com você e ver tudo com os próprios olhos. Você sabe que teremos muito prazer de tê-la entre nós". O próprio Engels ficou encantado com a escolha — não por causa do *design* do interior, nem das facilidades de fazer compras, mas porque a casa "não ficava nem a 15 minutos de distância de Marx". Ele acertou os termos do aluguel diretamente com o proprietário, o marquês de Rothwell, e depois de vinte anos de separação Marx e Engels estavam de novo bem perto um do outro.[3]

Durante os trinta anos anteriores, Primrose Hill passara exatamente pelo tipo de planejamento urbano baseado em classe social que Engels havia tratado em *A situação da classe trabalhadora na Inglaterra*. Antes um distrito isolado de chalés e propriedades rurais na periferia de Londres, conquistara sua má reputação graças à proximidade de Chalk Farm Tavern, um estabelecimento notório por suas prostitutas e pelas brigas que aconteciam ali. Mas a nobilização chegou em meados do século XIX, quando o projeto de urbanização de lorde Southampton e do Eton College começou a construir uma aldeia-modelo, transformando os campos numa série de ruas terraplanadas com casas elegantes e requintadas de ambos os lados, mais ou menos afastadas. Os planos de construir no topo de Primrose Hill [o morro das Prímulas] só se concretizaram depois que o Projeto de Urbanização da Coroa comprou aquele trato de terra e transformou os pastos num espaço organizado, pavimentado e arborizado para o lazer da classe média. Com construções de primeira e uma praça bem cuidada (onde as prímulas ainda floresciam), a área logo se tornou um bairro aprazível de classe média.

Ao lado das construtoras, a ferrovia também estivera em ação para dar forma ao novo bairro de Engels. Em Manchester, os contornos da cidade haviam sido ditados pelo itinerário da linha Leeds-Liverpool; em Primrose Hill, foi pelo trajeto da Londres-Birmingham. A estrada que ia da estação de Euston (batizada com esse nome em homenagem a uma das propriedades de lorde Southampton) até Birmingham New Street definia as fronteiras norte e leste, e o Regent's Canal formava a extremidade sul. Por baixo do elegante verniz neorregência das ruas, o subúrbio londrino estava sendo obrigado a entrar em forma pelas forças confusas e sujas da industrialização. Ao longo das beiradas das ruas terraplanadas, perto das linhas ferroviárias, havia imensos pátios cobertos para reabastecimento e limpeza das locomotivas e vagões. Perto ficava Round House, em Chalk Farm, símbolo de uma época, que continha obras de engenharia importantes. Era um ambiente barulhento, fétido, que fazia as pessoas lacrimejarem e onde "flocos de fuligem de 2,5 centímetros de comprimento, como teias de aranha negras, flutuavam constantemente e depositavam-se em toda parte". E, com os trens, vinham centenas de engenheiros, funcionários encarregados da sinalização e da iluminação, cabineiros, manobristas e faxineiros que se fixavam no bairro como a fumaça e o vapor das locomotivas que passavam com estrondo e forneciam inquilinos para as casas subdivididas e uma freguesia sedenta para seus muitos bares.[4]

A casa de quatro andares do número 122 da Regent's Park Road permanece de pé até hoje e tem uma placa azul do Greater London Council que descreve Engels como um anódino "filósofo político". O edifício foi convertido em prédio de apartamentos na década de 1960, mas se caminharmos à sua volta ainda podemos ter uma ideia de sua aparência nos anos 1870, com a cozinha e o banheiro no porão, e uma copa e uma sala de jantar no primeiro andar, separadas por portas duplas. O segundo andar — que a maioria dos vitorianos teria usado como sala de visita — foi transformado no vasto gabinete de Engels, um cômodo bem arejado e bem iluminado com assoalho de pinho norueguês polido, prateleiras de livros que chegavam ao teto, uma lareira que dominava todo o ambiente e janelas francesas bem altas que davam para o burburinho da rua. Engels era caracteristicamente meticuloso em relação a seu gabinete, mantendo-o organizado e limpo. "Os cômodos pareciam mais salas de recepção do que o gabinete de um intelectual", segundo um visitante. Os dois andares superiores foram usados como quartos de dormir para ele, para Lizzy, para as empregadas domésticas, para Pumps, a sobrinha de

Lizzy, e para qualquer outro hóspede que estivesse ali de passagem. Um desses visitantes era o social-democrata alemão Eduard Bernstein, que se tornaria um frequentador assíduo da Regent's Park Road durante a década de 1880. "Logo entabulávamos uma conversa política no alto das escadas, conversa que muitas vezes assumia um caráter muito vívido", disse Bernstein sobre uma noite turbulenta no número 122. "O temperamento explosivo de Engels, que escondia um caráter realmente nobre e muitas boas qualidades, revelava-se para nós sem reservas como a alegre concepção de vida peculiar à Renânia. 'Beba, meu jovem!' E, com essas palavras, no meio de discussões acaloradas, ele não parava de encher novamente o meu copo com Bordeaux, que ele sempre tinha em casa."[5]

Apesar de suas inclinações boêmias, Engels nunca conseguiu se livrar completamente de sua ética de trabalho calvinista e era um homem de rotinas rígidas. O desjejum era seguido de algumas horas de trabalho e correspondência, e então chegava o ponto alto do dia, sua visita a Marx em Maitland Park Road. "Engels vinha ver meu pai todos os dias", lembra Tussy. "Às vezes eles saíam para caminhar juntos, mas era igualmente comum eles ficarem no quarto de meu pai, andando para lá e para cá, cada qual no seu lado do cômodo, abrindo buracos com o salto do sapato ao fazer a volta no seu canto. [...] Era frequente caminharem juntos para lá e para cá em silêncio, um ao lado do outro. Ou então cada um deles falava sobre o que mais lhe estava ocupando os pensamentos até eles ficarem de frente um para o outro e rirem alto, reconhecendo que tinham andado refletindo sobre projetos contrários durante a última meia hora."[6] Quando saíam para dar uma volta, era uma caminhada vigorosa de "uma milha alemã e meia" [aproximadamente 10 quilômetros], até Hampstead Heath e à sua volta, onde aqueles filhos da Renânia respiravam "mais ozônio do que em toda Hanôver". Depois Engels voltava para Primrose Hill para escrever as cartas que ainda faltavam e enviá-las pelo correio das 17h30; depois, jantar cedo com Lizzy às 19h. Em seguida, mais leitura, mais bebidas e mais conversas, após as quais havia uma "ceia" leve, e eles iam para a cama por volta das 2 horas da madrugada.

Essa programação diária tinha uma única exceção. "Aos domingos", lembra o exilado comunista August Bebel, "Engels abria as portas da casa. Naqueles dias puritanos em que nenhum sujeito alegre conseguia suportar a vida em

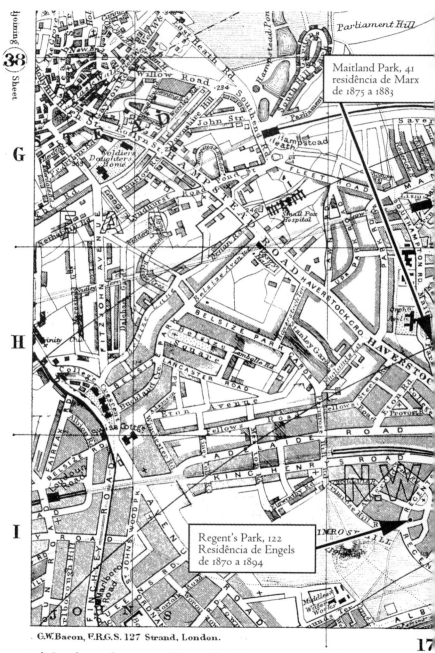

Região do norte de Londres onde moravam Marx e Engels, de um guia A-Z de 1888.

Londres, a casa de Engels ficava aberta para todos, e ninguém saía antes das 2 ou 3 da madrugada." Todo mundo — "socialistas, críticos e escritores, [...] qualquer um que quisesse conversar com Engels podia ir" — era bem-vindo no número 122 para uma noitada de discussão regada a vinho, acompanhada de "uma porção bem 'liberal' de carne e salada". A especialidade da casa era ponche de *Maitrank*, um vinho de maio [ali, um vinho de primavera] temperado com aspérula. Ouviam-se ali canções folclóricas alemãs em volta de um piano, ou então Engels recitava seu poema favorito, "O vigário de Bray", enquanto a nata do socialismo europeu — de Karl Kautsky a William Morris, passando por Wilhelm Liebknecht e Keir Hardie — prestava suas homenagens ao homem que o marxista britânico Henry Hyndman chamava de "o grande lama da Regent's Park Road". Nada poderia estar mais longe da imagem abatida e deprimente do anarquismo *émigré* — o mundo dos botequins sujos, reuniões furtivas e lojas de pornografia do Soho — que Joseph Conrad conjurou em *O agente secreto*. As luzes eram acesas, as persianas eram abertas e a cerveja Pilsener jorrava. As noites de eleições para o Reichstag alemão eram particularmente tumultuadas: "Engels servia um barril enorme de cerveja alemã especial, uma ceia de primeira e convidava seus amigos mais íntimos. E então, à medida que os telegramas começavam a chegar aos borbotões de todas as partes da Alemanha até tarde da noite, cada um deles era aberto, seu teor lido em voz alta pelo General e, se fosse uma vitória, a gente bebia; se fosse uma derrota, a gente bebia também."[7] Mas o pináculo social era o Natal, que Engels, cujo ateísmo era célebre, celebrava com o entusiasmo do príncipe Albert. "O Natal era comemorado por Engels à inglesa, como Charles Dickens descreveu de forma tão deliciosa em *The Pickwick Papers*" [Os cadernos de Pickwick]. Escreveu Bernstein em suas memórias:

> "A sala é decorada com ramos verdes de todo tipo, entre os quais, nos lugares apropriados, desponta o pérfido visgo, que dá a todo homem o direito de beijar qualquer pessoa do sexo oposto que esteja na sua frente ou que ele consiga pegar ao passar. À mesa, o prato principal é um imponente peru e, em épocas de vacas gordas, este é suplementado por um grande presunto defumado. Algumas atrações adicionais — sendo uma delas um doce chamado *tipsy-cake* [espécie de pão de ló embebido em vinho] que, como diz o nome, era preparado com conhaque ou xerez — deixam espaço para o prato de honra, o pudim de ameixa, que é servido

depois que a sala já foi escurecida, flambado com rum. Todo convidado tem de receber sua porção do pudim, liberalmente 'batizado' com um bom destilado antes que as chamas se apaguem. Isso lança as bases que podem muito bem se mostrar precárias para aqueles que não medem seu consumo dos vinhos que acompanham a refeição."[8]

Dada essa extensa lista de visitantes comunistas, não é de surpreender que Engels fosse vigiado por uma série de agentes de segurança. Um relatório de janeiro de 1874 enviado à prefeitura de Paris descreve Engels como *"l'ami et protégé de Karl Marx"* e *"un homme de lettres"*. O espião da polícia postado na frente do número 122, codinome "Blatford", estava claramente preocupado com as atividades de Engels e disse em seu relatório de agosto que *"Engels est très occupé"*, passando os dias com *"beaucoup d'étrangers"*. Nos anos seguintes, segundo os arquivos, Engels preocupa e deixa de preocupar o governo francês quando "Jack" substitui Blatford e descobre um exemplar de uma revista subversiva, *Le Socialiste*, na correspondência de Engels.[9] A polícia metropolitana de Londres, acotovelando nas sombras os espectros franceses, também se interessava por Engels, que, apesar disso, valorizava a ausência do assédio britânico, cujos infelizes espiões eram mais fonte de divertimento que de irritação. "Toda noite temos um policial desfilando na frente da casa", observou ele em 1883, enquanto ele e Carl Schorlemmer riam às escondidas por trás das persianas. "É evidente que os imbecis acham que estamos fabricando dinamite, quando, na realidade, estamos discutindo o uísque."[10]

Dizem que, em 1916, dava para ouvir os canhões de Somme do alto de Primrose Hill. Em 1871, não deu para escutar o ruído surdo das tropas de Otto von Bismarck bombardeando Paris, mas as reverberações mais amplas da Comuna de Paris certamente se fizeram sentir na Regent's Park Road. Assim que a Guerra Franco-Prussiana foi declarada, Marx e Engels estiveram inclinados a apoiar sub-repticiamente os prussianos, afirmando que "Bismarck está fazendo uma parte do nosso trabalho, *à sua própria moda*, e sem querer, mas está fazendo assim mesmo". Sua aversão por Napoleão III era tamanha que qualquer forma de derrubá-lo do poder parecia merecer apoio. Mas então eles descobriram que o inimigo do seu inimigo pode se tornar um inimigo seu também. "Em razão das vitórias inesperadas, o chauvinismo subiu horrivelmente à cabeça dos filisteus alemães", observou Engels depois que Bismarck derrotou o exército francês em Sedan em setembro de 1870. Quando o Segundo Império bonapartista ruiu e um novo governo francês mais pacífico, voltado para a defesa nacional, assumiu o poder, o exército prussiano não voltou simplesmente para seus acampamentos, como os comunistas do Primrose Hill esperavam que eles fizessem. Em vez disso, Bismarck exigiu uma indenização elevadíssima, a entrega da Alsácia e da Lorena, e uma marcha triunfal de vitória pela Champs-Elysées. "O fato é que vocês não enxergam um palmo adiante do nariz", escreveu Engels ao irmão chauvinista Rudolf, que vivia lá em Engelskirchen. "Fizeram de tudo para que, nos muitos anos que virão, a França (que, afinal de contas, está na sua fronteira) continue sendo inimiga."[11] As exigências punitivas de Bismarck depois da guerra só serviram para galvanizar os franceses, e dezenas de milhares deles se juntaram ao *levée en masse* para retomar a luta contra os prussianos. Mas o braço armado dos cidadãos não era páreo para as tropas prussianas, bem treinadas e mais bem equipadas, que rechaçaram sistematicamente os patriotas franceses até que tudo quanto restou foi uma batalha pela capital, onde a Guarda Nacional de Paris aguentou firme. Mas, em vez de atacar a cidade, os prussianos resolveram fazer-lhe um cerco, na esperança de matar de fome os 2,2 milhões de habitantes — ou fazê-los se render. Sob o cerco durante semanas, depois meses, a resistência dos estoicos parisienses ficou célebre com a expansão de sua dieta, que passou a incluir ratos, cães, gatos, depois todos os habitantes do jardim zoológico, com cangurus e tudo. Enquanto os prussianos apertavam o laço em volta de Paris, houve um racha político entre os republicanos moderados da França e os revolucionários de dentro da capital, com os primeiros insistindo num armistício e os últimos num contra-ataque de vida ou morte. Depois de quatro meses de sofrimentos cada vez maiores, o governo finalmente se rendeu. No dia 1º de março de 1871, os prussianos fizeram sua procissão da vitória — o coroamento triunfal de sua proclamação anterior de um novo império germânico na Sala de Espelhos de Versalhes — e depois abandonaram uma Paris enfraquecida, faminta e irada aos seus próprios recursos.

Assim que o martelo foi batido em relação aos termos finais do tratado, o governo voltou-se para sua tarefa seguinte: impor a disciplina a uma capital radicalizada pelo cerco. No dia 18 de março de 1871, um contingente de tropas francesas regulares marchou até Montmartre para reclamar uma série de canhões à milícia dos cidadãos de Paris. Adolphe Thiers e seus companheiros moderados da Assembleia Nacional vinham se preocupando cada vez mais com os sentimentos radicais que estavam inflamando os soldados parisienses e seu órgão representativo, a Federação da Guarda Nacional Republicana (os *féderés*). Mas, quando as tropas do governo foram enfrentadas pelos *féderés* — misturados com as mulheres e crianças do bairro operário —, elas depuseram as armas e juntaram-se aos residentes locais. Esse momento simbólico de populismo militar foi a faísca de que Paris necessitava. Apesar de todas as melhorias urbanas realizadas pelo barão Haussmann nas décadas anteriores — os bulevares à prova de barreiras, a dispersão dos bairros operários, as ruas retas para facilitar o movimento das tropas —, Paris ainda era a cidade da revolução. As barricadas foram erguidas, as tropas remanescentes do governo voltaram para Versalhes e um novo conselho municipal foi anunciado, com seu título de "Comuna de Paris" evocando conscientemente a Comuna revolucionária de 1792. "Que resiliência, que iniciativa histórica, que capacidade de sacrifício desses parisienses", exclamou Marx. "O atual levante de Paris — mesmo que esmagado pelos lobos, pelos suínos e vira-latas abjetos da velha sociedade — é o feito mais glorioso de nosso Partido desde a insurreição de junho [1848] em Paris."[12]

Os acontecimentos iniciais pareciam confirmar o otimismo de Marx. No dia 19 de abril, a Comuna produziu a sua "Declaração ao Povo Francês", que pedia liberdade de consciência, o direito de envolvimento permanente dos cidadãos em questões comunais, o dever dos funcionários públicos e magistrados de prestar contas e de assumir responsabilidades, a substituição do exército e da polícia pela Guarda Nacional e a transferência das oficinas e fábricas abandonadas à "associação cooperativa dos trabalhadores empregados nelas".[13] Engels estava admiradíssimo: "Como quase só operários, ou representantes reconhecidos dos operários, participavam da Comuna, suas decisões tinham um cunho claramente proletário." Na verdade, aquelas breves semanas gloriosas foram um exemplo da "ditadura do proletariado" (compreendida mais no sentido romano clássico do que no sentido que o continente lhe deu no século XX) e, como tal, foram um modelo para todos os aspirantes a revolucionários.

No Hôtel de Ville, contudo, o imperativo de classe nunca era inteiramente puro. A Comuna tinha uma inclinação evidente pelos trabalhadores braçais e *white-collar* qualificados, diluindo com isso o caráter proletário do grupo. Para aumentar a confusão, também havia um grande número de filosofias políticas rivais no ar. Os sentimentos proudhonistas sempre tiveram uma recepção calorosa entre os artesãos e pequenos comerciantes de Paris, e o projeto da Comuna para as cooperativas operárias tinha dívidas óbvias com essa linhagem. Ao mesmo tempo, os revolucionários mais ativos da Comuna eram jacobinos e blanquistas que propunham a insurreição violenta, e não "marxistas" — embora muitos também fossem membros da Associação Internacional dos Operários. Além disso, havia uma periferia republicana municipal muito forte na plataforma dos *communards*, com a proposta de construir uma república "democrática e social" — Paris governada por parisienses e para parisienses, sem a interferência de potências políticas externas que historicamente tinham traído a cidade.

Essa promiscuidade de pensamento acabou se mostrando útil para Marx e Engels; quando as coisas davam errado, sempre havia um bode expiatório. Foi a falta de um partido dos trabalhadores devidamente organizado, afirmaram eles depois, que impediu os *communards* de lançar um ataque contra as forças reacionárias do governo em Versalhes e que os deixou irremediavelmente reticentes na hora de tomar o Banco da França. Em vez disso, começaram a se abastecer à espera de um outro cerco, que mal durou um mês antes do massacre com que as tropas do governo abriram caminho para a capital no final de maio de 1871. Contra essa força de 120 mil homens, os *communards* — mesmo com suas barricadas e táticas de guerrilha — não tinham a menor chance, e a *semaine sanglante* que se seguiu foi testemunha do extermínio de cerca de 10 mil *communards* pelas forças do governo. Os *féderés* reagiram na mesma moeda com a execução do arcebispo de Paris, Georges Darboy, mas esses excessos só deram aos soldados das províncias o pretexto de que precisavam para cometer ainda mais atrocidades contra os *communards*. "As armas que são carregadas pela culatra não matavam mais com a rapidez necessária;

os vencidos eram fuzilados às centenas pelo fogo *mitrailleuse*", segundo o relato dramático de Engels. "O 'Muro dos Féderés' do cemitério Père Lachaise, onde foi consumado o assassinato em massa final, ainda está de pé até hoje, um testemunho mudo, mas eloquente, da loucura de que a classe dominante é capaz assim que a classe operária ousa se levantar para lutar por seus direitos."[14]

Uma das consequências desse banho de sangue foi uma das raras desavenças entre Engels e sua mãe conservadora, que naturalmente ficou do lado do governo na questão do massacre da Comuna — e lhe disse isso. Engels demorou um pouco para responder: "Se eu não lhe escrevi durante muito tempo, foi por querer responder aos seus últimos comentários sobre minha atividade política de uma forma que não a ofendesse." Depois começa a acusar a mãe de esquecer que "os 40 mil homens, mulheres e crianças que as tropas de Versalhes massacraram com maquinaria estavam desarmados". Além do exagero de Engels quanto ao número de baixas, também havia a antiga visão de ele estar sendo levado para o mau caminho. Era claro que a Sra. Engels considerava o próprio Marx responsável por todo aquele episódio horrível e estava furiosa por ele ter arrastado consigo seu filho inocente. Engels, que sempre teve mais consideração pelos amigos do que pela família, isentou Marx de toda e qualquer responsabilidade pelas atrocidades (quando não a própria Comuna): "Se Marx não estivesse aqui, ou se nem mesmo existisse, nada na situação teria se alterado. De modo que é muito injusto acusá-lo por isso, e tenho o prazer de me lembrar que, há muito tempo, os familiares de Marx afirmavam que *eu* o corrompera."[15] Mas no fim da carta Engels estava de volta ao seu amoroso eu filial, regalando Elise com histórias de suas férias em Ramsgate e as viagens à cervejaria vienense em Strand e agradecendo a ela por seus esforços constantes de uni-lo aos irmãos belicosos. Esta seria uma das últimas cartas para a mãe: ela morreu de repente no outono de 1873. Sua morte cortou o último laço de afeto verdadeiro de Engels com a família no continente.

Elise Engels não foi a única a culpar Karl Marx pelos acontecimentos sangrentos de 1871. Apesar de não haver influência direta sua sobre os *communards* e de a Internacional desempenhar um papel relativamente secundário na luta, Marx passou a ser irrevogavelmente ligado à Comuna na opinião pública, graças à sua polêmica defesa dela, *A guerra civil na França*. Traduzido para várias línguas e vendido em múltiplas edições em todo o continente, o panfleto consolidava a ideia de que a sinistra, duvidosa e escorregadia Internacional estava dirigindo o movimento mundial da classe operária. "Por menos que tenhamos visto ou ouvido falar abertamente sobre a influência da 'Internacional', ela foi de fato a verdadeira força motriz cuja mão oculta guiou, com um poder misterioso e temível, toda a máquina da revolução", foi o veredito do periódico conservador *Fraser's Magazine*. O semanário católico *Tablet* definiu-a como "uma sociedade cujas ordens são obedecidas por incontáveis milhares, de Moscou a Madri, e tanto no Novo Mundo quanto no Velho, cujos discípulos já travaram uma guerra desesperada contra um governo, e cujas declarações levam-na a travar guerra contra todo governo".[16] Não é preciso dizer que Marx estava adorando essa celebridade tardia. "Tenho a honra de ser neste momento o homem mais caluniado e mais ameaçado de Londres", escreveu ele a seu amigo médico Ludwig Kugelmann. "Isso faz realmente a gente se sentir bem depois de um idílio tedioso de vinte anos nos bastidores."[17]

***

E o que era a Internacional, essa aterradora força subterrânea capaz de abalar nações e derrubar governos? Em geral, Marx procurava diminuir sua aura de conspirador, definindo-a como "nada além do vínculo internacional entre os operários mais avançados dos vários países do mundo civilizado". Fundada em 1864 em St. Martin's Hall, no centro de Londres, logo depois da insurreição polonesa e em meio a um sentimento cada vez maior de solidariedade internacional entre a elite da classe operária inglesa, a Associação Internacional dos Operários era um movimento no qual predominavam os operários europeus, unindo proudhonistas, sindicalistas, blanquistas revolucionários, socialistas utópicos e alguns adeptos do marxismo numa luta de classes mais abrangente. No começo, em Londres, o órgão esteve intimamente ligado aos círculos de exilados que giravam em torno do líder nacionalista italiano Giuseppe Mazzini, bem como aos trabalhadores do setor da construção civil londrina. Marx relutou em participar da primeira reunião como observador, mas encerrou a noite com um lugar no Conselho Geral e a responsabilidade de escrever o discurso inaugural. Engels foi extremamente cético a respeito da sociedade no início, vendo-a como mais uma distração indesejável do trabalho de Marx em *O capital*. Também achava que ela seria extremamente suscetível a lutas intestinas de facções, tão endêmicas na esquerda. "Suspeito que muito em breve vai haver um racha nessa nova associação entre aqueles que são burgueses em seu pensamento e aqueles que são proletários assim que as questões se tornarem um pouco mais específicas", previu Engels. E sua descrença era total sobre a possibilidade de ele fundar uma unidade em Manchester. "Completamente fora de questão."[18] Coordenar atividades políticas junto com radicais da classe operária local prejudicaria gravemente a sua posição na Ermen & Engels, para não falar de sua situação entre os Cheshire Hounds.

À medida que a Internacional ganhava magnitude — com uma estimativa de 800 mil membros regulares no fim da década de 1860 e de alianças estratégicas com um grande número de sindicatos — a hostilidade de Engels foi diminuindo, e um dos motivos de peso foi ele sempre ter acreditado fervorosamente no internacionalismo da causa proletária. "Nenhum trabalhador da Inglaterra — nem da França — jamais me tratou como um estrangeiro", escreveu ele aos operários ingleses em sua introdução à edição de 1845 de *A situação*. "É com o maior prazer que os vejo se libertando daquela maldição demolidora, o preconceito e o orgulho nacionalista que, afinal de contas, não significa nada além de *egoísmo por atacado*."[19] O mais importante é que Marx precisava desesperadamente de algum apoio político. No fim da década de 1860, o amigo de Engels travara uma exaustiva e amarga guerra de posição contra uma poderosa facção proudhonista, na tentativa de fazer do marxismo o credo oficial da Internacional. Mas agora estava enfrentando um adversário muitíssimo mais tenaz e formidável: Mikhail Bakunin.

Se quiséssemos uma figura criada especialmente para enfurecer Marx e Engels, não seria possível imaginar ninguém melhor que Bakunin. Nascido em berço de ouro, extremamente carismático, romântico, impetuoso e, o pior de tudo, russo, era um peso-pesado intelectual com grande capacidade de organização. Não é de surpreender que tenha conquistado o afeto de historiadores e intelectuais do século XX — de E. H. Carr a Isaiah Berlin e Tom

Stoppard (que mostra uma admiração ilimitada por ele e pelo seu conterrâneo exilado Alexander Herzen na trilogia *Coast of Utopia* — todos enfeitiçados pela história de uma vida riquíssima em acontecimentos e aventuras. A última vez que Engels vira Bakunin tinha sido nas salas de aula da Berlim da década de 1840, quando ambos, junto com outros Jovens Hegelianos, andaram enfrentando o pobre do Schelling. Desde então, Bakunin havia participado do levante parisiense de 1848 e, em 1849, estava nas barricadas de Dresden ao lado de Richard Wagner quando os dois fizeram parte da tentativa de instaurar um governo revolucionário. Não tendo conseguido fugir antes das tropas saxônicas aparecerem, Bakunin foi preso, ficou algum tempo na cadeia e depois foi entregue às autoridades austríacas, que queriam a sua cabeça por ter instigado os tchecos. Os austríacos mantiveram Bakunin preso por nove meses, algemado à parede da fortaleza de Olmütz, antes de acabar por entregá-lo aos russos. A sucessão do czar e as súplicas de sua família bem relacionada acabaram lhe assegurando um veredito de exílio perpétuo na Sibéria. Mas a burocracia sonolenta do norte da Sibéria não era páreo para Bakunin: na primavera de 1861, ele fugiu pelo rio Amur e, de lá, pulando de navio em navio, foi para Yokohama e São Francisco. Depois de surrupiar £300 de um sacerdote, Bakunin descobriu que a viagem pelo território dos Estados Unidos não era problema e, em dezembro de 1861, estava de volta a Londres, batendo à porta de Herzen.[20]

A longa ausência e prisão de Bakunin significaram que ele passou incólume por todo o fervor reacionário da política pós-1848 e que voltou à vida política com o mesmo fervor revolucionário. Mas agora estava mais cético em relação ao elenco burguês nacionalista das revoluções de 1848-49 e, como muitos círculos comunistas, concluiu que o estágio seguinte da luta teria de ter um caráter internacional. Fundou uma Liga da Paz e Liberdade e uma Aliança Internacional de Democracia Socialista; mas sua atenção estava sempre concentrada na infiltração na própria Associação Internacional dos Operários. Se Bakunin não fosse mais que uma personalidade magnética, teria sido descartado num piscar de olhos. O que Marx e Engels achavam mais ameaçador era a força das ideias de Bakunin. Sua doutrina anarquista baseava-se na noção de liberdade total, da vida — nas palavras do filósofo e historiador Leszek Kolakowski — como "um esforço incessante e infatigável de conquistar a liberdade para todo indivíduo, toda comunidade e toda a raça humana".[21] Na visão de Bakunin, o comunismo de Marx e Engels apresentava a possibilidade de um autoritarismo estatal tão sufocante e ditatorial quanto as iniquidades burguesas de sua época. "Não sou comunista", escreveu ele, "porque o comunismo concentra e engole, em benefício do Estado, todas as forças da sociedade, porque desemboca inevitavelmente na concentração da propriedade em mãos do Estado, ao passo que eu desejo a abolição do Estado, a erradicação final do princípio da autoridade e tutela próprias do Estado que, com o pretexto de moralizar e civilizar os homens, até agora só os escravizou, perseguiu, explorou e corrompeu."[22] Seu eleitorado era o resíduo social da era industrial — os indigentes, o campesinato, o lumpemproletariado — que nunca viram com bons olhos a lógica centralizada do socialismo marxista. Bakunin oferecia-lhes uma visão de uma sociedade organizada em pequenas comunidades autônomas, com liberdade absoluta entre os membros. Na condição de doutrina, significava a proposta de abolir imediatamente a autoridade do Estado capitalista — em contraste violento com a ideia de Marx e Engels de que o Estado se dissolveria ("definharia") em consequência da revolução social e de uma "ditadura do proletariado" temporária.

Para Marx e Engels, Bakunin estava cometendo o erro putschista de querer uma mudança material antes dos pré-requisitos socioeconômicos e materiais estarem maduros. Apesar disso, a promessa de liberdade humana feita por Bakunin — que, para aumentar a fúria de Engels, também se aplicava aos povos pan-eslavos — tinha seus adeptos. Quando a sua Aliança de Democracia Socialista começou a conquistar seguidores na Suíça, na Espanha e na Itália, Bakunin propôs uma fusão grandiosa com a Internacional, muito mais poderosa. Engels, o organizador de partido, identificou a manobra instantaneamente: "É claro como a luz do dia que a Internacional não pode se envolver nessa fraude. Haveria dois Conselhos Gerais e até dois Congressos: seria um Estado dentro de um Estado, e desde os seus primórdios o conflito se instauraria." Mas aconselhou Marx a agir com cautela porque, "se você se opuser com violência a esse conspirador russo, vai irritar desnecessariamente os muito numerosos filisteus políticos entre os jornaleiros — na Suíça em particular, e prejudicar a Internacional. Com um russo [...] nunca se deve perder a CABEÇA". Isso não queria dizer que Engels sempre fosse conciliador com o homem que chamava de "aquele gordo do Bakunin". Ao contrário. "Se esse russo maldito pensa mesmo em conspirar desse jeito para abrir caminho até o topo do movimento operário", decidiu Engels, "então chegou a hora de lhe dar, de uma vez por todas, o que ele merece."[23]

Engels sempre gostou de dirigir uma caçada e, desde o momento em que foi eleito para o Conselho Geral da associação, colocou-se na linha de frente da luta contra as tentativas de Bakunin solapar a Internacional na condição de organização centralizada de ação política. Para a mentalidade militar de Engels, um homem cujo senso de disciplina atravessava imperceptivelmente a fronteira entre as questões pessoais e as do partido, a ambição do anarquista — de usar a Internacional de acordo com a linha antiautoritária como "um simples escritório onde concentrar a correspondência e fazer estatísticas" — ameaçava destruir a causa comunista como um todo. Além disso, ele considerava a visão contrária de Bakunin uma afronta direta à autoridade de Marx, e um centro alternativo de poder tinha de ser eliminado. Portanto, em seu elegante gabinete de mármore e pinho do número 122, com uma caixa de correio situada muito convenientemente do outro lado da rua, Engels orquestrou todos os tipos de manobras possíveis e imagináveis contra os anarquistas. Todos os estratagemas que aprendera dirigindo a Liga Comunista de Paris foram usados agora contra a insurreição bakuninista na Espanha e na Itália. Num ensaio para o jornal italiano *Almanacco Republicano*, intitulado "Sobre a autoridade", que Lenin admirava muito, ele enfrentou o conglomerado anarquista lembrando seus leitores do princípio que ele e Marx definiram pela primeira vez em A *ideologia alemã*: a luta de classes era uma tarefa árdua que exigia disciplina e organização rigorosa diante da elite dominante. E a revolução era, "com certeza, a coisa mais autoritária que existe; é o ato pelo qual uma parte da população impõe sua vontade à outra parte por meio de rifles, baionetas e canhões — meios autoritários, se é que podemos dizer que eles existem".[24] Para Paul Lafargue, que estava fazendo seu aprendizado na Internacional espanhola de Madri, Engels escreveu o seguinte: "Eu gostaria muito de saber se o bom Bakunin confiaria sua figura corpulenta a um vagão de ferrovia, se essa ferrovia fosse administrada de acordo com o princípio de que ninguém precisaria estar em seu posto a menos que optasse por se submeter à autoridade dos regulamentos. [...] Tente abolir 'toda autoridade, mesmo por consentimento', entre os marinheiros a bordo de um navio!"[25] Na esteira do fim violento da Comuna de Paris, que Engels atribuía à falta de um partido organizado de operários, essa liberdade anarquista era míope e perigosa politicamente: "Justo agora que temos de nos defender com todos os meios ao nosso dispor, dizem ao proletariado que ele deve se organizar não de acordo com as exigências da luta que é obrigado a travar todo dia e toda hora por seu salário, mas sim de acordo com noções vagas de uma sociedade futura alimentadas por alguns sonhadores."[26]

A animosidade chegou ao auge no Congresso de Hague de 1872, no qual Marx e Engels fizeram de tudo — jogo limpo e jogo sujo — para expulsar Bakunin e seus seguidores suíços da organização. Com o apoio de Paul Lafargue, Engels dirigiu a perseguição a Bakunin, acusando-o tanto de ser um provocador terrorista, que não tinha o menor constrangimento em apelar para os serviços de gângsteres russos, quanto por fazer parte de uma conspiração política mais ampla "cujo objetivo era prejudicar o movimento proletário". No último dia do congresso, foi convocada uma eleição. "Então vi Engels", lembra o social-democrata alemão Theodor Cuno. "Estava sentado à esquerda do companheiro que presidia a sessão, fumando, escrevendo e ouvindo atentamente os oradores. Quando me apresentei a ele, ergueu os olhos do papel e, pegando alegremente as minhas mãos, disse: 'Tudo vai bem, temos uma grande maioria.'"[27] Por 27 votos a 7, Bakunin foi expulso. No entanto, Marx e Engels não se sentiram vitoriosos. Antes mesmo da votação, eles já tinham deixado o congresso estarrecido ao anunciar que a Internacional ia mudar o seu Conselho Geral para a Cidade de Nova York. Marx declarou estar farto da interminável politicagem europeia; Engels procurou mostrar as vantagens de um novo começo numa paisagem política virgem, cheia de promessas proletárias. Na verdade, a mudança era um reconhecimento da inesperada vulnerabilidade política diante da facção de Bakunin: o anarquismo fizera incursões sérias na Internacional e toda a organização tinha de ser dissolvida, achavam eles, e fundada de novo de acordo com outros princípios. Marx e Engels tinham vencido a batalha contra Bakunin, mas este dera um golpe significativo em sua associação política. A Internacional nunca se enraizou de fato nos Estados Unidos e foi dissolvida quatro anos depois.

O gordo Bakunin não foi o único ideólogo carismático que Marx e Engels tiveram de derrotar: o exótico Ferdinand Lassalle também entrou na disputa pelos corações e mentes do movimento dos operários europeus. Filho de um alfaiate judeu que se fizera por si e outro produto dos Jovens Hegelianos de Berlim, Lassalle foi um filósofo e ativista que nunca eliminou completamente de seu sistema o romance com a "Alemanha Jovem". Depois da derrota de 1848, Lassalle envolveu-se com vários partidos proletários antes de fundar a Associação Geral dos Operários Alemães em 1863. Nunca afligido por crises de excesso de confiança, Lassalle manteve-se invulnerável às acusações de malversação de fundos e tratamento ditatorial de colegas que o seguiam onde quer que ele armasse a sua tenda política. "Seria uma pena, pois o sujeito tem grande habilidade, mas esses procedimentos são realmente péssimos", escreveu Engels a Marx em 1856 depois que os comunistas de Düsseldorf se queixaram de sua arrogância ditatorial. "Sempre foi um homem em que era preciso manter-se rigorosamente de olho e, como um verdadeiro judeu da fronteira eslava, estava sempre pronto a explorar qualquer um por conta de seus objetivos pessoais sob pretextos partidários."[28] Marx estava inclinado a ser mais clemente, pois Lassalle o estava ajudando a encontrar um editor para O capital, mas Engels rompeu com ele permanentemente por causa da guerra franco-prussiana de 1859: enquanto Engels colocava a luta contra Bonaparte acima de tudo, Lassalle temia que uma vitória austríaca só servisse para alimentar a reação nacionalista na Alemanha.

Mas Lassalle também não ficou nas boas graças de Marx por muito tempo. Marx viajara para a Prússia em 1861 para fazer uma tentativa de reivindicar sua cidadania e, enquanto esperava a decisão (que foi negativa), desfrutou um verão de alta sociedade com Lassalle e seu círculo íntimo de Berlim. No ano seguinte, Lassalle retribuiu a gentileza, hospedando-se com os Marx em Londres por três longas semanas e, durante esse tempo, lançando as finanças precárias da família em queda livre. O grande filósofo ficou irado com esse janota perdulário, e o problema trouxe todas as suas diferenças políticas para o primeiro plano. O conceito lassalleano de "lei de ferro dos salários" (que se manteriam naturalmente baixos enquanto um número cada vez maior de crianças operárias entrasse no mercado de trabalho) — derivado de Malthus — levou-o a defender um futuro proudhonista de cooperativas de produtores, mas que seriam instauradas pelo

Estado. Junto com essa política econômica, havia uma proposta do tipo cartista de ampliar o sufrágio, um passo necessário à criação de um *Volksstaat* moderno. Nada disso, para Marx, levava em conta a tarefa primordial: abolir a ordem capitalista existente. Na verdade, Lassalle preservou uma fé romântica no Estado que era quase hegeliana: a forma mais elevada de organização humana e, por conseguinte, um agente potencial de emancipação da classe operária. Chegou até a entrar em conversas secretas com o chanceler Bismarck na esperança de criar esse Estado ideal por meio de um grande pacto eleitoral — a classe operária e a aristocracia *junker* unidas contra a burguesia exploradora, que tanto ele quanto Bismarck desprezavam. Mas, antes de Lassalle conseguir realizar esse plano político magistral, suas inclinações don-juanescas levaram a melhor sobre ele: em 1864, levou um tiro fatal no estômago, dado pelo noivo enfurecido de uma mulher jovem que ele andara cortejando. De repente, Engels passou a admirar o homem. "O que quer que Lassalle possa ter sido em outros aspectos como pessoa, escritor, intelectual — não há dúvida de que ele foi, na qualidade de político, um dos homens mais importantes da Alemanha", escreveu Engels ao saber de sua morte. "Mas que forma extraordinária de perder a vida. [...] Esse tipo de coisa só poderia acontecer com Lassalle, com sua mistura estranha e absolutamente singular de frivolidade e pieguismo, judaísmo e *chivalresquerie*."[29] Mas, assim que soube da aliança secreta de Lassalle com Bismarck, voltou imediatamente aos insultos: "Barão Izzy" [Izzy é um apelido comum para nomes como Israel], "Lázaro", "Efraim esperto" ou, numa referência pungente à cor morena de Lassalle, "o preto judeu".

Esses ataques *ad hominem* a adversários políticos eram uma especialidade de Engels; deformidades físicas, pecadilhos sexuais e hábitos pessoais eram todos submetidos a um ridículo impiedoso. Mas esse foco particular na etnia — ele se queixava do número de judeus do Schiller Institute de Manchester, era carinhosamente obcecado com a herança crioula de Paul Lafargue e usava com frequência o termo *nigger*, que nessa época já tinha um cunho pejorativo — dá realmente o que pensar. Como muitos outros de seu ambiente, Engels certamente pensava que os europeus eram mais civilizados, mais avançados e mais instruídos do que os africanos, os eslavos, os árabes e os escravos da América do Sul. Apesar disso, quando se tratava da política racial nua e crua, ele sempre estava do lado certo: apoiou o Norte contra o Sul na Guerra Civil e, como vimos, ficou estarrecido com a carnificina do governador Eyre contra os rebeldes jamaicanos durante a rebelião de Morant Bay em 1865. A despeito de seu reflexo cultural em relação ao antissemitismo, ele também condenou sistematicamente a perseguição aos judeus quando ela ressurgiu — tanto entre os socialistas quanto entre os conservadores — na Alemanha do final da década de 1870. Na verdade, escreveu um ensaio condenando o antissemitismo como algo atrasado e doentio, "nada além da reação dos estratos decadentes da sociedade medieval contra a sociedade moderna, serv[indo] apenas a fins reacionários". Engels queria que os socialistas fizessem da luta contra o antissemitismo a sua própria luta e traçou as linhas gerais da dívida que o movimento tinha com os judeus, de Heine e Börne a Marx, Victor Adler e o líder social-democrata alemão Eduard Bernstein. E, como Marx, acreditava que o antissemitismo acabaria se extinguindo com o capitalismo, mesmo que ele próprio nunca tenha conseguido se livrar inteiramente dos seus instintos prussianos.[30]

Quer se devesse ou não à sua "astúcia judia", o legado intelectual de Lassalle certamente teve um impacto significativo sobre a política da classe operária alemã. "Izzy deu ao movimento um caráter conservador-cartista, do qual vai ser difícil ele se livrar", observou Engels pesarosamente depois da morte de Lassalle.[31] Isso era particularmente perigoso dada a direção que o Estado alemão estava tomando: Bismarck, ao que parecia, tinha aprendido muito com seu velho oponente Napoleão III e agora estava conseguindo imitar muito bem o modelo bonapartista de autoritarismo populista. Eleições manipuladas e um equilíbrio político controlado com o maior rigor permitiam que "a verdadeira autoridade governamental" ficasse "nas mãos de uma casta especial de oficiais do exército e de funcionários públicos".[32] A reverência de Bismarck pelo absolutismo estatal agora estava sendo camuflada pelo apoio da opinião pública e um direito maior ao voto — uma armadilha na qual Lassalle e seus seguidores pareciam contentes em se jogar de cabeça.

Felizmente, Marx e Engels tinham seu próprio partido para se contrapor ao apaziguamento bismarckiano de Lassalle — ou ao menos era o que pensavam. A Alemanha chegara tarde à Revolução Industrial; mas durante a segunda metade do século XIX sua economia agora unificada fez tudo o que podia para se atualizar. Projetos colossais de infraestrutura ferroviária, rodoviária e naval, ao lado de avanços importantes nas indústrias química, metalúrgica e elétrica, viram uma expansão sem precedentes da classe operária urbana. Foi a era do boom no vale do Ruhr, de linhas de produção fabril, fundições enormes, cartéis e sociedades anônimas apoiados por quatro grandes bancos — Deutsche, Dresdner, Darmstädter e Disconto-Gesellschaft. Com a urbanização e a industrialização em massa veio também o apoio à política radical nos bairros superpovoados dos trabalhadores em Berlim, Munique, Hamburgo e Frankfurt. Em 1869, esses eleitorados ganharam voz no Partido dos Operários Social-Democratas da Alemanha, fundado em Eisenach por August Bebel e Wilhelm Liebknecht. Com sua hostilidade em relação a alianças com partidos centristas de classe média, sua desconfiança em relação ao engrandecimento prussiano e sua abordagem mais obviamente marxista ao socialismo, Marx e Engels tinham um orgulho enorme do partido de Eisenach, considerando-o a personificação mais autêntica e prática do ideal da Internacional. Ali não havia resquício algum da preguiça que corroía o movimento da classe operária inglesa, nem da confusão do proudhonismo entre os franceses e os belgas, nem da peste bakuninista que infectara a Espanha e a Itália. É claro que os patriarcas fundadores não demoraram nada para observar que os membros do partido de Eisenach estavam indo na direção errada, e tenderam a fazer Liebknecht passar por maus bocados por causa dos vários acordos que a direção de um partido democrático implicava inevitavelmente. Suas críticas começaram a se intensificar em 1875 quando, numa reunião em Gotha, Liebknecht convenceu os membros do partido de Eisenach a fazer uma aliança com a Associação Geral dos Operários Alemães de Lassalle, unindo os dois grupos sob a bandeira do Partido dos Operários Socialistas da Alemanha (Sozialistische Arbeiterpartei Deutschlands, o SAPD).

Em Regent's Park Road, Engels estava incrédulo. Enquanto Marx redigia sua devastadora *Crítica dos programas socialistas de Gotha e Erfurt* sublinhando todas as falácias lassalleanas nas quais os membros do partido de Eisenach haviam caído, Engels castigava Bebel por trair o compromisso com o sindicalismo ao aceitar a noção errônea de uma "lei de ferro dos salários" e defender o disparate utópico de eliminar a desigualdade social e política.

Engels, o boêmio aficcionado à vida da alta sociedade, nunca foi um nivelador: "As condições de vida sempre têm uma certa desigualdade que pode ser diminuída, mas nunca inteiramente eliminada. As condições de vida dos habitantes dos Alpes sempre vão ser diferentes daquelas dos homens das planícies. O conceito de uma sociedade socialista como um reino da igualdade é um conceito francês unilateral." Liebknecht, lamentavelmente ajoelhado diante da doutrina lassalleana, mostrara indícios de autonomia ideológica, e Engels avisou pomposamente que "Marx e eu nunca reconheceríamos um novo partido fundado sobre essa base e teremos de considerar muito seriamente que atitude — tanto pública quanto privada — devemos adotar com relação a ele. Lembre-se de que no exterior somos considerados responsáveis por toda e qualquer declaração e ação do Partido dos Operários Social-Democratas". Eles dirigiram o grosso da sua ira contra Liebknecht por não os ter consultado de antemão e por sua desesperada "ansiedade para conseguir a unidade e pagar *qualquer preço* por ela".[33]

Bismarck estava muito preocupado com esse espectro de socialismo organizado, unificado, e duas tentativas frustradas de matar o imperador Guilherme I forneceram justamente o pretexto de que ele necessitava para desmantelar o movimento. Em 1878, ele introduziu o notório e repressivo *Sozialistengesetz*, que proibia todas as organizações "que procuram, por meio de atividades social-democratas, socialistas ou comunistas, derrubar a ordem política e social existente". Embora os social-democratas tivessem a liberdade de se candidatar para eleições, a lei antissocialista proibiu todas as assembleias e publicações, baniu os sindicatos, forçou membros do partido a deixar seus empregos e declarou o SAPD ilegal. Enquanto expressava uma simpatia profunda pelos ativistas presos e suas famílias (a quem ele ajudava financeiramente), Engels estava encantado com as consequências políticas dessa repressão, que ele esperava que levasse o SAPD para a esquerda, afastando-o das concessões envolvidas em sua formação. "O Sr. Bismarck, que há sete anos trabalha para nós como se estivesse em nossa folha de pagamentos, agora parece incapaz de moderar suas ofertas de acelerar o advento do socialismo", escreveu ele para seu correspondente russo Pyotr Lavrov.[34] Para Engels, Bismarck tinha sido obrigado a fazer *zugzwang*, manobra em que, numa partida de xadrez, qualquer jogada só apressa a derrota. "Na Alemanha, felizmente chegamos ao estágio em que toda ação de nossos adversários é vantajosa para nós", disse ele a Bebel, "quando todas as forças históricas estão em nossas mãos, quando nada, absolutamente nada, pode acontecer sem que tiremos vantagem. [...] Bismarck está trabalhando para nós como um verdadeiro troiano." Os primeiros resultados apareceram nas eleições de outubro de 1881, quando os social-democratas garantiram 312 mil votos em áreas predominantemente urbanas, que se traduziram em 12 assentos no Reichstag. "Nunca um proletariado se conduziu tão magnificamente", declarou Engels. "Na Alemanha, depois de três anos de perseguição sem precedentes e pressão incessante, durante os quais qualquer forma de organização e até de comunicação pública era uma impossibilidade total, nossos companheiros voltaram não só com toda a sua força anterior, mas, na realidade, mais fortes que antes."[35] Era muito gratificante a classe operária alemã ter finalmente reclamado a liderança do proletariado aos franceses e ingleses.

Mas até esse avanço impressionante tinha seus riscos. O sucesso eleitoral permitiu ao poder político passar dos movimentos de militantes locais para uma liderança parlamentar constituída frequentemente de membros da classe média e perigosamente suscetível ao reformismo, mais que às ideias radicais. Engels, que sempre afirmara "que as massas da Alemanha têm sido muito superiores a seus líderes", agora vasculhava toda declaração do grupo do Reichstag em busca de sinais de oportunismo vacilante. Boletins frequentes, às vezes diários, eram enviados do órgão legislativo sediado na Regent's Park Road com instruções detalhadas sobre a postura política a adotar em qualquer controvérsia dada e sobre a maneira de votar leis individuais (de tarifas protecionistas às minúcias do canal Schleswig-Holstein, que Engels decretou que era raso demais com nove metros). Essa microadministração extrema manteve Engels alerta para "as vozes dos representantes da pequena burguesia, aterrorizada com a possibilidade de o proletariado, impelido por sua situação revolucionária, "ir longe demais"'. Fechando os olhos às suas próprias pegadas burguesas, Engels era irredutível ao afirmar que a luta de classes era fundamental no movimento. "A emancipação da classe operária deve ser conseguida pela própria classe operária."[36] E, por isso, ele e Marx ficaram aliviadíssimos quando, num congresso clandestino da Social-Democracia no Wyden Castle da Suíça em 1880, o SAPD repudiou o seu reformismo no Reichstag e comprometeu-se novamente com a luta revolucionária "por todos os meios".

Engels passou uma boa parte da década de 1870 preocupado com a administração de seus próprios meios, o dinheiro vivo e o capital em ações que recebera da Ermen & Engels ao se aposentar. Como não era mais um barão do algodão, assumira outro papel do repertório de vilões do marxismo: o rentista. Como de hábito, ele havia escolhido um momento extremamente propício. A economia britânica, refletindo a mudança de Engels do norte para o sul, estava mudando seu centro de lucros do norte industrial para a cidade de Londres, com seu setor de serviços financeiros. Historiadores econômicos chamaram o último terço do século XIX de "a Grande Depressão", pois os salários estacionaram e os preços caíram. Mas, para os que dispunham de uma renda regular, foi uma época extraordinária. "Agora estamos a pleno vapor em termos de prosperidade e os negócios florescem", escreveu Engels em *Der Volkstaat* em 1871. "Há um excedente de capital no mercado e ele está procurando por toda parte um lar lucrativo; companhias espúrias, fundadas para a felicidade do ser humano e enriquecimento dos empresários, estão brotando por toda parte como cogumelos. Minas, pedreiras, bondes puxados por cavalo destinados às cidades grandes e metalúrgicas parecem ser as companhias mais promissoras do momento."[37] Engels estava florescendo na Londres do romance fulgurante de Trollope, *The Way We Live Now* [Como vivemos agora], uma cidade de capitalismo de sociedades anônimas e uma bolsa de valores ensurdecedora, seu elenco de financistas internacionais sintetizados perfeitamente por Augustus Melmotte, o vigarista barroco de Trollope, que "podia fazer ou falir qualquer empresa comprando ou vendendo ações e que podia tornar o dinheiro caro ou barato a seu bel-prazer". Era a Londres dos inumeráveis escriturários de casaco preto enchendo os incontáveis escritórios do comércio, dos bancos, das empresas de frete, seguro e imóveis. Em termos marxistas, a economia britânica estava a caminho de uma forma mais concentrada de monopólio capitalista. "'O lançamento de ações' — que transformava grandes firmas privadas em companhias limitadas — havia sido a ordem do dia durante dez anos ou mais", declarou Engels em 1881. "Dos grandes armazéns do centro de Manchester às metalúrgicas e minas de carvão do País de Gales e do Norte e às fábricas de Lancashire, todos lançaram ou estão lançando ações."[38] E o excedente de capital que resultou dessa entrada no mercado de ações logo estava em atividade em todo o globo. A Londres imperialista tornou-se "a câmara de compensação de cheques do mundo", financiando ferrovias no Peru, bondes em Lisboa, a mineração em Nova Gales do Sul e plantations de chá na Índia. Entre 1870 e 1914, o Reino Unido foi responsável por 44% dos investimentos estrangeiros (comparados com 19,9% da França e 12,8% da Alemanha), com uma proporção cada vez maior de fundos britânicos dirigidos a grandes projetos de infraestrutura e indústrias lucrativas no império. "A Grã-Bretanha está se tornando uma economia parasitária em vez de se tornar uma economia competitiva", nas palavras de Eric Hobsbawm, "alimentando-se dos restos do monopólio mundial, do mundo subdesenvolvido, de suas acumulações de riqueza do passado e do avanço de seus rivais.[...] Os profetas já previam — corretamente — o declínio e a queda de uma economia agora simbolizada por uma casa de campo no cinturão dos acionistas de Surrey e Sussex, e não mais pelos homens de rosto duro de cidades provincianas enfumaçadas."[39]

Primrose Hill ficava longe de Surrey, mas Engels era claramente parte dessa roda seleta de acionistas e capitalistas colonialistas. As contradições não haviam terminado com o seu último dia na fábrica. "Eu também tenho títulos e ações, compro e vendo de tempos em tempos", disse Engels a Eduard Bernstein ao entrar num debate surreal: se *Der Sozialdemokrat*, o jornal dos socialistas alemães no exílio, devia publicar ou não uma página sobre finanças. Engels, como Marx, preferia ler cuidadosamente o *Economist*. "Não sou ingênuo a ponto de ler a imprensa socialista em busca de conselhos sobre essas operações. Qualquer um que fizer isso vai se dar mal, o que vai ser bem feito!" A carteira de ações do próprio Engels era extensa e bem lucrativa. Seu testamento revelou posse de ações no valor de £22.600 (cerca de £2.2 milhões em termos de hoje), com ações da London and Northern Railway Company, da South Metropolitan Gas Company, da Channel Tunnel Corporation Ltd. e até alguns investimentos imperialistas, principalmente na Foreign and Colonial Government Trust Company.[40]

Felizmente, o investimento em ações era considerado ideologicamente saudável. "Você está certo ao descrever o clamor contra a bolsa de ações como algo pequeno-burguês", Engels informa Bebel lá das alturas. "A bolsa de valores só ajusta a distribuição da mais-valia já roubada aos trabalhadores." Na verdade, como a bolsa de valores tendia a centralizar e concentrar o capital, servia a um propósito essencialmente revolucionário, "de modo que até o mais burro consegue entender para onde a economia atual o está levando". Bastava enxergar além da própria patifaria para perceber que não havia nenhuma vergonha em viver indiretamente da exploração dos outros: "É perfeitamente possível alguém ser ao mesmo tempo um homem da bolsa de valores e um socialista e, por conseguinte, detestar e desprezar a classe dos homens da bolsa de valores." É evidente que uma vida de contradições não era nada estranha a Engels. "Será que algum dia vai me ocorrer pedir desculpas pelo fato de eu mesmo ter sido um dia sócio de uma empresa fabril? Qualquer um que tentar me jogar isso na cara vai ter uma bela recepção!"[41]

Como sempre, a questão era o que a pessoa fazia com os lucros depois de descontados os impostos. "Nós, pobres *rentistas*, somos feitos de carne e osso", lamentou-se ele certa vez sobre a mordida do Tesouro, mas Engels sempre foi impecavelmente generoso, tanto com as causas do partido quanto com suas questões pessoais. Além de subsidiar Marx com uma quantia de no mínimo £350 por ano, Engels pagou a educação dos filhos de Eugene Dupont, contramestre de uma fábrica de Manchester que era conhecido seu, cobriu as despesas do funeral de vários socialistas empobrecidos do Soho e contribuía regularmente para vários jornais partidários e instituições de caridade de *émigrés*. Infelizmente, o espírito filantrópico de Engels era explorado vil e regularmente pelos seus entes mais queridos. Seu ponto fraco sempre havia sido as filhas de Marx, e seus vários companheiros renegados sabiam disso muito bem. O pior de todos foi, de longe, Paul Lafargue, o marido de Laura Marx — o médico que se tornou proudhonista e depois membro do Conselho Geral da Internacional. Tendo ajudado Engels na luta contra o bakuninismo na Espanha, Lafargue voltou a Londres e, na condição de futuro autor do tratado O *direito à preguiça*, começou a praticar o que pregava. Uma tentativa desanimada de fundar uma oficina de fotolitogravura logo entrou em colapso por falta de investidores, de modo que Lafargue se voltou muito naturalmente para o tio Engels. "Estou constrangido por importuná-lo de novo logo depois de me ter adiantado várias quantias elevadas; mas, para pagar minhas dívidas e poder voltar à minha invenção, é imperativo para mim dispor da soma de

£60", escreveu ele peremptoriamente a Engels em junho de 1875. Para sorte dele, Engels admirava o intelecto de Lafargue e sentia uma afeição crescente por esse homem obstinado, sensual e pretensioso. Por sua vez, Lafargue desfrutava a companhia de Engels, um homem mais aberto, como se fosse um tio ou um contrapeso ao sogro rígido. "Ao grande decapitador de garrafas de champanhe, consumidor insaciável de cerveja e outros lixos adulterados, secretário dos espanhóis: saudações, e que o deus das grandes bebedeiras vele por você", são as primeiras frases de uma carta tipicamente brincalhona de Lafargue, antes de perguntar: "Será que a Sra. Burns toma banhos na '*bagnoire*' que eu lhe trouxe de Bordeaux para poder extinguir o fogo das suas entranhas?"

Muitas vezes essas cartas terminariam com algo como: "Vou precisar de mais £50 para pagar o senhorio." E assim continuavam suas demandas por dinheiro para o aluguel, impostos, despesas gerais e até roupa de baixo. "O cheque que você me enviou chegou como o maná no deserto", escreveu Lafargue (lembrando incrivelmente Karl Marx) de Paris em 1882, para onde havia voltado para fazer política socialista. "Infelizmente, não conseguimos fazer com que durasse para sempre; rogo-lhe que me mande um pouco de dinheiro, pois preciso comprar roupa íntima para Laura." Mas certamente estava arriscando a sorte em 1888 quando pediu a Engels que lhe mandasse um cheque £15 "para tapar o buraco deixado pelo vinho".[42] Mas Engels raramente conseguia dizer não às filhas de Marx; alimentava suas aspirações literárias, sustentava seus maridos e chegou até a apoiar as malfadadas aventuras de Tussy no palco. "A moça mostrou muito autocontrole e parecia muito charmosa", escreveu ele a Marx com orgulho. "Se ela realmente quiser deixar sua marca no público, é inquestionável que vai ter de desenvolver um estilo próprio, e não há dúvida de que vai conseguir."[43] Mas o que Engels realmente gostava de fazer com seu dinheiro era pagar as férias da família, com Lizzy, o clã Marx e ele indo para o litoral inglês. Alugar uma casa de verão com bastante cerveja Pilsener era a ideia de paraíso de Engels. "Depois de serem fortalecidas por mim na estação com um copo de vinho do Porto", escreveu Engels do resort de Ramsgate a um Marx ausente no verão de 1876, "ela [Jenny Marx] e Lizzy estão matando tempo na areia, alegríssimas por não terem de escrever nenhuma carta."[44]

Respirar o ar marinho tinha tanto um propósito medicinal quanto de relaxamento de férias. Lizzy tinha uma constituição frágil na maioria do tempo e no final da década de 1870 estava tendo ataques sérios de asma, ciática e um tumor agressivo na bexiga. No verão de 1878, Engels estava com medo de não conseguir sequer levá-la para a beira do mar. "Na semana passada, ela mal deixou o leito. O problema é gravíssimo e pode acabar mal", escreveu ele a Philipp Pauli, amigo dos dois.[45] Durante esses anos sombrios de declínio, Engels mostrou-se um companheiro desvelado, satisfazendo as necessidades modestas de Lizzy e ajudando nas tarefas domésticas. Mas estava lutando contra o inevitável, e na noite de 11 de setembro de 1878 Lizzy estava vivendo suas últimas horas. A essa altura, aconteceu algo inesperado e muito tocante: Engels, o grande materialista, o ateu e o flagelo dos valores familiares burgueses, saiu correndo para a Igreja de São Marcos para chamar o reverendo W. B. Galloway. Embora Lizzy fosse tratada há anos como "Sra. Engels", seu último desejo era ter sua relação de 15 anos santificada aos olhos de Deus antes de ela encontrar seu criador. Enquanto agonizava em seu leito no segundo andar da casa da Regent's Park Road, ela e Engels se casaram com uma licença especial segundo os ritos da Igreja da Inglaterra. Foi um momento raro, um momento de amor em que Engels pôs os desejos de Lizzy na frente de sua pureza ideológica. Sua adorada mulher morreu à 1h30 da madrugada seguinte e foi enterrada como "Lydia" — com uma cruz celta e tudo na lápide — no cemitério católico-romano de St. Mary, no noroeste de Londres. Sua morte foi muito menos repentina que a de Mary, e Engels mostrou-se muito mais estoico com a perda. E — talvez porque tivesse finalmente se casado oficialmente, talvez porque a mãe reprovadora não estivesse mais por perto — ele conseguiu enviar a nota de falecimento que omitira depois da morte de Mary: "Por meio desta notifico meus amigos da Alemanha que, na noite passada, a morte me privou de minha esposa, *Lydia*, sobrenome de solteira *Burns*."[46]

Dessa vez, ao menos em público, Marx comportou-se bem em relação ao luto do amigo. Mas, em particular, ridicularizou hipocritamente Engels e sua amante irlandesa analfabeta numa carta enviada a Jenny poucos dias depois da morte de Lizzy:

"Quando Tussy, a Sra. Renshaw e Pumps [...] estavam separando os objetos da mulher morta, a Sra. Renshaw [amiga de Lizzy e Engels] descobriu, entre outras coisas, um pacotinho de cartas e fez menção de entregá-lo ao Sr. Chitty [Engels], que estava presente à operação. 'Não', disse ele, 'queime-as! Não preciso ler suas cartas. Sei que ela seria incapaz de me enganar.' Será que Fígaro (refiro-me ao Fígaro de verdade, o de Beaumarchais) teria *trouvé cela?* Como a Sra. Renshaw observou depois a Tussy: 'Claro, como ele tinha de escrever as cartas para ela, e ler para ela as cartas que recebia, podia se sentir seguro de que essas cartas não tinham segredos para ele — mas talvez tivessem para ela.'"[47]

Mas o verdadeiro objeto da zombaria de Marx era Pumps, a sobrinha de Lizzy. Mary Ellen Burns entra no palco da vida de Engels como um bufão cheio de si, proporcionando ostensivamente um certo prazer, mas, na verdade, fonte de intenso constrangimento para todos. Tudo quanto Engels achava que Hegel havia declarado sobre a história na condição de tragédia e farsa se personificara no caráter de Pumps, a "feiticeira bêbada", a "ébria afável". A mais velha de dez filhos pobres, ela foi levada originalmente por Lizzy para a casa de Engels com o objetivo de ajudar nas tarefas domésticas. Uma criatura bonita, coquete e temperamental, acompanhou a família na mudança para o sul antes de ser mandada para Heidelberg em 1875 (à custa de Engels) para terminar seus estudos. Mas, quando uma Pumps muito mais consciente de si e de seus direitos voltou a Londres em 1877, recusou-se a ajudar Lizzy já doente na manutenção da casa e voltou mal-humorada para a casa dos pais em Manchester. A realidade suada e fétida do trabalho na peixaria do irmão logo a fez reexaminar suas opções, e ela escapuliu de volta ao sul na primavera de 1878.[48]

A morte de Lizzy deu a Pumps a chance de tomar o controle da Regent's Park Road. Ela "já assumiu os ares, para não falar do comportamento, de uma *'princesse regnante'*, junto com o vestido de luto de cinco guinéus", observou Marx venenosamente quatro dias depois da morte de Lizzy. "Mas este último só serviu para aumentar seu 'prazer' espúrio."[49] Agora firmemente estabelecida como dona da casa, ela era para Marx uma presença perpetuamente incômoda. Mas ela garantia um fluxo contínuo de fofocas, uma vez que poucos dos socialistas que passavam pelo número 122 conseguiam escapar a seus encantos e a seu viço. "Há pouca coisa acontecendo em 'nosso círculo'", escreveu Marx à filha Jenny Longuet em 1881. "Pumps ainda espera 'notícia' de [Friedrich] Beust [da Associação dos Operários de Colônia]; mas, nesse ínterim, já está de olho em [Karl] 'Kautsky', que, entretanto, ainda não se 'declarou'; e ela sempre vai ser grata a [Carl] Hirsch não só por ter finalmente se 'declarado' como, depois de ser repudiado, ter repetido a 'declaração' pouco antes de sua viagem a Paris." Dois meses depois, um novo pretendente estava sendo repudiado. "Hartmann [um *émigré* socialista] partiu finalmente na sexta-feira para Nova York, e estou satisfeito de ele ter saído do caminho do mal", Marx informou Jenny. "Mas, bobamente, alguns dias depois da partida, ele *pediu a mão de Pumps a Engels* — e foi por escrito, dizendo-lhe, ao mesmo tempo, que acreditava não haver cometido um erro ao fazer isso; aliás, ele (Hartmann) acreditava que seria aceito por Pumps — a moça tinha realmente flertado com ele, mas só para despertar ciúmes em Kautsky."[50]

Apesar de todos aqueles cansativos pedidos de casamento e de suas histrionices, Pumps era uma mulher jovem e bonita, e seus encantos femininos provavelmente compensavam as bobagens com que Engels tinha de se haver. Era também um elo vivo com as irmãs Burns e seu passado manchesteriano. Infelizmente, Pumps também era perdulária com seus afetos e deixou-se seduzir por um londrino imprestável chamado Percy Rosher. Apesar de sua muito propalada aversão ideológica pela hipocrisia burguesa do casamento, Engels obrigou Rosher a fazer a coisa certa e casar-se com a moça; mas durante os anos seguintes foi ele que teve de pagar o pato. Rosher, um contador com diploma, mas fracassado na profissão, parecia compartilhar os sentimentos dos outros genros pobres coitados que cercavam Marx e Engels — a convicção de que os mais velhos lhes deviam o pão. Ele tirou Pumps das mãos de Engels em 1881, mas os dois, que brigavam muito, logo se tornaram convidados regulares dos domingos, companheiros perenes das férias (que ao menos permitiam a um Engels deleitado fazer o papel de avô da crescente prole de Pumps) e visitas frequentes à Regent's Park Road, muitas vezes por semanas a fio. Apesar disso, o comportamento tempestuoso e infantil de Pumps ajudou a aliviar a depressão que Engels sentiu depois da morte de Lizzy. No verão de 1879, ele estava novamente em forma, perguntando sugestivamente a Marx se ele achava uma boa ideia que ambos "abrissem uma exceção e se livrassem do Eterno Feminino, brincando de ser SOLTEIRÕES em algum lugar durante uma semana ou duas".[51]

A recuperação da saúde lançou Engels de volta à sua posição de estrategista do comunismo, atacando os últimos baluartes de heresias bakuninistas e lassalleanas e supervisionando as atividades de Liebknecht e Bebel. Ele também voltou a atenção para as perspectivas de revolução na Rússia. Desde seus dias de pioneiros na Paris da década de 1840, Marx e Engels tinham considerado a revolução proletária como algo que dependia de um certo grau de progresso industrial e econômico, que traria em sua esteira a consciência de classe, a luta de classe e todos os outros precursores da mudança. A Rússia czarista — aquela autarquia reacionária e feudal — era visivelmente subdesenvolvida e não parecia uma candidata provável. Mas, sempre otimista, em 1874 Engels considerava a revolução russa "muito mais próxima do que pareceria na superfície". Um ano depois, ela estava "assomando no horizonte", e em 1885 ele tinha certeza de que ela estava "*fadada* a acontecer de uma hora para outra; pode *irromper* qualquer dia desses".[52]

A questão que atormentava Marx, Engels e todo o movimento marxista russo era: que forma a revolução vai assumir? Nas últimas décadas do século XIX, havia duas escolas de pensamento a respeito dessa questão. A primeira, defendida pelo grupo Emancipação do Trabalho, dirigido por Georgi Plekhanov, argumentava ao longo de linhas ortodoxas, dizendo que a Rússia teria de seguir o curso de industrialização progressista, empobrecimento da classe operária e desenvolvimento da consciência de classe da Europa Ocidental antes que uma revolução proletária (que, nesse caso, teria o apoio em massa do campesinato russo) pudesse acontecer. A segunda abordagem foi aquela adotada pelos *narodniki*, ou "populistas", que, inspirados pelos escritos de Nikolai Tchernichevski, sugeriam que a herança singular de comunas aldeãs primitivas da Rússia, conhecidas como *obschina*, significava que o país tomaria uma outra estrada para o socialismo. Em vez de suportar os horrores da transição capitalista ocidental, a Rússia poderia — principalmente se fosse instigada por alguns ataques terroristas — tomar, em ritmo acelerado, o caminho para um futuro comunista com base em seu legado de propriedade coletiva da terra, relações comunais de produção e socialismo agrário básico. Alexander Herzen e Peter Tkachov chegaram até a sugerir que os camponeses russos eram, de fato, o povo eleito do socialismo, comunistas inatos, destinados a suceder os europeus preguiçosos.

Antes, Marx e Engels desprezavam soberanamente todas as formas rurais de vida comunal. Em seus textos sobre a Índia, a Ásia e até a Irlanda, tinham condenado a comuna aldeã como um resquício atrasado do "despotismo oriental" e um empecilho anacrônico para a marcha global rumo ao socialismo. Mas na década de 1870, quando a perspectiva de revolução na Europa Ocidental diminuiu muito e ambos os homens passaram a se interessar cada vez mais pelos primórdios da história humana (especificamente a era da *gens*, tribos e vida comunal sobre as quais leram no influente estudo do antropólogo americano Lewis Henry Morgan, publicado em 1877 e intitulado *A sociedade antiga, ou Pesquisas sobre as linhas do progresso humano da selvageria à barbárie e à civilização*), eles passaram a reconsiderar as possibilidades políticas do comunismo primitivo. Libertando-se de seu preconceito antieslavos, de repente Engels achou que o modelo russo não devia mais ser descartado. "A possibilidade existe, é inegável", escreveu ele num ensaio de 1875, "de levar essa forma de socialismo a outra superior sem que seja necessário os camponeses russos passarem pelos estágios intermediários da pequena propriedade burguesa." Mas havia uma condição: "Mas isso só pode acontecer se antes do colapso total da propriedade comunal uma revolução proletária tiver êxito na Europa Ocidental, criando para o camponês russo o pré-requisito dessa transição."[53]

Marx e Engels também revisaram essa sequência de seu prefácio de 1882 à segunda edição de *O manifesto do partido comunista*: "Se a Revolução Russa se tornar um sinal para uma revolução proletária no Ocidente, de modo que ambas complementam uma à outra, a atual propriedade coletiva da terra na Rússia pode servir de ponto de partida para uma proposta comunista." Marx refez seu argumento numa carta escrita e reescrita inúmeras vezes, mas que nunca enviou à socialista russa Vera Zasulich:

"Portanto, teoricamente falando, a 'comuna rural' russa pode se preservar se desenvolver suas bases, a propriedade coletiva da terra, e se eliminar o princípio da propriedade privada que ela também implica; pode se tornar um ponto de partida direto do sistema econômico rumo ao qual tende a sociedade moderna; pode virar uma nova página sem começar cometendo suicídio; pode conquistar a posse dos frutos com que a produção capitalista enriqueceu a humanidade sem passar pelo regime capitalista, um regime que, considerado exclusivamente do ponto de vista de sua possível duração, não conta na vida da sociedade."[54]

Estava claro que Marx não acreditava mais na necessidade de um processo uniforme de avanço socioeconômico capitalista aplicável a todas as nações. Mas Engels lamentou essa reconsideração e, num dos poucos casos de divergência filosófica entre os dois homens, reverteu ao paradigma original. Apesar de ter pensado bem, reconhecia ele, tinha se deixado atrair pelo carisma dos *narodniki* e considerado a Rússia czarista um despotismo tão reacionário que até o terrorismo blanquista poderia ser justificado para fazer a revolução acontecer. Mas, à medida que os anos da década de 1880 foram passando, ele ficou cada vez mais convencido de que a sociedade russa, que agora estava se industrializando cada vez mais, não era diferente da Inglaterra, da Alemanha ou dos Estados Unidos e teria de passar exatamente pelo mesmo processo de desenvolvimento econômico. "Receio que tenhamos de tratar a [comuna] como um sonho do passado e contar no futuro com uma Rússia capitalista", disse ele a Nikolai Danielson, o tradutor russo de *O capital*.[55] A comuna russa tinha existido durante centenas de anos, estava dando poucos sinais de um desenvolvimento positivo e agia — se é que agia mesmo — como um "grilhão" ao progresso do campesinato. Além disso, ele repudiara como "infantil" a sugestão de que a revolução comunista talvez "não nascesse das lutas do proletariado da Europa Ocidental, mas sim dos últimos recessos do campesinato russo". Era "uma impossibilidade histórica que um estágio inferior do desenvolvimento econômico pudesse resolver os enigmas e conflitos que surgiriam e só poderiam surgir num estágio muito posterior".[56]

Para ajudar os marxistas russos a entender seu quebra-cabeça histórico, ele traçou um paralelo com a experiência de Robert Owen, um dos primeiros socialistas utópicos. Os operários que Owen empregara em sua fábrica de New Lanark na década de 1820 tinham, como o campesinato russo da *obschina*, sido "criados com instituições e costumes de uma sociedade pagã comunista e decadente, o clã celta-escocês", mas não mostravam compreensão alguma dos princípios socialistas.[57] A Rússia simplesmente teria de aceitar que não havia atalho para o socialismo por meio da comuna e resignar-se à lenta e penosa marcha da história. Em uma das previsões proféticas de Engels, ele declarou que, na Rússia, "o processo de substituir cerca de 500 mil proprietários de terra e cerca de 80 milhões de camponeses por uma nova classe de proprietários de terra burgueses não pode ser realizado sem terríveis sofrimentos e convulsões. Mas a história é uma das mais cruéis de todas as deusas e conduz seu carro triunfal sobre pilhas de cadáveres não só na guerra, mas também no desenvolvimento econômico 'pacífico'".[58]

Nem Marx nem Engels viveram o bastante para assistir às violentas convulsões da Rússia em 1917 e depois. Enquanto eles entravam em sua sétima década, a dor de viver só fazia aumentar para os velhos londrinos. No verão de 1881, Jenny Marx estava se enfraquecendo visivelmente sob o peso do câncer e, no dia 2 de dezembro, sucumbiu. Suas últimas semanas de vida foram gastas cruelmente separada de seu "porco-do-mato negro", seu "tratante malvado", seu "mouro", uma vez que a pleurisia e uma bronquite devastadora mantiveram-no confinado. Ele não conseguiu sequer participar do funeral da mulher, enterrada em local não consagrado do cemitério Highgate do norte de Londres. Coube a Engels fazer um elogio generoso, celebrando a "plena convicção" dela no "materialismo ateu" e declarando que "vamos sentir muita falta de seus conselhos ousados e prudentes, ousados sem fanfarronice, prudentes sem o sacrifício da honra."[59]

Marx logo a seguiu no túmulo. A segunda metade da década de 1870 viu o filósofo cada vez mais incapacitado por uma série de moléstias, de dores de cabeça e carbúnculos a insônia, doenças dos rins e do fígado e, por fim, um catarro impossível de eliminar. Estes eram certamente males físicos graves, mas também pode ter havido um retorno aos seus problemas psicossomáticos. Marx nunca terminou os volumes 2 e 3 de O capital e, quanto menos escrevia e quanto mais se distraía com outros tópicos (como a comuna asiática primitiva), tanto mais rápido seu corpo se deteriorava. Quer a economia de O capital tenha dado a impressão de ter perdido a credibilidade, quer as possibilidades políticas do comunismo tenham deixado de parecer realistas, ao que tudo indica Marx estava abandonando furtivamente o seu *grand projet*. Fez inúmeras viagens a Carlsbad para tomar as águas prescritas para seus problemas de fígado e a Isle de Wight para respirar o ar marinho rico em iodo. Depois da morte de Jenny, a procura de um resort para cuidar da saúde se tornou mais urgente ainda, uma vez que ele precisava desesperadamente de um clima quente e seco para aplacar a bronquite. Um indício seguro de sua doença foi que agora, pela primeira vez, estava achando incômoda a companhia de Engels. "Na verdade, a excitação de Engels me irritou", escreveu ele à filha Jenny Longuet. "Senti que não conseguia mais suportá-la; daí minha impaciência para sair de Londres, seja como for!"[60] Arrastou-se de Algiers para Monte Carlo e dali para a França e a Suíça e, para todos esses lugares, levou o mau tempo consigo. A bronquite tornou-se crônica. E então, em janeiro de 1883, outro golpe: Jenny Longuet morreu de câncer de bexiga. Marx voltou para casa.

No desditoso inverno do começo de 1883, toda tarde Engels percorria a pequena distância entre Regent's Park Road e Maitland Park Road para visitar o amigo da vida inteira. Às 14h30 do dia 14 de março de 1883, ele "chegou e encontrou a casa em lágrimas":

> "Parecia que o fim estava próximo. Perguntei o que havia acontecido, tentei ir ao fundo da questão, oferecer consolo. Tinha havido só uma hemorragia leve; mas, de repente, ele começou a cair rapidamente. Nossa boa e velha Lenchen, que tinha cuidado dele melhor do que uma mãe cuida do filho, subiu as escadas para vê-lo e desceu em seguida. Ele estava meio dormindo, disse ela, eu podia entrar. Quando entramos no quarto, ele estava deitado dormindo, mas para nunca mais acordar. O pulso e a respiração tinham parado. Naqueles minutos ele faleceu, pacificamente e sem dor."[61]

A morte de Marx não levou só o melhor amigo de Engels, mas também a maior parceria intelectual da filosofia do Ocidente. "A sua não é uma perda comum, nem a perda de uma família comum", escreveu a Engels o seu velho aliado cartista Julian Harney. "A amizade e a dedicação, o afeto e a confiança fizeram da ligação fraternal de Karl Marx e Friedrich Engels algo além de qualquer coisa de que eu tenha conhecimento entre outros homens. Que houve entre vocês um laço que 'supera o amor de uma mulher' é pura expressão da verdade. Procuro em vão palavras para manifestar meus sentimentos por seu luto e minha profunda simpatia por você e seu sofrimento."[62]

Abalado com a perda, Engels procurava se consolar pensando que a morte de Marx, como a de sua mulher, traduzia sua grandeza. Numa carta a Friedrich Sorge, o amigo americano de ambos, ele prestou uma homenagem à bravura de Marx: "O talento médico poderia ter lhe dado mais alguns anos de existência vegetativa, a vida de um ser indefeso, que morreria — para triunfo da arte da medicina — não de repente, mas pouco a pouco. Mas nosso Marx jamais teria suportado uma coisa dessas."[63] Poucas horas depois de ver as feições do amigo "rígidas na morte", Engels procurou cimentar a magnitude de sua genialidade. "Todos nós somos o que somos graças a ele; e o movimento é o que é hoje graças às suas atividades teóricas e práticas; não fosse por ele, ainda estaríamos no meio da maior confusão", disse ele a Liebknecht, generoso até o fim.[64] Na ausência de Marx, agora o desafio era levar a luta adiante. "O que mais nos resta fazer?" Tendo dedicado tantos anos da própria vida à sua missão filosófica, Engels não deixaria as ideias de Marx morrerem com ele.

9
O buldogue de Marx

"Com a morte desse homem, tanto o proletariado militante da Europa e da América quanto a ciência histórica estão sentindo uma perda incomensurável", foi a declaração melancólica de Engels na manhã de 17 de março de 1883, quando Marx foi posto para descansar ao lado da mulher Jenny na íngreme parte leste do cemitério de Highgate. Hoje, as catacumbas góticas e as sinuosas trilhas pavimentadas desse "Valhala vitoriano" recebem um trânsito constante de turistas e ideólogos atraídos pelo santuário de Marx construído na década de 1950; a extremidade do cemitério transformou-se num reduto comunista com socialistas iraquianos, sul-africanos e judeus enterrados todos à sombra de seu primeiro profeta. Em 1883, era um lugar muito mais isolado, só com 11 pessoas de luto presentes. Tussy e os genros de Marx Paul Lafargue e Charles Longuet abraçaram-se ao lado do túmulo, junto com os cientistas E. Ray Lankester e Carl Schorlemmer e os velhos companheiros comunistas Wilhelm Liebknecht e Friedrich Lessner. Chegaram telegramas da França, da Espanha e da Rússia, e coroas de flores foram enviadas por *Der Sozialdemokrat* e pela Sociedade de Educação dos Operários Comunistas. Mas foi o discurso fúnebre de Engels, breve e secular, que dominou o processo.

Dedicando pouco tempo ao casamento e aos filhos, e até à sua própria amizade de quarenta anos, Engels passou logo a codificar o que exatamente o marxismo significava. Foi um discurso escrito mais para a diáspora comunista da Europa do que para os outros presentes de luto, e o sentimento não teve lugar na hora de criar uma lenda ideológica. "Assim como Darwin descobriu a lei do desenvolvimento da natureza orgânica, Marx descobriu a lei do desenvolvimento da história humana [...]. Mas isso não é tudo. Marx também descobriu a lei especial do movimento que governa o modo de produção capitalista de nossos dias e da sociedade burguesa que esse modo de produção gerou. [...] Tal era o homem de ciência", declamou Engels. Sentiria terrivelmente a sua falta. "Ele morreu amado, reverenciado e pranteado por milhões de trabalhadores revolucionários — das minas da Sibéria à Califórnia, de todas as partes da Europa e da América —, e tenho a ousadia de dizer que ele pode ter tido muitos adversários, mas nenhum inimigo pessoal. Seu nome vai perdurar ao longo das eras, e também a sua obra!"[1]

Essa santificação póstuma do legado de Marx não terminou nas trilhas do cemitério de Highgate. Algumas semanas depois, Engels estava denunciando nos termos mais estridentes possíveis um comunista italiano, Achille Loria, por ousar interpretar mal a obra de Marx e manchar seu nome. "O que você não tem o direito de fazer, e o que eu nunca vou permitir que ninguém faça, é difamar o nome do meu amigo morto", declarou Engels antes de se despedir de Loria "com todos os sentimentos que você merece".[2] "Quando Marx morreu, nada o preocupava mais [a Engels] do que a defesa de sua memória", nas palavras do teórico político Harold Laski. "Poucos homens já se mostraram tão ansiosos por provar a grandeza de um amigo a expensas da própria eminência."[3]

Depois da morte de Marx, como durante sua vida, Engels assumiu o papel de buldogue de Marx, determinado a todo custo a proteger a herança política do amigo. Apesar disso, os historiadores muitas vezes viram com ceticismo o empenho de Engels nos anos seguintes ao funeral, com alguns afirmando que ele refundiu deliberadamente o significado da obra de seu colaborador. A comparação com a biologia evolutiva de Darwin e as leis do movimento de Newton, feita à beira do túmulo, aponta para a mentalidade científica de Engels e seu desejo de associar o pensamento de Marx aos rigores da ciência. Por isso, Engels foi acusado de remodelar falsamente o marxismo, de deixar seus próprios entusiasmos científicos eliminarem o impulso humanista do Marx autêntico, original, substituindo-o, na ausência do amigo, por uma política mecanicista desprovida da promessa inspiradora do socialismo.

Em parte como consequência disso, Engels foi responsabilizado pela ideologia oficial da União Soviética de Stalin e pelos horrores do marxismo-

Page 771

BURIALS in the London Cemetery Company's North London or Kentish Town and Highgate Cemetery of Saint James, in Swain's Lane, in the Parish of St. Pancras, in the County of Middlesex, next Highgate, in the Year 1883

Name.	Abode.	When Buried.	Age.	By whom the Ceremony was performed.
Walter Samuel Smith No. 6161	5 Tavistock Terrace Holloway Road	14th March 1883	65 years	Robert Pittman
Mary Haycraft No. 6162	8 Canonbury Park South Islington	15th March 1883	77 years	Henr Allen
Hannah Goodwin No. 6163	60 St Georges Road Regents Park St Pancras	16th March 1883	64 years	Bevill Allen
Karl Marx No. 6164	41 Maitland Park Road - St Pancras	17th March 1883	64 years	Fredk Engels
Mary Belinda Hill No. 6165	10 Elsworthy Terrace Primrose Hill South Hampstead	19th March 1883	28 years	L. W. Breckelton
Salome Stammers Geard No. 6166	10 Hazelville Road Hornsey Lane Islington	20th March 1883	90 years	Alfred Rowland
Mary Ann Backhouse No. 6167	43 Suffolk Road Holloway	20th March 1883	73 years	C. D. Maynard
John Smith No. 6168	92 Carleton Road Tufnell Park Islington	20th March 1883	63 years	A. L. Tefet

Registro do cemitério do enterro de Karl Marx, com Friedrich Engels como ministro.

leninismo. É uma acusação cômoda de fazer — na esperança de absolver Marx dos crimes perpetrados em nome do marxismo —, mas é uma acusação que interpreta mal a natureza da colaboração entre Marx e Engels. É verdade que Engels, um dos intelectos mais vorazes de seu tempo, ficou hipnotizado com os avanços científicos de seu tempo e procurou, junto com Marx, posicionar seu socialismo no contexto dessa época de transformação científica. Com as bênçãos de Marx, ele ajudou a sistematizar o cânone ideológico do amigo, convertendo-o numa doutrina popular e coerente que ajudaria a pôr a democracia social da Europa numa direção fundamentalmente marxista. Como movimento político de massa, o marxismo não começa com O *capital* nem com a malfadada Primeira Internacional, mas sim com os volumosos panfletos e propaganda de Engels durante a década de 1880. O grande presente de Engels ao amigo morto foi transformar o marxismo numa das filosofias políticas mais persuasivas e influentes da história humana — ao mesmo tempo que se mantinha fiel à ideologia que desenvolveram juntos.

"Uma grande cidade, cuja imagem reside na memória do homem, é a encarnação de uma grande ideia", escreveu Benjamim Disraeli em seu romance *Coningsby*, de 1844. "Roma representa a Conquista; a Fé flutua sobre as torres de Jerusalém; e Atenas simboliza a qualidade proeminente do mundo antigo — a Arte." Mas o mundo estava mudando, pensou Disraeli, e uma nova civilização se aproximava. "O que a Arte era para o mundo antigo, a Ciência é para o mundo moderno; a faculdade distintiva. Na cabeça dos homens, o útil sucedeu ao belo. Em vez da cidade da Coroa de Violetas, uma aldeia de Lancashire expandiu-se até se tornar uma região poderosa de fábricas e armazéns. Mas, bem entendida, Manchester é uma proeza humana tão grande quanto Atenas."[4]

Se os primeiros anos de Engels foram passados sob a influência emocional dos românticos, sua meia-idade foi consagrada à ciência, à tecnologia e a conhecimentos úteis. Havia poucos lugares melhores para se dedicar a esses interesses do que Manchester, onde a noção de "faculdade distintiva" da era moderna, definida por Disraeli, estava em plena floração. No século XIX, o norte da Europa passou por uma série de mudanças de paradigma nas ciências naturais e físicas. Na química, o aristrocrata francês Antoine-Laurent Lavoisier tinha desbravado o campo da química quantitativa, que Justus von Liebig depois aplicou ao reino dos compostos orgânicos. Na biologia, o botânico alemão Matthias Schleiden tinha realizado uma série de avanços na teoria celular que seu amigo, o fisiologista Theodor Schwann, estendeu ao reino animal. Na física, William Robert Grove estava fazendo um trabalho pioneiro com a primeira célula combustível e antecipando a teoria da conservação da energia, enquanto James Clerk Maxwell estava levando os trabalhos de Michael Faraday sobre eletricidade na direção de uma teoria unificada de eletromagnetismo.

Manchester foi o ambiente onde aconteceu grande parte dessa revolução. Foi o químico John Dalton, um professor do Manchester New College e baluarte da Sociedade Literária e Filósofica da cidade (onde muitos de seus experimentos foram realizados), quem desenvolveu o trabalho quantitativo de Lavoisier, transformando-o na teoria atômica moderna ao definir o quadro de referências da tabela periódica. Ele foi um herói cívico e, depois de sua morte, seu corpo ficou em exposição na prefeitura enquanto 40 mil manchesterianos desfilavam na sua frente para lhe prestar uma última homenagem. James Joule, pupilo de Dalton, foi igualmente notável. Herdeiro rico de uma dinastia de cervejeiros, Joule resolveu investigar uma questão controvertida (com a qual Grove tinha lutado): se era possível conservar a energia. Por meio de uma série de experimentos primorosos, ele demonstrou que a quantidade total de energia permanece constante enquanto está sendo transferida de uma fonte para outra, no caso dele do ato do movimento mecânico em calor. William Thomson (o futuro lorde Kelvin) e os cientistas alemães Hermann von Helmholtz e Rudolf Clausius usaram os resultados de Joule para formular as duas primeiras leis da termodinâmica, definindo os princípios de conservação da energia e da entropia cada vez maior do universo. Estátuas de Dalton e Joule, colocadas em colunatas de mosaico da prefeitura pelas autoridades cívicas de Manchester, deixam claríssimo o grande orgulho e a paixão da cidade pelo progresso científico.

A democracia da ciência, seu exercício por parte de técnicos e homens de negócios comuns, era um elemento essencial da autoimagem de Manchester. Na Sociedade Literária e Filosófica, na Sociedade Geológica e na Sociedade de História Natural da cidade, a ciência era venerada como uma disciplina deliberadamente meritocrática, em que os provincianos toscos de Manchester podiam florescer tanto quanto as elites de Londres e Oxbridge. Na verdade, mais ainda: a combinação de tecnologia, indústria e pragmatismo comercial da cidade proporcionou-lhe uma vantagem intelectual sobre as rarefeitas cidades universitárias. Uma rica troca de conhecimentos especializados na área da ciência e da tecnologia logo se desenvolveu entre as comunidades do noroeste da Inglaterra e da Renânia alemã, que estavam em processo de industrialização, com os químicos alemães tendo uma demanda particular. O debate e as descobertas científicas estavam vivos nas fábricas, nas oficinas e nos laboratórios, bem como nos ateneus, liceus e sociedades de debates da cidade. Em seu romance de 1848, *Mary Barton*, Elizabeth Gaskell declara entusiasticamente que "no bairro de Oldham há tecelões, artesãos que usam o tear manual, que movimentam a lançadeira com um ruído incessante, enquanto os 'Principia' de Newton estão abertos em cima do tear, para uma consulta rápida durante as horas de trabalho, mas também para serem lidos com grande prazer na hora das refeições ou à noite". Depois ela passa a elogiar os botânicos que eram operários de fábrica — "igualmente familiarizados com o sistema de Lineu e com o sistema natural" — e seus entomólogos amadores, "que podem ser vistos com uma rede de aparência tosca, prontos a pegar qualquer inseto alado".[5] Em meados da década de 1860, esse interesse científico em expansão levou à criação de "aulas de ciência por um *penny*", com milhares de mecânicos e artesãos de Manchester acotovelando-se no Hulme Town Hall ou no Free Trade Hall para ouvir oradores como T. H. Huxley falando sobre "A circulação do sangue"; W. B. Carpenter, sobre "A ação inconsciente do cérebro"; John Tyndall, sobre "Forças moleculares cristalinas"; e William Spottiswoode, sobre "A polarização da luz".

Desde seus primeiros dias em Salford, onde participou de experimentos públicos no Owenite Hall of Science, Engels adorava esse ambiente científico. "Tenho de ir ao Schiller Institute presidir o *Comité*", escreveu ele a Marx em 1865. "A propósito, um dos membros de lá, um químico, explicou-me recentemente o experimento de Tyndall com a luz do sol. É realmente fundamental."[6] Sua ligação mais óbvia com o mundo da ciência era o amigo socialista Carl Schorlemmer, um professor de química rebatizado de

"Jollymeier" no vernáculo de Marx e que lhe deu aulas particulares sobre os fundamentos da química e do método científico. Autor de *The Rise and Development of Organic Chemistry* [Ascensão e desenvolvimento da química orgânica] (1897), Schorlemmer era especialista em hidrocarbonos e compostos de álcool. Havia trabalhado por trinta anos nos laboratórios do Owens College como assistente particular do cientista e político Sir Henry Roscoe, que observou que os conhecimentos de Schorlemmer "em ambos os ramos da química eram amplos e acurados, enquanto sua capacidade de trabalhar incessantemente, tanto na teoria quanto na prática, era verdadeiramente teutônica".[7] Alguns outros do círculo científico de Engels eram o geólogo inglês John Roche Dakyns e outro químico alemão, Philipp Pauli, que trabalhava para uma companhia de álcali em St. Helens e que, mais tarde, deu um lar a Pumps enquanto ela terminava os estudos em Rheinau. A ciência era um bálsamo intelectual para a monotonia da vida no escritório de Ermen & Engels, e Engels mergulhou avidamente nas controvérsias científicas da época. Leu o geólogo Charles Lyell e o teórico evolucionista T. H. Huxley ("ambos muito interessantes e muito bons"), Grove sobre física e August Wilhelm von Hofmann sobre química ("apesar de todos os seus defeitos, a mais moderna teoria química representa um grande avanço em relação à velha teoria atomista"). Ele também foi um dos primeiros a defender a prática francesa da vivissecção como forma de compreender as "funções de certos nervos e os efeitos de interferir neles".[8] Engels considerava até as doenças terminais dos amigos tópicos apropriados de análise imparcial. "Qualquer um que algum dia tenha examinado o tecido do pulmão ao microscópio sabe o quanto é perigoso um vaso sanguíneo se romper quando o pulmão está purulento", escreveu ele a Friedrich Sorge, comentando a doença de Marx dois dias antes da morte do amigo.[9] Seria igualmente clínico numa carta ao irmão de Carl Schorlemmer durante as últimas horas deste, observando que, "por volta da semana passada, foi descoberto sem sombra de dúvida que ele desenvolveu um tumor carcinogênico no pulmão direito, que se estendeu por quase toda a terça parte do órgão".[10]

Como tantos outros vitorianos, Engels ficou fascinado pela obra de Charles Darwin, *A origem das espécies*, e pela teoria da evolução por meio da seleção natural. "Aliás, Darwin, que estou lendo agora, é absolutamente esplêndido", escreveu Engels a Marx em dezembro de 1859 logo depois que o livro foi publicado. "Nunca antes foi feita uma tentativa tão grandiosa de demonstrar a evolução histórica na Natureza, e certamente nunca com tão bons resultados. É claro que é preciso tolerância com o tosco método inglês."[11] Marx, que achava a obra um reflexo eloquente da selvageria capitalista de meados da era vitoriana e prestou uma atenção particular ao conceito de progresso evolutivo de Darwin baseado no conflito e na luta, não precisava de incentivo. "É extraordinário como Darwin redescobre, entre os animais e as plantas, a sociedade da Inglaterra com a sua divisão de trabalho, competição, abertura de novos mercados, 'invenções' e 'luta pela existência' malthusiana", escreveu Marx a Engels alguns anos depois enquanto estava debruçado sobre as obras de Ricardo e Darwin, preparando-se para O capital.[12] Na verdade, Marx ficou tão apaixonado pela obra de Darwin que mais tarde enviou uma edição de O capital ao grande cientista de Downe House — onde, infelizmente para Marx, a maioria de suas páginas não foi aberta. Darwin considerava a ideia alemã de uma conexão "entre socialismo e evolução por meio das ciências naturais" muito simplesmente "uma bobagem".[13]

Em meados da década de 1870, o próprio Engels estava tendo dúvidas sobre a escola de "darwinismo social" que estava se formando em torno do filósofo Herbert Spencer. Ao contrário de Marx, ele tinha ficado muito mais cético em relação às tentativas de traduzir a teoria da evolução do mundo animal para a sociedade humana. Desde A situação da classe trabalhadora na Inglaterra, com suas histórias pungentes sobre a bestialidade sofrida pelo proletariado de Manchester, Engels sempre afirmou que o grande crime do capitalismo era reduzir o ser humano ao estado de animalidade. Na sociedade humana, dizia ele agora, o resultado da luta pela existência — nas palavras dos darwinistas sociais —, o que havia não era a sobrevivência *individual* dos mais aptos, mas sim o domínio de toda uma classe: "A classe produtora [o proletariado] assume a administração da produção e da distribuição, tirando-a da classe que a exerceu [a burguesia] até o momento, mas que agora se tornou incompetente para essa função, e então temos a revolução socialista."[14]

Mas a contribuição científica mais importante de Engels foi além dessa compreensão rasa da teoria darwinista: estava enraizada no esforço de ligar os extraordinários avanços científicos de meados do século XIX — na teoria atômica, na biologia celular e na energia física — com a filosofia do homem que foi o primeiro a chamar a atenção de Marx e Engels para o iluminismo comunista.

Em julho de 1858, um Engels entediado pediu emprestado a Marx um exemplar da *Filosofia da natureza* de Hegel. "No momento estou estudando um pouco de fisiologia, que vou combinar com a anatomia comparativa", escreveu ele, falando de suas atividades extracurriculares (em resposta a essa carta, Marx perguntou se era "em Mary que ele estava estudando fisiologia ou em outra parte?"). "Aqui a gente se depara com coisas extremamente especulativas, mas todas elas só foram descobertas há pouco tempo; estou curiosíssimo para saber se o velho já não tinha alguma ideia a respeito delas", continua Engels. Estava particularmente ansioso por saber se alguma coisa nos escritos filosóficos de Hegel previa ou anunciava os avanços recentes na física e na química. Pois, se for bem compreendida, sugeriu Engels, "a célula é o 'ser em si' hegeliano e seu desenvolvimento segue o processo hegeliano passo a passo até o surgimento final da 'Ideia' — isto é, o organismo completo".[15] Desde os primeiros dias em que lia Hegel com um copo de ponche em seu quarto de Barmen, Engels sempre admirara a metodologia do processo crítico dialético por meio do qual, através de cada estágio progressista e contraditório do pensamento, o Espírito acabava se realizando. Antes, Marx e Engels haviam aplicado a dialética de Hegel aos reinos da história, da economia e do Estado. Em *A miséria da filosofia* (1874), Marx criticara Proudhon por não ter compreendido que as raízes do capitalismo moderno estavam enterradas nos sistemas econômicos preexistentes — "que a competição foi gerada pelo monopólio feudal" — e usou o método de Hegel para revelar o seguinte:

> Tese: monopólio feudal, antes da competição.
> Antítese: competição.
> Síntese: monopólio moderno, que é a negação do monopólio feudal, uma vez que implica o sistema de competição e a negação da competição, uma vez que é monopólio.

Portanto, o monopólio moderno, o monopólio burguês, é monopólio sintético, a negação da negação, a unidade dos opostos.[16]

Da mesma forma, a dialética ajudou na hora de explicar a transição histórica do feudalismo para a era burguesa e desta para a revolução proletária. Agora Engels achava que ele também havia descoberto indícios do método hegeliano nos processos recém-revelados das ciências físicas e naturais. Como materialista e ateu, Engels tomou como ponto de partida a presença da matéria, que existia independentemente da consciência humana e é anterior a esta. Em contraste com os materialistas mecânicos do século XVIII, que tinham uma visão estática da natureza e da humanidade, Engels considerava a matéria algo que se encontrava num estado hegeliano permanente de mudança e transformação. "O movimento é o modo de existência da matéria", escreveu ele num ensaio sobre filosofia natural. "Nunca e em parte alguma houve matéria sem movimento, nem pode haver."[17] Era ali que entrava a genialidade do método dialético de Hegel, pois seus ritmos de contradição e progresso ofereciam uma explanação perfeita para as transformações que a revolução científica do século XIX estavam revelando agora — a energia proveniente do calor, o homem proveniente do macaco, a divisão das células. "Mas a teoria científica moderna da interação das forças naturais (a *Correlation of Forces*, de Grove, obra que eu acho que foi publicada em 1838) é apenas mais uma expressão, ou melhor, a prova positiva do argumento de Hegel sobre causa, efeito, interação, força etc.", escreveu ele em 1865 ao filósofo alemão Friedrich Lange, vinculando explicitamente os avanços da física com a filosofia de Hegel.[18] Muitas e muitas vezes Engels voltou ao "velho Hegel" como quem procura um profeta cujas teorias preveem o novo terreno da biologia evolutiva e da teoria atômica. "Estou profundamente imerso na doutrina da essência", observou ele a Marx em 1874 depois de ler algumas preleções do físico John Tyndall e de T. H. Huxley, popularizador de Darwin. "Isso me trouxe de volta outra vez [...] ao tema da dialética", que Engels pensava que "chega muito mais perto do cerne da matéria" do que a comunidade científica inglesa de tendência empírica poderia julgar.[19]

É claro que houve um livro sobre tudo isso. "Hoje de manhã, na cama, os seguintes pontos dialéticos sobre as ciências naturais me vieram à cabeça", escreveu Engels a Marx em 1873, antes de expor na íntegra a matéria em movimento de Newton, a matemática da trajetória e a natureza química dos corpos animados e inanimados.[20] Um Marx distraído, muito mais preocupado com a pobreza das perspectivas conjugais de suas filhas, não respondeu à maioria dos pontos. Sem se deixar desencorajar, Engels continuou avançando, satisfeito por usar sua aposentadoria em Primrose Hill para se dedicar a questões científicas fundamentais. "Quando me aposentei dos negócios e transferi meu lar para Londres", refletiu ele mais tarde, "passei por uma 'troca de pele,' como [Justus von] Liebig a chama, na matemática e nas ciências naturais, tão completa quanto era possível para mim, e passei a melhor parte de oito anos nela."[21]

Essas investigações produziram uma massa confusa de anotações e pequenos ensaios que se converteu em *Dialética da natureza* — embora esta obra só tenha vindo a lume em 1927, quando o Instituto Marx-Engels de Moscou publicou a coletânea pela primeira vez. Eduard Bernstein, um dos executores testamentários da obra literária de Engels, havia mostrado os manuscritos a Albert Einstein, que considerou a ciência confusa, principalmente a matemática e a física, mas a obra geral de tamanha importância histórica que merecia um público leitor mais amplo.[22] Redigida entre 1872 e 1883, a *Dialética* é uma miscelânea aleatória de anotações em alemão, francês e inglês sobre as questões científicas e tecnológicas da época. "Wenn Coulomb von particles of electricity spricht, which repel each other inversely as the square of the distance, so nimmt Thomson das ruhig hin als bewiesen", diz uma frase típica. Assim como tentara antes com a história militar, Engels procurava explicar os avanços científicos que estavam acontecendo na Inglaterra, na França e na Alemanha industrializadas como respostas às mudanças no modo de produção. Sua vida nas fábricas de produtos de algodão de Barmen e Manchester o havia deixado inteiramente familiarizado com a interação entre a necessidade econômica e os avanços pioneiros em campos como o tingimento, a tecelagem, a metalurgia e a fresagem.

A maior ambição de Engels era explicar as descobertas científicas do século XIX, aparentemente disparatadas, como a concretização lógica e tangível da dialética de Hegel. Enquanto a filosofia de Hegel se limitava ao reino do Espírito, a preocupação de Engels era conectar a teoria com a prática (práxis) exatamente como ele e Marx haviam feito antes ao interpretar a mudança socioeconômica à luz do pensamento hegeliano. "Na natureza, em meio à confusão de inumeráveis transformações, as mesmas leis dialéticas de movimento se impõem como aquelas que, na história, governam a ocorrência aparentemente fortuita dos eventos", anunciou Engels, ligando "a astúcia da razão" que Hegel via na história à lógica que está por trás da aleatoriedade aparente dos resultados de laboratório.[23] O grande mérito do sistema hegeliano era, dizia Engels, "que, pela primeira vez, o mundo inteiro, natural, histórico, intelectual, é representado como um processo — isto é, como em movimento, mudança, transformação e desenvolvimento constantes; e é feita a tentativa de fazer a conexão interna que converte numa totalidade contínua todo esse movimento e desenvolvimento".[24] Ao inverter Hegel, colocando-o assim na posição que devia estar — considerando as ideias o produto da natureza e da história —, é possível demonstrar que a confusão aparente do mundo físico é governada de fato por leis da natureza que podem ser explicadas: "Se virarmos a coisa para o outro lado, tudo fica simples, e as leis dialéticas que parecem tão extremamente misteriosas na filosofia idealista tornam-se imediatamente simples e claras como a luz do meio-dia."[25]

Baseando-se extensamente em três áreas de investigação científica — a conservação da energia, a estrutura celular e a evolução darwinista —, Engels imitou Newton ao propor três leis daquilo que mais tarde passaria a ser conhecido como materialismo dialético.* A primeira lei, "da transformação da quantidade em qualidade e vice-versa", afirmava que a mudança *qualitativa* que ocorre no mundo natural é resultado da mudança *quantitativa* da matéria ou movimento que se segue a um acúmulo de tensões. Um aumento no número de átomos de uma molécula produziria uma mudança substantiva, qualitativa (ozônio em vez de oxigênio, por exemplo); um aumento na temperatura transformaria a molécula de H_2O, convertendo o gelo sólido em água líquida e em vapor. A segunda lei, "da interpenetração dos opostos",

---

* O próprio Engels não usa o termo *materialismo dialético*. Em vez disso, em *Ludwig Feuerbach e o fim da filosofia clássica alemã*, ele fala é de "dialética materialista". Só no século XX, graças à popularização do termo por Georgi Plekhanov, é que o materialismo dialético foi oficialmente cunhado como a filosofia do marxismo. Neste capítulo, o termo é empregado de forma ligeiramente anacrônica, mas significa o que Engels queria dizer com "dialética materialista".

afirmava de modo rigorosamente hegeliano que "os dois polos da antítese, como o positivo e o negativo, são tão inseparáveis um do outro quanto opostos um ao outro e, apesar de sua oposição, penetram mutuamente um no outro".[26] Em outras palavras, as contradições inerentes aos fenômenos naturais eram a chave de seu desenvolvimento. Essa afirmação era reforçada pela terceira e última lei da dialética de Engels: "a lei da negação da negação", pela qual as contradições internas de um fenômeno desembocavam em outro sistema, um sistema oposto que depois é ele próprio negado como parte de um processo teleológico que leva a um plano mais elevado de desenvolvimento. Usando o mesmo formato tese-antítese-síntese empregado por Marx em A *miséria da filosofia*, na *Dialética da natureza* Engels apresenta uma visão totalizadora do mundo físico e natural, que ilustrou com uma série de casos: "As borboletas, por exemplo, nascem do ovo por meio da negação do ovo, passam por certas transformações até alcançar a maturidade sexual, acasalam-se e, por sua vez, são negadas, morrendo assim que o processo do acasalamento se completa e a fêmea pôs os seus numerosos ovos." Da mesma forma, "a totalidade da geologia é uma série de negações negadas, uma série em que as formações rochosas antigas são sucessivamente abaladas e novas são depositadas".[27]

À sombra de Darwin, Engels pôs sua dialética à prova com uma história materialista dos primórdios da evolução humana (este capítulo, intitulado "A Parte Desempenhada pelo Trabalho na Transformação do Macaco em Homem", foi considerado pelo biólogo evolutivo Stephen Jay Gould uma das vias secundárias mais importantes do pensamento darwinista do século XIX).[28] Como sempre, quando se tratava de hegelianismo, o alvo de Engels era a tradição idealista, que, nesse caso, era a falsa doutrina segundo a qual o *Homo sapiens* foi identificado primordialmente em termos de sua capacidade mental. A matéria, e não a mente, ainda era o mantra desse Jovem Hegeliano. Concentrando-se nas três características essenciais da evolução humana — fala, um cérebro grande e a postura ereta —, Engels tentou provar que "o trabalho criou o homem". Quando o homem desceu das árvores e "adotou uma postura mais ou menos ereta", segundo Engels ele liberou as mãos para usar ferramentas. "O domínio da natureza começou com o desenvolvimento da mão, com o trabalho, e ampliou o horizonte humano a cada avanço." As demandas do trabalho reuniram lentamente as comunidades, alimentaram sistemas de apoio mútuo e criaram o contexto no qual a fala e outros atos intelectuais poderiam então acontecer. Enquanto Darwin supunha que o aumento do tamanho do cérebro e do intelecto ocorreu antes de o homem caminhar ereto e usar ferramentas, para Engels as demandas materiais do trabalho vieram primeiro, seguidas só mais tarde pela fala. E, com as ferramentas, e depois com os instrumentos de caça, o homem conseguiu passar "de uma dieta exclusivamente vegetariana para o uso concomitante da carne", o que, por sua vez, levou a uma nutrição maior e ao aumento da capacidade cerebral.[29]

No meio desse ensaio instigante, mesmo que cheio de divagações, Engels observou que uma das diferenças básicas entre o mundo animal e a sociedade humana era a capacidade desta última de manipular o ambiente natural em benefício próprio.[30] Por outro lado, os animais limitavam-se a utilizar seus conhecimentos sensoriais acumulados a respeito do ambiente para ter segurança e comida. Isso posto, o instinto animal era uma capacidade natural impressionante, que Engels vira em atividade nas numerosas ocasiões em que saíra a cavalo com o pessoal do Cheshire: "Ao caçar a raposa na Inglaterra, é possível observar diariamente quão infalivelmente este animal faz uso de seus excelentes conhecimentos do local para enganar seus perseguidores e como conhece bem e leva em conta todas as características favoráveis do terreno que fazem seu cheiro se dispersar."[31] Mais uma outra sólida razão socialista para a caça com cães.

A contribuição de Engels para a teoria matemática foi menos digna de nota. Sempre bom em aritmética, ele começou a desenvolver o interesse pelo cálculo, pela geometria, pela matemática aplicada e pela física teórica já na década de 1870. A matemática, como as ciências, passara por um processo significativo de evolução intelectual durante o século XIX, que tanto Marx quanto Engels acompanharam de perto. Karl Weierstrass tinha repensado o cálculo; Richard Dedekind tinha desenvolvido uma nova compreensão dos números inteiros algébricos; também houve avanços nas equações diferenciais e na álgebra linear. Como no caso de suas pesquisas em biologia, física e química, Engels achava que um método dialético e uma avaliação dos fundamentos materialistas eram essenciais para explicar todos os desdobramentos da disciplina. "Não é verdade, de forma alguma, que na matemática pura a mente lida apenas com suas próprias criações e imaginações", afirmou ele com a maior confiança. "Os conceitos de número e forma não foram derivados de nenhuma outra fonte além do mundo da realidade."[32] Para Engels, não havia nada na matemática que já não estivesse na natureza; a matemática era apenas um reflexo e uma explanação do mundo físico. Por esse motivo, ele tentou transportar todos os tipos de modelos matemáticos para o seu sistema dialético. "Consideremos uma magnitude algébrica arbitrária, chamada a", começa uma passagem de *Dialética da natureza*. "Vamos negá-la — agora temos $-a$ (menos a). Vamos negar essa negação multiplicando $-a$ por $-a$; agora temos $+a$, que é a magnitude positiva original, mas num grau mais elevado, qual seja, a segunda potência."[33] Como observou o intelectual trotskista Jean van Heijenoort, tudo isso era horrivelmente confuso: para dar só um exemplo, "negação" no sentido usado por Engels pode se referir a um grande número de operações matemáticas diferentes.[34] O pior ainda estava por vir, quando Engels, bancando o filisteu redutor, descartou os números complexos e a matemática teórica — aquelas partes da ciência teórica que eram mais que um reflexo dos fenômenos naturais — por serem semelhantes ao charlatanismo: "Depois que nos acostumamos a atribuir [à raiz quadrada] a -1 ou à quarta dimensão algum tipo de realidade fora da nossa cabeça, não é muito importante se dermos um passo a mais e também aceitarmos o mundo dos espíritos que os médiums afirmam existir."[35]

Apesar das limitações óbvias dos modelos científicos construídos por Engels, no século XX eles mostraram ser um dos seus legados mais duradouros — e mais perniciosos. Para gerações e gerações de comunistas, os escritos de Engels sobre as ciências naturais e físicas foram um guia para a pesquisa acadêmica dentro e fora do laboratório. Eric Hobsbawm lembra os cientistas da década de 1930, que esperavam sinceramente que suas experiências se encaixariam no modelo de Engels.[36] Na União Soviética e no bloco comunista da Europa Oriental, essa aspiração se tornou política governamental: a prática oficial da ciência tinha de ser feita de acordo com o paradigma rigoroso do materialismo dialético, ao passo que toda pesquisa suspeita de subjetivismo ou idealismo era sumariamente repudiada como "ciência burguesa". Num célebre ensaio de 1931, por exemplo, o físico soviético Boris Hessen reanalisou a obra de Isaac Newton sobre a atração gravitacional, afirmando que ela era o produto inevitável do feudalismo decadente e de uma sociedade capitalista mercantil em ascensão. Da mesma forma, uma biografia de Engels publicada em 1972, produzida na República Democrática Alemã, explica de forma impassível e cabal os avanços científicos do século XX à luz da *Dialética da natureza*: "As descobertas no campo da teoria quântica provaram a tese dialética da unidade da continuidade e descontinuidade da matéria; no campo da física, a teoria da relatividade de Einstein concretizou as ideias filosóficas de Engels sobre matéria, movimento, espaço e tempo, e a teoria das partículas elementares confirmou a visão de Engels e Lenin sobre a inexaustibilidade dos átomos e elétrons."[37]

A pesquisa científica entre os comunistas britânicos também foi realizada contra o pano de fundo do sistema de Engels. Em 1940, uma edição inglesa de *Dialética da natureza* foi publicada com um prefácio do geneticista e comunista britânico J. B. S. Haldane, que explica prestimosamente que a dialética "pode ser aplicada a problemas de ciência 'pura', bem como às relações sociais da ciência".[38] O culto intensificou-se depois da guerra com a fundação da Engels Society pelo filósofo Maurice Cornforth (autor de *Dialectical Materialism: An Introductory Course*) e um pequeno grupo de cientistas do Partido Comunista. Com a intenção de estar aberta a "todos os trabalhadores da ciência que se interessam em abordar e desenvolver as questões de sua ciência do ponto de vista do marxismo-leninismo", a sociedade pretendia combater as tendências reacionárias na ciência, opor-se ao "mau uso" do saber científico no Ocidente, assumir uma posição "contra objetivos de muito longo prazo, divorciados de problemas contemporâneos da prática", e enfrentar "o agnosticismo e a impotência, que são características do capitalismo decadente". Criou grupos em Londres, Birmingham, Manchester e Merseyside para discutir a teoria dialética relacionada com a química, a física, a psicologia e a astronomia. Uma ideia dos debates da sociedade é dada pela edição de 1950 de *Transactions of the Engels Society*, que inclui uma dissertação intitulada "Contra a Cosmologia Idealista". Os autores dizem despreocupadamente que "a astronomia burguesa moderna encontra-se numa situação de crise ideológica crônica", ao passo que a astronomia soviética goza de boa saúde graças ao fato de estar "firmemente baseada na concepção materialista da infinitude do universo".

Mas até mesmo entusiastas como os membros da Engels Society recuaram diante da campanha de repressão acadêmica lançada pelo "camarada cientista" Josef Stalin e seu assessor científico Trofim Lysenko. Em seus últimos anos, Engels muitas vezes advertiu contra os perigos de interpretar Marx de forma rígida demais, mas agora os escritos de Marx estavam sendo evocados para justificar os mais terríveis ataques à liberdade intelectual. Na filosofia, na linguística, na fisiologia, na física e principalmente na biologia, Stalin exigia que a pesquisa científica seguisse a linha partidária "correta". O que isso significou nas ciências biológicas foi o descrédito total da genética (uma invenção burguesa com afinidades óbvias com a eugenia nazista); em seu lugar, Lysenko ressuscitou as ideias neolamarckianas de Ivan Michurin, agricultor do início do século XX que acreditava no determinismo ambiental. No congresso de 1948 da All-Union Agricultural Academy, as teorias genéticas de Gregor Mandel e Thomas Hunt Morgan foram denunciadas como "anticientíficas" e "reacionárias", e a desgraça se abatia sobre qualquer um que estivesse do lado errado deste decreto.[39] O principal defensor de Mendel e Morgan, o geneticista Nikolai Vavilov, já tinha sido morto nos campos de trabalhos forçados e os cientistas que surgiram depois dele deram ouvidos à advertência. Nos arquivos da Engels Society, há um exemplo estarrecedor de autocrítica apavorada de um acadêmico soviético livre-pensador, Yuri Zhdanov, endereçada ao camarada Stalin em pessoa:

> "Em minha contribuição à discussão do Lecturers' Training College sobre a controvertida questão do darwinismo moderno, não há dúvida de que cometi um grande número de erros graves. [...] Aqui se fez sentir o 'hábito universitário' de apresentar irrefletidamente o meu ponto de vista em várias discussões científicas. [...] Considero meu dever garantir-lhe, Camarada Stalin, e por intermédio do senhor ao CC do CPSU (B), que eu era e continuo sendo um seguidor convicto de Michurin. Minhas falhas são resultado de eu não ter estudado suficientemente o lado histórico do problema, de modo a poder organizar uma luta em defesa do michurinismo. Tudo isso é fruto da inexperiência e da falta de maturidade. Vou corrigir minhas falhas com ação."[40]

Mas os membros da Engels Society merecem o crédito de ter decidido criticar os expurgos de Lysenko, fazendo uma boa defesa do pluralismo intelectual. No processo, mantiveram-se muito mais fiéis às crenças originais de

Engels sobre a pesquisa e o debate científicos do que os tugues acadêmicos do Politburo.

Parte do motivo pelo qual a *Dialética* só foi publicada postumamente foi que Engels interrompeu seus estudos para se dedicar ao passatempo predileto dele próprio e de Marx: comédia de pancadaria ideológica. "Está tudo muito propício para você falar", escreveu ele a Marx em 1876 com um ar de falsa indignação. "Você pode ficar quentinho na cama e estudar o arrendamento de terras em geral e a situação agrária da Rússia em particular, sem nada para atrapalhar — mas eu tenho de ficar na reserva, embriagar-me com vinho frio e, de repente, interromper tudo de novo e duelar com o tedioso Dühring."[41]

Eugen Dühring, o objeto de sua ira, era cego e professor de filosofia da Universidade de Berlim, cujo ramo do socialismo estava ficando cada vez mais popular na periferia política da democracia social alemã. Entre seus primeiros seguidores, estava o promissor teórico socialista Eduard Bernstein. Como Bakunin e Proudhon antes dele, Dühring criticara o centralismo e o determinismo econômico defendidos por Marx e Engels e propusera em seu lugar um programa político gradualista que garantiria ganhos materiais concretos para a classe operária ali mesmo — e agora. Dühring acreditava na "ação política direta" e sublinhava o papel das greves, da ação coletiva e até da violência como os meios mais eficazes para alcançar seu sistema social ideal de *Wirtschaftscommunen* — comunas autônomas de trabalhadores.[42] A política de rua de Dühring tinha um atrativo óbvio, e numerosos líderes socialistas alemães consideravam-na uma alternativa sedutora para as filosofias herméticas e aparentemente irrealizáveis de Marx. Tudo isso enfurecia Engels. "Nunca antes alguém escreveu besteiras tão grandes", escreveu ele a Marx de seu chalé de verão em Ramsgate em julho de 1876. "Chavões bombásticos — nada mais, intercalados com sandices rematadas, mas o todo decorado como bolo de noiva, não sem habilidade, para um público com o qual o autor está completamente familiarizado, um público que deseja, por meio da sopa para os pobres e de pouco esforço, estabelecer as leis a respeito de tudo."[43] O mais preocupante era que Dühring era um combatente ideológico tão agressivo quanto os velhos londrinos. Desprezava Marx, considerando-o "uma figura ideológica ridícula", mas guardou sua melhor reserva de fel para Engels, o "gêmeo siamês" que "só teve de olhar para si mesmo" para traçar o retrato de seu dono de fábrica explorador em *A situação da classe trabalhadora*. Dühring mirou diretamente no calcanhar de aquiles de Engels: "Rico em capital, mas pobre em compreensão sobre o capital, é um daqueles que — de acordo com uma teoria venerável estabelecida um dia em Jerusalém — geralmente são comparados a uma corda ou camelo que não tem condições de passar pelo buraco de uma agulha."[44]

Encorajado por Wilhelm Liebknecht e deixando de lado alguns escrúpulos iniciais por atacar um cego ("a arrogância colossal do sujeito me impede de levar isso em conta"), Engels lançou uma crítica sistemática a Dühring e suas obras nas páginas de *Vorwärts*, o principal periódico socialista da Alemanha.[45] Embora Engels descartasse os argumentos de Dühring afirmando que não passavam de "incompetência mental decorrente da megalomania", o texto foi além da invectiva habitual de Marx e Engels, transformando-se numa definição e numa defesa mais amplas "do método dialético e da perspectiva comunista mundial".[46] A filosofia do materialismo dialético que Engels andara desenvolvendo no seu caderno de anotações relativo à *Dialética* agora foi refinada e polida, aparecendo em forma de livro como *Herr Eugen Dühring's Revolution in Science* [A revolução científica de Herr Eugen Dühring] — que se tornaria mais popularmente conhecido como *Anti-Dühring* (1878). Todos os talentos de Engels como propagandista e popularizador foram usados quando ele contrapôs ao encanto de Dühring uma explanação vívida e cativante da *ciência* do marxismo. Porque, depois de seu mergulho longo e profundo em matemática, biologia, física e química, Engels tinha começado a achar que a análise dele e de Marx fazia parte do mesmo modelo científico.

Para ajudar os leitores de *Anti-Dühring* a ter uma ideia do contexto, Engels transportou-os ao passado, àquele momento primordial de fundação do marxismo na década de 1840: a passagem do hegelianismo para o materialismo marxista por meio da filosofia de Feuerbach. A genialidade de Marx, como Engels observou originalmente num ensaio de 1859, foi substituir o idealismo de Hegel pelas realidades materiais. Se Hegel mapeara a marcha do Espírito em direção à Ideia, Marx estava preocupado com as questões das circunstâncias materiais. "Marx foi e é o único que poderia realizar o trabalho de extrair da lógica hegeliana a semente que continha as verdadeiras descobertas de Hegel nesse campo e de definir o método dialético, despojado de sua embalagem idealista, na forma simples por meio da qual se torna o único modo correto de desenvolver o pensamento."[47] Como o próprio Marx declarou num posfácio de 1873 a *O capital*: "A mistificação que a dialética sofre nas mãos de Hegel não o impede de maneira alguma de ser o primeiro a apresentar sua forma geral de funcionamento de modo abrangente e consciente. Com ele, ela está de ponta-cabeça. Ela precisa ser posta de pé outra vez, se quisermos descobrir a semente racional dentro da concha mística."[48] Depois de anos procurando diminuir a sua importância, agora Engels estava sendo franco na hora de reconhecer a dívida que ele e Marx tinham com a tradição hegeliana. "Marx e eu fomos realmente os únicos a transportar a dialética consciente da filosofia idealista alemã para a concepção materialista da natureza e da história", foram as palavras deselegantes que ele usou no prefácio de *Anti-Dühring*.[49] A mixórdia metafísica da filosofia idealista foi dissecada para deixar o método dialético puro pronto para explicar tudo, da ciência e da história ao moderno antagonismo de classe.

O verdadeiro sucesso de Engels com *Anti-Dühring* foi aplicar o método do materialismo dialético, muito enriquecido com seu mergulho nas ciências naturais, ao capitalismo. Suas três leis — a luta dos opostos, a transformação da mudança quantitativa em qualitativa e a negação da negação — agora conseguiam explicar não só a biologia, a química e a evolução, mas também as tensões existentes no interior da sociedade burguesa. "Tanto as forças produtivas engendradas pelo modo de produção do capitalismo moderno quanto o sistema de distribuição de mercadorias estabelecido por ele entraram em contradição gritante com o modo de produção em si", proclamou ele em pleno exercício da dialética, "tanto que, se o todo da sociedade moderna não quiser sucumbir, uma revolução no modo de produção e na distribuição tem de acontecer, uma revolução que vai dar fim a todas as distinções de classe."[50] Os opostos tinham de enfrentar uma oposição, a negação tinha de ser negada e, assim como a borboleta surge da crisálida, uma nova sociedade surgiria das contradições inerentes da anterior. Essa ferramenta crítica para interpretar as contradições da sociedade — contradições que estão sempre mudando, mais a propensão para a revolução, foram as contribuições definitivas de Marx para o pensamento ocidental.

Para Engels, a razão de ser da filosofia sempre foi transformar o mundo, não só interpretá-lo. E as implicações políticas do materialismo dialético também foram apresentadas numa seção do *Anti-Dühring*, que acabou sendo revisada por Engels e publicada separadamente como *Do socialismo utópico ao socialismo científico*. A ideia dessa cartilha mais concentrada no socialismo científico foi de Paul Lafargue, o genro de Marx, que, como Liebknecht na Alemanha, estava tendo dificuldades na França para estabelecer o marxismo como a doutrina socialista predominante. O movimento comunista francês estava dividido entre os chamados coletivistas (que giravam em torno de Lafargue e Jules Guesde) e os possibilistas (liderados por Benoît Malon), que defendiam um programa político com pouca diferença do socialismo municipal em ascensão em várias cidades inglesas. Embora Marx e Engels tenham criticado o exibicionismo insurrecional de Guesde e sua "retórica revolucionária bombástica" — que inspirou o célebre gracejo de Marx: "Tudo quanto eu sei é que não sou marxista!" —, ambos defendiam a posição filosófica dos coletivistas: Marx ajudou a fazer o rascunho do preâmbulo ao manifesto deles de 1880, enquanto o panfleto de Engels pretendia endossar a sua postura ideológica.

Os três capítulos de *Do socialismo utópico ao socialismo científico* distinguiam o rigor do marxismo dos elevados planos infalíveis dos primeiros socialistas utópicos (por quem os possibilistas ainda tinham um fraco). As primeiras páginas foram dedicadas ao desmembramento clínico das "puras fantasias" e sonhos utópicos de Saint-Simon, Robert Owen e Charles Fourier. Mas a linguagem não era tão contundente quanto fora na década de 1840. O Engels maduro descobriu muito valor na crítica de Fourier às relações sexuais da sociedade burguesa; expressou admiração (por ter sido ele próprio um empregado de fábrica) pelo paternalismo industrial de Owen; e elogiou a análise feita por Saint-Simon da forma pela qual as realidades econômicas ditaram as formas políticas. Apesar disso, o defeito crucial dos utópicos continuava sendo uma visão equivocada do socialismo como uma espécie de verdade eterna sobre a condição humana que só tinha de ser descoberta e depois explicada ao povo para suas demandas serem implementadas. Engels, por outro lado, apresentava o socialismo como uma ciência que "antes de mais nada tinha de ser colocada sobre uma base real" e depois era preciso lutar ativamente por ela.[51] E foi Marx quem forneceu essa base real, materialista, com sua explanação da produção capitalista (por meio do conceito de mais-valia) e das realidades da luta de classe (por meio da visão materialista da história). Se o método de Marx expunha a verdadeira natureza de uma sociedade capitalista baseada em classes, a genialidade de seu sistema dialético mapearia uma rota futura.

Depois de uma série cumulativa de tensões, explicou Engels, a mudança quantitativa se transformaria em qualitativa. Assim como o vapor vem da água e as borboletas das lagartas, "a relação capitalista não desaparece; longe disso: ela vem para o primeiro plano".[52] As tensões inerentes à sociedade capitalista, a disjunção entre a base econômica e a superestrutura política atingem um ponto crítico. E daí? Na revolução operária que se segue, o proletariado toma o poder político, declarou Engels, e transforma os meios de produção em propriedade estatal. "Mas, ao fazer isso, abole a si mesmo como proletariado, abole todas as distinções de classe, todos os antagonismos de classe, e abole também o Estado como tal."[53] Ali estava o grande milagre do comunismo, tão surpreendente em seu *modus operandi* quanto a conservação da energia ou a biologia da célula: "A interferência do Estado nas relações sociais se torna, numa esfera de atividades após outra, supérflua e depois desaparece por si mesma; o governo das pessoas é substituído pela administração das coisas e pela direção dos processos produtivos." Exatamente como Saint-Simon previra, o futuro governo socialista dissolveria a política tradicional e se tornaria uma questão de administração tecnocrática racional. Ou, na terminologia mais evidentemente biológica de Engels: "O Estado não é abolido. Definha e desaparece."[54] Por fim, a exploração não existe mais e a luta darwinista pela sobrevivência acaba "à medida que a anarquia da produção social é substituída por uma organização sistemática, definida". Sob a liderança do proletariado, a humanidade é finalmente liberada de seus instintos animais: "É a ascensão do homem, [que sai] do reino da necessidade para o reino da liberdade."[55] Este era o ponto final épico de toda a elevada especulação de Engels sobre o idealismo hegeliano, a teoria atômica, a evolução darwinista e a negação da negação. Foi para ali que o materialismo dialético de Marx levou: a revolução do proletariado, surgindo da crisálida da sociedade burguesa e anunciando a futura aurora comunista.

Superando de longe *A situação da classe trabalhadora na Inglaterra* ou *As guerras camponesas na Alemanha*, ou até os seus escritos militares, *Do socialismo utópico ao socialismo científico* foi o maior best seller de Engels. Ele o descrevia orgulhosamente como um texto que havia causado "uma impressão tremenda" na França. "A maioria das pessoas é preguiçosa demais para ler tomos volumosos como *O capital* e, por isso, um panfletinho exíguo como este tem um efeito muito mais rápido", explicou ele ao amigo americano Friedrich Sorge.[56] Lafargue, que encomendara a obra, estava igualmente satisfeito por vê-la ter "um efeito decisivo sobre a direção do movimento socialista em seus primórdios".[57] Nenhum dos dois exagerou seu impacto. Combinado com *Anti-Dühring*, *Do socialismo* foi crucial para dar direção ao comunismo continental: os social-democratas da França, Alemanha, Itália e Inglaterra finalmente tinham um guia abrangente para o marxismo. Segundo David Ryazanov, o primeiro diretor do Instituto Marx-Engels, *Anti-Dühring* "foi memorável na história do marxismo. Foi a partir deste livro que a geração mais nova que começara suas atividades durante a segunda metade da década de 1870 descobriu o que era o socialismo científico, quais eram as suas premissas filosóficas, qual era o seu método. [...] Para a disseminação do marxismo como método especial e como sistema especial, nenhum livro, exceto o próprio *O capital*, fez tanto quanto o *Anti-Dühring*. Todos os jovens marxistas que entraram na arena pública no início da década de 1880 foram alimentados por este livro".[58] Junto com August Bebel, Georgi Plekhanov, Victor Adler e Eduard Bernstein (que renegou sua afiliação a Dühring e converteu-se ao marxismo depois de ler a obra de Engels), Karl Kautsky fazia parte da geração que estava entrando na vida pública e que só passou a compreender realmente o socialismo científico sob a tutela de Engels. "A julgar pela influência de *Anti-Dühring* sobre mim", escreveu Kautsky no fim da vida, "nenhum outro livro contribuiu tanto para a compreensão do marxismo. *O capital* de Karl Marx é um livro de mais peso, com certeza. Mas foi só através de *Anti-Dühring* que passamos a entender *O capital* e a interpretá-lo corretamente."[59]

Mas, começando com o intelectual marxista György Lukács e continuando com Jean-Paul Sartre e Louis Althusser, outra corrente de pensamento afirmava que aquilo que Engels codificara na década de 1880 nunca foi realmente marxismo. Era o *seu* materialismo, a *sua* dialética, o *seu* cientificismo e a *sua* falsa conjunção de Marx com Hegel. "O mal-entendido decorrente da visão que Engels tinha da dialética pode, *grosso modo*, reduzir-se ao fato de que Engels — seguindo a direção errada de Hegel — estendeu o método para aplicá-lo também à natureza", escreve Lucács. "Mas os determinantes cruciais da dialética — a interação entre sujeito e objeto, a unidade entre teoria e prática, a transformação histórica da realidade subjacente às categorias como a raiz das causas das mudanças no pensamento etc. — estão ausentes de nossos conhecimentos sobre a natureza."[60] O marxismo, tal como aparece em *Anti-Dühring* e em *Do socialismo utópico ao socialismo científico*, era, portanto, uma "inversão engeliana", ou uma "falácia engeliana" que distorcia grosseiramente o pensamento de Marx. Nas críticas rigorosas de Norman Levine: "O primeiro a se desviar do marxismo foi Engels. E, por conseguinte, foi o engelismo que lançou a base do dogmatismo futuro, do futuro idealismo materialista de Stalin."[61] Quanto à evidência, esses "marxistas verdadeiros" apontam para uma série de silêncios na correspondência entre Marx e Engels que sugerem que Marx nunca aprovou os últimos escritos de Engels e procurava sutilmente distanciar-se sem ferir os sentimentos do amigo.

No entanto, quaisquer que tenham sido as revisões pelas quais o marxismo passou no século XX, é interpretar mal a relação entre Marx e Engels sugerir que Engels tenha corrompido deliberadamente a teoria marxista ou que Marx tivesse uma amizade tão frágil com ele que não pudesse expressar nenhuma discordância. Mas não há evidência de que Marx tenha se envergonhado ou se preocupado com a natureza da popularização do marxismo feita por Engels. Na verdade, ele foi a força motora por trás de *Anti-Dühring*, fez com que lessem para ele o manuscrito inteiro, contribuiu com uma pequena seção sobre economia e recomendou o livro de 1878 como "muito importante para uma avaliação correta do socialismo alemão".[62] Como Engels, Marx tinha ficado eletrizado com o progresso científico da época. "Principalmente no campo da ciência natural", como lembra Wilhelm Liebknecht:

> "— inclusive física e química — e história, Marx acompanhou de perto toda nova publicação, todo novo progresso; e Moleschott, Liebig, Huxley — cujas "Aulas Populares" nós frequentávamos diligentemente — eram nomes mencionados em nosso círculo com tanta frequência quanto Ricardo, Adam Smith, McCulloch e os

economistas escoceses e irlandeses. E quando Darwin tirou as conclusões de suas pesquisas e apresentou-as ao público, durante meses não falamos de mais nada além de Darwin e do poder revolucionário de suas façanhas científicas."[63]

Na década de 1870, o próprio Marx também tinha sido levado de volta à obra de Hegel e foi o primeiro a declarar que as leis dialéticas se aplicavam tanto à natureza quanto à sociedade. Seja o que for que se pense do grandioso sistema teórico de *Anti-Dühring*, é inegável que foi a expressão de uma opinião marxista autêntica e madura. Pois, nos trinta anos anteriores, Engels havia se dedicado a explicar e popularizar a obra de seu "primeiro violino", e parece haver pouca razão para que, de repente, na década de 1870, ele tenha começado, com a supervisão de Marx, a inverter, falsificar ou desviar-se da posição de seu líder.[64] Nas décadas seguintes, como veremos, outros reinterpretaram a interpretação de Engels, mas isso é algo pelo que ele não é intelectualmente responsável.

Depois da morte de Marx, Engels teve de interromper seu trabalho científico para assumir a tarefa hercúlea de organizar o espólio literário do amigo. "Citações de fontes sem nenhum tipo de ordem, pilhas delas amontoadas, compiladas somente com vistas a uma seleção futura. Além disso, há os textos manuscritos que certamente não podem ser decifrados por ninguém mais além de mim e, mesmo assim, só com dificuldade", escreveu ele desesperançado a August Bebel depois de examinar os arquivos de Maitland Park.[65] Conhecendo a devoção que ele teve por Marx durante toda a vida e sua inevitável solidão sem ele, Bebel, Kautsky e Liebknecht insistiram todos para ele sair de Londres depois do funeral de Marx e juntar-se a eles no continente. Engels, que se acostumara à vida de baixa pressão atmosférica da Inglaterra, recusou categoricamente. "Não vou para nenhum país do qual se pode ser expulso. Mas só se pode estar a salvo disso na Inglaterra ou nos Estados Unidos", disse ele a seus jovens discípulos. "Só aqui se tem a paz necessária caso se deseje continuar com seu trabalho teórico."[66] Primrose Hill tinha se transformado num eixo organizacional do comunismo global, e Engels estava determinado a preservar "os muitos fios do mundo inteiro que convergiram espontaneamente para o gabinete de Marx".[67]

Além de cuidar do movimento marxista internacional, Engels agora também tinha de fazer o papel de *pater familias* para o clã de Marx. Felizmente, isso significava contratar Helene Demuth, ou "Nim", a agregada da família de Marx, como empregada doméstica do número 122 da Regent's Park Road (onde os dois vasculhavam nostalgicamente a correspondência de Marx e bebericavam no meio da manhã), e, infelizmente, conviver com as duas filhas de Marx que, apesar do luto, não paravam de brigar. "Eu lhe pedi no outro dia para me informar (o que, depois da sua declaração pública, eu tinha o direito de fazer) se Mohr havia dito *a você* que ele queria que Tussy fosse sua testamenteira literária", escreveu a Engels, de Paris, em junho de 1883, uma irada Laura Lafargue, com medo de estar sendo excluída da herança intelectual de Marx.[68] Laura tinha achado que ela, e não Samuel Moore, devia traduzir *O capital* e estava furiosa com a possibilidade de Engels e Tussy, em Londres, estarem se apoderando indevidamente do legado de seu pai. "Você sabe muito bem que, de minha parte, não há outro desejo além de respeitar sua vontade o máximo possível e em todos os aspectos", respondeu Engels, tentando acalmá-la. "O que todos nós temos vontade de fazer é um monumento à altura da memória de Mohr, cuja primeira porção vai ser e tem de ser a publicação de suas obras póstumas."[69]

Não era uma coisa simples. "Se eu soubesse", lamentou-se Engels a Bebel, "eu o teria importunado dia e noite até tudo estar concluído e impresso."[70] Para seu horror e indignação, o que Engels descobriu quando entrou no gabinete de Marx e começou a folhear seus papéis foi que o tão esperado volume 2 de *O capital* havia sucumbido à protelação habitual de Marx, à sua falta de vontade em desenvolver tópicos tangenciais e ao seu hábito glutão de reunir um número cada vez maior de provas. Deliberadamente ou não, Marx tinha fugido de sua obra-prima como o diabo da cruz: "Não fosse a massa de material americano e russo (havia mais de dois metros cúbicos de livros só de estatísticas russas), o volume 2 estaria impresso há muito tempo. Esses estudos detalhados o atrasaram anos."[71] Portanto, além de supervisionar as traduções da obra de Marx para o inglês, o italiano, o dinamarquês e o francês ("Procure ser mais fiel ao original", Engels repreendeu Lafargue, que estava lutando com *A miséria da filosofia*. "Marx não é um homem com quem se possa tomar liberdades"), Engels também começou a coordenar a publicação dos volumes 2 e 3 de O capital.[72]

Em seu gabinete da Regent's Park Road, do verão de 1883 à primavera de 1885, ele trabalhou febrilmente para decifrar e cotejar as miríades de revisões, tabelas estatísticas, linhas de raciocínio descontínuas e rabiscos incompreensíveis do que seria a primeira edição alemã de O capital, volume 2, O processo de circulação do capital. Foi uma tarefa árdua, frustrante e, mesmo assim, Engels sentiu muito prazer com a sensação de que "posso realmente dizer que, enquanto trabalho nesta obra, estou vivendo em comunhão com ele [Marx]".[73] Por mais prazeroso que fosse conversar com seu velho companheiro, o cotejo linha a linha da caligrafia impenetrável de Marx, com letras muito próximas umas das outras, estava cobrando seus tributos à saúde de Engels. Os manuscritos, segundo Edward Aveling, encontravam-se num estado deplorável: "Continham abreviações cujo significado era preciso adivinhar, palavras e trechos riscados e inúmeras correções que tinham de ser decifradas; era tão difícil de ler quanto um palimpsesto grego com ligaduras."[74] Em meados da década de 1880, os olhos de Engels estavam enfraquecendo, e ele começou a sofrer de conjuntivite e miopia. Para diminuir a tensão, Engels foi obrigado a iniciar uma nova geração — "dois cavalheiros competentes", Karl Kaustsky e Eduard Bernstein — nos mistérios hieroglíficos da caligrafia de Marx e finalmente empregar um datilógrafo socialista alemão, Oskar Eisengarten, para o qual fazer ditados. Mas, apesar dessa ajuda, a leitura final do manuscrito de Marx ainda cabia a Engels. Em 1887, ele estava com oftalmia crônica, o que restringiu seriamente a sua capacidade de ler com qualquer outra coisa além da luz natural. Felizmente, depois de muitas tentativas e erros, a mente científica de Engels encontrou um remédio. "No ano passado e até agosto, usei cocaína e, à medida que ela foi perdendo a eficácia (por conta do hábito), passei para o $ZnCl_2$, que funciona muito bem", informou ele ao amigo médico Ludwig Kulgelmann.[75] Mas, quando se tratava do corpo que estava envelhecendo, sua grande preocupação era uma advertência do médico de que: "Não vou conseguir mais montar a cavalo — portanto, estou incapacitado para o serviço ativo, maldição!"[76]

Fiel à sua natureza conscienciosa, Engels liberou o volume 2 de *O capital* em maio de 1885, quando mal tinham se passado dois anos da morte de Marx. Sua publicação permitiu a Engels continuar a batalha contra a série costumeira de críticos burgueses — principalmente o economista alemão Johann Karl Rodbertus, que acusara Marx de plágio — e mais uma vez posicionar o marxismo e o conceito de mais-valia como parte da mudança de paradigma do século XIX. "Com o conceito de mais-valia, Marx está na mesma relação com seus predecessores que Lavoisier com Priestley e Scheele", declarou Engels na introdução, usando uma de suas analogias químicas favoritas. "A existência daquela parte do valor dos produtos que agora chamamos de mais-valia foi descoberta muito tempo antes de Marx. [...] Mas eles [os economistas anteriores] não foram adiante. [...] Marx viu que esse não era um caso de ar desflogisticado, nem de ar inflamável, mas de oxigênio."[77] O que o volume 2 não tratou foi das questões que Engels havia levantado pela primeira vez em 1867 e as quais Marx havia prometido responder num estágio posterior: se o capital constante (maquinaria) tinha condições de gerar lucros por meio da mais-valia e se, dadas as diferentes proporções das variáveis com o capital constante (do trabalho com a maquinaria) em ação em qualquer fábrica, como as taxas de lucro seriam determinadas em relação aos diversos capitais. Em outras palavras, na formulação de Meghnad Desai: "O capital (não trabalho) era relevante para a lucratividade ou não?"[78] Em vez de apresentar uma solução, Engels lançou tibiamente a questão de volta aos críticos de Marx: "Se eles conseguirem mostrar que uma taxa de lucro média e igual pode e tem de ser produzida não só sem violar a lei do valor, mas sim com base nela, estamos dispostos a discutir melhor a questão com eles."[79]

Mesmo com a publicação em 1894 do terceiro e último volume de *O capital — O processo de produção capitalista como um todo*, os problemas continuaram sem solução. Engels não teve mãos a medir. Considerava o último volume da obra-prima de Marx ainda mais influente e mais importante que o primeiro. "Nossa teoria é apresentada aqui pela primeira vez com uma base irrefutável, e temos condições de defender nossa posição em todas as frentes", escreveu ele com grande otimismo a August Bebel. "Assim que este [volume] for publicado, os filisteus do partido vão levar mais um golpe que vai lhes dar o que pensar."[80] O manuscrito estava ainda pior do que o dos volumes anteriores

("A seção sobre Bancos e Crédito apresenta dificuldades consideráveis"), uma miscelânea atordoante de anotações, rascunhos, paráfrases e equações. Mas havia um aspecto que foi um alívio na ausência de Marx: finalmente Engels estava tendo a liberdade de dar ao texto a forma que considerava apropriada, selecionando os exemplos e eliminando os carbúnculos literários. "Como esse volume de coroação é uma obra esplêndida e absolutamente irrefutável", disse ele a Nikolai Danielson, o tradutor russo de O capital, "considero-me no dever de lhe dar uma forma em que toda a linha de raciocínio seja apresentada de modo claro e com grande destaque."[81]

A edição de 1893 do volume 3 do original de Marx revela o quanto exatamente essa iniciativa editorial foi pródiga. Para deixar clara a linha de raciocínio, Engels integrou notas de rodapé ao texto, bem como seções refundidas e subdivisões acrescentadas, além de inserir os seus próprios pensamentos. Também alterou a intenção de Marx em algumas ocasiões, sendo a mais óbvia a muito debatida seção 3, "A Lei da Tendência da Taxa de Lucro à Queda", em que Marx havia traçado as linhas gerais da maneira pela qual os lucros tendem a decrescer sob o capitalismo à medida que a tecnologia que poupa o trabalho reduz progressivamente a possibilidade de extrair mais-valia do trabalho vivo. Marx vinculou essa lucratividade decrescente à vulnerabilidade do próprio capitalismo.[82] Mas, enquanto o manuscrito original de Marx se referia ao "abalo" da produção capitalista, Engels falou mais definidamente do "colapso" do capitalismo. Uma pequena alteração, mas que teve consequências de longo alcance para os marxistas do século XX que procuraram repetidamente os sinais de uma "crise" ou "falência" sistêmica do capitalismo que anunciaria a aurora comunista. Só momentaneamente parece que o buldogue de Marx soltou-se da corrente que o prendia, mas foi em nome de uma boa causa. "Engels não queria ser apenas o editor, mas também o curador do legado de Marx e seu editor ao mesmo tempo", declarou recentemente um intelectual. "Engels produziu uma versão legível do manuscrito de Marx para os leitores aos quais se destinava, um grupo que ia desde operários teoricamente conscientes até acadêmicos interessados em filologia."[83] Com a publicação do volume 3, ele achou que essa tarefa finalmente havia sido realizada, e a memória de Marx homenageada. "Estou satisfeito que sua longa viagem com O capital de Marx esteja quase no fim", escreveu a Engels seu velho amigo cartista Julian Harney em 1893. "Nunca, eu acho, ao menos nos tempos modernos, um homem teve um amigo e um defensor tão fiel, tão dedicado quanto Marx encontrou em você."[84]

A saúde frágil de Engels não foi o único obstáculo à rapidez da publicação dos textos de Marx. A presença irritante de Percy Rosher, o marido de Pumps, pouco inteligente e cada vez mais surdo, foi outro fator a esgotar a energia, as emoções e o saldo bancário de Engels. Não foi surpresa para ninguém Rosher não estar tendo muito êxito como contador diplomado. Portanto, enquanto Engels lutava com o materialismo dialético, com as novas edições de *O capital* e com as facções rivais do socialismo internacional, também teve de se haver com os problemas financeiros da família de Rosher. Em dezembro de 1888, Engels estava avisando outro parasita habitual de seus recursos financeiros, Paul Lafargue, que, pelo fato de a situação de Percy estar "muito ruim", este poderia ser um ano de vacas bem magras. O outono seguinte viu Percy "completamente falido", e coube a Engels negociar em nome de Percy com seu irmão e seu pai para evitar a bancarrota total. "Seja como for que isso termine", previu Engels sabiamente, "com certeza vai me custar um monte de dinheiro."[85] E custou mesmo, uma vez que Pumps e Percy nunca deixaram de pedir dinheiro ao bom tio Engels — para grande irritação dos Lafargues. "Peço-lhe desculpas por incomodá-lo justamente quando você está com tantos problemas e preocupações por causa das dificuldades de Percy, mas sou obrigado a isso, pois esgotamos os nossos recursos", escreveu Paul Lafargue a Engels em novembro de 1889, ao perceber os sinais preocupantes do desvio dos bens de Engels.[86]

Durante os cinco anos seguintes, Engels, o mais venerado dos estrategistas e teóricos do comunismo no mundo inteiro, foi arrastado mais para o fundo ainda do mundo tragicômico dos Roshers e de seus esquemas variados para ganhar dinheiro — da "Rainbow Engineering Company" ao "Rosher System for Swimming Baths" [Sistema Rosher para Banhos de Piscina]. O pior de tudo era ele ser obrigado a conviver com o pai e empregador de Percy, Charles Rosher, cujas exigências de empréstimos e "investimentos" em vários projetos empresariais vinham embutidas numa série de cartas descaradas. "Ninguém a quem ele [Percy] está ligado tem uma idéia melhor de sua bondade e generosidade com Percy do que eu", começava uma carta hilária. "Pessoalmente tenho de tomar muito cuidado [...] para equilibrar o orçamento.[...] Aventuro-me a dizer que Percy, com a mesada que você lhe dá, mais o salário, está ganhando mais do que eu." Charles Rosher passa a intimar Engels numa linguagem muito clara, dizendo que só pagaria o salário de Percy se Engels concordasse em investir na companhia. "Tanto quanto tenho condições de julgar, ainda vai se passar muito tempo até ele valer alguma coisa em minha empresa", concluiu Charles, resumindo sem o menor constrangimento a capacidade singularmente modesta do filho.[87] E, quando Engels se recusou a dar mais dinheiro a Rosher, Percy foi devidamente posto no olho da rua.

As coisas não eram nem um pouco melhores com Howard, o irmão de Percy, para quem este foi trabalhar em seguida numa companhia de material de construção e jardinagem na Isle of Wight. No começo da década de 1890, os pedidos de empréstimos, injeções de dinheiro e assessoria comercial parecem ter chegado toda vez que o carteiro batia à porta. "Meu caro Sr. Engels", dizia um pedido familiar de Howard Rosher, "lamento muito ter de lhe perguntar se teria a bondade de nos enviar de novo um cheque ao portador."[88] Engels sabia que seu bom coração estava sendo explorado, mas suportava a situação estoicamente para poder desfrutar a memória das irmãs Burns, a companhia de Pumps para tomar cerveja e férias à beira-mar com ela e seus filhos. "Ele ama *realmente* a bêbada da Pumps", explicou Tussy à irmã numa carta. "Ele esbraveja contra ela — mas ama."[89] Mas, em 1894, sua paciência finalmente se esgotou depois que Percy abandonou o emprego, "gastou um monte de dinheiro (que não era seu)", deu o nome de Engels como avalista de um empréstimo e estava sem um tostão no bolso quando bateu à porta de Primrose Hill. "Depois de tudo o que fiz por eles, não vou me submeter calado a esse tratamento, e não os recebi muito cordialmente, não", disse ele a Laura Lafargue. "O que Percy vai fazer e como essa história vai acabar é algo que não sei."[90] E, felizmente, essa foi a última vez que ouvimos falar de Percy Rosher.[91]

* * *

Entre as pilhas de cartas, rabiscos e ensaios inacabados que Engels trouxe do gabinete de Marx em Maitland Park estava um conjunto de anotações que despertou particularmente o seu interesse: uma coletânea inspiradora de pensamentos sobre a natureza da sociedade pré-histórica. No início da década de 1880, Marx fez uma sinopse detalhada da obra de Lewis Henry Morgan intitulada *Ancient Society, or, Researches in the Lines of Human Progress from Savagery through Barbarism to Civilization* (1877). Um híbrido de darwinismo e materialismo, o livro de Morgan procurava rastrear a evolução da organização social humana desde seu estado primitivo até a modernidade. Baseando-se principalmente no estudo da confederação de tribos iroquesas do norte do estado de Nova York, Morgan mapeou o impacto do desenvolvimento tecnológico e da mudança dos conceitos de direitos de propriedade sobre a estrutura tribal e familiar. O progresso da selvageria para a barbárie, declarou ele, significou a passagem inexorável das tribos consanguíneas para uma família patriarcal, "monogâmica" (ou nuclear).

Como provam os extensos *Ethnological Notebooks* de Marx, este foi um tópico de diálogo abrangente entre ele e Engels que, a essa altura, já tinha acrescentado a antropologia à sua lista de interesses científicos empolgantes. Em meados da década de 1860, os dois discordaram sobre a importância da obra de Pierre Trémaux, *Origin and Transformation of Man and Other Beings*, com sua desajeitada teoria causacional a respeito da função da geologia e do solo na formação de características raciais. No começo de 1882, enquanto Marx lutava contra sua infecção no peito na Isle of Wight, Engels enviou-lhe outra vez uma nota antropológica, "para finalmente esclarecer o paralelo entre os germanos de Tácito e os peles-vermelhas norte-americanos".[92] Ele tinha acabado de ler *Native Races of the Pacific States of North America*, (1875), de Hubert Howe Bancroft, que deixou eriçados os seus pelos materialistas ao enfatizar o papel dos laços de sangue nos meios de produção na formação das primeiras comunidades americanas.

Mas as origens da família e das formas societárias ocuparam muito especialmente a atenção de Engels no início da década de 1880, depois da publicação da obra de August Bebel intitulada *Women and Socialism* (1879), reeditada em 1883 com o nome de *Woman in the Past, Present, and Future*. Bebel mergulhou fundo nos primórdios da história humana para poder dizer que "desde o início dos tempos a opressão foi a sorte comum das mulheres e dos homens trabalhadores". Antes do surgimento da família, sugere Bebel, as mulheres já eram "propriedade da horda ou tribo, sem o direito de escolher ou de recusar nada".[93] Foi o tema desenvolvido por Karl Kautsky numa série de artigos sobre as relações sexuais primitivas, "A origem do casamento e da família", (1882-83), que instigou o pensamento de Engels a respeito das conexões entre os tipos primitivos de propriedade da terra e sistemas de casamento.[94] Ao contrário de Bebel e Kautsky, Engels achava que as sociedades humanas primitivas não se baseavam no patriarcado, mas sim num sistema de relações sexuais comunais. Em geral, a posse de pares sexuais e a posse da terra andavam de mãos dadas. "Assim como se pode dizer com segurança que, onde quer que — por exemplo, no caso do *Hutzwang* [a antiga tradição germânica de remover as cercas dos tratos de terra individuais no período compreendido entre a colheita e a semeadura para poder haver pastagens comunais] — a terra reverta periodicamente à propriedade comunal ali um dia existiu uma propriedade inteiramente coletiva da terra", sugeriu Engels numa carta a Kautsky, "eu também acredito que se pode concluir com segurança que houve comunidade de esposas onde quer que as mulheres — simbolicamente ou na realidade — revertam periodicamente ao concubinato." Além disso, "o argumento de que a comunidade de sexos depende da repressão é falso por definição e uma distorção moderna decorrente da ideia de que a posse coletiva na esfera sexual era só de mulheres por homens e para o prazer destes últimos. Isso é totalmente estranho ao Estado primitivo. A posse coletiva nessa esfera era de ambos os sexos".[95]

A descoberta das notas de Marx sobre Morgan convenceu Engels de que ele precisava escrever alguma coisa para evitar outros desvios ideológicos. Quando Bernstein se hospedou na Regent's Park Road no início de 1884, Engels lia para ele, "noite após noite, até as primeiras horas da manhã, passagens dos manuscritos de Marx e a sinopse de seu livro futuro onde ligaria os fragmentos de Marx com a *Ancient Society* do escritor norte-americano Lewis Morgan".[96] Engels esperava que o projeto fosse "o cumprimento de uma ordem": conectar as pesquisas de Morgan com a interpretação materialista da história de Marx e, durante o processo, estender alguns de seus *insights* biológicos do mundo das borboletas e dos insetos para as mulheres e as relações de gênero. Um pouco inesperadamente, o Engels metido a conquistador acabaria escrevendo o texto fundacional do feminismo socialista.

A origem da família, da propriedade privada e do Estado (1884) começa com o que Engels considerava claramente um princípio feminino progressista: "Segundo a concepção materialista, o fator determinante da história é, em última instância, a produção e a reprodução da vida imediata."[97] De um só golpe, ele pôs a produção feminina da vida humana no mesmo plano teórico da produção dos meios da existência — o que, segundo o cânone comunista, era a mais elevada das virtudes. Seu lance seguinte, à moda hegeliana, foi historicizar a forma de família ao mostrar sua natureza fluida nas épocas anteriores e apontar para a sua próxima encarnação sob o governo comunista. "A família [diz Morgan] representa um princípio ativo. Nunca é estacionária, mas avança de uma forma inferior para outra superior à medida que a sociedade avança de uma situação inferior para outra superior."[98] Assim como o proletariado tinha de compreender que o capitalismo era um estágio transitório, as mulheres podiam alimentar esperanças de que as desigualdades de gênero de sua época eram uma fase passageira.

Engels começa sublinhando os fundamentos materialistas da cronologia de Morgan: a progressão de um sistema tribal de parceiros comuns ("prevalecia uma liberdade sexual irrestrita, [...] toda mulher pertencia igualmente a todos os homens e todo homem a todas as mulheres") até a forma moderna da "família nuclear" estava intimamente ligada aos avanços do modo de produção. A família era apenas mais um componente da superestrutura criada pela base econômica. Morgan redescobrira, segundo Engels, "a concepção materialista da história descoberta por Marx quarenta anos antes [...] quanto menor o desenvolvimento do trabalho e quanto mais limitada a quantidade de seus produtos e, em conseqüência, quanto mais limitada também a riqueza da sociedade, tanto mais se vê que a ordem social é dominada por grupos de parentesco".[99] Nesse sentido, a família moderna, com todos os seus defeitos — seu patriarcado, sua hipocrisia, sua frustração e seus subterfúgios — era o produto da propriedade privada.

O que tornou a interpretação de Engels particularmente digna de nota foi ele ver a vida da família de acordo com a perspectiva das mulheres e o fato de ele ser particularmente sensível à história da degradação feminina à medida que a sociedade passou de modelos matrilineares para os patriarcais.

"Quanto mais as antigas relações sexuais tradicionais perdem seu caráter ingênuo, primevo, em decorrência do desenvolvimento das condições econômicas de vida", escreveu ele, "tanto mais degradantes e opressivas devem ter parecido às mulheres."[100] Pois, como Morgan dera a entender, o sistema consanguíneo primitivo de casamento grupal e poligamia era muito mais igualitário e autônomo do que o preconceito filisteu moderno, que sua "imaginação manchada pelo bordel" poderia sugerir: "Entre todos os selvagens e todos os bárbaros dos estágios inferior e médio e parcialmente até do superior, as mulheres ocupavam uma posição não só de liberdade, como também de grande respeito."[101] A análise de Engels expôs o sexismo como um construto histórico e sociológico. Enquanto August Bebel afirmava que "desde a aurora dos tempos" a opressão havia sido a sorte comum da mulher — e, na verdade, que a propriedade privada e a divisão do trabalho *vieram depois* da "posse" egoísta da mulher pelo homem —, Engels ponderava que a supremacia masculina era um fenômeno relativamente recente e intimamente ligado ao desenvolvimento de uma economia competitiva de propriedade privada. "Uma das noções mais absurdas herdadas do Iluminismo do século XVIII é que, no começo da sociedade, a mulher era uma escrava do homem", escreveu ele questionando Bebel diretamente. Entre todos os selvagens e todos os bárbaros dos estágios inferior e médio e, numa certa medida, do superior também, a posição das mulheres não é só de liberdade, mas também de respeito."[102]

A queda e a perda da graça são decorrência da introdução dos direitos de propriedade individuais e familiares (em contraposição aos direitos mais amplos do clã ou da tribo) e, concomitante a ela, a prática da herança de acordo com a linha masculina. A propriedade individual e a propriedade privada assinalaram "a derrota mundial histórica do sexo feminino". À medida que o marido assumia as rédeas, a mulher foi "degradada, escravizada, [...] a escrava do desejo do homem, um simples instrumento para gerar filhos".[103] As relações de gênero tornaram-se outro elemento da linha divisória social: agora as mulheres faziam parte das fileiras daqueles oprimidos pelo modo de produção capitalista. "A primeira oposição de classe que aparece na história coincide com o desenvolvimento do antagonismo entre homem e mulher no casamento monogâmico, e a primeira opressão de classe coincide com aquela do sexo feminino pelo sexo masculino", declarou Engels.[104] Na família, o homem era o burguês, e a mulher, o proletário, com resultados previsivelmente brutais.

Era a família da alta burguesia de meados da era vitoriana que Engels tinha particularmente em mente — o verniz de virtude carola, por baixo do qual grassavam a opressão, a prostituição e os maus-tratos. Na verdade, Marx e Engels treinaram durante muito tempo o seu olho clínico para a hipocrisia da domesticidade de classe média. "Sobre que alicerce repousa a família atual, a família burguesa?", perguntaram eles pela primeira vez em O manifesto do partido comunista. "Sobre o capital, sobre o ganho privado. Em sua forma completamente madura, essa família só existe entre a burguesia. Mas esse estado de coisas encontra seu complemento na ausência prática da família entre os proletários, e na prostituição pública."[105] Em A origem da família, Engels voltou ao tema. "Essa monogamia protestante leva apenas, se considerarmos a média dos melhores exemplos, a uma vida conjugal de um tédio mortal, que é descrito como felicidade doméstica", escreveu ele com a autoridade de alguém que vivera duas décadas entre as elites dissidentes do norte da Inglaterra. "A esposa difere da cortesã comum somente porque ele não aluga o corpo, por tarefa, como um trabalhador assalariado, mas o vende para a escravidão por toda a vida."[106] A comitiva inevitável da monogamia — em termos dialéticos, as contradições inerentes à forma — eram a prostituição e o hetairismo. Pois, enquanto nas comunidades primitivas a liberdade sexual era desfrutada por ambos os gêneros sem o menor constrangimento, na família da propriedade privada "o direito à infidelidade conjugal" é prerrogativa exclusiva do homem. O amor sexual, nas palavras desajeitadas de Engels, só era possível entre o proletariado, que carece tanto de propriedade privada quanto das normas sociais burguesas. Por isso, afirmou Engels romântica mas erroneamente, os casamentos proletários não sofrem as práticas abusivas de seus congêneres burgueses.

Depois de demonstrar a transitoriedade das várias formas de família ao longo da história, Engels passou a defender mais uma revolução: a revolução das relações sexuais. Este foi um tema do qual ele tratou pela primeira vez em A situação da classe trabalhadora na Inglaterra, quando falou a respeito dos efeitos do emprego feminino nas fábricas e tecelagens de Manchester sobre a unidade familiar. A nova realidade industrial de mulheres operárias e homens desempregados só serviu para dessexualizar ambas as partes: "A esposa sustenta a família, o marido fica em casa, cuida das crianças, varre o chão e cozinha." Engels conta a experiência de um amigo ao visitar um ex-colega de quarto em St. Helen's, Lancashire, que "se sentava e cerzia as meias de sua mulher com uma agulha grossa e sem ponta": "'Não, eu sei que este trabalho não é meu, mas a minha pobre mulher tá na fábrica [...] de modo que tenho de fazer tudo o que puder por ela, pois não tenho emprego, nem tive nenhum por mais de três anos, e nunca mais vou ter nenhum emprego enquanto viver'; e então derramou uma grande lágrima."[107] No entanto, a conclusão que o precoce Engels de 24 anos tirou disso não foi que as mulheres não deviam trabalhar fora (na verdade, a industrialização prometia a elas uma nova era de liberação da servidão doméstica), mas sim que "se o poder da mulher sobre o marido, ao que o sistema fabril leva inevitavelmente, é desumano, o poder anterior do marido sobre a mulher deve ter sido desumano também".[108] A reviravolta doméstica produzida pelo emprego feminino em massa expôs vividamente a desigualdade essencial da família moderna. A industrialização arrancara o verniz do patriarcado "natural", e Engels acreditava otimistamente que, com a disseminação do trabalho assalariado das mulheres, "não resta base alguma para nenhum tipo de supremacia masculina na família proletária, exceto, talvez, parte da brutalidade em relação às mulheres que se propagou desde a introdução da monogamia".[109]

Pode muito bem parecer que o capitalismo e suas demandas por trabalho feminino ofereciam a rota mais segura para a igualdade sexual, mas as iniquidades da vida familiar moderna só poderiam ser completamente resolvidas com a transição para o comunismo. Depois que a riqueza herdada voltasse a fazer parte de um patrimônio coletivo de propriedade social, os estreitos alicerces da família "nuclear" se desintegrariam. Como disse Engels numa carta de 1885: "A verdadeira igualdade entre homens e mulheres pode — ou pelo menos estou convencido de que pode — se tornar realidade somente quando a exploração de ambos pelo capital tiver sido abolida e o trabalho privado em casa tiver se transformado numa indústria pública."[110] As mulheres poderiam sair do jugo patriarcal depois que a família deixasse de existir como unidade econômica, depois que as tarefas domésticas se transformassem num evento socializado e — o mais radical de tudo — "os cuidados com as crianças e a sua educação se tornassem uma questão pública". [111] A propriedade privada, a riqueza e até as crianças tinham todos de ser transferidos para a comunidade mais ampla como bens coletivos. Numa verve quase fourierista, Engels apresenta então a promessa utópica dessa revolução sexual: as mulheres se casando por amor e não por dinheiro (o que levaria a "uma ascensão gradual das relações sexuais irrestritas" e, com ela, "uma opinião pública mais indulgente em relação à honra virginal e ao pudor feminino"), as esposas não teriam mais de suportar as infidelidades dos maridos por medo de perder a propriedade, e os casamentos, construídos sobre os alicerces do afeto e do respeito mútuo, pouparíam aos casais "o lodaçal inútil dos processos de divórcio". Se não era exatamente o falanstério do amor livre de Fourier, também não estava muito longe.

Apesar disso, havia alguns tópicos sexuais que expunham cruamente a educação calvinista de Engels. Uma liberdade que Engels não estava disposto a sancionar era o exercício da homossexualidade. Em 1869, Karl Marx enviou-lhe um exemplar de *Argonauticus*, um livro do advogado alemão Karl Ulrich, que afirmava que o desejo por alguém do mesmo sexo era inato, propunha que a masculinidade e a feminilidade fossem consideradas um *continuum* e cunhou o termo *Urning* para designar tanto a atração homossexual masculina quanto a feminina. Engels ficou estarrecido com essas "revelações antinaturais". "Os pederastas estão começando a se afirmar e a descobrir que são um poder no Estado", escreveu ele a Marx num discurso bombástico de homofobia hiperbólica. "*Guerre aux cons, paix aus trous de cul* ["Guerra à xoxota, paz aos cus"] vai ser o slogan a partir de agora. É uma sorte nós pessoalmente estarmos velhos demais para temer que, quando esse partido vencer, tenhamos de pagar tributos físicos aos vitoriosos. [...] Espere só até o novo Código Penal do norte da Alemanha reconhecer os *droits du cul*. [...] Aí as coisas vão ficar péssimas para nós, pobres coitados que preferem a frente, com nosso gosto infantil por mulheres."[112] Por outro lado, o socialista inglês Edward Carpenter tirou uma conclusão diferente da crítica de Engels à família burguesa, defendendo a virtude do sexo não procriador e, com ela, a aceitação cultural e jurídica da homossexualidade como parte de um processo mais amplo de emancipação socialista.[113] A visão ideal de "camaradagem" de Carpenter apresentava um socialismo completamente diferente da utopia de amor livre e criação comunal dos filhos defendida por Engels.

Apesar de nunca terem sido tão influentes quanto seus escritos sobre materialismo dialético, as teorias de Engels sobre a família foram uma contribuição importante para o pensamento socialista do século XX, dando forma à educação e à criação dos filhos na União Soviética. Mais importante foi o sucesso da *Origem* sobre toda uma geração de feministas marxistas do Ocidente. A militante feminista Kate Millett escreve em *Política sexual*, seu livro de 1970, que o tratamento dado por Engels ao casamento e à família como instituições históricas "sujeitas aos mesmos processos de evolução que os outros fenômenos sociais [...] abriu o sagrado para a crítica, para a análise séria e até para uma possível reorganização drástica. O resultado radical da análise de Engels é que a família, tal como este termo é entendido hoje, tem de acabar".[114] Da mesma forma, *A dialética do sexo*, de Shulamith Firestone (1970), baseia-se nos escritos de Engels para defender a proposta de uma vida comunal pós-patriarcado. O que muitas feministas admiraram na abordagem de Engels foi seu tratamento das diferenças de gênero como fatores produzidos economicamente em vez de serem determinados biologicamente: o patriarcado era mais uma função da sociedade burguesa de classes, e ambos precisavam ser destruídos.[115]

Mais recentemente, a obra de Engels foi criticada, principalmente por antropólogos, por não reconhecer o domínio masculino nas sociedades primitivas e pelas suposições implícitas — que comprometem seu texto — sobre a divisão de trabalho entre homens e mulheres como algo inato e não um construto social. Além disso, uma nova onda feminista criticou Engels por não reconhecer os desejos sexuais femininos como distintos do processo reprodutivo, por definir as mulheres como pessoas que anseiam naturalmente por um casamento permanente e, o mais importante, por não "tratar seriamente as questões de sexualidade, ideologia, domesticidade ou da divisão de trabalho e poder entre mulheres e homens em geral".[116] Apesar dessas ressalvas, certamente é extraordinário que Engels — o grande dom-juan, o admirador fervoroso das *grisettes* de Paris e grosseiro sedutor da Sra. Moses Hess — tenha se tornado um defensor ardente de ideias feministas. Ele chegou até a endossar projetos do Reichstag alemão de proibir a prostituição, ao mesmo tempo que advertia sobre as repercussões sobre as operárias sexuais se a experiência da Lei de Doenças Contagiosas da Inglaterra fosse usada como referência. "A meu ver, ao tratar dessa questão, devemos considerar sobretudo os interesses das próprias mulheres como vítimas da ordem social presente, e protegê-las tanto quanto possível de acabarem na sarjeta", escreveu a Bebel o machão reformado.[117]

Na verdade, embora Engels tenha frequentado *boudoirs* e bordéis em sua juventude vulgar, ele viveu de acordo com suas crenças a maior parte da vida. Contradições de proporções hegelianas talvez tenham atormentado sua vida profissional; mas, quando se tratava de questões pessoais, Engels se recusava a se submeter às normas burguesas. Foi só no leito de morte de Lizzy que ele finalmente se casou com a companheira, para apaziguar seus escrúpulos religiosos. Os cínicos podem dizer que isso tinha a ver com direitos de herança e participação na Ermen & Engels, mas não há evidência de que sua relutância tivesse alguma relação com qualquer outra coisa além de uma objeção — baseada em princípios — ao que ele considerava a hipocrisia do casamento. Engels também tinha uma consciência claríssima da frágil posição das mulheres na sociedade burguesa — uma consciência que o levou a obrigar Percy Rosher a se casar com Pumps depois que eles tiveram um caso — e de seu isolamento depois do colapso de uma relação afetiva. Quando, em outubro de 1888, Karl Kautsky anunciou que estava abandonando sua mulher Louise por uma jovem que havia conhecido em Salzburgo, Engels o censurou por ter dado "o golpe mais terrível que uma mulher pode receber". Estendeu-se longamente sobre as consequências do divórcio na sociedade contemporânea: embora o marido não tivesse de carregar nenhum estigma, "a mulher perde completamente o seu status; tem de começar tudo de novo e em circunstâncias mais difíceis". Engels insistiu com Kautsky para este refletir com muito cuidado sobre a questão e depois, se não houvesse outra alternativa, seguir em frente, mas "só da forma mais respeitosa possível".[118]

Esses exemplos admiráveis da solidariedade de Engels às mulheres são todos, infelizmente, eclipsados pela reação menos simpática ao movimento feminista de sua época. Ele se sentira atraído por Mary e depois por Lizzy Burns em parte por seu jeito prático, iletrado, que ele contrastava favoravelmente com "o pedantismo e os sofismas das 'benducadas' e 'sensíveis' filhas da burguesia". Na verdade, mulheres determinadas e inteligentes que não eram bonitas nem tinham o sobrenome Marx frequentemente eram objeto de maus-tratos misóginos por parte de Engels. Há numerosos comentários em suas cartas que mostram o horror que ele tinha das "afetadas, 'benducadas' damas berlinenses".[119] Ele tinha uma aversão especial pelas mulheres intelectuais de meia-idade, de modo que a teosofista, feminista e secularista Annie Bésant era "Mãe Bésant", a jornalista e correspondente de guerra Emily Crawford era "Mãe Crawford", a ativista e dirigente de campanhas de saúde sexual Gertrud Guillaume-Schack era "Mãe Schack". Era inteiramente contra a campanha pelo sufrágio feminino ("essas pequenas madames que clamam pelos direitos das mulheres") e considerava a causa uma distração, por trás da qual florescia o poder de classe.[120] "Aquelas inglesas que defenderam um direito formal das mulheres que lhes permita ser tão integralmente exploradas quanto os homens têm — em sua maior parte — um interesse direto ou indireto na exploração capitalista de ambos os sexos", escreveu ele a Mãe Schack, explicando que ele estava mais concentrado na geração futura do que na igualdade formal da geração presente.[121] No entanto, em 1876, quando uma candidata mulher subiu as escadas do número 122 da Regent's Park Road a fim de pedir o voto de Engels para as eleições da junta de educação de Londres (cargos aos quais as mulheres tinham o direito de se candidatar depois da Lei da Educação de 1870), ele não teve como negar dar a ela todos os seus sete votos. "Por conseguinte, ela teve mais votos do que qualquer dos outros sete candidatos à eleição. Incidentalmente, as mulheres que participavam da junta de educação de Londres são notáveis pelo fato de falarem muito pouco e realizarem uma grande quantidade de trabalho — tanto quanto uma média de três homens."[122]

Depois de cinco anos de combate corpo a corpo com os manuscritos de Marx, enxergando cada vez menos e sentindo-se cada vez pior do reumatismo nas pernas, Engels finalmente se deu férias. Mesmo em sua velhice, ele gostava da perspetiva de viajar; na verdade, pessoas, ideias e lugares novos eram o segredo da energia de Engels. Em 1888, os Estados Unidos da América prometiam todos os três. Além disso, uma edição americana de *A situação da classe trabalhadora na Inglaterra* tinha sido publicada em 1886 e, depois de décadas de exploração gritante, a classe operária norte-americana parecia estar evoluindo na direção da consciência de classe. "Nesse exato momento estou recebendo os jornais americanos que falam da grande greve de 12 mil mineiros de carvão da Pennsylvania, no distrito de Connellsville", escreveu Engels no apêndice à edição americana de *A situação*, "e parece que estou lendo a minha própria descrição da greve dos mineiros de carvão de 1844 no norte da Inglaterra."[123]

É célebre o nome com que Mark Twain batizou esse período: a Idade de Ouro — uma época de barões ladrões e proletariado urbano, de vasta riqueza e desigualdades chocantes. O poder industrial dos Vanderbilt, Morgan, Duke e Carnegie (que se tornariam defensores do darwinismo social de Herbert Spencer) existia ao lado da agitação no local de trabalho e dos primeiros indícios de socialismo. Em 1886, o ano da "grande reviravolta", mais de 700 mil trabalhadores entraram em greve ou enfrentaram greve de empregadores à medida que os cortes salariais, a mecanização e a desqualificação se intensificavam.[124] Em Chicago, cerca de 90 mil operários marcharam pelas ruas durante as comemorações do Primeiro de Maio, sob a liderança da Federação dos Sindicatos Organizados dos Ofícios e do Trabalho (logo rebatizada de Federação Americana do Trabalho) — uma demonstração de força que se transformou em tragédia três dias depois com o massacre de Haymarket Square, onde a polícia abriu fogo contra os manifestantes depois do lançamento de uma bomba anarquista. Em contraste com a quietude da classe operária inglesa, o "vigor americano" do movimento operário dos Estados Unidos foi extremamente instigante para Engels. "O último Paraíso Burguês na terra está se convertendo rapidamente num Purgatório e só é possível evitar que se transforme num Inferno, como na Europa, por meio da velocidade com que o desenvolvimento de um proletariado americano recém-amadurecido vai acontecer", escreveu ele a seu tradutor americano, Florence Kelley Wischnewetzky. "Como eu gostaria que Marx tivesse vivido para ver isso!"[125]

É claro que havia alguns problemas na situação americana — e um deles era uma falta terrível de rigor ideológico. "A ignorância teórica é um atributo de todas as nações jovens", observou Engels placidamente. Mas a juventude também implicava uma falta bem-vinda de preconceitos culturais e intelectuais que tornavam o socialismo europeu muito esclerosado. Os Estados Unidos eram um país notável por suas "instituições puramente burguesas, sem o fermento dos resquícios feudais, nem tradições monárquicas, e sem um proletariado permanente e hereditário".[126] Nesse sentido, era uma *tabula rasa*, um espaço vazio no qual a hegemonia burguesa podia ser seguida rapidamente por uma revolução proletária. Neste "solo mais favorável", a classe operária organizada conseguira em meses o tipo de avanços políticos e eleitorais que suas congêneres europeias levaram anos para conquistar. O frustrante era que esse progresso corria o risco de ser destruído por aquela divisão tão familiar no seio do movimento progressista. Depois dos tumultos do mês de maio, a Federação dos Sindicatos Organizados dos Ofícios e do Trabalho bateu em retirada para um sindicalismo "de negócios", isto é, de proteção estrita dos interesses de seus membros, em vez de oposição à ordem capitalista. Os operários mais ativos politicamente dividiram-se então entre um Partido Operário Socialista, controlado em sua maior parte por *émigrés* alemães, e uma Ordem Nobre e Sagrada dos Cavaleiros do Trabalho, uma instituição fraternal que seguia os moldes das corporações medievais, aberta a todos os "produtores" (exceto garçons e advogados). Num período anterior de sua vida, Engels teria descartado os Cavaleiros — com seus projetos de cooperativas e ajuda mútua entre os operários — como sonhadores, proudhonistas e pequeno-burgueses. Mas, agora, o veterano comunista politicamente astuto achou que eles eram "um ponto de partida inevitável" para a política proletária norte-americana. Por outro lado, o Partido Operário Socialista, embora extremamente ortodoxo em sua filosofia marxista, mostrava os defeitos clássicos de um círculo *émigré* exageradamente intelectualizado: uma filosofia idealista demais com uma prática política insuficiente.

Engels estava ansioso por ver isso com os próprios olhos, de modo que, no dia 8 de agosto de 1888, partiu para Nova York. Acompanhavam-no a bordo do *City of Berlin* Carl Schorlemmer, Eleanor Marx e seu amante Edward Aveling. Tussy lembra um Engels de 68 anos muito animado a bordo do vapor, "sempre disposto, chovesse ou fizesse sol, a dar uma caminhada pelo convés e a tomar um copo de cerveja. Parecia que um dos seus princípios inabaláveis era nunca contornar um obstáculo, mas sempre pular por cima dele ou escalá-lo".[127] Mas, quando chegaram aos Estados Unidos, Engels não teve a menor vontade de falar em congressos socialistas, nem de reunir as forças proletárias, nem de fazer turnês pelas ferrovias, nem de visitar as fábricas de aço da Pennsylvania. Num eco à sua viagem a pé, feita em 1849, Engels optou por bancar o turista, percorrendo incógnito o trajeto de uma viagem de um mês de Nova York a Boston, e depois às cataratas de Niágara e, por fim, ao Canadá e ao lago Ontário.

O diário da viagem de Engels entoa o familiar refrão europeu a respeito da velocidade e do tumulto da vida americana — "Um americano não suporta a ideia de alguém estar na sua frente na rua; ele tem de alcançar o outro e ultrapassá-lo" —, mas também mostra surpresa com a estética dos Estados Unidos do fim do século XIX. "Não acredite que os Estados Unidos são um país novo — é o lugar mais antiquado do mundo", disse ele a Laura Lafargue.[128] Os cabriolés e carruagens que foram obrigados a usar na costa leste poderiam muito bem ser do século XVII, enquanto a decoração das casas e dos quartos de hotel onde ficaram hospedados eram notáveis por sua mania de imitar o Velho Mundo: "Em toda parte, as cadeiras, mesas e armários se parecem muitíssimo com os móveis transmitidos como herança pelas gerações passadas."[129]

As pessoas eram uma outra história. Seja por causa de sua própria formação no comércio, seja por ter passado grande parte da vida em Manchester, uma cidade ambiciosa, mercantil, empreendedora, Engels não teve remédio a não ser admirar a vitalidade e a mobilidade social sem culpa do éthos imigrante dos Estados Unidos. E ninguém encarnou essa aspiração melhor que seu sobrinho, Willie Burns — irmão de Pumps —, que estava começando vida nova em Boston depois de emigrar de Lancashire. Ao contrário do imprestável do Percy, Burns era "um sujeito maravilhoso, brilhante, cheio de energia e com o coração e a alma em movimento. Está indo bem, trabalha para a Boston & Providence Railroad (agora a Old Colony), ganha US$ 12 por semana, tem uma mulher encantadora (que trouxe consigo de Manchester) e três filhos". Na terra da liberdade, sem o estorvo do preconceito de classe e dos resquícios feudais, "nada o induziria a voltar para a Inglaterra; ele é justamente o homem para um país como os Estados Unidos".[130]

Para Engels, o urbanista, o ponto alto da viagem não foi a "muito linda" Cambridge, Massachusetts, nem a "bela, elegante" Concord (onde fez uma visita à prisão), mas sim "o melhor lugar para a capital da Produção Capitalista que se pode ver" — a cidade de Nova York. Como muitos marxistas depois dele, Engels achou os Estados Unidos o *ne plus ultra* da forma mais recente do capitalismo. Enquanto Max Horkheimer, Theodor Adorno e Herbert Marcuse descobririam isso nas vias expressas de Los Angels e nos campi do sul da Califórnia, na década de 1880 era a Costa Leste que parecia apontar para o futuro do capitalismo.[131] "Entramos em Nova York depois de escurecer e eu pensei ter entrado num capítulo do *Inferno* de Dante", começa de forma um pouco previsível o relato de Engels a Laura Lafargue, antes de descrever seu encantamento com "as vias férreas elevadas trovejando acima de sua cabeça, bondes às centenas com sinos que não paravam de tocar, ruídos horríveis por todos os lados". Na Manchester da década de 1840, eram as tecelagens, as fábricas e as favelas de Oxford Road que expressavam a essência urbana do capitalismo; na Nova York da década de 1880, era a manipulação da cultura de massa e o espetáculo tecnológico da cidade moderna. Manhattan era, no idioma dos últimos anos de Walter Benjamin, um mundo onírico da mercantilização consumista da alta burguesia. "Lâmpadas de arco voltaico sem proteção em cima de todo navio", observou Engels, "não para iluminar, mas para atrair como um anúncio e, consequentemente, cegando e confundindo tudo à sua frente." Em resumo: Nova York era "uma cidade digna de ser habitada pela multidão de pior aparência do mundo; todos parecem crupiês demitidos de Monte Carlo".[132]

Apesar dessas reveladoras ressalvas inglesas sobre a vulgaridade dos nova-iorquinos, Engels gostou muito da viagem para o outro lado do Atlântico. O ar puro, os ianques empreendedores, a comida de primeira e a cerveja alemã encontrada por toda parte convenceram-no de que voltaria. "A viagem me fez um bem tremendo", escreveu ele ao irmão Hermann no vapor de volta, enquanto saboreava seu suprimento de Riesling californiano. "Sinto-me pelo menos cinco anos mais jovem; todos os meus achaques foram para o segundo plano, até os meus olhos melhoraram."[133] Ele voltou a Londres fisicamente revigorado e politicamente entusiasmado com as perspectivas da revolução proletária. De volta à Regent's Park Road com Nim, ele agora estava pronto para pôr de lado a ciência e a filosofia da última década, a se envolver de novo com o negócio sujo da política e a divulgar as ideias de Marx. Na década de 1890, o setuagenário Engels voltou à luta operária em regime de tempo integral —

que, para grande prazer seu, finalmente chegara ao proletariado inglês. Mais ou menos cinquenta anos depois de atravessar o canal da Mancha para sentir o cheiro da revolução, ele percebeu que, por fim, a Inglaterra estava pronta para ascender.

10

Enfim, primeiro violino

"No dia 4 de maio de 1890, o proletariado inglês, despertando de quarenta anos de hibernação, participa novamente do movimento de sua classe."[1] Na marcha inaugural das comemorações do Primeiro de Maio de Londres — um evento que mais tarde seria incorporado ao calendário soviético de paradas militares e exibição de armas de fogo na Praça Vermelha — a capital foi testemunha de uma demonstração da força socialista, com operários e ativistas reunidos ao nascer do sol no Victoria Embankment. À frente da procissão iam os estivadores e gasomistas de East End, seguidos pelas fileiras da Women's Trade Union League [Liga do Sindicato das Mulheres], a Bloomsbury Socialist Society [Sociedade Socialista Bloomsbury], o North Camberwell Progressive Club [Clube Progressista de North Camberwell], o East Finsbury Radical Club [Clube Radical de East Finsbury], o West Newington Reform Club [Clube da Reforma de West Newington] e uma miríade de sindicatos. Acompanhando-os em seu trajeto para Marble Arch pelo coração da Londres comercial havia vereadores, deputados e senadores, membros da junta de educação e astros do firmamento socialista, como o dramaturgo George Bernard Shaw, o membro do Parlamento pelos socialistas Robert Cunninghame Graham, o líder dos gasomistas Will Thorne, um jovem George Lansbury e o próprio Engels. Durante um dia breve e delirante, o centro do império esteve sob o poder da esquerda radical.

Quando a procissão entrou no Hyde Park — que um dia foi o local da moda onde desfilava a alta sociedade londrina, transformado durante o século

XIX na "Praça do Povo" —, ela já contava com mais de 200 mil participantes, com faixas e cartazes radicais pontilhando o horizonte. "Eu estava na plataforma 4 (um pesado vagão de carga)", lembra Engels, "e só consegui ver parte — um quinto, digamos, ou um oitavo — da multidão, mas ela era um vasto mar de rostos, indo até onde a vista alcançava." Era inevitável haver rivalidades pessoais, disputas de facções e a falta habitual de sentimentos fraternais na hierarquia socialista. Mas, para Engels, a manifestação anunciava o ressurgimento das classes trabalhadoras inglesas que, depois do término do boom de meados da era vitoriana, finalmente se livrara da confusão liberal e redescobrira sua herança cartista e socialista. "O que eu não daria para Marx ter visto esse despertar, ele que, nesse mesmo solo inglês, estava atento ao mínimo sintoma!", escreveu ele melancolicamente a August Bebel. Pela primeira vez em quase meio século, Engels escutou a voz do proletariado inglês se fazendo ouvir em alto e bom som, e isso lhe fez um bem tremendo. "Levantei a cabeça, que ficou alguns centímetros mais alta, enquanto descia do velho vagão de carga."[2]

Tão notável quanto as multidões foi a presença de Engels em Hyde Park. O trabalhador incansável que labutara por tanto tempo à sombra de Marx, que mantivera a discrição na vida pública desde Paris, na década de 1840, estava ressurgindo por seus próprios méritos. "Só agora ele usava as próprias palavras, ele que tinha sido o segundo violino, só agora ele mostrava tudo de que era capaz", lembra Wilhelm Liebknecht. Na condição de assessor, instigador e mentor das lutas do movimento da classe operária internacional, "ele mostrou que também poderia tocar o primeiro violino". "A cada dificuldade com que nós, que trabalhávamos no vinhedo de nosso mestre, o povo, nos deparávamos, procurávamos Engels", escreveu sua devotada Tussy em 1890. "E nunca apelávamos para ele em vão. O trabalho que este único homem fez nos últimos anos teria sido demais para uma dúzia de homens comuns."[3] À medida que os Primeiros de Maio passaram a ser comemorados em todo o continente e o marxismo começou a ser adotado como a ideologia oficial de um número crescente de partidos socialistas — da Áustria à Espanha, da Rússia aos Estados Unidos e agora, gratificantemente, da Inglaterra — os decretos de Engels (tipicamente prefaciados pelo lamento "se Marx estivesse vivo hoje") adquiriram um peso cada vez maior. O grande lama da Regent's Park Road passou seus últimos anos lutando vigorosamente com as questões intelectuais e organizacionais que o socialismo estava enfrentando, da vitalidade ininterrupta do capitalismo até o desafio político da democracia social previdenciária e a estratégia sufragista dos partidos operários de massa. Diante de um terreno político que estava mudando rapidamente, Engels revelou-se um tático surpreendentemente engenhoso, raramente tendo de passar pela vergonha de repensar suas propostas ou de questionar princípios sagrados.

Do prático ao filosófico, em seus últimos dias o General sempre esteve pronto para auxiliar a causa. Seu profundo amor à vida era acompanhado pela convicção de que a história estava do seu lado, de que a marcha progressiva do socialismo era mais realizável do que nunca antes. Ele estava determinado a viver só mais alguns anos para "dar uma espiada no novo século" e assistir ao triunfo marxista que ele havia transformado na obra de sua vida.

"Agora somos todos socialistas", foi a resposta despreocupada do estadista liberal Sir William Harcourt à mudança do clima político dos últimos anos da década de 1880 na Inglaterra. Os princípios ideológicos de meados da era vitoriana — individualismo, *laissez-faire*, autoajuda, convicção evangélica —, um dia inabaláveis, estavam começando a se desintegrar diante do desejo cada vez maior de ação do Estado com vistas a melhorias. Em Birmingham, Glasgow e Londres, as câmaras de vereadores locais estavam experimentando programas radicais de socialismo municipal que iam da magnitude do governo da cidade ao fornecimento de bens de utilidade pública, transporte e até lazer; em Oxford, o filósofo idealista inglês T. H. Green estava ressuscitando Hegel para oferecer uma nova filosofia de intervenção estatal progressista que lançaria os alicerces intelectuais do novo liberalismo; o texto seminal de Henry George, *Progresso e pobreza*, de 1879, com sua demanda enérgica por reforma agrária, estava fazendo furor em toda a Inglaterra e Irlanda; e, nas salas de visita de Bloomsbury, nos salões de ciência de Sheffield, nos clubes radicais de East End, as ideias socialistas de igualdade e consciência de classe estavam sendo debatidas com entusiasmo pela primeira vez em quarenta anos. Do ponto de vista de Engels, essas investidas na nação que dera à luz a Revolução Industrial e alimentara o primeiro proletariado já deviam ter acontecido há muito tempo.

Dez anos antes, no início da década de 1880, ele tinha a opinião otimista de que o socialismo estava prestes a ressuscitar e concordou em contribuir com uma série de artigos para o jornal sindicalista *The Labour Standard*. Durante o verão de 1881, Engels trabalhou com afinco, instigando os sindicatos a mobilizar seus membros, a se livrar de sua mentalidade provinciana, de corporativismo medieval, e enfrentar a classe capitalista exploradora. "Há muitos sintomas de que a classe operária deste país está despertando para a consciência de que, durante algum tempo, andou caminhando na trilha errada", escreveu ele, insistindo com os barões sindicalistas para que deixassem de lado as demandas por salários mais altos e menos horas de trabalho e se concentrassem "no sistema salarial em si".[4] Mas não adiantou. "Não vejo progresso nenhum", queixou-se ele numa carta de renúncia ao editor do jornal, George Shipton, em agosto de 1881.[5] Para frustração de Engels, a pusilanimidade arraigada do proletariado inglês estava se mostrando mais intratável do que nunca. "Durante cinco meses eu tentei, por meio de *The Labour Standard*, para o qual escrevi artigos de peso, retomar os fios do movimento cartista e disseminar nossas ideias para ver se isso evocaria alguma resposta", explicou ele a Philipp Becker, um companheiro de 1848. O resultado? "Absolutamente nada."[6] A triste verdade, concluiu Engels, era que, enquanto a classe operária inglesa continuasse dividindo os frutos do monopólio industrial do Império Britânico, não havia esperança de socialismo. Os proletários estavam enriquecendo com a hegemonia colonialista e, vendo pouca razão para alterar esse arranjo tão lucrativo, tinham se leiloado para o Partido Liberal. Só o fim da vantagem comercial da Grã-Bretanha em face da competição americana e um período prolongado de empobrecimento poderiam levar os trabalhadores a agir. "Por absolutamente nada desse mundo permita ser iludido, levado a acreditar que um movimento proletário verdadeiro está de pé aqui", queixou-se Engels a Bebel em 1883. "A participação no controle do mercado mundial foi e continua sendo a base econômica da nulidade política dos operários ingleses."[7]

Para grande surpresa de Engels — e grande decepção — o revival do socialismo inglês, quando aconteceu, não foi o resultado de um grande climatério socioeconômico; ao contrário: foi extremamente intelectual e até mesmo espiritual em sua origem e liderado por irritantes pensadores de classe média. "Não é preciso dizer que hoje existe realmente 'socialismo na Inglaterra outra vez,' e montes dele", escreveu Engels em 1892 numa nova introdução a *A situação da classe trabalhadora na Inglaterra*. "Socialismo de todas as tendências; socialismo consciente e inconsciente, socialismo prosaico e poético, socialismo da classe operária e da classe média, pois, na verdade, abominação das abominações, o socialismo não só se tornou respeitável como está realmente usando traje a rigor e descansa preguiçosamente nas *causeuses* das salas de visita."[8] A descrição que Henry Hyndman faz de um dia de ação socialista deixa claro que essas críticas eram incontestavelmente corretas: "Foi uma cena curiosa, Morris com seu chapéu mole e terno azul, Champion, Frost e Joynes com roupas matinais dos ricos, vários camaradas operários e eu usando o fraque com o qual Shaw diz que eu nasci, de cartola e luvas de boa qualidade, todos seriamente empenhados em vender um jornal socialista de um *penny* durante a hora mais movimentada do dia na rua mais movimentada de Londres."[9] Os pioneiros do socialismo da década de 1890 eram uma classe à parte daqueles que esperavam emancipar. Havia o grupo socialista cristão, ou "sacramental", em torno da Stewart Headlam's Guild of St. Matthew [Corporação de São Mateus de Stewart Headlam]; a comuna Millthorpe dos New Lifers [Comuna Millthorpe dos Novos Condenados a Prisão Perpétua], de Edward Carpenter, camaradagem masculina e misticismo oriental; a Fellowship of the New Life [Sociedade da Nova Vida], vagamente owenita (que, por sua vez, originaria a Fabian Society); e uma série eclética de outras sociedades, da Labor Emancipation League [Liga de Emancipação do Trabalho], sediada em East End, à Land Reform Union [União da Reforma Agrária]; e a National Secular Society [Sociedade Secular Nacional]. O que impelia todos esses radicais boêmios e burgueses angustiados na direção do socialismo, segundo a grande dama fabiana Beatrice Webb, era "uma consciência do pecado, [...] um mal-estar crescente — que chegava à convicção — resultante da certeza de que a organização industrial que proporcionara renda, juros e lucros numa escala estupenda não havia conseguido oferecer um padrão de vida decente e condições toleráveis para a maioria dos habitantes da Grã-Bretanha".[10] Para muitos outros socialistas, foi uma esteira da linha de montagem espiritual que levava do inconformismo ao secularismo e daqui para uma religião da humanidade construída sobre uma noção ética de socialismo e companheirismo. Poucos leram *O capital*, suas conexões com o comunismo do continente eram mínimas e sua compreensão do materialismo dialético era abaixo da crítica. Só um entre os socialistas ingleses poderia se considerar honestamente um marxista — Hyndman, o homem da cartola e das luvas de boa qualidade, fundador da seita socialista mais influente da Londres dos anos 1880, a Federação Social-Democrata (FSD). Só havia um problema: Engels não o suportava.

Henry Mayers Hyndman, filho de um mercador das Índias Ocidentais, tinha se formado em direito, tentara a sorte no jornalismo e, no fim, casara-se bem. Sua epifania aconteceu em 1880, quando leu *O capital* em francês e apresentou-se a Karl Marx, "o Aristóteles do século XIX". Ele logo se tornou uma presença constante em Maitland Park e, na opinião de Engels, uma presença constante e desagradável. Hyndman sempre disse que foi sua íntima amizade com Marx que gerou a hostilidade de um Engels ressentido, o que o teria levado a "demolir aquilo que considerava uma influência rival à sua própria". Como acontecia frequentemente nas camadas superiores da política socialista, muito se devia às personalidades. Hyndman desqualificava a relação entre Marx e Engels como uma amizade construída sobre a dependência financeira do primeiro com este último, com o "severo, desconfiado e ciumento" Engels exigindo em amizade (na brincadeira saborosa de Hyndman com *O capital*) "o valor de troca de seu dinheiro vivo". "A Sra. Marx não suportava pensar nisso", escreveu Hyndman em sua autobiografia. "Falou dele [Engels] mais de uma vez com minha mulher como o 'anjo mau' de Karl Marx, e que gostaria de libertar o marido de qualquer dependência desse coadjuvante capaz e leal, mas pouco simpático."[11] E Hyndman não reservou essas opiniões para a posteridade. Usou muitas vezes o jornal da FSD, *Justice*, para atacar Engels e sua "panelinha marxista" por não apoiá-lo, nem apoiar a FSD, nem um partido socialista unificado na Grã-Bretanha. "Engels tem um talento infalível para destruir o bom entendimento e para se inimizar com as pessoas", vituperava ele. "Se não houvesse ninguém mais para intrigar e contra quem tramar, ele intrigaria e tramaria contra si mesmo."[12]

Embora Engels tivesse realmente uma atitude de proprietário em relação às suas amizades, sua aversão por Hyndman tinha raízes mais profundas. Tanto ele quanto Marx ficaram furiosos com o plágio desavergonhado de *O capital* feito por Hyndman para o seu credo comunista *England for All* [A Inglaterra para todos] (1881). Além disso, Engels achava que, por trás do verniz socialista de Hyndman, espreitava um conservador antiquado, cujo instinto era manipular os sentimentos chauvinistas e populistas que nunca estavam muito longe da superfície da política da classe operária inglesa. "Hyndman é um homem de negócios astuto e competente, mas superficial e da LAIA DE JOHN BULL [a personificação do inglês típico]", confidenciou Engels a Kautsky. "Além disso, sua ambição supera em muito os seus talentos e obras."[13] Nunca inteiramente à vontade com as massas, Hyndman dirigia a FSD com uma combinação de posturas ditatoriais e ortodoxia marxista rígida. Na verdade, o rigor que ele impunha era demais até para Engels. "Deveras, a FSD é pura e simplesmente uma seita", disse a Kautsky um Engels subitamente pluralista. "Ossificou o marxismo num dogma estrito e inflexível" e corria o risco de afastar possíveis seguidores.[14] O pior de tudo era a vaidade demagógica de Hyndman, que Engels viu perigosamente em ação quando Hyndman, John Burns e seu rico financiador H. H. Champion presidiram uma manifestação em fevereiro de 1886 por Pall Mall e Piccadilly, que acabou numa tarde de tumultos por parte de oito mil desempregados de East End, satisfeitos com o quebra-quebra que fizeram naquele dia em West End. "O que se conseguiu foi equiparar socialismo a saque na cabeça do público burguês e, embora isso não tenha piorado muito as coisas, certamente não representou nenhum avanço", foi o veredito ácido de Engels sobre aquela "Segunda-feira sangrenta".[15] Tudo apontava para o problema fundamental da FSD e sua executiva de socialistas charlatães: eles estavam "determinados a conjurar, da noite para o dia, um movimento que, aqui como em toda parte, exige necessariamente anos de trabalho".[16] Ninguém na Grã-Bretanha parecia capaz do tipo de tarefa organizacional e ideológica estafante que Liebknecht e Kautsky estavam realizando na Alemanha e Lafargue e Guesde em Paris.

Por tudo isso, Engels ficou satisfeitíssimo quando, em 1884, Edward Aveling e William Morris racharam com a FSD para fundar uma Liga Socialista rival. Convocou-os instantaneamente à Regent's Park Road para um apanhado rápido sobre organização, disciplina e propaganda partidária. Essas aulas particulares resultaram na fundação do elegante jornal de Morris, *Commonweal*, e na criação de uma rede de filiais da Liga Socialista para congregar membros descontentes da FSD. Mas a relação entre Engels e Morris nunca seria fácil.

Morris, uma cabeça muito mais voltada para a estética, raramente disfarçava sua falta de interesse pelos preceitos racionais e técnicos do socialismo científico. "Falando francamente, não sei o que é a Teoria do Valor de Marx nem quero saber", explicou ele numa reunião pública. "É economia política mais que suficiente para mim saber que a ociosa classe rica é rica e que a classe operária é pobre, e que os ricos são ricos porque roubam os pobres."[17] Seu tratado *Notícias de lugar nenhum* defendia um retorno ao passado pré-industrial, com o figurino medieval e as corporações de ofício e tudo; Londres ficaria inteiramente livre das indústrias e as casas do parlamento se transformariam num monte de lixo. A visão de Morris era diametralmente oposta à crença de Engels de que o futuro comunista dependia do tipo de avanços tecnológicos e prosperidade generalizada produzida pela Revolução Industrial. Não é de surpreender que, no início, Engels tenha querido desqualificar Morris, dizendo que ele era "um amante da arte muito rico mas politicamente inepto". Suas relações ficaram um pouco mais cordiais por um breve período depois do racha com a FSD e com a descoberta de um interesse comum pela mitologia nórdica antiga; mas, assim que Morris começou a flertar com o anarquismo, Engels excomungou-o como "um sonhador piegas, pura e simplesmente". Engels temia que fosse necessário assumir um curso exaustivo de seminários bissemanais para instruir Morris no socialismo, "mas quem tem tempo para isso? E, se ele for deixado por conta própria durante um mês, com certeza vai se perder de novo. E será que ele valeria esse trabalho todo se alguém tivesse tempo?"[18]

Ao menos Morris, com o seu jeito desorientado, estava caminhando na direção certa, com sua ênfase no valor do trabalho e nos efeitos alienantes do capitalismo — ao contrário dos fabianos. George Bernard Shaw, Sidney Webb, Sydney Olivier, Annie Bésant, Frank Podmore e o resto de seu grupo cometeram dois pecados capitais aos olhos de Engels: ousaram criticar a economia de Marx e eram tipos suspeitamente "instruídos", classe média — "um monte de admiradores mútuos e escandalosamente convencidos, diletantes que voam muito acima de gente ignorante como Marx", foram as palavras petulantes que usou numa carta para Laura Lafargue.[19] Engels estava disposto a dar algum crédito à Sociedade Fabiana por sua reorientação da Câmara dos Vereadores do Condado de Londres numa direção mais socialista — com sua municipalização de serviços essenciais, política de obras públicas e ataque aos interesses comerciais da City — mas, em geral, considerava a Sociedade Fabiana uma ala imprestável do Partido Liberal previdenciário, cuja estratégia de infiltração política era um exercício de futilidade de classe. Embora todas essas objeções tivessem um grão de verdade, tal desqualificação arrogante e arbitrária junto com o desprezo que ele sentia por Hyndman e Morris teria tido mais credibilidade se Engels tivesse um candidato próprio — alguém habilidoso e diligente, com um monte de seguidores — pronto para liderar o movimento socialista. Não tinha. Em vez disso, em função de um sentimento equivocado de lealdade ao clã de Marx, Engels resolveu promover uma das personalidades mais detestadas e suspeitas do socialismo britânico.

***

"Tenho de lhe dar algumas notícias. [...] Você deve ter sabido, imagino, que durante algum tempo eu gostei muito de Edward Aveling — e ele diz que gosta de mim —, de modo que vamos nos 'juntar'. [...] Não preciso dizer que essa resolução foi fácil para eu tomar. Mas acho que é para bem.... Não nos julgue mal — ele é muito bom — e você não deve pensar muito mal de nenhum de nós dois. Engels, como sempre, é tudo quanto há de bom." Foi com esse rodeio que Tussy informou a irmã Laura de seu "casamento" com Edward Bibbins Aveling em 1884. O quarto filho de um ministro congregacionalista, Aveling teve uma carreira meteórica como cientista, membro do University College London e professor de anatomia comparativa até seu secularismo estridente custar-lhe o emprego. No início da década de 1880, ele se relançou como "o Darwin do povo", usando a tribuna pública da National Secular Society, um grupo que defendia causas, para levar um público amplo, composto principalmente de operários, ao ateísmo e ao pensamento darwinista. Transcreveu seus cursos e aulas, transformando-os em uma série de tratados populares, fáceis de entender e muito baratos, como *The Student's Darwin* [O Darwin do estudante] e *Darwin Made Easy* [Darwin fácil de entender].[20]

A viagem subsequente de Aveling em direção ao marxismo começou em 1884, depois que seu envolvimento crescente com a política da junta de educação de Londres o pôs em contato com Hyndman e a FSD, e ele logo se revelou um defensor talentoso, inteligente, esforçado e consciencioso da causa socialista. Infelizmente, era também um traste debochado. Hyndman o considerava "um homem de péssimo caráter", Kautsky, "uma criatura má", e até Bernstein, normalmente generoso, achava que ele era "um tratante desprezível".[21] Para George Bernard Shaw, Aveling era "um dos vários modelos que posava inconscientemente para Dubedat", o desagradável anti-herói de sua peça *The Doctor's Dilemma*. Aveling, lembra ele, era "morbidamente escrupuloso em relação às suas convicções religiosas e políticas e preferia ir para a forca a alterar uma única sílaba delas que fosse. Mas não tinha absolutamente nenhuma consciência a respeito de dinheiro e mulheres".[22] Isso era óbvio nas relações de Aveling com Tussy, com quem foi viver em 1884 apesar de ainda ser legalmente casado com uma tal de Isabel Campbell Frank, filha de um comerciante de galinhas muito próspero, de quem nunca se divorciou oficialmente. Para Engels, essas fraquezas burguesas despertavam pouco interesse. "O fato é que Aveling tem uma esposa legítima da qual não tem como se livrar *de jure*, embora tenha se livrado dela *de facto* há anos", explicou ele rapidamente ao cético Eduard Bernstein, depois de abençoar a união e dar £50 ao feliz casal para a lua de mel em Peak District.[23] Mas Aveling não tinha bom coração como Engels, longe disso. Nos anos seguintes, atormentaria Tussy com uma série de infidelidades, humilharia a moça (depois da morte de Campbell Frank em 1892) com um casamento *de jure* com uma atriz e, em última instância, desempenhou um papel no suicídio dela. Isso posto, Aveling tinha o seu lado bom: nos primeiros anos, incentivou o ativismo político de Tussy, encorajou-a a escrever e deu-lhe um grau de segurança emocional que ela não tinha desde a morte do pai.

Desde o início, tanto Tussy quanto Engels tiveram de se haver com as dívidas de Aveling, que não paravam de se acumular, e com embaraçosas irregularidades financeiras. Logo depois de sair da National Secular Society, o antigo chefe de Aveling, Charles Bradlaugh, acusou-o de apropriação indevida de fundos da sociedade. Embora a alegação pudesse ser atribuída à rivalidade política, a série seguinte de acusações foi muitíssimo mais perniciosa: "O Trabalho Não Pago de Aveling: Os Socialistas Estão Nauseados e Dizem Não à Sua Conta Exorbitante", foi a manchete do *New York Herald* após a investigação do Partido Trabalhista Socialista dos quase US$ 1.600 de despesas que Aveling e Tussy tinham tido durante sua turnê de conferências pelos Estados

Unidos em 1886 (equivalentes a aproximadamente US$ 35 mil em termos de hoje). "Os empreendedores palestrantes socialistas foram estudar a pobreza num hotel de primeira classe de Baltimore e fizeram uso tão liberal da adega de vinhos que sua conta relativa a dois dias totalizou US$42", observou o jornal num trabalho de demolição bem fundamentado.[24] O xis da questão foi que Aveling tinha tentado introduzir furtivamente na conta as despesas da viagem de Tussy, quando os socialistas americanos só haviam concordado em arcar com as despesas dele. Na verdade, as alegações e os vazamentos de informações para a mídia (que a imprensa britânica reciclou alegremente) eram motivados principalmente por diferenças ideológicas mais profundas no seio do movimento socialista norte-americano, sendo o escândalo de Aveling apenas a ponta do iceberg. Engels não ia engolir nada daquilo. Numa carta ríspida a seu tradutor americano e alto funcionário do PTS, Florence Kelley Wischnewetzky, ele declarou impiedosamente: "Ai do homem que, sendo de origem burguesa ou tendo educação superior, entra no movimento e tem a audácia de entrar em relações monetárias com o elemento operário." Depois apresenta uma linha de raciocínio que manteria durante os anos seguintes: "Herdei de Marx a obrigação de defender seus filhos como ele mesmo teria defendido e fazer de tudo quanto está em meu poder para que não sofram injustiças."[25] Agora Aveling era um membro protegido da firma familiar, de modo que foi repetidamente resguardado das críticas por um Engels deploravelmente indulgente. Quando sumia dinheiro ou quando um cheque era devolvido por falta de fundos ou um contrato rompido (como acontecia invariavelmente), Engels punha o problema de lado sem pensar muito, atribuindo-o "ao cochilo literário e boêmio de Aveling".[26] Muito provavelmente, Marx o teria descartado como um estorvo à causa, mas Engels apegou-se a ele por lealdade ao clã e por uma admiração secreta por sua postura debochada e arrogante. Descreveu-o afetuosamente para o amigo americano Friedrich Sorge como "um tipo de homem muito talentoso, prestativo e absolutamente honesto, mas efusivo como uma jovem inconvencional, com uma ânsia perpétua de fazer uma besteira. Bom, eu ainda me lembro da época em que eu tinha muito desse tipo de idiota".[27]

Acima de tudo, Engels endossava a perspectiva ideológica e a estratégia política de Aveling. Embora Aveling tenha feito um trabalho porco ao ajudar

Sam Moore na tradução de O *capital*, Engels o respeitava como popularizador eficaz e devidamente científico do marxismo para o mercado inglês. Para Aveling, Marx e Darwin não tinham em comum só atributos físicos — "A presença física de ambos impunha respeito. [...] Em caráter moral, os dois homens eram semelhantes. [...] A natureza de cada um deles era bela, despertando afeição e dando afeição a tudo quanto era digno [dela]" —, mas também a metodologia. "O que Darwin fez pela biologia Marx fez pela economia. E ambos, por meio de observação longa e paciente, experimentos, anotações e reflexão, chegaram a uma generalização colossal, uma generalização que os seus pares, em seus respectivos ramos, nunca viram." Numa linguagem da qual Engels só podia gostar, Aveling apresentou em *The Student's Marx* [Marx para estudantes] (1891) a natureza científica da obra inovadora de Marx: "A eletricidade tem seus ohms, seus farads, seus amperes; a química tem a tabela periódica; os fisiologistas estão reduzindo as funções corporais a equações; e o fato de Marx conseguir expressar suas muitas generalizações de economia política em termos matemáticos é mais uma prova de que ele levou essa ciência mais longe que seus predecessores."[28]

E Aveling não era só de conversa. Usando sua experiência de propaganda de rua da National Secular Society — com suas reuniões ao ar livre e aulas sérias em clubes operários —, ele começou a trabalhar com Tussy, tentando construir um partido operário independente e devidamente proletário nas favelas ímpias dos "párias de Londres". A leste de Aldgate Pump, muito longe de Primrose Hill, nos becos e pardieiros de Whitechapel, Bethnal Green, Mile End e Hoxton, estava escondida a pobreza da Londres vitoriana: uma paisagem povoada, na imaginação popular, por uma escória de judeus, estivadores, negras e "desordeiros" imprestáveis, cuja ameaça era simbolizada pelos crimes hediondos de Jack, o Estripador. Ali estava a fonte sombria da imoralidade, da embriaguês e da depravação, um charco eugênico vindo dos pântanos de Hackney, que seria melhor isolar do resto da capital e esquecer. Mas, para Tussy, a pobreza dessas ruas frias e famintas estava repleta de possibilidades políticas. Essas possibilidades chegaram mais perto de se concretizar no dia 13 de novembro, quando o East End, impelido pela fome, marchou mais uma vez contra o plutocrático West End. O secretário de segurança da cidade de Londres, Sir Charles Warren, imediatamente lançou suas tropas contra centenas de milhares de manifestantes, entre os quais estavam William Morris, Annie Bésant, John Burns, Edward Carpenter, Tussy e Aveling. Tussy apareceu na Regent's Park Road depois, segundo o relato de Engels a Paul Lafargue, "o casaco em frangalhos, o chapéu amassado e rasgado por um golpe de cassetete, tendo sido presa pela polícia, mas liberada por ordem de um inspetor". Embora Engels tivesse algumas críticas táticas ao confronto com a polícia montada em Trafalgar Square ("que é o lugar mais favorável ao governo [...] com um quartel perto e com St. James Park — onde alojar tropas de reserva — a um pulo do campo de batalha"), a violência injustificada desse "Domingo Sangrento" energizou dramaticamente o East End, onde, durante meses, os socialistas tinham pregado sem êxito em clubes e bares frequentados por radicais.[29]

O que manteve o impulso político do movimento foi a intervenção do trabalho organizado, inesperada, atrasadíssima, mas muito bem-vinda. Na primavera de 1889, Will Thorne, um foguista socialista da usina de gás de Beckton, começou a reunir os colegas na National Union of Gasworkers and General Labourers [Sindicato Nacional dos Trabalhadores em Usinas de Gás e Trabalhadores em Geral], na tentativa de melhorar os termos e condições de trabalho estarrecedores daquele lugar. Usando uma constituição escrita com a ajuda de Tussy e Aveling, o sindicato conseguiu cerca de 20 mil membros em quatro meses e Thorne assegurou um corte no dia de trabalho normal de 12 horas para oito. Nas comunidades estreitamente unidas da classe operária de East London, havia uma longa tradição de os empregados de usinas de gás também trabalharem como estivadores, e o sucesso de Thorne em conseguir concessões ao gasômetro aumentou a pressão sobre as corporações reacionárias das docas. Na década de 1890, mais de 16 quilômetros de terras próximas a estaleiros — das West India Docks a St. Katherine's Dock, Millwall Dock e Victoria Dock — estendiam-se ao longo do amplo estuário leste do Tâmisa, com quase 30 mil homens empregados no vasto complexo de armazéns, atracadouros, bacias e cais que fizeram de Londres "o empório do mundo". As condições de trabalho ali estavam entre as mais brutais da Inglaterra, como o grande cronista de Londres Henry Mayhew descobriu numa manhã de outubro: "As brigas e rixas, e um número incontável de braços estendidos bem alto no ar, para chamar a atenção daquele cuja voz pode dar trabalho. [...] É uma visão que entristece os mais insensíveis, ver *milhares* de homens lutando por um único dia de trabalho remunerado, a competição se tornando mais feroz por saberem que centenas entre aqueles reunidos ali vão ficar ociosos e passar necessidade."[30] Ben Tillett, o secretário do pequeno Tea Operatives' Union [Sindicato de Operários do Chá], logo se viu cercado por homens que insistiam em seguir a liderança de Thorne e enfrentar os donos das docas. Mas suas demandas por aumento dos salários de quatro para seis *pence* a hora, com oito *pence* por hora extra e um período mínimo de emprego de meio dia, foram rejeitadas pelos barões das docas. Continuavam confiando que o vasto exército de reserva de mão de obra de East End corroeria a solidariedade operária. Junto com os militantes socialistas Tom Mann e John Burns (e com o apoio de Tussy e Aveling nos bastidores), Tillett provou a eles que estavam errados, fundando o Dock, Wharf, Riverside and General Labourers' Great Britain and Ireland [Sindicato dos Trabalhadores das Docas, Cais, Beira-Rio e Outros da Grã-Bretanha e Irlanda] em 1889. Os líderes dos estivadores organizaram então uma greve disciplinada de um mês com a participação de quase 60 mil homens e lançaram uma vigorosa ofensiva de relações públicas que incluía reuniões ao ar livre em Tower Hill, marchas imponentes pela City de Londres e um fundo de assistência bem administrado. Quer tenha sido esse espectro do trabalho politizado, quer tenha sido a intervenção apaziguadora do cardeal Henry Edward Manning ou a chegada de £30 mil em fundos de apoio à greve enviados pelos estivadores australianos, no fim os barões das docas cederam às exigências de Burns por "toda a borda redonda da moeda de meio xelim do estivador".

Ao ler as reportagens sobre a greve nos jornais londrinos, Engels entrou em êxtase. "A greve das docas venceu. É o maior evento que aconteceu na Inglaterra desde as últimas Leis de Reforma e marca o início de uma revolução total em East End", escreveu ele a Karl Kautsky em setembro de 1889.[31] "Até agora o East End se encontrava num estado de estagnação causado pela pobreza, sendo sua marca registrada a apatia dos homens cujo espírito foi quebrado pela fome e que abandonaram toda e qualquer esperança. [...] E então, no ano passado, houve a greve vitoriosa das moças dos fósforos [Bryant & May]. E, agora, essa greve gigantesca dos elementos mais desmoralizados do mundo, os trabalhadores das docas", disse ele a Bernstein.[32] O que havia de tão animador no protesto dos estivadores, explicou ele em *The Labour Leader*, é que agora até o lumpemproletariado parecia pronto a se insurgir: "Se Marx tivesse vivido para ver isso! Se esses pobres homens tiranizados, o refugo do proletariado, esses restos de todos os ofícios, lutando todas as manhãs diante dos portões das docas por um emprego, se eles conseguiram se organizar e aterrorizar com a sua determinação as poderosas Dock Companies, então não precisamos realmente nos desesperar por causa de nenhum setor da classse operária."[33] Os sindicatos dos estivadores e dos empregados em usinas de gás foram símbolo de uma mudança tectônica na política do trabalho: o desafio de uma nova geração de sindicatos, com sua crença na solidariedade de classe e na ideologia socialista, ao conservadorismo dos antigos sindicatos de ofício, que lembravam muito as corporações medievais. "Esses novos sindicatos de homens e mulheres sem qualificação profissional são totalmente diferentes daquelas antigas instituições da aristocracia da classe operária e não têm condições de adotar os mesmos métodos conservadores", disse Engels a Laura, contando com um orgulho quase paternal o papel heroico de Tussy na radicalização de East End.[34] Este era, portanto, o pessoal de Engels — não os demagogos da FSD nem os membros da Sociedade Fabiana que não faziam mais nada além de cofiar a barba, mas sim os ativistas, sindicalistas e socialistas de East End. Eram essas pessoas, esperava ele, que liderariam um partido operário socialista na Grã-Bretanha de acordo com o modelo alemão. Como sinal público de aprovação, Engels convidou os líderes sindicais para visitá-lo em sua casa da Regent's Park Road. "Dos ingleses, William Thorne foi a visita mais bem-vinda entre aqueles que não faziam parte do círculo familiar", lembra Edward Aveling. "Engels tinha por ele a maior admiração, respeito e afeto; sobre seu caráter e seu valor para o movimento, a mais elevada opinião."[35] Engels também comparou favoravelmente John Burns a Oliver Cromwell. Por outro lado, os líderes sindicalistas o respeitavam; ele era o venerável pai do socialismo europeu, com orgulho do lugar que ocupava no palanque no Primeiro de Maio.

Mas a liderança do movimento operário britânico não ficou com Aveling, Thorne ou Burns, mas sim nas mãos de Keir Hardie, o ex-mineiro espinhoso, abstêmio e inconformista. Explicitamente contrário aos "Estados socialistas do tipo alemão", Hardie defendia um socialismo que era, nas palavras de seu biógrafo Kenneth O. Morgan, "uma visão ética fundamentalmente de justiça e igualdade", que devia mais à "velha boa causa" puritana do que ao comunismo marxista. Seu veículo era o Partido Operário Independente, o POI [Independent Labour Party (ILP)], que nasceu do Congresso dos Sindicatos do início da década de 1890 e tinha uma tendência geral que era mais liberal do que exatamente socialista. Apesar disso, parecia o único grupo político nacional com credibilidade dedicado aos interesses dos operários, e Engels deu a ele o benefício da dúvida. "Como o *grosso* de seus membros sem dúvida é de primeira classe, como seu centro de gravidade está nas províncias, e não naquela rede de intrigas que é Londres, e seu programa é substancialmente o mesmo do nosso, Aveling fez bem em entrar nele e aceitar uma posição no executivo", disse Engels a Sorge em janeiro de 1893.[36] Mas em questão de semanas, por causa de alguma intriga maldosa de Aveling, Engels se voltou contra Hardie, acusando-o de ambições demagógicas, de colaboração com os conservadores e de irregularidades financeiras. Em janeiro de 1895, Engels havia perdido completamente a paciência com o POI e estava descartando Hardie, considerando-o "um escocês astuto, habilidoso, um hipócrita e arquiintrigante, astuto demais, talvez, e vaidoso demais".[37] O próprio Hardie parecia não se dar conta de haver perdido as boas graças de Engels; depois da morte deste último, escreveu afetuosamente sobre as conversas dos dois na Regent's Park Road e continuou afirmando intransigentemente que tanto Engels quanto Marx teriam endossado o desenvolvimento político do POI.[38] A verdade é que, a essa altura, Engels estava sem contato com grande parte do que estava acontecendo no socialismo britânico, muito em função de sua dependência constante de Aveling. É difícil exagerar a desconfiança generalizada e até mesmo a aversão que muitos do campo socialista britânico sentiam por Aveling, a quem consideravam um arrivista e cujo comportamento pessoal extremamente imoral estava, a seu ver, prejudicando sua causa política e ofendendo a moralidade puritana da classe operária. Ressentidos com as tentativas de Engels de "impingir" Aveling "como um líder do movimento operário e socialista inglês", os ativistas começaram a evitar Regent's Park Road, e a influência pessoal de Engels sobre a direção política e a ideologia do socialismo inglês diminuiu visivelmente.[39] "Por que não houve marxismo na Grã-Bretanha?" é um enigma acadêmico de longa data e, mesmo não sendo absolutamente a razão determinante, a lealdade equivocada de Engels a Aveling certamente contribuiu para a falta de um partido marxista unificado.[40] Foi um dos raros maus juízos políticos de Engels, ao qual foi levado por um sentimento permanente de lealdade ao clã de Marx.

O movimento socialista do continente apresentava uma série diferente de problemas para Engels. "Tenho de acompanhar o movimento em cinco países europeus grandes e num monte de pequenas nações, e nos Estados Unidos da América", resmungou ele para Laura Lafargue em 1894. "Com essa finalidade, recebo três jornais diários alemães, dois ingleses e um italiano e, a partir de 1° de janeiro, um vienense, sete ao todo. De periódicos semanais recebo dois da Alemanha, sete da Áustria, um da França, três da América (dois em inglês, um em alemão), dois italianos, um polonês, um búlgaro, um espanhol e um boêmio, três deles em línguas que ainda estou aprendendo aos poucos."[41] Além disso, a minha caixa de correio é um verdadeiro poço sem fundo de correspondência internacional, além das "visitas dos mais variados tipos de pessoas". A década de 1890 já ia bem adiantada e a Regent's Park Road continuava sendo o centro do socialismo internacional, recebendo um número crescente de exilados, discípulos russos e, mesmo em 1893, uma reunião de cúpula socialista anglo-franco-germânica, à qual compareceram August Bebel, Paul Lafargue e John Burns. As idas e vindas a Primrose Hill intensificaram-se em meados de 1888, quando toda a equipe editorial de *Der Sozialdemokrat* — Eduard Bernstein, Julius Motteller, Leonard Tauscher e Hermann Schlüter — se mudou de Zurique para Londres e se fixou no outro lado da via férrea, em Kentish Town e Tufnell Park. Naturalmente, todo domingo eles atravessavam a parte norte de Londres para estar à mesa de Engels para uma tarde regada a cerveja Pilsener, fofocas políticas e socialismo científico. Quem presidia tudo isso era Nim, a antiga empregada de Marx, que organizou a vida de Engels com uma firmeza amorosa, contratando e demitindo serviçais, sentando-se à cabeceira da mesa aos domingos e dando a Engels a liberdade doméstica de que precisava para realizar seus projetos políticos e filosóficos. Um vislumbre bonito do mundo de Engels no final da década de 1880 aparece em seu relato da véspera do ano-novo de 1888. "Entramos nele de uma forma muito estranha", contou ele a Laura Lafargue: "Fomos para a casa de Pumps num carro de praça e, como de costume, a neblina estava ficando mais densa. [...] Depois de uma hora inteira de viagem no escuro e no frio, chegamos à casa de Pumps, onde encontramos Sam Moore, Tussy e os Schlutters (Edward nunca aparecia] e também Tauscher. [...] Bom, estava ficando cada vez mais escuro, e, quando o Ano Novo chegou, o ar estava denso como sopa de ervilha. Sem chance de ir embora, o motorista do carro de praça, que devia vir nos buscar à 1 da madrugada, não chegava, de modo que todos nós tivemos de ficar onde estávamos. E continuamos a beber, a cantar, a jogar cartas e a rir até as 5h30, quando Sam e Tussy foram escoltados por Percy até a estação e pegaram o primeiro trem; por volta das 7 horas, os outros foram embora, e o tempo clareou um pouco; Nim dormiu com Pumps, Schorlemmer e eu na cama extra, Percy no quarto das crianças (já passava das 7 horas quando fomos dormir) e levantamo-nos de novo por volta do meio-dia ou 1 da tarde para voltar à Pilsener etc. [...] Os outros tomaram café lá pelas 4h30 da tarde, mas eu me ative ao clarete até as 7 horas."[42]

A feliz convivência de Engels e Nim — com sua mistura nostálgica de recordações de Marx, aperitivos no meio da manhã e um fraco comum por fofocas do partido — teve um fim abrupto em 1890, quando Nim entrou em colapso com uma suspeita de tumor uterino. Como fizera com Lizzy, Engels cuidou da Helene Demuth agonizante com um carinho extraordinário. "A minha boa, querida, leal Lenchen caiu pacificamente no sono na tarde de ontem depois de uma doença breve e em sua maior parte indolor", escreveu Engels com tristeza a Sorge em 5 de novembro de 1890. "Juntos passamos sete anos felizes nesta casa. Éramos os dois últimos da velha-guarda da época anterior a 1848. Agora cá estou eu, sozinho mais uma vez."[43] Anexou a esta carta um bilhete para Adolf Riefer, sobrinho de Nim e um de seus poucos parentes, anunciando os planos de seu espólio. Pois ainda havia um problema, uma mentira ambulante, viva — o filho ilegítimo de Nim e Marx, Freddy Demuth —, que o discreto e leal Engels tinha de resolver: "A falecida fez um testamento no qual nomeia como seu único herdeiro Frederick Lewis, o filho do falecido amigo", escreveu Engels, "a quem ela adotou quando ainda era bem pequeno e que criou, fazendo dele aos poucos um mecânico competente e trabalhador." Dissimulando ainda mais, Engels explicou a Riefer que Freddy, "por gratidão e com licença dela", resolveu assumir o sobrenome Demuth e, como tal, foi chamado no testamento.[44] Esse foi, portanto, um dos últimos subterfúgios dos quais Engels lançou mão — outra proteção póstuma à reputação de Marx. O maltratado Freddy Demuth, residente no número 25 de Gransden Avenue, Hackney — zona leste de Londres —, recebeu devidamente a herança total de Helene, no valor de £40. Para o deserdado Riefer, esse ato de generosidade para com o filho adulto de um velho amigo do qual nunca ouvira falar deve ter parecido meio estranho.

Depois de enterrar Helene ao lado de Marx e Jenny no túmulo da família em Highgate, Engels caiu em depressão profunda. Aquela morte o privou de mais uma ligação íntima com os Marx, além do tipo de companhia feminina cegamente amorosa e divertida que o encantava. Foi nesse estado de abatimento que Engels respondeu ao telegrama de condolências de Louise Kautsky, a ex-mulher de Karl Kautsky que ele defendera tão cavalheirescamente durante seu divórcio. "O que passei nesses muitos dias, o quanto a vida me pareceu terrivelmente árida e desolada, e ainda me parece, não preciso lhe dizer", escreveu ele. "E aí veio a pergunta — e agora? E então, minha querida Louise, uma imagem, viva e reconfortante, apareceu diante dos meus olhos, para ali ficar dia e noite, e essa imagem era você."[45] A inesperada solução de Engels para sua solidão foi Louise, uma combativa parteira vienense, assumir o lugar de Nim na Regent's Park Road. Claro que não haveria "serviços braçais", só um papel de supervisora dos empregados da casa e total liberdade para se dedicar a outros interesses.

Louise agarrou com unhas e dentes a oportunidade de se mudar para Londres, e um Engels deliciado logo tinha uma nova mulher em sua vida. Com ela, nas palavras dele, "um pouco de sol voltou". Nos últimos anos de Engels, os dois desfrutaram uma relação extremamente produtiva, de apoio e afeto mútuos, com uma Louise mais jovem trabalhando — muito mais do que Nim — como secretária, cuidando da correspondência, organizando documentos, acompanhando a imprensa internacional e até revisando as provas dos artigos de Engels. As cartas de Engels a seu círculo global de correspondentes passaram a ficar inundadas de referências a ela; logo ela começou a acrescentar suas próprias anotações às cartas e a assiná-las como "A Feiticeira". Será que Engels tinha algum interesse além do profissional na espirituosa e bonita Louise de 30 anos? Muito provavelmente; mas, como escreveu a August Bebel, "a nossa diferença de idade impede as relações conjugais tanto quanto as extraconjugais, de modo que nada resta além daquela mesmíssima vida de dona de casa".[46] Com o tempo, esses sentimentos transformaram-se em afeto paternal, à medida que Engels passou a considerar Louise "como considero Pumps, Tussy ou Laura, exatamente como se fosse uma filha minha".[47]

Havia uma nota azeda nessa cena harmoniosa: Pumps não gostou nada da chegada de Louise. Se havia coexistido pacificamente com Nim, que não representava ameaça para ela, fazendo o papel da moça namoradeira enquanto Nim era a matrona séria, ela achou corretamente que a entrada da charmosa e bonita Louise na Regent's Park Road corroeria sua lucrativa amizade com Engels. Sempre a filha de Marx, Tussy assistiu ao desenrolar do drama familiar com uma alegria esfuziante. "Finalmente Louise chegou", disse ela a Laura. "Nesse meio-tempo, o General lançou mão de toda a sua coragem, e Pumps foi informada de que a meu (!!) convite, Louise estava vindo e devia ser bem tratada." Mas os pedidos não adiantaram. Pumps humilhou Louise repetidas vezes até a situação ficar crítica: "No dia do aniversário do General [de 70 anos] Pumps ficou mais bêbada que de costume e confidenciou a Louise que 'sabia que tinha de se comportar bem com ela, senão vou ser cortada do Testamento!'"[48] Engels teve de passar uma boa descompostura em Pumps — "um sermão e alguns conselhos" — para ela entender claramente "que sua posição na minha casa depende muito do seu próprio comportamento".[49] Revelando parte de seu verdadeiro caráter, Louise manteve a calma diante daquela sobrinha descarada, e Pumps foi obrigada a aceitar que seus dias de glória em Primrose Hill tinham realmente acabado.

Em comparação com essa diplomacia doméstica extremamente tensa, enfrentar as lutas intestinas das facções do socialismo europeu foi relativamente simples. A maior parte do tempo de Engels em 1888-89 foi ocupada com preparativos para o congresso de Paris marcado para julho de 1889, o centésimo aniversário da queda da Bastilha. O problema era que dois congressos rivais estavam sendo planejados pelas duas facções principais: o Congresso Operário Internacional, organizado pelos renegados franceses possibilistas, junto com a FSD e vários sindicatos ingleses, e o Congresso Operário Socialista-Marxista

Internacional, o congresso oficial, coordenado por Lafargue, Guesde e seu Partido Operário Francês. A tarefa de Engels era garantir que este último eclipsasse o primeiro, assegurando a participação dos partidos marxistas alemão e austríaco, que tinham uma relação bem difícil com Lafargue e os socialistas franceses. Nos primeiros meses de 1889, uma correspondência cada vez mais ríspida começou a tramitar entre Primrose Hill e Berlim, Viena e Paris. "De uma coisa eu sei", explodiu Engels ao falar com Wilhelm Liebknecht depois de acabar em mais um impasse desagradável, "vocês que organizem o próximo congresso; vou lavar as minhas mãos em relação a ele."[50] Mas a realidade é que Engels era a única personalidade capaz de reunir os partidos comunistas europeus; só ele, tocando o "primeiro violino", desfrutava de estatatura e autoridade para unificar um movimento inerentemente faccioso. Em conclusão: o congresso deu certo, com quase quatrocentos delegados representando os partidos operários e socialistas de mais de vinte nações confluindo para a capital francesa. "Você pode se dar os parabéns por ter salvo o congresso", escreveu Lafargue a Engels, que tinha recusado se juntar pessoalmente à multidão. "Não fosse por você e por Bernstein, os alemães nos teriam abandonado e desertado para os possibilistas."[51] Realizado à sombra da "hedionda" torre Eiffel e no meio do alvoroço comercial-imperialista vulgar da Feira Mundial de 1889, o congresso foi testemunha da fundação daquilo que se tornaria a Segunda Internacional Socialista. "Os capitalistas convidaram os ricos e poderosos para a *Exposition universelle* para observar e admirar o produto do trabalho árduo dos operários obrigados a viver na pobreza em meio à maior riqueza que a sociedade humana jamais produziu", declarou Paul Lafargue na linguagem sugestiva do falecido sogro. "Nós, os socialistas, convidamos os produtores a se juntar a nós em Paris no 14 de Julho. Nosso objetivo é a emancipação dos operários, a abolição do trabalho assalariado e a criação de uma sociedade em que todas as mulheres e homens, independentemente de seu gênero e nacionalidade, desfrutem a riqueza produzida pelo trabalho de todos os operários."[52] Apesar do tom frequentemente reformista e conciliador que prevalecera em alguns debates, Engels adorou o resultado. "Nosso congresso está em andamento e tendo um sucesso brilhante", disse ele a Sorge.[53] Após o declínio discreto da Primeira Internacional, Engels achou que os eventos de Paris mostravam que a luta socialista global estava ganhando uma base muito mais sólida. A influência anarquista teve fim, houve um acordo bem-vindo entre a teoria socialista e o ativismo operário, e claros compromissos políticos em relação à militância, à igualdade sexual, aos direitos sindicais e à fixação do Primeiro de Maio como o Dia Internacional do Trabalho.

Embora Paris tenha sido o local da fundação da Segunda Internacional, a energia intelectual e organizacional por trás do socialismo do final do século XIX vinha de Berlim e Viena. Para incredulidade de Bismarck, suas leis antissocialistas só serviram para inchar as fileiras esquerdistas do grupo que, em 1890, se converteu no Sozialdemokratische Partei Deutschlands (SPD) [Partido Social-Democrata da Alemanha]. Alarmado, o chanceler alemão recuou, procurando neutralizar o desafio socialista com um programa de reformas previdenciárias. Mas, apesar da introdução do seguro-saúde, do seguro-acidente e da aposentadoria por idade ou incapacitação, o eleitorado do SPD saltou de 7,5% em 1878 para 19,7% em 1890. "Desde a última quinta-feira à noite, quando os telegramas anunciando a vitória choviam aqui aos borbotões, estamos numa embriaguez constante de triunfo", escreveu Engels a Laura Lafargue depois que os socialistas conseguiram um total impressionante de um milhão e meio de votos, traduzidos em 35 deputados no Reichstag. "A velha estabilidade desapareceu para sempre."[54]

Com um eleitorado maior, a perspectiva de poder político real agora já assomava no horizonte, e Engels achava mais importante que nunca que o SPD adotasse uma linha ideológica correta, expurgada de todos os resquícios lassalleanos que ainda restavam — sendo os piores deles a crença ilógica numa "lei férrea dos salários" e a convicção de que a emancipação proletária dependia da benevolência do Estado. Na esteira do triunfo eleitoral do SPD, foi programado um congresso em Erfurt em outubro de 1891, e durante os preparativos Engels lançou mão de toda a sua astúcia política para assegurar o controle póstumo de Marx sobre a direção do socialismo alemão. Teve a malícia de mandar reimprimir as "Notas Marginais" de Marx sobre o criticado programa de Gotha de 1875, com sua análise ferina da rendição de Liebknecht e Bebel à influência lassalleana, e fez uma segunda edição de *A guerra civil na França*, de Marx, com sua defesa da ditadura do proletariado na Comuna. Depois Engels fez muitas correções ao primeiro rascunho do programa social-democrata de Erfurt, insistindo com o SPD para não evitar um confronto com o Estado alemão feudal e reafirmando sua convicção sobre a necessidade de um estágio democrático intermediário no caminho para o socialismo. "Se uma coisa é certa", enfatizou ele, "é que nosso partido e a classe operária só podem chegar ao poder sob a forma de uma república democrática."[55]

Conforme se viu, os receios de Engels em relação a uma recaída ideológica eram infundados. Embora Erfurt tenha adotado uma série de políticas extremamente reformistas (sufrágio universal, educação gratuita, imposto de renda progressivo, tratamento médico e assistência jurídica gratuitas), para o movimento socialista europeu como um todo o congresso do SPD marcou o triunfo ideológico do marxismo com um programa filosófico que fazia eco a O capital. "Tivemos o prazer de ver a crítica de Marx vencer o tempo todo", escreveu Engels a Sorge com a intensa satisfação pessoal de ter respeitado o legado de Marx no seu país natal. "Até os últimos resquícios de lassalleanismo foram eliminados."[56] Depois de Erfurt e da conversão oficial do SPD, o marxismo assumiu o controle da Segunda Internacional. Nas palavras de Leszek Kolakowski, o marxismo não era mais "a religião de uma seita isolada, mas sim a ideologia de um poderoso movimento político".[57]

O compromisso do SPD com o sufrágio, com o socialismo municipal e até com o sistema eleitoral de representação proporcional sublinhou uma mudança no clima político que, como Engels entendeu perfeitamente bem, exigia ajustes da teoria também. O herói da revolução de 1848, o baluarte que havia querido fazer a revolução socialista a ferro e fogo, agora adequava sua estratégia política a uma era de democracia de massa. À medida que as economias europeias passavam da Revolução Industrial para o capitalismo monopolista — com seu apoio aos cartéis estatais, à exploração colonialista e às altas finanças —, o capitalismo mostrou-se algo muito mais resistente do que haviam imaginado antes. Se o sistema capitalista não tinha probabilidade de ser levado a se paralisar de repente por causa de uma crise econômica imediata, então o caminho do proletariado para o triunfo tinha de envolver o tipo de política de partido democrático que Marx e Engels defenderam pela primeira vez em 1848. A diferença de 1891 foi que Engels agora achava que os partidos socialistas democráticos podiam ir direto para o poder por meio das urnas, sem ter de suportar o interlúdio do governo burguês que havia parecido necessário nos dias reacionários, feudais de 1848.⁵⁸ Havia a possibilidade real, concluiu Engels, de uma transição direta para o socialismo com um governo proletário eleito pela classe operária que conquistara havia pouco o direito ao voto — como o SPD parecia estar fazendo na Alemanha. Dados os votos cada vez mais numerosos da classe operária, observou ele, "a possibilidade de chegarmos ao poder é apenas um cálculo de probabilidade de acordo com as leis matemáticas".⁵⁹ A perspectiva de um último triunfo socialista pacífico encantou Engels. "Essa falta mesma de uma pressa indevida, esse avanço comedido, mas apesar disso inexorável, tem algo de tremendamente impressionante que só pode despertar nos governantes o mesmo sentimento de pavor que tiveram os prisioneiros da inquisição estatal naquela sala de Veneza em que as paredes se moviam para dentro 2,5 centímetros por dia", disse ele a Julie, a esposa de August Bebel.⁶⁰

É claro que a democracia era mais lenta e menos romântica que a revolução, mas Engels tinha passado a considerar o sufrágio universal uma arma respeitável do arsenal socialista. Como um democrata ingênuo, ele aclamou a maravilha das eleições por permitir aos socialistas revelarem sua força a cada três anos, possibilitando que a liderança do partido mantivesse contato com os operários e oferecendo um programa de defesa do socialismo no parlamento, talvez até mesmo a oportunidade de governar. Sem nunca ter medo de adotar uma nova estratégia política em face de mudanças nas circunstâncias, Engels, que certa vez fizera uma caricatura de si mesmo preparando uma guilhotina para funcionar, anunciou que "a hora de ataques de surpresa, de revoluções feitas por pequenas minorias conscientes à frente das massas sem consciência já passou".⁶¹ Além disso, graças à força avassaladora que os exércitos estatais podem mobilizar, "a era das barricadas e dos confrontos de rua terminou para sempre".⁶² Ao contrário das últimas afirmações de Lenin, Engels não era um vanguardista. Chegou até mesmo a se opor aos planos de uma greve geral muito debatida em resposta à deflagração potencial de uma guerra europeia como uma provocação desnecessária às autoridades burguesas que estavam ansiosíssimas por fazer uma repressão militar. "Nós, os 'revolucionários', os 'subversivos', estamos florescendo muito mais com os métodos legais do que com os métodos ilegais e com a subversão. Os partidos da ordem, como eles se chamam, estão sucumbindo nas condições legais criadas por eles mesmos."⁶³

Ao tratar da nova paisagem eleitoral criada pela expansão do voto, Engels fez uma analogia inesperada. No início da década de 1880, sua voracidade na leitura desembocara na história da Igreja cristã primitiva nos últimos tempos do Império Romano. Com base em sua herança de crítica à Bíblia dos Jovens Hegelianos, ele escrevera um pequeno artigo sobre o livro das Revelações e, no processo, afirmou "que o cristianismo se apoderou das massas exatamente como o socialismo moderno".[64] Não ficamos sabendo de mais nada nesse sentido até que, uma década depois, Engels ficou novamente impressionado com a semelhança entre a marcha inexorável do socialismo na Europa e a disseminação do cristianismo no Império Romano, impossível de deter. O ateu agressivo e o adolescente que gostava de atormentar os Irmãos Graeber estava, na sua velhice, muitíssimo mais disposto a dar certo crédito ao menos ao evangelho social de Jesus. "A história do cristianismo primitivo tem pontos de semelhança extraordinária com o movimento da classe operária moderna", escreveu Engels num ensaio histórico sobre a Igreja primitiva. "Como este último, o cristianismo foi originalmente um movimento do povo oprimido; apareceu primeiro como religião de escravos e libertos, de gente pobre destituída de qualquer direito, de povos subjugados ou dispersos por Roma." E, mesmo que um deles prometesse a salvação depois da morte e o outro prometesse transformações sociais aqui na terra, ambos tinham um desejo insaciável de luta e a herança sangrenta do martírio: "Ambos foram perseguidos e hostilizados. [...] E, apesar de toda essa perseguição, mais ainda, até mesmo instigados por ela, foram em frente vitoriosamente, irresistivelmente."[65]

Ao contrário dos marxistas, Marx e Engels nunca sentiram vontade de dar a outra face. Pois, apesar de toda a conversa de Engels sobre o fim das barricadas e a futilidade da insurreição armada, ele se recusou intransigentemente "a entregar-se de corpo e alma à legalidade absoluta" e sempre teve o cuidado de defender o direito moral dos socialistas de usar a força. A legalidade era uma tática política relevante para o SPD no clima contemporâneo da Alemanha e não um tipo de absoluto ético. "Prego aquelas táticas somente para a Alemanha de hoje e, mesmo nesse caso, com muitas reservas", explicou ele numa carta a Paul Lafargue depois que alguns membros da hierarquia do SPD interpretaram mal as opiniões de Engels, considerando-as um compromisso irrestrito com os meios pacíficos. "Para a França, a Bélgica, a Itália e a Áustria essas táticas não poderiam ser seguidas em sua totalidade e, para a Alemanha, elas podem se tornar inaplicáveis amanhã."[66] Para frustração de Engels, essas objeções foram ignoradas; graças ao revisionismo de Eduard Bernstein que se seguiu, no futuro ele também vai ser acusado não só pelos excessos militantes do marxismo-leninismo como também pelo reformismo do SPD e seu pacto com o gradualismo político. Engels nunca, nunca foi um fabiano: se um partido operário de massa, eleito para exercer suas funções, era o caminho mais rápido para o socialismo, então que fosse. Caso contrário, o caçador aposentado de Cheshire ainda tinha vontade de participar do ataque da cavalaria.

Quando a Segunda Internacional se espalhou pelo continente europeu, Engels quis ver tudo em primeira mão. Sua oportunidade foi o Congresso Operário Internacional planejado para Zurique em agosto de 1893, para o qual ele partiu excitadíssimo em companhia de Louise. Ao encontrar cara a cara a nova geração de líderes socialistas — Filipo Turati, da Itália; Pavel Axelrod da Rússia; Stanislaw Mendelson, da Polônia — e ver novamente velhos amigos como August Bebel e Victor Adler, Engels declarou-se extremamente impressionado com o grau de envolvimento dos ativistas. Mas o que realmente o deixou sem fôlego foi a beleza das delegadas mulheres. "As mulheres foram representadas de maneira esplêndida", disse ele a Laura Larfargue. "Além de Louise, a Áustria mandou a pequena [Adelheid] Dworzak, uma mocinha charmosa em todos os sentidos; eu me apaixonei por ela. [...] Essas vienenses são parisienses natas, mas as parisienses de cinquenta anos atrás. *Grisettes* em geral. Depois as russas, havia quatro ou cinco com belos olhos maravilhosamente brilhantes."[67] Ele achou os detalhes dos debates de Zurique profundamente tediosos e, pedindo desculpas por se afastar das moções complicadas, partiu rapidamente para o cantão de Graubunden para visitar o irmão Hermann. Engels havia se afastado de Hermann, o ex-comandante de forças contrarrevolucionárias de 1848, na esteira da derrota da insurreição. Mas nos últimos anos a relação entre os irmãos havia se tornado mais cordial, e os dois velhos agora trocavam cartas frequentemente, dando notícias de seus achaques, dos impostos a pagar e até de seus pensamentos lúbricos.

No dia 12 de agosto, Engels voltou a Zurique para fazer o discurso de encerramento do congresso. "Queríamos encerrar a reunião: as últimas votações foram feitas com uma pressa febril", lembra o jovem líder do partido socialista belga Emile Vandervelde a respeito do último dia. "Um nome estava em todos os lábios. Friedrich Engels entrou no salão: subiu à tribuna entre tempestades de aplausos."[68] Este foi certamente o ponto alto da vida de Engels, saindo da sombra de Marx e deixando seu próprio legado para o movimento socialista pelo qual tanto fizera para fundar, alimentar e apoiar. Mas nem mesmo nesse momento ele ficou com todos os créditos. "Não tenho como evitar sentir uma emoção profunda com a recepção inesperadamente esplêndida que vocês me deram, aceitando não só a mim pessoalmente, mas também o colaborador do grande homem cujo retrato está pendurado aqui", disse ele aos quatrocentos delegados, apontando para um quadro de Marx. Aproximadamente cinquenta anos depois que ele e Marx começaram a publicar seus tratados no *Deutsch-Französische Jahrbücher*, "o socialismo desenvolveu-se, passando de pequenas seitas a um partido poderoso, que faz todo o mundo oficial tremer. Marx morreu, mas se ainda estivesse vivo não haveria homem nenhum na Europa ou na América que pudesse olhar com um orgulho tão justificado a obra de sua vida". Depois fez um pedido bem fundamentado por liberdade de debate no seio do movimento, "para ele não virar uma seita", antes de sair do salão no meio de aplausos ensurdecedores e uma interpretação ruidosa da *Marseillaise*.[69]

Depois de Zurique, Engels continuou sua turnê pelo continente, que logo se transformou numa espécie de celebração da vitória. Em Viena — onde "as mulheres em particular são charmosas e entusiasmadas" — ele discursou para multidões delirantes de seis mil pessoas. "Depois de anos sem escutar nada além de brigas e altercações na França, na Itália, nos Estados Unidos, você se depara com essas pessoas [...] e vê a unidade de propósito, a organização esplêndida, o entusiasmo [...] não dá para não se deixar levar e dizer: este é o centro de gravidade do movimento operário", disse ele a Laura.[70] Sua viagem culminou em Berlim, o local de seu treinamento oficial e a cidade onde ele e Marx um dia falaram mal de todos os outros. O jornal socialista *Vorwärts* deu-lhe as boas-vindas: "Quando Friedrich Engels, com seus 73 anos, olha hoje para a capital do Reich, talvez tenha um sentimento alegre e edificante por saber que a residência calcificada e pedante do rei da Prússia do ano de 1842 gerou a poderosa cidade natal dos proletários que hoje o saúdam como *a Berlim social-democrata*.[71] Cerca de três mil socialistas se acotovelaram no Concordia Hall para ouvir Liebknecht contar a história de serviços e sacrifícios de Engels pelo partido. "Vocês sabem que não sou um orador nem um parlamentar; trabalho num campo diferente, principalmente o campo dos estudos e da pena", respondeu Engels modestamente antes de expressar seu prazer com a transformação de Berlim, que deixara de ser um cercado *junker* para ser uma usina socialista."[72] Depois prestou suas homenagens à disciplina e ao sucesso eleitoral do SPD, que ele tinha certeza de que, dada a industrialização e a proletarização contínuas, estava prestes a saborear outros triunfos. A excursão continental, com suas vastas multidões, cobertura brilhante dos jornais e militantes motivados, convenceu Engels de que a estratégia do voto estava correta: o número de votos dos operários estava crescendo com um vigor irreversível, permitindo aos socialistas fazer uma série cada vez maior de exigências políticas, até eles conseguirem o sucesso eleitoral ou arquitetarem um confronto necessário com o Estado burguês. Tudo quanto precisavam fazer era manter a calma, evitar provocações desnecessárias e manter o curso.

Havia uma armadilha que teriam de evitar. "Eu consideraria uma guerra europeia um desastre; dessa vez ela seria apavorantemente séria e inflamaria o chauvinismo em toda parte nos próximos anos, uma vez que todos os povos estarão lutando pela sobrevivência", escreveu Engels a August Bebel em 1882. "Essa guerra, a meu ver, retardaria a revolução em dez anos, no final dos quais, entretanto, a reviravolta será sem dúvida muito mais drástica."[73] Esse temor dos efeitos antirrevolucionários de uma conflagração europeia assinalou outra inversão de pensamento. Até o início da década de 1870, tanto Marx quanto Engels eram intransigentes ao afirmar que a guerra favoreceria naturalmente a causa socialista, pois eliminaria o grande obstáculo reacionário da Rússia czarista. Assim como as guerras francesas da década de 1790 intensificaram o sentimento revolucionário, os comunistas achavam que um conflito continental uniria e radicalizaria a classe operária europeia. Mas depois da anexação da Alsácia-Lorena por Bismarck e do crescente antagonismo nacionalista entre a França e a Alemanha, Engels achou que, na verdade, a guerra poderia desviar os movimentos operários para um surto pouco edificante de chauvinismo. "É precisamente porque as coisas estão indo tão maravilhosamente bem", escreveu ele a Bebel, "que eu não desejaria uma guerra mundial exatamente".[74] Mesmo que uma revolução operária surgisse das cinzas de uma guerra mundial, a transformação dos exércitos europeus em máquinas industrializadas de carnificina significaria que essa rota para o comunismo implicaria um derramamento de sangue muito grande. "De oito a dez milhões de soldados vão estrangular uns aos outros e, no processo, vão deixar a Europa mais deserta do que a deixaria uma nuvem de gafanhotos", escreveu ele profeticamente em 1887. "A devastação da Guerra dos Trinta Anos, comprimida em três ou quatro anos e que se estendeu por todo o continente: fome, peste, barbarização generalizada dos exércitos e povos igualmente por conta da carência extrema."[75]

Na opinião de Engels, a forma de evitar a guerra e salvar a perspectiva de uma revolução menos violenta era transferir a estratégia eleitoral do partido para a esfera militar. Na esteira do sucesso do SPD nas eleições de 1877 para o Reichstag, Engels refletiu sobre o fato de que "ao menos metade se não mais desses homens de 25 anos (idade mínima) que votaram em nós passaram dois a três anos de uniforme e sabem perfeitamente bem como pôr a bala na agulha e atirar com um canhão".[76] À medida que o socialismo granjeava um apoio popular cada vez maior, era essencial que sua filosofia abrisse caminho até os quartéis e batalhões dos regimentos prussianos, onde os soldados começariam então a questionar as ordens de seus comandantes reacionários e belicosos. "Quando todo homem capaz fisicamente serve no exército, esse exército reflete cada vez mais os sentimentos e ideias populares, e esse exército, o grande meio de repressão, está ficando menos seguro dia a dia: já os chefes de todos os grandes Estados preveem com terror o dia em que os soldados em armas vão se recusar a assassinar seus pais e irmãos."[77] Engels, que um dia fora tão cético em relação ao sistema militar, agora insistia em dizer que um alistamento em massa era um instrumento democrático ainda mais eficaz que o voto. A matemática infalível do avanço socialista levaria o exército de roldão e, assim que as forças armadas se tornassem socialistas, o tipo de guerras chauvinistas defendidas pelos líderes da França, da Rússia e da Alemanha se tornaria uma impossibilidade. Ao mesmo tempo, a função contrarrevolucionária tradicional das tropas — com tanto sangue derramado na Comuna de Paris — seria neutralizada. "Eu o ouvi dizer mais de uma vez", lembra o militante do SPD Ernest Belfort Bax, "que assim que um terço do exército alemão realmente na ativa merecesse a confiança dos líderes do partido, a ação revolucionária devia ser concretizada."[78]

Este, então, era Engels aos 73 anos: promovendo a causa marxista, inspirando os fiéis, publicando os últimos volumes de O capital, fazendo análises das relações sino-russas, da questão do campesinato alemão, da obschina russa (uma questão urgente à luz da fome de 1891-92), do POI e do SPD. Continuava o mesmo arquiteto do socialismo científico que surgira na década de 1840: agitado, indagador e produtivo. Tomou o cuidado de evitar tanto o dogma quanto o clichê, de se certificar que suas intervenções políticas não eram nem exageradamente prescritivas nem inutilmente vagas. Como sempre, não hesitava em dizer a seus colegas socialistas, com a maior franqueza, que estavam errados. Sua saúde continuava boa e ele continuava comemorando seus aniversários com o seu estilo caracteristicamente robusto. "Ficamos lá até três e meia da manhã", gabou-se Engels de seu 70° aniversário para Laura Lafargue, "e tomamos, além do clarete, 16 garrafas de champanhe — de manhã, havíamos comido 12 dúzias de ostras. Portanto, você está vendo que eu fiz o melhor que pude para mostrar que ainda estou firme e forte."[79] Um visitante da Regent's Park Road de 1891 descreveu o encontro com um "setuagenário alto, de barba, vigoroso, de olhos brilhantes e genial", que mostrou ser um "anfitrião generoso e encantador".[80] Tussy o considerava "o homem mais jovem que conheço. Tanto quanto me lembro, ele não envelheceu nada nos últimos vinte anos".[81] Continuava dando suas caminhadas diárias em Hampstead Heath ("o Chimborazzo de Londres"), mas estava sofrendo de uma dor recorrente na virilha provocada por uma queda durante uma caça à raposa anos antes. Seus ataques de bronquite, cada vez mais agressivos, as dores de estômago e o reumatismo nas pernas obrigaram-no a parar de fumar e a reduzir o consumo de Pilsener. No entanto, o que mais parecia preocupá-lo era o espectro da "calvície crescente".

Em casa, com Pumps banida para a Isle of Wight, Louise Kautsky era a responsável pela rotina doméstica. "Você sabe que o General está sempre embaixo do tacão da 'dona da casa'", escreveu Tussy a Laura. "Quando Pumps estava com ele, veja só, era boa a seus olhos; agora Pumps foi destronada e Louise é a rainha que nunca faz nada de errado." Tussy não achou muita graça quando Louise introduziu um corpo estranho na casa de Engels: seu novo marido, Ludwig Freyberger, um médico austríaco e membro do Clube Liberal Nacional. Tussy achava que ele era um antissemita de tendências políticas dúbias e achava que ele estava transformando o número 122 da Regent's Park Road, que havia sido um reduto socialista onde se ouviam muitas risadas, num incômodo *ménage à trois* vienense. "Eu não deixaria nem uma mosca à sua mercê", escreveu ela irritada a Laura em março de 1894 com uma litania de queixas sobre as várias manipulações de Freyberger: "Ele é pura e simplesmente um aventureiro, e eu sinto muitíssimo por Louise."[82] Ela ficou mais irritada ainda quando, no outono de 1894, os Freyberger persuadiram Engels, com 74 anos, a se mudar de casa.

Depois do nascimento do filho, Ludwig e Louise chegaram à conclusão de que o número 122 estava apertado demais para suas necessidades familiares. Portanto, por mais £25 de aluguel anual, o quarteto marchou quinhentos passos abaixo, até o número 41. Engels parece não ter se importado com a mudança de residência. "Lá embaixo temos nossas salas de visita comunais; no primeiro andar, meu gabinete e quarto de dormir; no segundo ficam Louise, o marido e a menininha" — foi assim que Engels descreveu o novo espaço para Sorge. "No terceiro andar ficam as duas empregadas, o quarto de despejo e o quarto de hóspedes. Meu gabinete fica na frente, tem três janelas e é tão grande que dá para acomodar quase todos os meus livros e, no entanto, apesar do tamanho, é muito bonito e fácil de aquecer. Em resumo, estamos muito melhor agora."[83] Engels, que mimara todos os filhos de Pumps, de Laura e de Jenny como um avô, não teve a menor dificuldade em dividir a casa com um bebê. Continuava devotado a Louise e até gostava da "supervisão médica draconiana" que Freyberger dava aos seus vários problemas de saúde. Mas para Tussy, frágil e emotiva, que estava enfrentando suas próprias crises domésticas, parecia que o General lhe havia sido tomado: agora ela o descrevia como um velho fraco, mantido contra a vontade na convivência com os malvados Freyberger. "Acho que o pobre e velho General nem sequer se dá conta realmente do que é obrigado a fazer; chegou a um estado em que não passa de uma criança nas mãos desse casal monstruoso", queixou-se ela a Laura. "Se você soubesse como eles o intimidam e assustam lembrando-lhe constantemente que está velho demais para isso, e velho demais para aquilo... e visse o quanto ele está deprimido e solitário e infeliz [...]"[84] Tussy estava particularmente preocupada com o fato de os manuscritos de seu pai estarem correndo o perigo de cair nas mãos de Freyberger, embora Engels tenha afirmado repetidas vezes que, depois de sua morte, os papéis de Marx seriam entregues a ela imediatamente.

Tussy também acusou Louise de espalhar boatos sobre ela e Aveling e, em geral, de interferir no círculo marxista de Londres, e essa rixa deve ter sido motivo de angústia para Engels. Em defesa de Tussy, parece que os Freyberger eram de fato extremamente controladores, regulando até o acesso que aquela multidão do domingo de tarde tinha a Engels. Também era evidente que estavam de olho no espólio de seu senhorio. Mas, dado que tanto os Lafargue quanto os Aveling, durante os anos anteriores, ignoraram os numerosos convites feitos de coração por um Engels solitário para se juntarem a ele no Natal ou nas férias de verão, era óbvio que a fúria de Tussy não era alimentada somente por sua preocupação com o próprio Engels. Suas descrições exageradas da solidão de Engels e de sua intensa ansiedade a respeito dos papéis de Marx (que levou a uma briga horrível entre Engels e os Aveling no Natal de 1894) podem muito bem ter tomado o lugar de seu medo muito maior de perder inteiramente o "Tio Anjo" — e, com ele, aquela ligação profunda, duradoura, com seu adorado Mohr já falecido. Talvez Tussy tenha percebido o que o Dr. Freyberger tinha ignorado até o momento: Engels estava morrendo.

Friedrich Engels começou sua extraordinária vida no âmago da Revolução Industrial da Alemanha, entre os pátios onde se fazia o alvejamento dos fios de algodão e as tecelagens do vale do Wupper; terminou-a no meio da elegância vitoriana de Eastbourne, o retiro à beira-mar meticulosamente inglês do duque de Devonshire. Na década de 1880, esse resort elegante tinha se tornado o lugar favorito das férias de Engels. Ele gostava de alugar uma casa bem localizada na Cavendish Place e ali receber Nim, Schorlemmer ou Pumps e a prole, bem como Laura e Tussy, quando tinha sorte. E lá ficava Engels, o amante das boas coisas da vida e das horas felizes, com os filhos de Pumps agarrados a seus joelhos, uma garrafa de Pilsener aberta e bem à mão, e a carta habitual em andamento — contente até no meio da neblina e da chuva de agosto. No verão de 1894, parece que ele sofreu um pequeno derrame quando estava de férias e começou a ficar com medo de não conseguir dar aquela espiada no novo século, que esperava havia tanto tempo. "Cá entre nós, o meu 75° aniversário não me pareceu tão promissor quanto os anteriores", escreveu ele sarcasticamente a Sorge.[85] "Há um tempo, tive um inchaço no lado direito do pescoço que, tempos depois, se transformou num feixe de glândulas profundas que sofreram infiltração por uma causa ou outra", escreveu ele a Laura no tom prosaico que gostava de adotar a respeito de questões médicas. "A pressão direta sobre essa massa informe em cima do nervo dói muito, e a dor só para quando cessa a pressão."[86] Para ajudar no processo de cura, Engels partiu para Eastbourne mais cedo que de costume, em junho de 1895. Planejava trabalhar ali numa nova edição de sua *As guerras camponesas na Alemanha* e revisar parte da *History of Socialism* de Kautsky, que logo seria publicada.

Do que Engels, o fisiologista perspicaz, não se deu conta foi que já estava sofrendo de um câncer agressivo no esôfago e na laringe, que Freyberger detectara no começo de março de 1895 e sobre o qual discutira com o médico e socialista austríaco Victor Adler. Eles acharam melhor manter o paciente no escuro, e as semanas seguintes viram uma correspondência de partir o coração quando Engels se agarrava a todo e qualquer indício de estar recuperando a saúde. "Obrigado por sua carta — houve alguma melhora; mas, de acordo com os princípios da dialética, os aspectos positivo e negativo estão ambos mostrando uma tendência cumulativa", brincou ele com Bernstein dotado de um espírito devidamente científico no começo de julho de 1895. "Estou mais forte, como mais e com mais apetite e estou com uma aparência muito boa, ao menos é o que me dizem; portanto, meu estado geral melhorou." Ele já estava tendo dificuldade para engolir; mas, por outro lado: "Descobri vários pontos fracos no meu apetite volúvel e tomei *lait de poule* [egg nog] com conhaque, creme com frutas cozidas e ostras até nove por dia etc."[87] Mas no dia 21 de julho seu estado de saúde ficou extremamente grave. Sam Moore, o velho amigo de Engels de sua época de Manchester, encontrou Ludwig

Freyberger ao descer do trem de Eastbourne e escreveu para Tussy: "Sinto muito dizer que seu relatório médico é tudo, menos animador; ele diz que a doença chegou a tal ponto que, considerando a idade do General, seu estado é precário. Além das glândulas doentes do pescoço, há o risco de uma falência cardíaca ou de pneumonia — e, em ambos os casos, o fim seria súbito."[88] Com a saúde se deteriorando rapidamente, Engels foi levado de Eastbourne para Londres. "Amanhã nós voltamos", escreveu ele a Laura, que estava à sua espera na Regent's Park Road, na última carta de que se tem notícia que ele escreveu. "Parece que finalmente há uma crise se aproximando do meu campo de batatas do pescoço, de modo que os tumores podem ser abertos, o que vai me dar alívio. Finalmente! Portanto, há esperança dessa longa estrada ter um retorno." Depois começou a ridicularizar tanto o SPD quanto o POI pelos maus resultados que tiveram nas eleições gerais recentes e despediu-se à sua moda característica: "Brindo à sua saúde com um copo de *lait de poule* batizado com uma dose de *cognac vieux*."[89]

Apesar da bonomia e da fanfarronice, Engels sabia que o fim estava próximo e teve o cuidado de acrescentar um codicilo a seu testamento. Como seria de se esperar, ambos os documentos tinham uma linguagem comercial e pragmática e foram extraordinariamente generosos com o círculo amoroso que o rodeava. O espólio de Engels devia ser dividido em oito partes, com três para Laura Lafargue, três para Tussy e as duas restantes para Louise Freyberger. Com bens no valor de £20.378 depois de descontados os impostos (cerca de US$ 4 milhões em termos de hoje), isso significava uma quantia muito razoável de £5 mil para Tussy e outras tantas libras para Laura (depois que um terço de sua parte foi alocado para um fundo fiduciário destinado aos filhos de sua irmã, Jenny Marx Longuet) e quase £5.100 para Louise.[90] Tussy, Laura e os filhos de Jenny também deveriam receber todo e qualquer pagamento contínuo dos *royalties* das vendas de *O capital*. Pumps ficou com uma soma total de £2.230 (com a qual emigrou para os Estados Unidos), Ludwig Freyberger recebeu £210 pela assistência médica e Louise ficou com os direitos do aluguel do imóvel da Regent's Park Road, bem como dos bens móveis da casa. Todos os empréstimos a Pumps e Percy, Laura e Paul Lafargue e Edward Aveling foram perdoados. O mais importante de tudo foi que Engels satisfez os desejos das filhas de Marx em relação aos papéis de seu pai: além de todos os seus manuscritos e correspondência familiar deverem ser entregues a Tussy na condição de sua executora literária, ele também deu ordens para que lhes fossem entregues *todas* as cartas enviadas a Marx que estavam em seu poder. Suas próprias cartas de correspondentes conhecidos deviam ser entregues a eles, e o resto, a seus executores literários, August Bebel e Eduard Bernstein. Além disso, Engels destinou mais £1 mil a Bebel e Paul Singer como fundo para ajudar os candidatos do SPD às eleições. Seu irmão Hermann recebeu um quadro a óleo do pai.

A leitura do testamento não demoraria a ser feita. No começo de agosto, o General só tinha condições de ingerir alimentos líquidos, estava perdendo e recuperando a consciência e não conseguia mais falar. Bebel visitou-o e descobriu que ele ainda "fazia piadas infames sobre a tábua que usava no colo para escrever".[91] Ele também conseguiu, nesses últimos dias de vida, revelar a identidade do verdadeiro pai de Freddy Demuth a uma Tussy transtornada e, com isso, desculpar-se em relação a essa falta em particular. Logo depois das 10 horas da noite de 5 de agosto, Louise Freyberger saiu do seu lado por alguns momentos para trocar de roupa. Quando voltou, "tudo estava acabado".[92] "Então ele foi derrubado", lamentou Wilhelm Liebknecht.

> "Aquela inteligência titânica que, junto com Marx, lançou os fundamentos do socialismo científico e ensinou a tática do socialismo, que na tenra idade de 24 anos escreveu a obra clássica *A situação da classe trabalhadora na Inglaterra*, coautor de *O manifesto do partido comunista*, o *alter ego* de Karl Marx que o ajudou a insuflar vida na Associação Internacional dos Operários, o autor de *Anti-Dühring*, aquela enciclopédia de ciência de uma transparência de cristal acessível a qualquer um que consiga pensar, o autor de *A origem da família* e de tantas outras obras, ensaios e artigos de jornais, o amigo, o conselheiro, o líder e o lutador — estava morto."[93]

O funeral não foi como Engels teria desejado. Embora o plano tivesse sido de uma reunião íntima e privada de amigos enlutados para assistir à cremação, a notícia vazou e quase oitenta pessoas se comprimiram nas salas da Necropolis Company da estação de Westminster Bridge Road da London and South Western Railway. Além dos Aveling, dos Lafargue, dos Rosher, dos filhos de Longuet e dos Freyberger e alguns primos de Engels, Liebknecht, Singer,

Kautsky, Lessner e Bernstein do SPD, lá estavam August Bebel pelo partido austríaco, Vera Zasulich representando os russos e Will Thorne da Liga Socialista. Vieram coroas de flores enviadas por partidos socialistas da Bélgica, da Itália, da Holanda, da Bulgária e da França, e discursos, entre outros, do sobrinho de Engels Gustav Schlechtendahl e de Samuel Moore. Depois de algumas palavras de despedida, o cortejo que acompanhava o corpo de Engels partiu de Londres, tomando uma simples trilha que levava ao crematório de Woking.

"A oeste de Eastbourne, os penhascos do litoral erguem-se até formar o grande promontório gredoso de Beachy Head, com mais de 1.800 metros. Coberto de vegetação no topo, no começo o declive é suave, mas de repente ele se precipita abruptamente na água e, lá embaixo, mostra todo tipo de recessos e massas distantes." Foi para essa paisagem que era a quintessência de Engels que, "num dia muito feio de outono", Eduard Bernstein lembra de ter viajado com Tussy, Aveling e Friedrich Lessner. Esses quatro socialistas singulares — um quarteto incongruente na refinada Eastbourne — alugaram um barquinho e começaram a remar vigorosamente na direção do canal da Mancha. "A cerca de oito ou dez quilômetros ao largo de Beachy Head", eles se viraram para ficar de frente para o litoral dramático de South Downs e depois, seguindo os ditames claros de seu testamento, jogaram a urna com as cinzas de Friedrich Engels no mar. Na morte, como na vida, não houve nada que diminuísse a glória de Marx: nenhuma lápide em Highgate, nem túmulo da família, nem memorial público para o homem de todas essas contradições fascinantes e capacidade ilimitada de sacrifício. Depois de seus poucos anos de primeiro violino, Engels voltou à orquestra.[94]

MEMORIAL NOTICE.

Frederick Engels, the life-long friend of Carl Marx and the most conspicuous figure in the international Socialist movement since the death of Marx, died on Monday night at his residence in London.

Discreta nota do Manchester Guardian *sobre a morte de Friedrich Engels.*

Epílogo

Vamos voltar à cidade de Engels às margens do rio Volga. Dada a soturna modernidade de seu cotidiano, é fácil esquecer as origens extraordinárias dessa cidade durante o reinado de Catarina, a Grande, em meados do século XVIII. Na sua condição de imperatriz nata, Catarina II estava determinada a injetar um pouco de cultura ocidental na corrente sanguínea da Rússia, aumentar a produtividade econômica do país e povoar a região sem lei do Volga com colonos confiáveis e industriosos. Isso significava atrair milhares de agricultores, operários e comerciantes alemães para deixar suas cidades e vilarejos hessianos pelas planícies férteis do sul da Rússia. Durante a década de 1760, cerca de 30 mil alemães foram induzidos a optar por uma nova vida nas colônias que se estendiam por mais de 300 quilômetros às margens do Volga, em ambos os sentidos da correnteza.[1] Entre os destinos mais populares estava a região de Saratov, onde se sabia que o solo era particularmente fecundo, e o pequeno assentamento de Pokrovskaia, do outro lado do rio, que se desenvolveu por ser um eixo lucrativo de comércio e estocagem nas rotas de transporte do sal. Ao longo de várias gerações, os alemães do Volga transformaram suas terras em alguns dos enclaves mais prósperos e pacíficos do império russo. Em 1914, o assentamento ainda não incorporado foi batizado oficialmente de Pokrovsk em homenagem à Santa Virgem Maria (derivado de *pokrov*, um véu ou cortina protetora) e, depois da Revolução Russa de 1917, juntou-se a Saratov como membro patriótico da República Socialista Soviética Autônoma dos Alemães do Volga.

Em 1931, o nome do assentamento foi alterado de novo, dessa vez em circunstâncias menos consensuais. O regime soviético não foi gentil com a república do Volga. Durante os primeiros anos da década de 1920, na esteira da guerra civil russa, a região sofreu uma fome devastadora, e grama, raízes, cascas, peles de animais e palha tornaram-se todos ingredientes da dieta básica daquele distrito que já fora bem alimentado. Índices de mortalidade astronômicos e emigração em massa reduziram a população a cerca de um terço. E então, justo quando o solo começava a se recuperar e as safras a reviverem, o Congresso do Partido Comunista de 1927 adotou uma nova política camponesa draconiana. Para garantir a transformação industrial da economia soviética, o secretário-geral Joseph Stalin exigiu a transferência de suprimentos de comida para as cidades, o fim do armazenamento de cereais na zona rural e a coletivização em massa da agricultura. Para levar a cabo essa revolução agroindustrial, Stalin declarou uma guerra impiedosa contra os cúlaques — aqueles pequenos proprietários rurais que ganhavam a vida com dificuldade, mas viviam um pouco acima da média, com talvez meia dúzia de acres de terra, algumas cabeças de gado e trabalho assalariado. "Passamos de uma política de *restrição* às tendências exploradoras dos cúlaques para a política de *eliminação* dos cúlaques na condição de classe", vangloriou-se Stalin num discurso de 1929 a estudantes de agronomia.[2] Os pequenos proprietários foram submetidos a uma tributação punitiva e a exigências de "contribuições" em cereais, e suas terras foram realocadas à força. Depois vieram as batidas da polícia secreta na porta, no meio da noite, enquanto os gulags começavam a se encher. Em 1930, quase 80% das propriedades rurais privadas da região do Volga tinham sido integradas à força em fazendas coletivas locais, e quase 500 mil colonos do Volga, do Cáucaso e do sul da Rússia foram deportados.

O terrorismo anticúlaque destruiu milhões de vidas, mas o Plano Quinquenal de Stalin também trouxe claros ganhos econômicos. Saratov e Pokrovsk passaram por uma industrialização rápida: em pouco tempo apareceram ali galpões onde eram feitos os reparos dos trens ferroviários, olarias, panificadoras e fábricas de cola, ao lado dos primórdios de uma montadora de aviões. Brigadas de choque nas usinas de processamento de ossos e operários de Stakhanovite nos entroncamentos ferroviários estavam empenhados em lutar cada vez mais para realizar "o plano financeiro-produtivo" de Moscou. E foi exatamente para celebrar esse progresso, e também para comemorar a orgulhosa herança germânica do Volga, que o *presidium* do comitê executivo central da URSS decidiu, em outubro de 1931, rebatizar Pokrovsk em homenagem a Engels, o segundo maior socialista da Prússia (a cidade próxima de Ekaterinenstadt já tinha se renomeado Marksstadt). O nome Pokrovsk, segundo uma declaração oficial, "estava amarelado e seco como a 'Virgem Maria'". Nessa era soviética e científica, esse nome era um remanescente constrangedor da época feudal supersticiosa, lembrando "o período atroz do governo czarista, que usava a religião nacional como cortina de fumaça para o escravizamento notório das massas trabalhadoras".[3]

A mudança de nome também representou uma chance de enfatizar as conexões entre a grande obra da União Soviética e um dos principais apóstolos do marxismo. Pois as políticas de longo alcance de Stalin — esmagar os cúlaques, os mencheviques e os "nacionalistas burgueses"; coletivizar as fazendas; racionalizar a produção; dar "passos gigantescos" rumo a um futuro industrial moderno — não estavam sendo devidamente implementadas em nome de Friedrich Engels? A máquina de propaganda soviética não tinha dúvidas quanto a isso. Engels era um nome, afirmou um jornal do Volga, "digno do que realizamos e vamos realizar na reforma socialista da agricultura baseada na coletivização consolidada e na liquidação do culaquismo como classe".[4] "A cidade de Engels, o centro da primeira república nacional de coletivização consolidada, o centro que, com seu desenvolvimento industrial, se tornou a forja de poderosos grupos proletários nacionais", como declarou um outro editorial, "vai assumir seu lugar entre os centros proletários do país de desenvolvimento socialista digno do nome do amigo e irmão de armas de Karl Marx."[5]

Esse nome prestigioso não deixava de ter as suas responsabilidades. "Ele exige de nós a realização incansável de todas as tarefas que enfrentamos para construir o sistema socialista. Nosso Komsomol [organização partidária de jovens] do Volga alemão precisa realizá-las por meio de uma verdadeira guerra para encher e fazer transbordar os depósitos de cereais... para resolver o problema da pecuária socialista, [...] para combater incansavelmente o analfabetismo para o aniversário da Revolução de Outubro." Só essa diligência altruísta seria uma homenagem apropriada à vida inspiradora do novo santo padroeiro da cidade. Pois "a vitória de Marx só foi possível graças à grande disposição de Engels em se sacrificar. [...] Ele ficou preso ao 'maldito comércio' a fim de ganhar o suficiente para permitir que Marx se dedicasse ininterruptamente à grande obra de sua vida". Os moradores de Engels deviam todos se esforçar para seguir esse exemplo edificante. "Ao trabalho, Komsomol! Mostre que somos dignos de transferir o nome desse revolucionário, que fez tanto pelo proletariado internacional, para o centro de nossa república alemã do Volga! Um dia existiu Pokrovsk — vejam: ali está Engels!"[6]

Mas dez anos depois, quando Hitler lançou a Operação Barbarossa com uma invasão audaciosa da Rússia em junho de 1941 e Stalin enfrentou o espectro de uma guerra total contra a Alemanha nazista, essa devoção ideológica não garantiu clemência alguma. No dia 28 de agosto de 1941, o *presidium* soviético promulgou um decreto, "Relativo ao Reassentamento dos Alemães do Distrito do Volga". "Segundo informações fidedignas recebidas pelas autoridades militares", o edito começa sinistramente:

> "há, entre a população alemã que vive na região do Volga, milhares e dezenas de milhares de diversionistas e espiões que, a um sinal dado pela Alemanha, devem fazer sabotagem na área habitada pelos alemães do Volga. [...] Nenhum dos alemães da área do Volga denunciou às autoridades soviéticas a existência desse número tão grande de diversionistas e espiões entre os alemães do Volga; portanto, a população alemã da região do Volga esconde inimigos do povo soviético e da autoridade soviética em seu meio."

Segundo a lógica de livro didático dos soviéticos, o edito declarava que, como eles não haviam denunciado os supostos traidores nazistas entre eles, todos eram culpados e todos teriam de sofrer as consequências. "Em caso de atos diversionários que seriam realizados por diversionistas e espiões alemães na província do Volga a um sinal da Alemanha, o governo soviético, de acordo com as leis de época de guerra, será obrigado a impor medidas punitivas contra toda a população alemã da província do Volga."[7] Enquanto a Wehrmacht abria caminho através da Ucrânia, da Crimeia e do sul da Rússia, Stalin deu ordens para que os alemães industriosos e leais do Volga fossem deportados em massa. Depois de sobreviver aos horrores da coletivização, da Grande Fome e do Grande Terror, os colonos do Volga foram submetidos a remoção por atacado. A província autônoma foi oficialmente apagada da geografia soviética, seus cidadãos entraram na lista crescente dos indesejáveis de Stalin — direitistas, trotskistas, sabotadores, demolidores, colaboradores e "comunistas de quinta-coluna" arrebanhados nas horas mortas da noite pelo serviço secreto e dispersados na periferia oriental da Sibéria. E, assim como a proteção da Santa Virgem Maria não conseguiu salvar os habitantes de Pokrovsk das crueldades anteriores dos soviéticos, agora o halo comunista de Engels não deu cobertura aos habitantes da cidade. Em suas dezenas de milhares, os alemães do Volga tornaram-se mais um testemunho estatístico da desumanidade industrial do Estado stalinista.

Toda biografia do General de Marx certamente deve perguntar se Engels, o homem, foi responsável de alguma forma pelo destino de Engels, a cidade. Será que sua filosofia, como os jornais do Volga afirmavam, ajudou a traçar os contornos da União Soviética stalinista? Para os adverários ideológicos de Marx e Engels, o método habitual de invalidar a sua filosofia foi, durante muito tempo, o caminho certo para o gulag: uma breve referência à força como parteira de toda sociedade velha grávida de outra nova, e o leitor está a caminho dos campos de Krasnoyarsk. "Do seu jeito idiossincrático, ele [Lenin] não poderia ter sido mais leal às doutrinas e feitos de Marx e Engels", declarou uma história recente do comunismo escrita por Robert Service. "Os cofundadores do marxismo aprovavam a revolução violenta, a ditadura e o terrorismo. [...] Muitas premissas do leninismo surgiram diretamente do marxismo de meados do século XIX."[8] Além disso, muitos dos líderes políticos da União Soviética e do bloco oriental, bem como os movimentos comunistas anti-imperialistas, chegaram ao seu marxismo por meio das obras de Engels especificamente. Seus textos — *Anti-Dühring*, o *Do socialismo utópico ao socialismo científico* condensado, *Ludwig Feuerbach e o fim da filosofia clássica alemã* — foram um condutor de fácil acesso às complexidades por trás de *O capital*. E em parte alguma foram lidos mais diligentemente do que na Rússia.

Como vimos, Marx e Engels sempre foram prudentes quanto à perspectiva de uma revolução proletária na Rússia. Tergiversações infindáveis sobre o papel da *obschina*, preocupações com a predileção oriental pelo despotismo e debates sobre a velocidade da industrialização e do papel do campesinato levaram Marx a concluir que só poderia haver uma transição russa para o socialismo se ela coincidisse com uma revolução proletária complementar no Ocidente avançado. Engels não admitia nem isso: em seus últimos anos, ele continuava afirmando de maneira intransigente que o Estado czarista ainda feudal teria de passar por todos os estágios intermediários da industrialização em massa, empobrecimento da classe operária e governo burguês antes de qualquer revolução despontar no horizonte.

Mas a história chegou cedo à Rússia, e em 1917 os bolcheviques de Lenin conseguiram canalizar uma revolução popular para seu extraordinário experimento ideológico. O primeiro presidente do Conselho dos Comissários do Povo certamente conhecia seu Marx; mas muitas vezes pareceu preferir o seu Engels. Na verdade, Lenin achava "impossível compreender o marxismo e propô-lo na íntegra sem levar em conta toda a obra de Engels".[9] O primeiro e certamente o mais influente instrutor de Lenin na doutrina marxista foi o exilado russo que era líder do grupo Emancipação do Trabalho, Georgi Plekhanov. De seu posto avançado em Genebra, Plekhanov voltou-se muitas e muitas vezes para Engels em busca de assessoria filosófica e estratégica sobre a maneira mais eficaz de implementar o marxismo na Rússia. "Antes de mais nada, por favor poupe-me do 'mentor' — meu nome é simplesmente Engels", respondeu o grande lama a uma pergunta de um Plekhanov particularmente efusivo.[10]

O que Plekhanov assimilou de sua leitura de Engels foi a crença de que o marxismo era um sistema teórico completo capaz de explicar a história, a ciência natural, a economia e, o mais importante de tudo, a ação política. Plekhanov foi o primeiro a definir a filosofia do marxismo como "materialismo dialético", termo com o qual designava uma visão de mundo rigorosa baseada na aplicação da dialética de Hegel por Marx e Engels. Com sua descrição minuciosa das contradições, mudança quantitativa e qualitativa e a negação da negação, o materialismo dialético parecia oferecer um mapa político claro para os revolucionários russos. Mas Plekhanov sempre preservou uma pureza intelectual: nunca se afastou da convicção de Engels de que o socialismo — na Rússia e em qualquer outro lugar — não poderia ser imposto da noite para o dia; tinha de vir depois de um período de governo burguês-democrático e crescimento industrial sistemático. Convencido de que as contradições da sociedade capitalista eram os pré-requisitos necessários para uma transformação comunista, Plekhanov era profundamente hostil ao tipo de revolução socialista de cima para baixo liderada por uma elite de vanguarda que Lenin defendia. Ele temia que o resultado de um putsch desses na sociedade russa fosse "um aborto político à moda dos antigos impérios chinês ou persa — uma renovação do despotismo czarista com uma base comunista".[11]

Embora Lenin ignorasse essas ressalvas, com certeza agarrou-se firmemente à versão de Plekhanov da versão de Marx apresentada por Engels. Nessa variante filosófica da brincadeira do telefone sem fio, o marxismo de Engels — com toda a sua humildade temporária e capacidade de revisão — metamorfoseou-se em dogma. "A dialética É a teoria do conhecimento do (Hegel e do) marxismo", declarou Lenin sem rodeios.[12] Para ele, o marxismo era um corpo teórico completo semelhante a "uma peça única de aço [da qual] não se pode eliminar nenhuma premissa básica, nenhuma parte essencial, sem se afastar da verdade objetiva, sem cair presa da reacionária falsidade burguesa".[13] As leis naturais inalteráveis da dialética explicavam a ascensão inevitável do socialismo científico. Uma vez no poder — e compreendidas da maneira certa —, elas ofereceriam um programa completo para o governo comunista. "Essa insistência na integralidade do marxismo foi herdada por Lenin de Plekhanov e tornou-se parte da ideologia do Estado soviético", no entender de Leszek Kolakowski.[14] A dialética também deu a Lenin uma profunda autoconfiança intelectual e permitiu um grau assombroso de rigor ideológico. Numa passagem superacalorada de *The Teaching of Karl Marx* [O ensinamento de Karl Marx], Lenin compara favoravelmente o mistério inspirador do materialismo dialético com a evolução darwinista:

> Um processo que repete, por assim dizer, os estágios já passados, mas os repete de uma forma diferente, num plano mais elevado ("a negação da negação"); um processo, por assim dizer, em espirais, não numa linha reta; um processo aos trancos e barrancos, em meio

a catástrofes e revoluções; "intervalos de crescimento gradual"; transformação de quantidade em qualidade, impulsos internos no sentido do desenvolvimento, transmitidos pela contradição, o conflito de forças e tendências diferentes reagindo num determinado corpo ou no interior de um determinado fenômeno ou de uma sociedade; interdependência, e a conexão mais íntima e indissolúvel entre todos os lados de cada fenômeno (a história revelando lados sempre novos), uma conexão que faz com que o processo mundial do movimento aconteça de acordo com a lei — essas são algumas características da dialética como doutrina de evolução com mais sentido do que aquela que prevalece atualmente.[15]

Stalin levou a implementação prática do materialismo dialético a alturas ainda maiores. Quanto mais violentamente o regime soviético parecia estar se afastando dos princípios de Marx e Engels — o fim da alienação, o desaparecimento gradual do Estado, o apelo global do comunismo —, tanto mais melíflua se tornou sua retórica nas suas alegações de ortodoxia. "O marxismo não é só a teoria do socialismo; é uma visão de mundo integral, um sistema filosófico do qual o socialismo proletário de Marx decorre logicamente", declarou Stalin. "Esse sistema filosófico se chama materialismo dialético."[16] Depois ele passa a traçar as linhas gerais daquilo que queria dizer exatamente, numa contribuição pessoal a uma das publicações mais importantes da literatura soviética oficial, o *Short Course: History of the Commnunist Party of the Soviet Union (Bolsheviks)* [Curso Rápido: história do partido comunista da União Soviética (bolcheviques)] (1938). O capítulo de Stalin, "Materialismo dialético e histórico", que apresenta os fundamentos marxistas do sistema soviético, começa com a autoridade rígida do edito de um comissário: "O materialismo dialético é a visão de mundo do partido marxista-leninista." Citando várias transformações científicas extraídas diretamente de *Dialética da natureza* de Engels — do vapor em água, do oxigênio em ozônio —, Stalin explicou que essas mudanças dramáticas de formas confirmavam a declaração de Engels de que a natureza era uma totalidade interligada e integrada, que se encontrava em estado de movimento constante com a mudança ocorrendo de maneira rápida e abrupta e que as contradições internas inerentes a todos os fenômenos naturais alimentavam o seu desenvolvimento. Com uma precisão maior do que Engels ou Lenin, Stalin apresentou as ramificações políticas do materialismo dialético sob a forma de um desafio direto a qualquer interpretação reformista ou social-democrata. "Se a passagem de lentas mudanças quantitativas para as mudanças rápidas e abruptas é uma lei do desenvolvimento", raciocina ele, "então é claro que as revoluções feitas pelas classes oprimidas são um fenômeno muito natural e inevitável. Por isso, a transição do capitalismo para o socialismo e a liberação da classe operária do jugo do capitalismo não podem ser realizadas por meio de mudanças lentas, de reformas, mas só por meio de uma mudança qualitativa do sistema capitalista, por meio de uma revolução."[17]

Na tentativa de convencer a todos de sua total legitimidade ideológica, Stalin ligou inextricavelmente as iniciativas do Estado soviético aos princípios científicos do marxismo-leninismo: "O vínculo entre ciência e atividade prática, entre teoria e prática, sua unidade, deve ser a estrela-guia do partido do proletariado."[18] E como o Partido Comunista, para todos os efeitos, significava a vontade de Stalin e encarnava necessariamente os verdadeiros interesses do proletariado, toda política que ele procurava implementar tinha logicamente o selo da santidade marxista. Cornelius Castoriadis explica melhor a argumentação soviética: "Se existe de fato uma teoria da história, se existe uma racionalidade em ação nas coisas, então é claro que a direção que esse processo adota deve ficar a cargo dos especialistas nesta teoria, dos técnicos desta racionalidade. O poder absoluto do Partido tem um status filosófico. [...] Se essa concepção for correta, esse poder *deve* ser absoluto."[19] No sistema soviético, o que o partido decretava tornava-se instantaneamente uma verdade científica.

Com um pano de fundo de terrorismo e controle total, o Estado stalinista transformou as nuances e complexidades da filosofia marxista numa ortodoxia rígida que contaminou praticamente todos os elementos da vida cultural, científica, política e privada.[20] Enquanto Engels comparou o socialismo à Igreja cristã primitiva, na URSS ele ficou parecido com a pior forma de caça aos hereges do catolicismo medieval com suas liturgias totalizantes, seus rituais que não admitiam variações e uma panóplia de santos comunistas. Não havia dúvida; a fé era o caminho, a verdade, a vida e um esquema completo de salvação social. O *Short Course* de Stalin era seu texto sagrado, uma explicação inquestionável do marxismo-leninismo que estipulava a linha correta do partido em todas as questões do pensamento socialista. "Foi publicado e ensinado incessantemente em toda parte", lembra Kolakowski. "Nos cursos mais adiantados das escolas secundárias, em todos os locais de ensino superior, cursos do partido etc., onde quer que alguma coisa fosse ensinada, o *Short Course* era o principal alimento do cidadão soviético."[21]

À medida que a esfera geopolítica da União Soviética começou a se expandir, o *Short Course* chegou ao mundo inteiro por meio de dezenas de milhões de exemplares com capas transadas e a impressão de excelente qualidade de Moscou. O resultado foi a transformação do materialismo dialético numa das filosofias mais influentes do século XX, decorada e recitada em círculos comunistas de Phnom Penh a Paris e norte de Londres, onde um futuro historiador chamado Raphael Samuel deu as boas-vindas às suas certezas geladas. "Na condição de ciência da sociedade, apresentava-se como um determinismo que abrangia tudo, em que os acidentes eram revelados como necessidades e as causas eram seguidas inexoravelmente pelos efeitos", escreveu ele mais tarde num livro de memórias que fala da sua criação no ambiente londrino do Partido Comunista da Grã-Bretanha. "Como forma de raciocínio, dava a nós entendimentos *a priori* e regras universais — leis do pensamento que eram tanto um guia para a ação quanto fonte de autoridade profética." Mas o propósito da filosofia marxista ainda era mudar o mundo. "A máxima de Stalin 'A teoria sem a prática é estéril; a prática sem a teoria é cega' tornou-se tão familiar às gerações de comunistas quanto a chaleira de água fervente de Engels [que ilustrava a transformação da água em vapor como exemplo de mudança quantitativa em qualitativa] nos cursos de dialética."[22] O *Short Course* de Stalin citava prodigamente o *Anti-Dühring*; Plekhanov e Lenin apelavam mais frequentemente para os textos de Engels que para os de Marx; e foi o materialismo dialético — muito mais que o conceito de mais-valia — que constituiu a filosofia motriz do movimento comunista global dirigido pelos soviéticos. "É a dialética da natureza que se tornou a fonte de autoridade citada constantemente na exposição da dialética do marxismo soviético", declarou Herbert Marcuse na década de 1950.[23]

Repetindo: será que Engels foi responsável pelos terríveis crimes realizados sob a bandeira do marxismo-leninismo? Mesmo na nossa era moderna de históricos pedidos de desculpas, a resposta é não. Em nenhum sentido inteligível se pode culpar Engels ou Marx pelos crimes de agentes históricos perpetrados gerações depois, mesmo que as políticas tenham sido executadas em seu nome. Assim como não se pode culpar Adam Smith pelas desigualdades do livre mercado ocidental, nem Martinho Lutero pela natureza do evangelismo protestante moderno, nem Maomé pelas atrocidades de Osama bin Laden: os milhões de pessoas mortas pelo stalinismo (ou pela China de Mao, pelo Camboja de Pol Pot ou pela Etiópia de Mengistu) não foram para o túmulo por causa de dois filósofos londrinos do século XIX.

Não se trata apenas do simples anacronismo da acusação. Engels era extremamente cético em relação a revoluções dirigidas por uma vanguarda, a revoluções feitas de cima para baixo como aquelas dos partidos comunistas que assumiram o poder no século XX. Ele sempre acreditou num partido operário dirigido pela própria classe operária (e não por intelectuais e revolucionários profissionais) e continuou afirmando intransigentemente que o proletariado devia chegar ao socialismo por meio das contradições do sistema capitalista e do desenvolvimento da autoconsciência política, e não a um socialismo imposto a ele por uma liderança comunista autoproclamada. "A Federação Social-Democrata aqui presente e seus socialistas germano-americanos têm todos a distinção de ser os únicos partidos que contribuíram para reduzir a teoria do desenvolvimento de Marx a uma ortodoxia rígida à qual não se espera que o operário comum chegue em virtude de sua própria consciência de classe; em vez disso, essa teoria deve ser-lhe enfiada goela abaixo como um artigo de fé, sem demora e sem preparativos", queixou-se ele de forma tocante a Adolph Sorge em maio de 1894.[24] A emancipação das massas nunca poderia ser produto de um agente externo, de um deus *ex machina* político, mesmo que aparecesse sob a forma de um V. I. Lenin. Além disso, como sugere seu apoio ao SPD alemão, no fim da vida Engels passou a defender a transição pacífica da democracia para o socialismo, atuando por meio das urnas e não atrás de barricadas (embora preservando sempre o direito moral à insurreição). No contexto russo especificamente, é muito provável que as demandas "mencheviques" de Plekhanov depois de 1917 em favor de um período de governo burguês e desenvolvimento capitalista antes de uma transição efetiva para um Estado socialista estivessem mais de acordo com o pensamento de Engels do que a vontade de poder dos bolcheviques.

Apesar da caricatura fácil desenhada tanto por anticomunistas quanto pelos defensores de Marx, Engels nunca foi o arquiteto míope e mecanicista do materialismo dialético exaltado pela ideologia soviética do século XX. Há um vasto fosso filosófico entre o "engelismo" e o stalinismo, entre uma visão aberta, crítica e humana do socialismo científico e um socialismo científico destituído de qualquer preceito ético. Como afirma o filósofo John O'Neill, o socialismo de Engels não tem uma ligação necessária com o marxismo estatal do século XX, uma vez que o vínculo depende da adoção, por Engels, de uma concepção dogmática da ciência comprometida com a "certeza metodológica" e a "ortodoxia doutrinária" — e Engels repudiou ambas quando se tratava de investigação científica e materialismo dialético.[25] A lógica fechada do *Short Course* de Stalin teria sido anátema para Engels, perpetuamente inquisitivo: por trás de sua postura militar, o General estava interessado em questionar ideias, acompanhar novas tendências e repensar muitas vezes as próprias posições. "A chamada 'sociedade socialista' não deve, em minha opinião, ser considerada algo que fica cristalizado por toda a eternidade, mas sim algo que está em processo constante de mudança e transformação como todas as outras condições sociais", escreveu ele em 1890. "Não vejo absolutamente nenhuma dificuldade em concretizar essa revolução ao longo de um bom período de tempo, isto é, gradualmente."[26] Em muitos sentidos, o pensamento de Engels era muito mais heurístico e menos rígido que o de Marx. Em *Anti-Dühring*, ele concluiu que o resultado mais valioso de suas investigações científicas foi "nos tornar extremamente desconfiados de nossos conhecimentos atuais, uma vez que, com toda a probabilidade, estamos só no começo da história humana".[27] E ele adotou algo parecido com uma postura protopopperiana em relação às questões de falibilidade científica: " O conhecimento que afirma incondicionalmente ser a verdade é adquirido por meio de uma série de erros relativos; nem o conhecimento nem a verdade podem ser inteiramente concretizados exceto por meio da duração infinita da existência humana."[28] Quando se tratava de materialismo histórico, ele também aconselhou um correspondente a não "considerar um evangelho toda palavra que eu disse" e, a outro, que "nossa visão da história é sobretudo um guia de estudo, não uma ferramenta para construir objetos de acordo com o modelo hegeliano".[29] Essa não é a linguagem de um filósofo político fechado, totalizador, ansioso por construir um novo Leviatã. Além disso, Engels criticou de forma direta e repetida aqueles partidos marxistas — como a FSD de Hyndman, a jovem facção militante do SPD, chamada de facção *junker*, ou o Partido Operário Socialista Alemão dos Estados Unidos — que tentavam proteger o marxismo de debates, "transformando nossa teoria num dogma rígido de uma seita ortodoxa".[30]

Em certa medida, a diferença entre Engels e seus acólitos da União Soviética e de outros lugares pode ser atribuída a seus respectivos pontos de partida. Engels e Marx chegaram a uma visão científica de sua filosofia política durante as décadas de 1860 e 1870, quando tentavam redefinir o materialismo histórico à luz do darwinismo e de outros avanços das ciências naturais e físicas. Grande parte de seu quadro de referências intelectuais, que remonta às suas primeiras leituras de Hegel, já estava completamente madura na época em que procuraram vincular suas ideias à voga socialista que estava nos seus primórdios. Por outro lado, a geração seguinte de socialistas chegou ao seu marxismo por meio de uma trajetória ideológica muito diferente: nas palavras de Kautsky, "eles começaram com Hegel, eu comecei com Darwin". Kautsky, assim como Bernstein, Adler, Aveling, Plekhanov, Lenin e a liderança política da Segunda Internacional — cujo despertar ideológico começou com um mergulho nas obras de Charles Darwin, Herbert Spencer e do positivista Auguste Comte — leram Marx e Engels de uma perspectiva que já compreendia a teoria da evolução.[31] A obra do comunista italiano Enrico Ferri intitulada *Socialism and Positive Science* (1894), a de Ludwig Woltmann intitulada *Darwinian Theory and Socialism* (1899), o livro extremamente influente escrito por Karl Kautsky, *Ethics and Historical Materialism* (1906), e o resumo de Lenin apresentado acima (que achava que "a ideia de desenvolvimento, de evolução, impregnou quase completamente a consciência social") são apenas algumas contribuições a uma literatura comunista florescente que assumiu uma ligação entre darwinismo e marxismo. Essas obras construíram a ponte intelectual indispensável entre o marxismo do final do século XIX e o materialismo dialético da ortodoxia soviética. É óbvio que Engels não pode ser responsabilizado pelo que uma geração posterior alimentada com um conjunto diferente de premissas filosóficas e científicas leu em sua obra.

Alguns meses antes de sua morte, Engels disse ao economista político alemão Werner Sombart, em termos muito claros, que "toda a maneira de pensar de Marx não é tanto uma doutrina, mas sim um método. Ela oferece não tanto dogmas prontos para usar, mas sim ferramentas auxiliares para investigações posteriores e o método a usar nessas investigações".[32] Engels, como Marx, só muito raramente se considerava marxista num sentido estrito, fanático, longe disso. Ele considerava o marxismo uma verdade tão grandiosa que não precisava do tipo de genuflexão protetora que alguns membros de partido já estavam começando a praticar.

Igualmente importante é o fato de que as características essenciais de Engels, o homem — que só vêm à tona de forma apropriada nos seus textos —, estavam em profunda contradição com a desumanidade descarada do marxismo-leninismo. Ele estava interessado em mais do que simplesmente promover seus seguidores. Apesar de todos os seus entusiasmos científicos, de sua crença no progresso racional e do seu fervor pelo avanço tecnológico, Engels preservou elementos tanto da tradição do socialismo utópico (contra o qual ele definiu com tanto cuidado a abordagem sua e de Marx) quanto da herança escatológica do protestantismo que renegara quando adolescente. Seu télos era a culminação dialética da luta de classes global: o desaparecimento gradual do Estado, a liberação da humanidade e um paraíso operário de realização humana e exercício pleno da sexualidade — em resumo, o salto do reino da necessidade para o reino da liberdade. Nem um nivelador nem um defensor do Estado, esse grande amante da boa vida, esse defensor fervoroso da individualidade, esse homem que acreditava entusiasticamente que a literatura, a cultura, as artes plásticas e a música eram fóruns abertos nunca teria aprovado o comunismo soviético do século XX, apesar de todas as alegações stalinistas de sua paternidade.

E também não teria aceitado nossa situação presente. Se nos livrarmos agora dos acréscimos do marxisimo-leninismo do século XX, do "desvio ditatorial" que tanto envenenou o poço da justiça social e voltarmos ao Engels autêntico da Europa do século XIX, surge uma voz muito diferente. Das alturas de sua indústria do algodão em Manchester, Engels compreendeu como poucos outros socialistas a verdadeira face do capitalismo desenfreado. E, à medida que nossa utopia liberal de livre-comércio e democracia pós-1989 cambaleia sob a tensão dupla da ortodoxia religiosa e do fundamentalismo do livre-mercado, sua crítica ressoa através dos tempos. O conluio confortável entre governo e capital, a fome das grandes empresas multinacionais por trabalho barato e pouca qualificação profissional, a reestruturação da vida familiar em torno das tendências do mercado e até o projeto arquitetônico de nossas cidades tal como ditado pelas exigências do capital — todos esses fatores foram previstos e dissecados por Engels há um século. E os acontecimentos recentes dos mercados de ações e do setor bancário do mundo inteiro deixaram ainda mais nítido o foco da crítica de Engels.

A denúncia impiedosa dos processos devastadores do capitalismo feita por Engels é particularmente pertinente quando se trata do mercado global desregulamentado. "Os preços baixos de suas mercadorias são a artilharia pesada com que ele derruba todas as muralhas da China", explica *O manifesto do partido comunista*. "Obriga todas as nações, sob pena de extinção, a adotar o modo de produção burguês; obriga-as a introduzir em seu meio aquilo que ele chama de civilização, isto é, a se tornarem elas mesmas burguesas." Embora Marx e Engels considerassem a oposição de hoje à globalização em si algo ilógico, a crítica de Engels aos custos humanos do capitalismo é mais relevante nos países que estão na extremidade problemática da economia mundial — principalmente os mercados emergentes do Brasil, da Rússia, da Índia e da China. Pois aí todos os horrores da industrialização vertiginosa — o capitalismo transformando as relações sociais, destruindo costumes e hábitos antigos, transformando vilarejos em cidades e oficinas em fábricas — mostram toda a selvageria que antes se via na Europa do século XIX. Com a China agora reivindicando o título de "oficina do mundo", a poluição, a falta de saúde, a resistência política e a turbulência social prevalecentes em zonas econômicas especiais como a província de Guangdong e Xangai lembram extraordinariamente as descrições que Engels fez de Manchester e Glasgow. Compare e contraste, como fez o intelectual Ching Kwan Lee, a descrição das condições de trabalho numa tecelagem da década de 1840 —

> "nas tecelagens de fios de algodão e linho há muitos cômodos em que o ar fica cheio de penugem e poeira. [...] É claro que o operário não tem alternativa nessa questão. [...] As consequências habituais de inalar a poeira da fábrica são cuspir sangue, respiração difícil e ruidosa, dores no peito, tosse e insônia. [...] Acontecem acidentes a operários que trabalham em salas apinhadas de máquinas. [...] O problema mais comum é a perda de uma articulação do dedo. [...] Em Manchester não se veem apenas numerosos aleijados, mas também muitos trabalhadores que perderam uma parte ou toda a mão ou uma perna ou o pé" — com o depoimento de um trabalhador migrante chinês em Shenzhen em 2000:

> Não há uma rotina fixa de trabalho. Um dia de trabalho de 12 horas é o mínimo. Para atender pedidos urgentes, temos de trabalhar continuamente durante trinta horas ou mais. Dia e noite [...] o turno mais longo durante o qual trabalhamos ininterruptamente foi de 40 horas. [...] É muito exaustivo porque temos de ficar de pé o tempo todo para endireitar o tecido de brim puxando-o. Nossas pernas estão sempre doendo. Não há lugar onde sentar no chão da oficina. As máquinas não param durante nossa pausa para almoçar. Grupos de três operários se alternam para comer, um de cada vez. [...] O chão da oficina fica coberto de poeira grossa. Nosso corpo fica negro por causa do trabalho dia e noite num ambiente fechado. Quando saio do trabalho e cuspo, o cuspe é completamente preto.[33]

Não importa o quanto o Partido Comunista da China queira reivindicar a aprovação de Engels, a exploração desenfreada produzida por suas políticas nunca foi, claro está, o conceito que Engels tinha de uma sociedade ideal. Desde seus anos de adolescente herdeiro de um dono de fábrica no meio da riqueza e da pobreza, da miséria e da degradação dos pátios de alvejamento de Barmen, ele estava convencido de que havia um lugar mais digno para a humanidade da era moderna. Para ele e para Marx, a abundância bem-vinda oferecida pelo capitalismo merecia ser distribuída por meio de um sistema mais justo. Para milhões de pessoas no mundo inteiro, essa esperança ainda faz sentido. Não há dúvida de que hoje, cerca de duas décadas depois da queda do muro de Berlim e do colapso global do comunismo de Estado, Friedrich Engels, aquela encarnação vitoriana do altruísmo e das contradições internas, estaria mais uma vez prevendo a negação da negação e o cumprimento das promessas de seu bom amigo Karl Marx.

Notas

PREFÁCIO

1. *Reminiscences of Marx and Engels* (Moscou, 1958), p. 185.
2. *Frederick Engels: A Biography* (Dresden, 1972), p. 9.
3. Paul Lewis, "Marx's Stock Resurges on a 150-Year Tip", *New York Times*, 27 de junho de 1998.
4. *Times* (Londres), 20 de outubro de 2008.
5. Meghnad Desai, *Marx's Revenge: The Resurgence of Capitalism and the Death of Statist Socialism* (Londres, 2002).
6. *Marx-Engels Collected Works* (Nova York, 1975-2005), vol. 6, p. 486-87 [daqui em diante, MECW].
7. "Marx after Communism", *Economist*, 21 de dezembro de 2002.
8. Francis Wheen, *Karl Marx* (Londres, 1999).
9. Ver Gustav Mayer, *Friedrich Engels: Eine Biographie* (The Hague, 1934) e *Friedrich Engels* (Londres, 1936); Grace Carlton, *Friedrich Engels: The Shadow Prophet* (Londres, 1965); *Frederick Engels: A Biography*; W.O. Henderson, *The Life of Friedrich Engels* (Londres, 1976); David McLellan, *Engels (Sussex, 1977)*; Terrell Carver, Engels (Oxford, 1981) e *Friedrich Engels: His Life and Thought* (Londres, 1991); J.D. Hunley, *The Life and Thought of Friedrich Engels* (Londres, 1991).
10. E.P. Thompson, *The Poverty of Theory and Other Essays* (Londres, 1978), p. 261.
11. Richard N. Hunt, *The Political Ideas of Marx and Engels* (Pittsburgh, 1974), p. 93.
12. Norman Levine, "Marxism and Engelsism", *Journal of the History of the Behavioural Sciences* 11, n°. 3 (1973): 239.
13. *MECW*, vol. 26, p. 382.

14. Tony Judt, *Reappraisals* (Londres, 2008), p. 125.
15. *MECW*, vol. 26, p. 387.

1. SIEGFRIED EM MONTE SION

1. *MECW*, vol. 2, p. 578-79.
2. *Reminiscences of Marx and Engels* (Moscou, 1958), p. 183.
3. Citado em Michael Knieriem, org., *Die Herkunft des Friedrich Engels: Briefe aus der Verwandtschaft* (Trier, 1991), p. 39-40.
4. Ver *Frederick Engels: A Biography* (Dresden, 1972), p. 16.
5. T.C. Banfield, *Industry of the Rhine* (1846; reedição — Nova York, 1969), p. 122-23.
6. *MECW*, vol. 2, p. 8.
7. Banfield, *Industry of the Rhine*, p. 142.
8. Christopher Clark, *Iron Kingdom* (Londres, 2006), p. 125.
9. *Die Herkunft des Friedrich Engels*, p. 555, 600.
10. Hughes Oliphants Old, *The Reading and Preaching of the Scriptures in the Worship of the Christian Church* (Cambridge, 1998), vol. 5, p. 104.
11. *MECW*, vol. 2, p. 555.
12. *Die Herkunft des Friedrich Engels*, p. 21.
13. Ver Gustav Mayer, *Friedrich Engels: Eine Biographie* (The Hague, 1934), vol. 1, p. 7.
14. Citado em Manfred Kliem, org., *Friedrich Engels: Dokumente seines Lebens* (Leipzig, 1977), p. 37.
15. *MECW*, vol. 44, p. 394.
16. *MECW*, vol. 2, p. 14.
17. *Die Herkunft des Friedrich Engels*, p. 463.
18. Ver James J. Sheehan, *German History, 1770-1866* (Oxford, 1989).
19. *Die Herkunft des Friedrich Engels*, p. 463, 464, 470.
20. *MECW*, vol. 6, p. 259.
21. *MECW*, vol. 2, p. 553.
22. *MECW*, vol. 38, p. 30.
23. *MECW*, vol. 2, p. 582.
24. *MECW*, vol. 2, p. 20, 585. Ver também Volkmar Wittmütz, "Friedrich Engels in der Barmer Stadtschule, 1829-1834", *Nachrichten aus dem Engels-Haus* 3 (1980).
25. Hugh Trevor-Roper, *The Romantic Movement and the Study of History* (Londres, 1969), p. 2.
26. Ver Celia Applegate, "Culture and the Arts", em Jonathan Sperber, org., *Germany, 1800-1870* (Oxford, 2004).
27. Madame de Staël, *Germany* (Londres, 1813), p. 8.
28. Sheehan, *German History, 1770-1866*.

29. Jack Zipes, *The Brothers Grimm* (Londres, 2002), p. 26.
30. Ver Christopher Clark, *Iron Kingdom*.
31. *MECW*, vol. 2, p. 33.
32. *MECW*, vol. 2, p. 95.
33. *MECW*, vol. 2, p. 585.
34. *MECW*, vol. 2, p. 399.
35. Citado em *Reminiscences of Marx and Engels*, p. 193.
36. *MECW*, vol. 2, p. 117.
37. *MECW*, vol. 2, p. 499, 503.
38. *MECW*, vol. 2, p. 528.
39. Citado em *Reminiscences of Marx and Engels*, p. 192, 174.
40. Ibid., p. 94.
41. *MECW*, vol. 2, p. 511.
42. *MECW*, vol. 2, p. 530.
43. Citado em Sheehan, *German History, 1770-1866*, p. 573.
44. *MECW*, vol. 2, p. 421.
45. Friedrich Engels, *The Condition of the Working Class* (Harmondsworth, 1987), p. 245.
46. Ver Richard Holmes, *Shelley: The Pursuit* (Londres, 1987).
47. Ver James M. Brophy, "The Public Sphere", em Sperber, org., *Germany, 1800-1870*.
48. *MECW*, vol. 2. p. 558.
49. Citado em Paul Foot, *Red Shelley* (Londres, 1984), p. 228. Eleanor Marx, junto com seu amante Edward Aveling, mais tarde assumiria o *baton* de Shelley em sua obra conjunta, *Shelley and Socialism* (1888).
50. Heinrich Heine, *Sämtliche Werke* (Hamburgo, 1867), vol. 12, p. 83.
51. *MECW*, vol. 2, p. 422.
52. Mayer, *Eine Biographie*, vol. 1, p. 17.
53. *MECW*, vol. 2, p. 392.
54. *MECW*, vol. 2, p. 135.
55. Ver Sheehan, *German History, 1770-1866*, p. 646-47.
56. *MECW*, vol. 2, p. 9.
57. *MECW*, vol. 24, p. 114.
58. *Frederick Engels: A Biography*, p. 30.
59. *MECW*, vol. 2, p. 25.
60. *MECW*, vol. 2, p. 426.
61. *MECW*, vol. 2, p. 454.
62. Citado em David McLellan, *The Young Hegelians and Karl Marx* (Londres, 1969), p. 3.
63. *MECW*, vol. 2, p. 426, 454, 461-62.
64. *MECW*, vol. 2, p. 471.
65. *MECW*, vol. 2, p. 528.

66. *MECW*, vol. 2, p. 486.
67. Ver William J. Brazill, *The Young Hegelians* (Londres, 1970).
68. *MECW*, vol. 16, p. 474.
69. *MECW*, vol. 2, p. 489.
70. Ver Gareth Stedman Jones, "Engels and the History of Marxism", em Eric Hobsbawm, org., *The History of Marxism* (Brighton, 1982), vol. 1, p. 301.
71. *MECW*, vol. 2, p. 99, 169.

2. A SEMENTE DO DRAGÃO

1. *MECW*, vol. 2, p. 181.
2. E.H. Carr, *Michael Bakunin* (Londres, 1975), p. 95; Alastair Hannay, *Kierkegaard: A Biography* (Cambridge, 2001), p. 162-63.
3. *MECW*, vol. 2, p. 187.
4. *MECW*, vol. 26, p. 123.
5. Em 1963, o quartel foi rebatizado com o nome de Friedrich Engels, lar do "Wachregiment Friedrich Engels" do Exército Nacional do Povo da RDA.
6. Ver Anthony Read e David Fisher, *Berlin* (Londres, 1994); Robert J. Hellman, *Berlin: The Red Room and White Beer* (Washington, 1990); Alexandra Richie, *Faust's Metropolis* (Londres, 1999).
7. Heinrich Heine, *Sämtliche Werke* (Hamburgo, 1867), vol. 1, p. 240.
8. *MECW*, vol. 3, p. 515.
9. *MECW*, vol. 26, p. 357.
10. Citado em Peter Singer, *Hegel* (Oxford, 1983), p. 32.
11. Leszek Kolakowski, *Main Currents of Marxism* (Londres, 2005), p. 61.
12. John Edward Toews, *Hegelianism* (Cambridge, 1980), p. 60.
13. Christopher Clark, *Iron Kingdom* (Londres, 2006), p. 434.
14. *MECW*, vol. 26, p. 363.
15. *MECW*, vol. 6, p. 162-63.
16. *MECW*, vol. 6, p. 359-60.
17. *MECW*, vol. 2, p. 197.
18. *MECW*, vol. 26, p. 364.
19. Citado em David McLellan, *The Young Hegelians and Karl Marx* (Londres, 1969), p. 88; William J. Brazill, *The Young Hegelians* (Londres, 1970), p. 146; *MECW*, vol. 3, p. 462, 3.
20. Ludwig Feuerbach, *Provisional Theses for the Reformation of Philosophy*, citado em Lawrence S. Stepelevich, org., *The Young Hegelians* (Cambridge, 1983), p. 156.
21. Ibid., p. 167.
22. *MECW*, vol. 2, p. 537.

23. *MECW*, vol. 2, p. 550.
24. *MECW*, vol. 48, p. 393-94.
25. Ver Brazill, *The Young Hegelians*; Hellman, *Berlin*.
26. Stephan Born, *Erinnerungen eines Achtundvierzigers* (Leipzig, 1898), p. 26-27.
27. Ver o ensaio de Engels "Alexander Jung, 'Lectures on Modern German Literature'", em *Rheinische Zeitung*, 7 de julho de 1842, para dispor de evidência desse rompimento inequívoco com a Alemanha Jovem.
28. Para os que não conhecem:

> Sou muito familiarizado também com questões matemáticas
> Entendo equações, tanto simples quanto de segundo grau
> Sobre o teorema binômio de Newton, estou cheio de novidades
> Com muitos fatos animadores sobre o quadrado da hipotenusa.
>
> Sou muito bom em cálculo integral e diferencial
> Conheço muitos nomes científicos de seres animálculos
> Em resumo: em questões vegetais, animais e minerais
> Sou o próprio modelo de um general de divisão moderno.

29. *MECW*, vol. 2, p. 321, 322, 335, 336.
30. Grande parte da história dos primeiros anos de vida de Marx apresentada a seguir foi extraída de David McLellan, *Karl Marx: His Life and Thought* (Londres, 1983), p. 1-104; Francis Wheen, *Karl Marx* (Londres, 1999), p. 7-59; e no ensaio de Eric Hobsbawm no *Dictionary of National Biography*.
31. Stephan Born, *Erinnerungen eines Achtundvierzigers*, p. 68.
32. "Ink in His Blood", *Times Literary Supplement*, 23 de março de 2007, p. 14.
33. *MECW*, vol. 50, p. 503.
34. Marx-Engels Papers, M4 (M2/1), International Institute of Social History, Amsterdã.
35. *MECW*, vol. 2, p. 586.
36. Ver Eric Hobsbawm, "Marx, Engels, and Pre-Marxian Socialism", em Eric Hobsbawm, org., *The History of Marxism* (Brighton, 1982), vol. 1. Ou, nas palavras de Kolakowski: "Na época em que Marx entrou em campo como teórico da revolução proletária, as ideias socialistas já tinham uma vida longa atrás de si" (Kolakowski, *Main Currents of Marxism*, p. 150).
37. Mais uma palavrinha sobre socialistas e comunistas: nas décadas de 1830 e 1840, os seguidores franceses de Saint-Simon e Charles Fourier eram conhecidos por muitos como socialistas. Por outro lado, as sociedades secretas parisienses organizadas em torno das ideias de Étienne Cabet e Louis-Auguste Blanqui, que se inspiraram na Revolução Francesa do passado, eram chamadas de comunistas. Durante os primeiros anos da década

de 1840, Marx e Engels adotaram a prática contemporânea de usar os termos *comunista* e *socialista* sem demarcações claras. Nas palavras de Raymond Williams, "até c.1850, a palavra [*socialista*] era nova demais e genérica demais para ter um uso predominante". Como veremos, a aliança política de Marx e Engels com a Liga Comunista de operários militantes e sua crença numa forma de socialismo mais "proletária" levou-os, nos últimos anos da década de 1840, a se definir mais especificamente, durante muitos anos, como comunistas (como em *O manifesto do partido comunista*) para se diferenciar do socialismo utópico mais classe média de Fourier, Saint-Simon e Robert Owen. Na segunda metade do século XIX, à medida que o comunismo passou a se associar mais na mente popular com insurreição (principalmente depois da Comuna de Paris de 1871) e a filosofia anarquista de Mikhail Bakunin ganhou ímpeto, Marx e Engels tenderam a se definir como "socialistas" — e até como "socialistas científicos", para fazer contraste com a tradição do socialismo utópico. O uso de *comunista* só ressurge inteiramente a partir de 1918, com a substituição do nome do Partido Operário Social-Democrata Russo como Partido Comunista de Todos os Russos (bolcheviques) após a Revolução de 1917 e sua clara diferenciação da social-democracia europeia. Para dispor de uma boa história, ver Raymond Williams, *Keywords: A Vocabulary of Culture and Society* (Londres, 1988).

38. Para dispor de um bom exemplo dessa tradição, ver Tony Benn, *Arguments for Socialism* (Londres, 1979), p. 21-44.
39. Henri de Saint-Simon, *Letters from an Inhabitant of Geneva*, em Ghita Ionescu, org., *The Political Thought of Saint-Simon* (Oxford, 1976), p. 78.
40. Ibid., p. 10.
41. Citado em F.A. Hayek, *The Counter-Revolution of Science* (Glencoe, 1952), p. 121.
42. Saint-Simon, *The New Christianity*, em Ionescu, *The Political Thought of Saint-Simon*, p. 210.
43. *Ouvres complètes de Charles Fourier* (Paris, 1966-68), vol. 6, p. 397, citado em Jonathan Beecher e Richard Bienvenu, orgs., *The Utopian Vision of Charles Fourier* (Londres, 1975), p. 119.
44. Ver Gareth Stedman Jones, "Introduction", em Charles Fourier, *The Theory of the Four Movements* (Cambridge, 1996).
45. Citado em Beecher e Bienvenu, *Fourier*, p. 116-17.
46. Frank Manuel sugere que a banalidade frígida da vida do próprio Fourier inspirou algumas de suas visões mais elevadas: "Fourier, o solteirão, morava sozinho num sótão e comia *table d'hôte* nos restaurantes mais pobres de Lion, não gostava de crianças nem de aranhas, adorava flores e gatos. [...] Seja como for, era um excêntrico. [...] Às vezes a gente se pergunta se esse inventor do sistema de atração passional experimentou-a ele próprio algum dia" (*The Prophets of Paris* [Cambridge, 1962], p. 198).
47. *MECW*, vol. 24, p. 290.
48. *MECW*, vol. 4, p. 643; vol. 24, p. 290. A visão que Engels tinha dos socialistas utópicos variou bastante ao longo dos anos. Em 1875, ele era visivelmente mais generoso em

relação às contribuições que eles fizeram ao comunismo e sugeria que "o socialismo teórico alemão nunca vai se esquecer de que repousa sobre os ombros de Saint-Simon, Fourier e Owen — três homens que, apesar de todas as suas ideias fantásticas e apesar de todo o seu utopismo, estão entre os pensadores mais eminentes de todos os tempos e cuja genialidade antecipou inumeráveis coisas cujo acerto está sendo provado agora por nós" (*MECW*, vol. 23, p. 630-31).

49. Isaiah Berlin, "The Life and Opinions of Moses Hess", em *Against the Current* (Londres, 1997), p. 214.
50. Moses Hess, *Rom and Jerusalem* (Leipzig, 1899), p. 16.
51. Citado em Shlomo Avineri, *Moses Hess* (Londres, 1985), p. 11.
52. Berlin, *Against the Current*, p. 219.
53. Ver André Liebich, org., *Selected Writings of August Cieszkowski* (Cambridge, 1979).
54. Citado em McLelland, *The Young Hegelians and Karl Marx*, p. 10.
55. "Über die sozialistische Bewegung in Deutschland", em Moses Hess, *Philosophische und sozialistische Schriften, 1837-1850*, August Cornu e Wolfgang Mönke, orgs. (Liechtenstein, 1980), p. 293.
56. Ver Gareth Stedman Jones, "Introduction", *The Communist Manifesto* (Harmondsworth, 2002).
57. Citado em Avineri, *Moses Hess*, p. 61.
58. Ibid., p. 84.
59. *MECW*, vol. 3, p. 406.
60. "Die Europäische Triarchie", em Hess, *Philosophische und sozialistische Schriften*, p. 117.
61. Moses Hess, *Briefwechsel* (Amsterdã, 1959), p. 103.

3. MANCHESTER EM PRETO E BRANCO

1. *Manchester Guardian*, 27 de agosto de 1842.
2. *Manchester Times*, 7 de julho de 1842.
3. Friedrich Engels, *The Condition of the Working Class in England* (Harmondsworth, 1987), p. 239.
4. Ver Alan Kidd, *Manchester* (Keele, 1996).
5. *The Life of Thomas Cooper, Written by Himself* (Londres, 1873), p. 207.
6. Engels, *Condition of the Working Class*, p. 82, 156.
7. *MECW*, vol. 3, p. 392.
8. *MECW*, vol. 26, p. 317.
9. *Reasoner*, vol. 5 (1850), p. 92.
10. Ver Kidd, *Manchester*; W.D. Rubinstein, "The Victorian Middle Classes: Wealth, Occupation, and Geography", *Economic History Review* 30, n. 4 (1977).

11. Alexis de Tocqueville, *Journeys to England and Ireland* (1835; reedição: Londres, 1958), p. 94, 107.
12. Citado em L.D. Bradshaw, *Visitors to Manchester* (Manchester, 1987), p. 25.
13. Léon Faucher, *Manchester in 1844* (Manchester, 1844), p. 16.
14. Thomas Carlyle, "Chartism", *Selected Writings* (Harmondsworth, 1986), p. 211.
15. Robert Southey, *Letters from England by Don Manuel Alvarez Espriella* (Londres, 1808), p. 83.
16. Citado em Bradshaw, *Visitors to Manchester*, p. 54.
17. Hippolyte Taine, *Notes on England* (1872; reedição: Londres, 1957), p. 219.
18. J.P. Kay, *The Moral and Physical Condition of the Working Classes Employed in the Cotton Manufacture in Manchester* (1832; reedição: Manchester, 1969), p. 8.
19. Edwin Chadwick, *Report on the Sanitary Conditions of the Labouring Population of Great Britain* (Edimburgo, 1965), p. 78.
20. Ibid., p. 111.
21. Wilmot Henry Jones [Geoffrey Gimcrack], *Gimcrackiana; or, Fugitive Pieces on Manchester Men and Manners* (Manchester, 1833), p. 156-57.
22. *Manchester Guardian*, 6 de maio de 1857.
23. Citado em Bradshaw, *Visitors to Manchester*, p. 28.
24. R. Parkinson, *On the Present Condition of the Labouring Poor in Manchester* (Manchester, 1841), p. 85.
25. Faucher, *Manchester in 1844*, p. 69.
26. Benjamin Disraeli, *Sybil; or, The Two Nations* (Londres, 1981), p. 66.
27. *MECW*, vol. 2, p. 370.
28. Engels, *Condition of the Working Class*, p. 68.
29. *MECW*, vol. 2, p. 370, 373, 378.
30. Engels, *Condition of the Working Class*, p. 182.
31. F.R. Johnston, *Eccles* (Eccles, 1967), p. 88.
32. Sobre Ermen & Engels, ver J.B. Smethhurst, "Ermen and Engels", *Marx Memorial Library Quarterly Bulletin*, 41 (1967); Roy Whitfield, *Frederick Engels in Manchester: The Search for a Shadow* (Salford, 1988); W.O. Henderson, *The Life of Friedrich Engels* (Londres, 1976).
33. *MECW*, vol. 38, p. 20. A fábrica citada nesta carta é, na verdade, a Engelskirchen 1. O sentimento continua o mesmo.
34. Engels, *Condition of the Working Class*, p. 27.
35. *MECW*, vol. 4, p. 226.
36. Faucher, *Manchester in 1844*, p. 25.
37. Engels, *Condition of the Working Class*, p. 245.
38. *MECW*, vol. 3, p. 387, 380.
39. *MECW*, vol. 3, p. 380, 387, 388.

NOTAS 417

40. *MECW*, vol. 25, p. 346-47.
41. John Watts, *The Facts and Fictions of Political Economists* (Manchester, 1842), p. 28, 35, 36, 13.
42. *Manchester Guardian*, 26 de setembro de 1838.
43. Engels, *Condition of the Working Class*, p. 241; *MECW*, vol. 2, p. 375.
44. Ver G.D.H. Cole, "George Julian Harney", *Chartist Portraits* (Londres, 1941).
45. *Reminescences of Marx and Engels* (Moscou, 1958), p. 192.
46. F.G. Black e R.M. Black, orgs., *The Harney Papers* (Assen, 1969), p. 260.
47. Engels, *Condition of the Working Class*, p. 160.
48. James Leach, *Stubborn Facts from the Factories by a Manchester Operative* (Londres, 1844), p. 40.
49. *MECW*, vol. 6, p. 486.
50. Engels, *Condition of the Working Class*, p. 242; *MECW*, vol. 3, p. 450.
51. Thomas Carlyle, "Signs of the Times", *Selected Writings*, p. 77.
52. Thomas Carlyle, *Past and Present* (1843; reedição: Nova York, 1965), p. 148.
53. *MECW*, vol. 3, p. 463.
54. *MECW*, vol. 10, p. 302.
55. Engels, *Condition of the Working Class*, p. 276.
56. George Weerth, *Sämtliche Werke* (Berlim, 1956-57), vol. 5, p. 111, 128. Isto talvez seja um pouco injusto. J. B. Priestley, que tinha uma mentalidade mais cívica, descreveria mais tarde a Bradford de antes da guerra como "ao mesmo tempo uma das cidades mais provincianas e, apesar disso, uma das mais cosmopolitas cidades provincianas inglesas", célebre por seus habitantes estrangeiros. "Lembro-me quando um dos clubes mais famosos de Bradford era o *Schillerverein*. E, naquela época, o londrino era uma visão mais rara que um alemão. [...] Um encontro do Reno com Oder abriu caminho até o nosso córrego lúgubre — 'o riacho imundo'". Ver Priestley, *English Journey* (1933; Londres, 1993), p. 123-24.
57. Eleanor Marx-Aveling a Karl Kautsky, 15 de março de 1898, Karl Kautsky Papers, International Institute of Social History, Amsterdã, DXVI, p. 489.
58. Ver Whitfield, *Engels in Manchester*, p. 70.
59. Edmund Wilson, *To the Finland Station* (Londres, 1991), p. 159. W.O. Henderson concorda. Descreve Mary como "uma operária irlandesa que morava em Ancoats no número 18 da Cotton Street, em frente à George Leigh Street, no distrito fabril". Ver Henderson, *Marx and Engels and the English Workers* (Londres, 1989), p. 45.
60. Max Beer, *Fifty Years of International Socialism* (Londres, 1935), p. 77.
61. Heinrich Gemkov, "Fünf Frauen an Engels' Seite", *Beiträge zur Geschichte der Arbeiterbewegung*, 37, n. 4 (1995): 48.
62. Engels, *Condition of the Working Class*, p. 182.
63. Edmund Frow e Ruth Frow, *The New Moral World: Robert Owen and Owenism in Manchester and Salford* (Salford, 1986).

64. Weerth, *Sämtiliche Werke*, vol. 1, p. 208.
65. Engels, *Condition of the Working Class*, p. 170.
66. Whitfield, *Engels in Manchester*, p. 21.
67. Engels, *Condition of the Working Class*, p. 30.
68. *MECW*, vol. 3, p. 418, 423, 441.
69. *MECW*, vol. 3, p. 440.
70. *MECW*, vol. 3, p. 399.
71. *MECW*, vol. 4, p. 32.
72. *MECW*, vol. 4, p. 431, 424. Ver também Gregory Claeys, "Engels' *Outlines of a Critique of Political Economy* (1843) e "Origins of the Marxist Critique of Capitalism", *History of Political Economy* 16, n. 2 (1984).
73. Muitas das ideias dos "Outlines" de Engels reaparecem depois em *Manuscritos econômicos e filosóficos* de Marx, em que, junto com Hess, é descrito como "a única obra alemã *original* de interesse nesse ramo". Ver Karl Marx, *Early Writings* (Harmondsworth, 1992), p. 281. O crucial foi que Marx estendeu aí o conceito de alienação à atividade do trabalho em si.
74. Karl Marx a Friedrich Engels, 9 de abril de 1863, *MECW*, vol. 41, p. 466.
75. *MECW*, vol. 38, p. 10.
76. Engels, *Condition of the Working Class*, p. 31.
77. *Reminiscences of Marx and Engels*, p. 137.
78. *MECW*, vol. 38, p. 13.
79. Engels, *Condition of the Working Class*, p. 31.
80. *MECW*, vol. 38, p. 10-11.
81. Engels, *Condition of the Working Class*, p. 30.
82. Ibid., p. 89, 92.
83. Ibid., p. 98.
84. *MECW*, vol. 3, p. 390.
85. Engels, *Condition of the Working Class*, p. 125.
86. Ibid., p. 193-94.
87. Ibid., p. 184.
88. Ibid., p. 31, 174, 216, 69.
89. Ibid., p. 275.
90. Ibid., p. 86.
91. Ibid., p. 87.
92. *MEWC*, vol. 23, p. 365.
93. Steven Marcus, *Engels, Manchester, and the Working Class* (Londres, 1974), p. 145.
94. Simon Gunn, *The Public Culture of the Victorian Middle Class* (Manchester, 2000), p. 36. Ver também Marc Eli Blanchard, *In Search of the City* (Stanford, 1985), p. 21.

95. *Guardian*, 4 de fevereiro de 2006. Ver também o comentário de Asa Briggs de que "se Engels não tivesse morado em Manchester, mas sim em Birmingham, sua concepção de 'classe' e suas teorias sobre o papel da história de classe poderiam ter sido muito diferentes" (Briggs, *Victorian Cities* [Londres, 1990], p. 116). Por outro lado, W. O. Henderson descreve os motivos de Engels da seguinte forma: "Ele era um homem jovem de mau gênio que descarregava a raiva numa denúncia passional do sistema fabril. [...] A violência desenfreada de sua linguagem e sua total incapacidade de compreender qualquer ponto de vista diferente do seu [...] podem ser explicadas pelo fato [...] de Engels estar sendo afligido por um sentimento esmagador de frustração." Ver Henderson e W. H. Chaloner, orgs., *The Condition of the Working Class in England* (Londres, 1958), p. xxx.
96. Engels, *Condition of the Working Class*, p. 61.
97. Ibid., p. 143-44. Para Lenin, a grande façanha do livro foi ele ter revelado não só que o proletariado não era apenas "uma classe sofredora", mas também que "na verdade, a terrível situação econômica do proletariado o estava impelindo para a frente de maneira irresistível e obrigando-o a lutar por sua emancipação final". Ver *Reminiscences of Marx and Engels*, p. 61-62.
98. Engels, *Condition of the Working Class*, p. 52.
99. Gareth Stedman Jones, "The First Industrial City? Engels' Account of Manchester in 1844", artigo inédito, p. 7. Ver também Stedman Jones, "Engels and the Industrial Revolution", em Douglas Moggach, org., *The New Hegelians: Politics and Philosophy in the Hegelian School* (Cambridge, 2006).
100. Engels, *Condition of the Working Class*, p. 100.
101. Tocqueville, *Journeys to England and Ireland*, p. 108.
102. *MECW*, vol. 23, p. 324.
103. Engels, *Condition of the Working Class*, p. 64.
104. Ibid., p. 243.
105. Ibid., p. 291.
106. *MECW*, vol. 23, p. 347.
107. Friedrich Engels, *Anti-Dühring* (Pequim, 1976), p. 385-86.
108. *MECW*, vol. 23, p. 389.
109. *Der Bund der Kommunisten*, documentos e materiais, vol. 1 (Berlim, RDA), p. 343, citados em Michael Knieriem, org., *Über Friedrich Engels: Privates, Öffentliches und Amtliches Aussagen und Zeugnisse von Zeitgenossen* (Wuppertal, 1986), p. 27.
110. Citado em Jürgen Kuczynski, *Die Geschichte der Lage der Arbeiter unter dem Kapitalismus* (Berlim, 1960), vol. 8, p. 168-69.
111. Karl Marx, *Capital* (Harmondsworth, 1990), vol. 1, p. 349.
112. Para uma avaliação justa da importância da obra, ver S.H. Rigby, *Engels and the Formation of Marxism* (Manchester, 1992), p. 63.

4. UM POUCO DE PACIÊNCIA E UM POUCO DE TERRORISMO

1. Honoré de Balzac, *Old Goriot* (1834; reedição: Harmondsworth, 1951), p. 304, 37-38). Engels, como Marx, era grande fã de Balzac, preferindo-o a Zola. *"La Comedie Humaine* é uma história maravilhosamente realista da 'sociedade' francesa, principalmente do *monde parisien*, descrevendo, como se fosse uma crônica, quase ano por ano de 1816 a 1848 as investidas progressivas da burguesia ascendente na sociedade dos nobres, que se reconstituíra depois de 1815 e definindo, tanto quanto pôde, o padrão de *la vielle politesse française*. Descreve como, para ele, os últimos remanescentes dessa sociedade-modelo sucumbiram gradualmente perante a intrusão do arrivista endinheirado e vulgar ou foram corrompidos por ele", escreveu Engels à sua correspondente Margaret Harkness em 1888 (*MECW*, vol. 48, p. 168).
2. Citado em David McLellan, *Karl Marx: His Life and Thought* (Londres, 1983), p. 57.
3. Citado em David McLellan, org., *Karl Marx: Interviews and Recollecttions* (Londres, 1981), p. 8.
4. Citado em Shlomo Avineri, *The Social and Political Thought of Karl Marx* (Cambridge, 1968), p. 140-141.
5. Isaiah Berlin, *Karl Marx: His Life and Environment* (Oxford, 1978), p. 60.
6. Karl Marx, "Paris Manuscripts", *The Early Texts* (Oxford, 1971), p. 148.
7. *MECW*, vol. 26, p. 317.
8. Citado em *Reminiscences of Marx and Engels* (Moscou, 1858), p. 64.
9. Gustav Mayer, *Friedrich Engels: Eine Biographie* (The Hague, 1934), vol. 1, p. 175.
10. Citado em *Reminiscences of Marx and Engels*, p. 92.
11. Ibid., p. 91.
12. *MECW*, vol. 26, p. 382.
13. *MECW*, vol. 47, p. 202.
14. *MECW*, vol. 46, p. 147.
15. *MECW*, vol. 29, p. 264; vol. 26, p. 382.
16. *MECW*, vol. 5, p. 36-37.
17. *MECW*, vol. 4, p. 241.
18. *MECW*, vol. 4, p. 7.
19. *MECW*, vol. 4, p. 7, 93.
20. *MECW*, vol. 38, p. 6.
21. *MECW*, vol. 38, p. 18, 28, 17-18, 25.
22. *MECW*, vol. 38, p. 29, 3.
23. *MECW*, vol. 38, p. 3, 4.
24. *MECW*, vol. 4, p. 230-31.
25. *MECW*, vol. 38, p. 4.
26. *MECW*, vol. 38, p. 232.
27. *MECW*, vol. 38, p. 23.

28. Citado em Gustav Mayer, *Eine Biographie*, p. 215-17.
29. *MECW*, vol. 4, p. 243.
30. *MECW*, vol. 4, p. 252.
31. *MECW*, vol. 4, p. 255.
32. *MECW*, vol. 4, p. 263.
33. *MECW*, vol. 38, p. 572.
34. Heidelberg University Library [Biblioteca da Universidade de Heidelberg], manuscrito 2560 (Cod. Heid. 378XXX), citado em Michael Knieriem, org., *Über Friedrich Engels: Privates, Öffentliches und Amtliches Aussagen und Zeugnisse von Zeitgenosen* (Wuppertal, 1986), p. 8.
35. *MECW*, vol. 38, p. 39.
36. Citado em *Reminiscences of Marx and Engels*, p. 194.
37. *MECW*, vol. 38, p. 29, 33.
38. *MECW*, vol. 43, p. 518.
39. *Guardian*, 4 de fevereiro de 2006.
40. F.G. Black e R.M. Black, orgs., *The Harney Papers* (Assen, 1969), p. 239.
41. Citado em E.H. Carr, *Michael Bakunin* (Londres, 1975), p. 146.
42. Stephan Born, *Erinnerungen eines Achtundvierzigers* (Leipzig, 1898), p. 74.
43. Max Beer, *Fifty Years of International Socialism* (Londres, 1935), p. 78.
44. Born, *Erinnerungen*, p. 73.
45. Eleanor Marx-Aveling a Karl Kautsky, 15 de março de 1898, Karl Kautsky Papers, International Institute of Social History, Amsterdã, DXVI, p. 489.
46. Max Stirner, *The Ego and Its Own* (Cambridge, 1995), p. 323. Ver também Lawrence S. Stepelevich, "The Revival of Max Stirner", *Journal of the History of Ideas* 35, n. 2 (1974).
47. *MECW*, vol. 38, p. 12.
48. *MECW*, vol. 5, p. 36-37.
49. *MECW*, vol. 5, p. 166.
50. *MECW*, vol. 5, p. 90.
51. Citado em *The Writings of the Young Marx*, trad. e org. Lloyd D. Easton e Kurt H. Guddat (Garden City, 1967), p. 431.
52. *MECW*, vol. 5, p. 47.
53. *MECW*, vol. 26, p. 313-14.
54. *MECW*, vol. 6, p. 5.
55. Born, *Erinnerungen*, p. 72.
56. *MECW*, vol. 6, p. 79.
57. *MECW*, vol. 6, p. 56.
58. *MECW*, vol. 6, p. 529.
59. *MECW*, vol. 26, p. 320.
60. Citado em *Reminiscences of Marx and Engels*, p. 270.

61. *MECW*, vol. 26, p. 318.
62. *MECW*, vol. 26, p. 319.
63. *MECW*, vol. 38, p. 39-40.
64. P.J. Proudhon, *Confessions d'un révolutionnaire* (Paris, 1849), citado em Francis Wheen, *Karl Marx* (Londres, 1999), p. 107.
65. *MECW*, vol. 6, p. 512.
66. Born, *Erinnerungen*, p. 47.
67. Eugène Sue, *The Mysteries of Paris* (Cambridgeshire, 1989), p. 9.
68. Citado em Colin Jones, *Paris* (Londres, 2004), p. 349.
69. Ver David H. Pinkney, *Decisive Years in France, 1840-1847* (Princeton, 1986); Philip Mansel, *Paris between Empires* (Londres, 2001).
70. *MECW*, vol. 38, p. 80-83.
71. *MECW*, vol. 38, p. 91.
72. *MECW*, vol. 38, p. 16.
73. *MECW*, vol. 38, p 16.
74. Born, *Erinnerungen*, p. 51-52.
75. *MECW*, vol. 5, p. 559.
76. *MECW*, vol. 38, p. 115.
77. Isaiah Berlin, *Against the Current* (Londres, 1997), p. 219.
78. *MECW*, vol. 38, p. 56, 65, 108, 153.
79. Eleanor Marx-Aveling a Karl Kautsky, 15 de março de 1898. Para aumentar a confusão, Stephan Born escreve que Engels teve de deixar Paris depois de enfrentar cavalheirescamente um conde francês que havia abandonado a amante sem lhe dar nada. O conde entrou em contato com alguns ministros governamentais receptivos e conseguiu que Engels fosse deportado. Ver Born, *Erinnerungen*, p. 71.
80. Born, *Erinnerungen*, p. 49.
81. *MECW*, vol. 6, p. 98.
82. *MECW*, vol. 6, p. 98.
83. *MECW*, vol. 6, p. 102.
84. *MECW*, vol. 38, p. 139.
85. *MECW*, vol. 6, p. 345, 348, 351, 354.
86. Citado em *Reminiscences of Marx and Engels*, p. 153.
87. *MECW*, vol. 26, p. 322.
88. Wilhelm Liebknecht, *Karl Marx: Biographical Memoirs* (Londres, 1975), p. 26.
89. Para dispor de uma análise dos interstícios textuais e intelectuais entre *The Condition of the Working Class* e *The Communist Manifesto*, ver Terrell Carver, *Friedrich Engels: His Life and Thought* (Londres, 1991).
90. *MECW*, vol. 6, p. 487.
91. *MECW*, vol. 6, p. 558.

5. A SAFRA INFINITAMENTE RICA DE 1848

1. *MECW*, vol. 6, p. 559.
2. *MECW*, vol. 6, p. 647.
3. *MECW*, vol. 38, p. 169.
4. *MECW*, vol. 38, p. 159-60.
5. Ver Christopher Clark, *Iron Kingdom* (Londres, 2006); James J. Sheehan, *German History, 1770-1866* (Oxford, 1989), p. 658.
6. Ver David E. Barclay, "Political Trends and Movements, 1830-50", em Jonathan Sperber, org., *Germany, 1800-1870* (Oxford, 2004).
7. *MECW*, vol. 26, p. 123.
8. Citado em P.H. Noyes, *Organization and Revolution: Working-Class Associations in the German Revolution of 1848-49* (Princeton, 1966), p. 286-87.
9. Ver Jonathan Sperber, *Rhineland Radicals* (Princeton, 1991).
10. Ver Oscar J. Hammen, *The Red '48ers* (Nova York, 1969).
11. *MECW*, vol. 26, p. 122.
12. *MECW*, vol. 38, p. 171, 173.
13. *MECW*, vol. 26, p. 123.
14. *MECW*, vol. 11, p. 40.
15. Ver Philip Mansel, *Paris between Empires* (Londres, 2001); Hammen, *The Red '48ers*.
16. *MECW*, vol. 7, p. 124, 130, 128.
17. *MECW*, vol. 7, p. 131-32.
18. *MECW*, vol. 7, p. 587.
19. *MECW*, vol. 38, p. 541.
20. *MECW*, vol. 7, p. 460.
21. *Neue Rheinische Zeitung*, 7 de novembro de 1848, citado em David McLellan, *Karl Marx: His Life and Thought* (Londres, 1983), p. 189.
22. *MECW*, vol. 7, p. 514.
23. *MECW*, vol. 7, p. 518, 519.
24. *MECW*, vol. 7, p. 526-29.
25. Ver Istvan Deak, *The Lawful Revolution: Louis Kossuth and the Hungarians* (Nova York, 1979); Ian Cummins, *Marx, Engels, and National Movements* (Londres, 1980).
26. *MECW*, vol. 7, p. 423.
27. Citado em Roman Rosdolsky, *Engels and the "Nonhistoric" Peoples: The National Question in the Revolution of 1848* (Glasgow, 1986), p. 135.
28. *MECW*, vol. 8, p. 234.
29. *MECW*, vol. 8, p. 366.
30. *MECW*, vol. 46, p. 206-07.
31. *MECW*, vol. 8, p. 238.

32. *MECW*, vol. 26, p. 128.
33. *MECW*, vol. 8, p. 439.
34. *MECW*, vol. 9, p. 171.
35. Sheehan, *German History*, p. 691.
36. Ibid., p. 399.
37. Ibid., p. 447.
38. Ver Sperber, *Rhineland Radicals*.
39. C.H.A. Pagenstecher, *Lebenserinnerungen von Dr. Med. C.H. Alexander Pagenstecher* (Leipzig, 1913), vol. 3, p. 63.
40. *MECW*, vol. 9, p. 448.
41. *MECW*, vol. 10, p. 602-03.
42. Pagenstecher, *Lebenserinnerungen*, p. 66.
43. Carl Hecker, *Der Aufstand in Elberfeld im Mai 1849 und mein Verhaltniss zu Demselben* (Elberfeld, 1849), p. 38.
44. *Elberfelder Zeitung*, 3 de junho de 1849.
45. A história origina-se num breve relato dos arquivos de Wuppertal organizados pelo filho de um dono de fábrica de Barmen, Ernst von Eynern, "Friedrich von Eynern: Ein bergisches Lebensbild", *Zeitschrift des Bergischen Geschichtsvereins* 35 (1900-01): 1-103.
46. Pagenstecher, *Lebenserinnerungen*, p. 66.
47. H.J.M. Körner, *Lebenskämpfe in der Alten und Neues Welt* (Zurique, 1866), vol. 2, p. 137.
48. *MECW*, vol. 9, p. 448.
49. *MECW*, vol. 9, p. 449.
50. Citado em Manfred Kliem, *Friedrich Engels: Dokumente seines Lebens* (Leipzig, 1977), p. 280.
51. *MECW*, vol. 10, p. 172.
52. *MECW*, vol. 10, p. 193, 202.
53. *MECW*, vol. 38, p. 204.
54. *MECW*, vol. 38, p. 203.
55. *MECW*, vol. 10, p. 211.
56. *MECW*, vol. 10, p. 224.
57. *MECW*, vol. 38, p. 203.
58. Ver Martin Berger, *Engels, Armies, and Revolution* (Hamden, 1977), p. 37.
59. *MECW*, vol. 10, p. 237.
60. *MECW*, vol. 38, p. 203.
61. *MECW*, vol. 38, p. 207.
62. *MECW*, vol. 10, p. 150-51.
63. *MECW*, vol. 38, p. 213.

6. MANCHESTER EM TONS DE CINZA

1. *MECW*, vol. 40, p. 236.
2. *MECW*, vol. 38, p. 250.
3. *MECW*, vol. 42, p. 172.
4. Alexander Herzen, *My Past and Thoughts* (Londres, 1968), vol. 3, p. 1045.
5. Ibid., vol. 10, p. 381.
6. Ibid., vol. 38, p. 222.
7. Ibid., vol. 24, p. 12.
8. Ibid., vol. 10, p. 24.
9. Ibid., vol. 10, p. 283.
10. Ibid., vol. 38, p. 289.
11. Jenny Marx, "A Short Sketch of an Eventful Life", em Robert Payne, org., *The Unknown Karl Marx* (Londres, 1972), p. 125.
12. Carta de Jenny Marx a Joseph Weydemeyer, 20 de maio de 1850, citada em Francis Wheen, *Karl Marx* (Londres, 2000), p. 158.
13. *MECW*, vol. 38, p. 241.
14. Citado em W. O. Henderson, *Marx and Engels and the English Workers* (Londres, 1989), p. 20.
15. Citado em Gustav Mayer, *Friedrich Engels* (Londres, 1936), p. 130.
16. *MECW*, vol. 38, p. 379.
17. A. J. P. Taylor, "Manchester", *Encounter* 8, n. 3 (1957): 9.
18. *Manchester Guardian*, 11 de outubro de 1851.
19. *MECW*, vol. 38, p. 255.
20. *MECW*, vol. 38, p. 281.
21. Thomas Cooper, *The Life of Thomas Cooper, Written by Himself* (Londres, 1873), p. 393.
22. *MECW*, vol. 40, p. 344.
23. *MECW*, vol. 38, p. 264.
24. *MECW*, vol. 41, p. 465.
25. Manfred Kliem, org., *Friedrich Engels: Dokumente Seines Lebens* (Leipzig, 1977), p. 114.
26. *MECW*, vol. 38, p. 250.
27. *MECW*, vol. 38, p. 302.
28. Citado em Gustav Mayer, *Friedrich Engels: Eine Biographie* (The Hague, 1934), vol. 2, p. 12.
29. *MECW*, vol. 38, p. 379.
30. *MECW*, vol. 38, p. 383, 401.
31. *MECW*, vol. 42, p. 88.

32. Ernst von Eynern, "Friedrich von Eynern: Ein bergisches Lebensbild", *Zeitschrift des Bergischen Geschichtsvereins* 35 (1900-01): 1-103.
33. MECW, vol. 42, p. 192, 195.
34. Citado em J. B. Smethhurst, "Ermen and Engels", *Marx Memorial Library Quarterly Bulletin* 41 (janeiro-março de 1967): 10.
35. *Frederick Engels: A Biography* (Dresden, 1972), p. 332.
36. MECW, vol. 42, p. 172.
37. MECW, vol. 41, p. 332.
38. MECW, vol. 39, p. 581.
39. David McLellan, *Karl Marx: A Biography* (Londres, 1995), p. 264.
40. MECW, vol. 42, p. 172.
41. Marx, "Short Sketch", p. 130-31.
42. MECW, vol. 39, p. 590.
43. Wheen, *Karl Marx*, p. 84.
44. *Reminiscences of Marx and Engels* (Moscou, 1958), p. 185.
45. MECW, vol. 38, p. 321, 395, 451.
46. MECW, vol. 39, p. 58.
47. MECW, vol. 41, p. 74, 197, 203, 230.
48. MECW, vol. 41, p. 141.
49. MECW, vol. 41, p. 423.
50. R. Arthur Arnold, *The History of the Cotton Famine* (Londres, 1864), p. 113.
51. Citado em W. O. Henderson, *The Lancashire Cotton Famine* (Manchester, 1969), p. 107.
52. Ver John Watts, *The Facts of the Cotton Famine* (Londres, 1866).
53. MECW, vol. 38, p. 409.
54. MECW, vol. 38, p. 419.
55. Citado em McLellan, *Karl Marx: A Biography*, p. 284.
56. MECW, vol. 39, p. 391.
57. MECW, vol. 39, p. 164.
58. MECW, vol. 39, p. 212; vol. 40, p. 451-52.
59. MECW, vol. 38, p. 494.
60. MECW, vol. 41, p. 14.
61. MECW, vol. 40, p. 256, 283.
62. MECW, vol. 41, p. 351.
63. MECW, vol. 43, p. 160.
64. MECW, vol. 42, p. 390.
65. MECW, vol. 41, p. 394, 411, 414.
66. Marx, "Short Sketch", p. 126.
67. Para dispor de uma visão mais completa dessa história e dos debates historiográficos que a cercaram, ver McLellan, *Karl Marx: A Biography*, p. 264-74; Wheen, *Karl Marx*, p.

170-75; Terrell Carver, *Friedrich Engels: His Life and Thought* (Londres, 1991), p. 166-69; Yvonne Kapp, *Eleanor Marx: The Crowded Years* (Londres, 1976), p. 430-40; Kapp, "Frederick Demuth: New Evidence from Old Sources", *Socialist History* 6 (1994).
68. Ver Kliem, *Friedrich Engels: Dokumente Seines Lebens*, p. 488.
69. Ver Roy Whitfield, *Frederick Engels in Manchester: The Search for a Shadow* (Salford, 1988).
70. *MECW*, vol. 39, p. 443.
71. Nos arquivos da Working Class Movement Library, Salford, há uma carta de 1970 de John Millar, funcionário encarregado do planejamento da cidade, em resposta ao pedido de uma placa a ser colocada na casa feito por Ruth Frow. À luz da demolição, ele achou que faria "pouco sentido". Ver a chamada "Engels em M/CR".
72. *MECW*, vol. 41, p. 344, 427.
73. *MECW*, vol. 24, p. 170.
74. *MECW*, vol. 27, p. 305. Para dispor da íntegra da vida de Schorlemmer, ver Karl Heinig, *Carl Schorlemmer: Chemiker und Kommunist Ersten Ranges* (Leipzig, 1974).
75. Ver W. O. Henderson, "Friends in Exile", *The Life of Friedrich Engels* (Londres, 1976).
76. *MECW*, vol. 40, p. 490.
77. Ver Ralph Greaves, *Foxhunting in Cheshire* (Kent, 1964); Gordon Fergusson, *The Green Collars* (Londres, 1993).
78. Marx-Engels Archives, R49, International Institute of Social History, Amsterdã.
79. *MECW*, vol. 40, p. 97.
80. *Reminiscences of Marx and Engels*, p. 88.
81. *MECW*, vol. 14, p. 422.
82. *Reminiscences of Marx and Engels*, p. 88.
83. *MECW*, vol. 40, p. 264-65.
84. *MECW*, vol. 40, p. 131.
85. Ver Alan Kidd, *Manchester* (Keele, 1996).
86. *MECW*, vol. 19, p. 360.
87. Marx-Engels Archives, M17, International Institute of Social History, Amsterdã.
88. Ver *Sphinx*, 1° de maio de 1869.
89. *MECW*, vol. 39, p. 479.
90. *MECW*, vol. 39, p. 249. Há uma ironia na adoção da sociedade civil de Manchester por Engels. Segundo o teórico crítico Jürgen Habermas, as sociedades voluntárias da cidade europeia do século XIX constituíam o "palco" daquilo que ele chama de "drama burguês". Por meio da liderança de clubes como o Albert, o Brazenose e o Schiller Anstalt, as classes médias impuseram uma hegemonia cultural na esfera pública do mundo urbano que tanto codificou as relações interclasses quanto reforçou a estabilidade de meados da era vitoriana que Engels tanto abominava. A miríade de associações civis de classe média que se alastraram por Manchester participou da construção, nas palavras do historiador

Martin Hewitt, de "um imperialismo moral" que manteve as classes trabalhadoras em seu devido lugar, de maneira sutil, mas efetiva. Coletivamente, constituíram uma estratégia de controle social e desproletarização cultural: em vez de adquirir consciência de classe e ver a burguesia como seu inimigo de classe, a classe operária começou a macaquear a ética de lazer racional e conhecimento útil da classe média. Os conceitos burgueses de recreação e sociabilidade — em salas de concertos, clubes masculinos, instituições de caridade e institutos educacionais — ajudaram sutilmente a solapar a ambição radical do proletariado de Manchester. Quer Engels tenha se dado conta disso, quer não, ele foi um participante voluntário da hegemonia cultural que transformou Manchester, fazendo com que deixasse de ser o cadinho que destilava a força física do cartismo e passasse a ser o cenário de plácidas noitadas Hallé.

91. *MECW*, vol. 40, p. 82, 104, 105.
92. *MECW*, vol. 40, p. 131, 149.
93. *MECW*, vol. 40, p. 151.
94. *MECW*, vol. 42, p. 231, 225.
95. *MECW*, vol. 40, p. 202.
96. *MECW*, vol. 47, p. 229.
97. *MECW*, vol. 41, p. 138.
98. *MECW*, vol. 41, p. 260, 267, 266.

7. O FIM DA VIDA DE MASCATE

1. *MECW*, vol. 24, p. 192.
2. *MECW*, vol. 29, p. 263.
3. *MECW*, vol. 11, p. 103. Também é bom lembrar que a célebre introdução de Marx a *O Dezoito Brumário* — "Hegel observa em algum lugar que todos os grandes fatos e personagens da história mundial acontecem duas vezes, por assim dizer. Ele se esqueceu de acrescentar: na primeira vez como tragédia; na segunda, como farsa" — foi muito provavelmente inspirada numa carta que Marx recebeu de Engels em dezembro de 1851, quando estava redigindo a obra. "Mas, depois do que vimos ontem, não se pode contar com o *peuple* e parece realmente que o velho Hegel, sob o disfarce de Espírito do Mundo, parecia estar dirigindo a história do túmulo e, da forma mais conscienciosa possível, fazendo com que tudo fosse representado duas vezes, uma como uma tragédia grandiosa e a segunda como farsa ordinária", foi a resposta de Engels ao golpe de Bonaparte. Ver *MECW*, vol. 38, p. 505.
4. *MECW*, vol. 50, p. 266.
5. *MECW*, vol. 49, p. 34-36.
6. *MECW*, vol. 21, p. 94.
7. *MECW*, vol. 10, p. 399.

8. *MECW*, vol. 10, p. 412.
9. *MECW*, vol. 10, p. 422.
10. *MECW*, vol. 10, p. 469.
11. *MECW*, vol. 38, p. 370.
12. *MECW*, vol. 38, p. 332.
13. *MECW*, vol. 39, p. 423-25, 434-36.
14. *MECW*, vol. 13, p. 524.
15. *MECW*, vol. 40, p. 400.
16. *MECW*, vol. 41, p. 280.
17. Ver W.H. Chaloner e W.O. Henderson, orgs., *Engels as Military Critic* (Manchester, 1959).
18. *MECW*, vol. 11, p. 204.
19. *MECW*, vol. 17, p. 437.
20. *MECW*, vol. 18, p. 540.
21. *MECW*, vol. 42, p. 399.
22. Ver Stephan Bull, "*Volunteer!" The Lancashire Rifle Volunteers, 1859-1885* (Lancashire, 1993).
23. Para dispor de um bom exemplo de uma abordagem contemporânea diferente ao corpo de voluntários, ver *The Sack; or, Volunteers' Testimonial to the Militia* (Londres, 1862).
24. *MECW*, vol. 44, p. 7, 17, 32.
25. *MECW*, vol. 11, p. 85-86.
26. *MECW*, vol. 25, p. 154-55.
27. Friedrich Engels, *Anti-Dühring* (Pequim, 1976), p. 221.
28. *MECW*, vol. 14, p. 416.
29. *MECW*, vol. 14, p. 545.
30. *MECW*, vol. 6, p. 472.
31. Karl Marx e Friedrich Engels, *On Colonialism* (Moscou, 1968), p. 81-82.
32. *MECW*, vol. 39, p. 82.
33. Marx e Engels, *On Colonialism* (Moscou, 1968), p. 152.
34. *MECW*, vol. 24, p. 11.
35. *MECW*, vol. 42, p. 205; vol. 47, p. 192.
36. *MECW*, vol. 18, p. 67.
37. *MECW*, vol. 46, p. 322.
38. Ver D.A. Farnie, *The English Cotton Industry and the World Market, 1815-1896* (Oxford, 1979), p. 105.
39. *MECW*, vol. 46, p. 322.
40. *MECW*, vol. 41, p. 441-47.
41. Karl Kautsky Papers, International Institute of Social History, Amsterdã, DXVI, p. 489.
42. *MECW*, vol. 49, p. 378.

43. Yvonne Kapp, *Eleanor Marx: Family Life* (Londres, 1972), p. 107.
44. *MECW*, vol. 43, p. 311.
45. Citado em *The Daughters of Karl Marx: Family Correspondence, 1866-1898* (Londres, 1982), p. 51.
46. *MECW*, vol. 43, p. 541.
47. *MECW*, vol. 43, p. 311.
48. Karl Marx e Friedrich Engels, *On Ireland* (Londres, 1971), p. 14. Trechos retirados da obra de Engels, "Unpublished History of Ireland", seriam publicados em capítulos mais tarde pelo jornal *Irish Democrat*. Ver *Irish Democrat*, novas séries, n. 71 e 72 (novembro-dezembro de 1950).
49. *MECW*, vol. 40, p. 49-50.
50. *MECW*, vol. 40, p. 49.
51. *MECW*, vol. 43, p. 473-74.
52. Roy Foster, *Modern Ireland* (Londres, 1989), p. 391.
53. *Reminiscences of Marx and Engels* (Moscou, 1958), p. 88.
54. Max Beer, *Fifty Years of International Socialism* (Londres, 1935), p. 78.
55. *MECW*, vol. 42, p. 474.
56. *MECW*, vol. 42, p. 483.
57. *MECW*, vol. 43, p. 163.
58. *MECW*, vol. 42, p. 178.
59. *MECW*, vol. 42, p. 371.
60. *MECW*, vol. 42, p. 406.
61. *MECW*, vol. 43, p. 160; vol. 42, p. 381.
62. Robert Skidelsky, "What's Left of Marx?" *New York Review of Books*, 16 de novembro de 2000.
63. Karl Marx, *Capital* (Harmondsworth, 1990), p. 799.
64. *MECW*, vol. 42, p. 363, 451, 467-68.
65. *MECW*, vol. 42, p. 426.
66. *MECW*, vol. 20, p. 208, 227, 224, 231.
67. *MECW*, vol. 38, p. 170, 187, 194.
68. *MECW*, vol. 43, p. 299.
69. *MECW*, vol. 43, p. 302-03.
70. *MECW*, vol. 43, p. 252.

8. O GRANDE LAMA DA REGENT'S PARK ROAD

1. *MECW*, vol. 47, p. 355.
2. *Reminiscences of Marx and Engels* (Moscou, 1958), p. 310-11.
3. *MECW*, vol. 43, p. 561; vol. 44, p. 142.

4. Ver Angus Webster, *The Regent's Park and Primrose Hill* (Londres, 1911); Friends of Chalk Farm Library, *Primrose Hill Remembered* (Londres, 2001).
5. Eduard Bernstein, *My Years of Exile: Reminiscences of a Socialist* (Londres, 1921), p. 153.
6. *Reminiscences of Marx and Engels*, p. 186.
7. Ibid., p. 335, 316.
8. Bernstein, *My Years of Exile*, p. 197.
9. Marx-Engels Archives, M33, International Institute of Social History, Amsterdã.
10. *MECW*, vol. 47, p. 5.
11. *MECW*, vol. 44, p. 47, 66, 120.
12. *MECW*, vol. 44, p. 131.
13. Ver Robert Tombs, *The Paris Commune* (Londres, 1999).
14. *MECW*, vol. 27, p. 186.
15. *MECW*, vol. 44, p. 228-29.
16. Citado em Francis Wheen, *Karl Marx* (Londres, 2000), p. 333.
17. *MECW*, vol. 44, p. 157.
18. *MECW*, vol. 42, p. 20, 157.
19. Friedrich Engels, *The Condition of the Working Class* (Harmondsworth, 1987), p. 28.
20. Ver Edmund Wilson, *To the Finland Station* (Londres, 1991), p. 264-68.
21. Leszek Kolakowski, *Main Currents of Marxism* (Londres, 2005), p. 205.
22. Citado em E.H. Carr, *Michael Bakunin* (Londres, 1975), p. 341.
23. *MECW*, vol. 43, p. 191, 193, 336.
24. *MECW*, vol. 23, p. 425.
25. *MECW*, vol. 44, p. 295, 286.
26. *MECW*, vol. 23, p. 66.
27. *Reminiscences of Marx and Engels*, p. 209.
28. *MECW*, vol. 40, p. 27.
29. *MECW*, vol. 41, p. 558.
30. *MECW*, vol. 27, p. 51. Ver também Mario Kessler, "Engels's Position on Anti-Semitism in the Context of Contemporary Socialist Discussions", *Science & Society* 62, n. 1 (1998).
31. *MECW*, vol. 42, p. 88.
32. *MECW*, vol. 23, p. 363.
33. *MECW*, vol. 45, p. 64, 94.
34. *MECW*, vol. 45, p. 317.
35. *MECW*, vol. 46, p. 10, 152.
36. *MECW*, vol. 24, p. 267, 269.
37. *MECW*, vol. 23, p. 34.
38. *MECW*, vol. 24, p. 417.
39. Eric Hobsbawm, *Industry and Empire* (Londres, 1990), p. 192-93.

40. "Engels, Frederick", IR 59/166, National Archives, Kew.
41. *MECW*, vol. 46, p. 434, 435, 448-49.
42. *Friedrich Engels-Paul and Laura Lafargue Correspondence* (Londres, 1959-63), vol. I, p. 21, 51, 54, 110; vol. 2, p. 91.
43. *MECW*, vol. 46, p. 104.
44. *MECW*, vol. 45, p. 139.
45. *MECW*, vol. 45, p. 315.
46. *MECW*, vol. 24, p. 567.
47. *MECW*, vol. 45, p. 324.
48. Ver Hermann Gemkow, "Fünf Frauen an Engels' Seite", *Beiträge zur Geschichte der Arbeiterbewegung* 37, n. 4 (1995); Yvonne Kapp, *Eleanor Marx: Family Life* (Londres, 1972).
49. *MECW*, vol. 45, p. 321.
50. *MECW*, vol. 46, p. 89-90, 95.
51. *MECW*, vol. 45, p. 379.
52. *MECW*, vol. 24, p. 11, 43; vol. 47, p. 280.
53. *MECW*, vol. 24, p. 48.
54. *MECW*, vol. 24, p. 354.
55. *MECW*, vol. 49, p. 384.
56. *MECW*, vol. 27, p. 422, 426.
57. *MECW*, vol. 27, p. 426.
58. *MECW*, vol. 50, p. 112.
59. *MECW*, vol. 24, p. 420.
60. *MECW*, vol. 46, p. 224.
61. *MECW*, vol. 46, p. 462.
62. F.G. Black e R.M. Black, orgs., *The Harney Papers* (Assen, 1969), p. 296.
63. *MECW*, vol. 46, p. 462.
64. *MECW*, vol. 46, p. 458.

9. O BULDOGUE DE MARX

1. *MECW*, vol. 24, p. 467, 468.
2. *MECW*, vol. 47, p. 25.
3. *Manchester Guardian*, 4 de agosto de 1945.
4. Benjamin Disraeli, *Coningsby* (Londres, 1963), p. 127.
5. Elizabeth Gaskell, *Mary Barton* (1848; reedição: Harmondsworth, 1996), p. 39. Para dispor de uma explicação mais abrangente sobre a cultura científica de Manchester, ver Robert H. Kargon, *Science in Victorian Manchester* (Manchester, 1977); Arnold Thackray,

"Natural Knowledge in Cultural Context: The Manchester Model", *American Historical Review* 69 (1974).
6. *MECW*, vol. 42, p. 117.
7. Henry E. Roscoe, *The Life and Experiences of Sir Henry Enfield Roscoe Written by Himself* (Londres, 1906), p. 107.
8. *MECW*, vol. 41, p. 465; vol. 42, p. 383, 323.
9. *MECW*, vol. 46, p. 461.
10. *MECW*, vol. 49, p. 433.
11. *MECW*, vol. 40, p. 551.
12. *MECW*, vol. 41, p. 381.
13. Citado em David Stack, *The First Darwinian Left* (Cheltenham, 2003), p. 2.
14. *MECW*, vol. 45, p. 108.
15. *MECW*, vol. 40, p. 326.
16. *MECW*, vol. 6, p. 195.
17. Friedrich Engels, *Anti-Dühring* (Pequim, 1976), p. 74.
18. *MECW*, vol. 42, p. 138.
19. *MECW*, vol. 45, p. 123.
20. *MECW*, vol. 44, p. 500.
21. Engels, *Anti-Dühring*, p. 11.
22. Ver *Philosophical Quarterly* 2, n. 6 (1952): 89.
23. Engels, *Anti-Dühring*, p. 12.
24. *MECW*, vol. 24, p. 302.
25. *MECW*, vol. 25, p. 356.
26. *MECW*, vol. 24, p. 300-01.
27. Engels, *Anti-Dühring*, p. 173.
28. Ver Stephen Jay Gould, *Ever Since Darwin* (Londres, 1978), p. 210-11.
29. *MECW*, vol. 25, p. 452-65.
30. Peter Singer discorda da distinção de Engels entre animal e humano, que gira em torno do controle do ambiente natural, apontando o exemplo das formigas que cultivam e comem fungos especiais que não existiriam sem sua atividade. Ver Peter Singer, *A Darwinian Left* (Londres, 1999), p. 21-24.
31. *MECW*, vol. 25, p. 460.
32. Engels, *Anti-Dühring*, p. 47.
33. *MECW*, vol. 25, p. 127.
34. Jean van Heijenoort, "Friedrich Engels and Mathematics", *Selected Essays* (Nápoles, 1985), p. 123-51.
35. *MECW*, vol. 25, p. 354.
36. Conversa particular, novembro de 2007. Um exemplo britânico óbvio desse fenômeno seria o cristalógrafo pioneiro dos raios X, J. D. Bernal (1901-71), que achava que "em seu

exercício, a ciência é comunismo". Ver Helena Sheehan, *Marxism and the Philosophy of Science: A Critical History* (Atlantic Heights, 1993).

37. *Frederick Engels: A Biography* (Dresden, 1972), p. 414. Para dispor de uma defesa atualizada dos *insights* de Engels a respeito da teoria e prática científicas modernas, ver Paul McCarr, "Engels and Natural Science", *International Socialism* 65, n. 2 (1994). E também http://www.marxists.de/science/mcgareng/index.htm
38. J.B.S. Haldane, Prefácio, em Frederick Engels, *Dialectics of Nature* (Londres, 1940), p. vii.
39. Ver Peter Pringle, *The Murder of Nikolai Vavilov: The Story of Stalin's Persecution of One of the Great Scientists of the Twentieth Century* (Nova York, 2008).
40. Ver "Report on Engels Society-June 1949"; "Transactions of the Physics Group"; "Transaction of the Engels Society, n. 4, Spring 1950"; "To the Central Committee of the CPSU (B) to Comrade Stalin. Youri Zhdanov", CP/CENT/CULT/5/9, Archives of the People's History Museum, Manchester.
41. *MECW*, vol. 45, p. 122.
42. Ver Richard Adamiak, "Marx, Engels, and Dühring', *Journal of the History of Ideas* 35, n. 1 (1974).
43. *MECW*, vol. 45, p. 131.
44. Eugen Dühring, *Kritische Geschichte der Nationalokonomie und des Socialismus* (Leipzig, 1879), p. 547.
45. *MECW*, vol. 45, p. 175.
46. Engels, *Anti-Dühring*, p. 422.
47. *MECW*, vol. 16, p. 474.
48. *MECW*, vol. 35, p. 19.
49. Engels, "Preface to Second Edition", (1885), *Anti-Dühring*, p. 11.
50. Engels, *Anti-Dühring*, p. 201.
51. *MECW*, vol. 24, p. 297.
52. *MECW*, vol. 24, p. 319.
53. *MECW*, vol. 24, p. 320.
54. *MECW*, vol. 24, p. 321.
55. *MECW*, vol. 24, p. 323.
56. *MECW*, vol. 46, p. 300, 369.
57. *Friedrich Engels-Paul and Laura Lafargue Correspondence* (Londres, 1959-63), vol. 3, p. 335.
58. David Ryazonov, *Marx and Engels* (Londres, 1927), p. 210.
59. F. Engels' *Briefwechsel mit K. Kautsky* (Viena, 1955), p. 4.
60. Georgi Lukács, *History and Class Consciousness* (Londres, 1971), p. 24.
61. Norman Levine, "Marxism and Engelsism", *Journal of the History of the Behavioural Sciences*, 11, n. 3 (1973): 239. Ver também Terrell Carver, *Marx and Engels: The Intel-*

lectual Relationship (Brighton, 1983), para dispor de uma defesa mais refinada da mesma questão.
62. *MECW*, vol. 45, p. 334.
63. Wilhelm Liebknecht, *Karl Marx: Biographical Memoirs* (1896; reedição: Londres, 1975), p. 91-92.
64. De longe a explanação mais convincente e detalhada dessa abordagem continua sendo S.H. Rigby, *Engels and the Formation of Marxism* (Manchester, 1992).
65. *MECW*, vol. 47, p. 53.
66. *MECW*, vol. 47, p. 16.
67. *MECW*, vol. 47, p. 17.
68. *Engels-Lafargue Correspondence*, vol. 1, p. 42.
69. *MECW*, vol. 47, p. 41.
70. *MECW*, vol. 47, p. 53.
71. *MECW*, vol. 47, p. 43.
72. *MECW*, vol. 47, p. 117.
73. *MECW*, vol. 47, p. 265.
74. *MECW*, vol. 48, p. 521.
75. *MECW*, vol. 27, p. 428.
76. *MECW*, vol. 47, p. 301.
77. *MECW*, vol. 36, p. 20.
78. Meghnad Desai, *Marx's Revenge* (Londres, 2002), p. 60.
79. Ibid., p. 23.
80. *MECW*, vol. 47, p. 271.
81. *MECW*, vol. 48, p. 347.
82. Ver Desai, *Marx's Revenge*, p. 74-83.
83. Carl-Erich Vollgraf e Jürgen Jungnickel, "Marx in Marx's Words?" *International Journal of Political Economy* 32 (2002): 67.
84. F.G. Black e R.M. Black, orgs., *The Harney Papers* (Assen, 1969), p. 351.
85. *MECW*, vol. 48, p. 398.
86. *Engels-Lafargue Correspondence*, vol. 3, p. 344.
87. Marx-Engels Papers, L5461, International Institute of Social History, Amsterdã.
88. Ibid., L5473.
89. Citado em *The Daughters of Karl Marx: Family Correspondence, 1866-1898* (Londres, 1982), p. 230.
90. *MECW*, vol. 50, p. 331.
91. Na verdade, há uma gloriosa versão final: Percy Rosher persuadiu Engels a fazer um seguro de vida para ele (de modo a garantir o futuro dos filhos de Pumps). Sem nenhuma intenção irônica, depois da morte de Engels, Percy ameaçou processar o espólio de Engels por £87 de contribuições futuras não pagas.

92. *MECW*, vol. 46, p. 395.
93. August Bebel, *Woman in the Past, Present, and Future* (Londres, 1988), p. 7, 9.
94. Ver Karl Kautsky, *Die Entstehung der Ehe und Familie* (Stuttgart, 1882).
95. *MECW*, vol. 46, p. 438, 452.
96. Eduard Bernstein, *My Years of Exile: Reminiscences of a Socialist* (Londres, 1921), p. 168.
97. *MECW*, vol. 26, p. 132.
98. Friedrich Engels, *The Origin of the Family, Private Property, and the State* (Harmondsworth, 1986), p. 60.
99. Ibid., p. 35-36.
100. Ibid., p. 162.
101. Ibid., p. 158.
102. Ibid., p. 79.
103. Ibid., p. 165.
104. Ibid., p. 173.
105. Karl Marx e Friedrich Engels, *The Communist Manifesto* (Harmondsworth, 2002), p. 239.
106. Ibid., p. 179.
107. Friedrich Engels, *The Condition of the Working Class in England* (Harmondsworth, 1987), p. 167.
108. Ibid., p. 168.
109. Ibid., p. 103.
110. *MECW*, vol. 47, p. 312.
111. *MECW*, vol. 26, p. 183.
112. *MECW*, vol. 43, p. 296.
113. Ver Sheila Rowbotham, *Edward Carpenter: A Life of Liberty and Love* (Londres, 2008).
114. Kate Millett, *Sexual Politics* (Londres, 1970), p. 120.
115. Ver Lise Vogel, "Engels's *Origin*: Legacy, Burden, and Vision", em Christopher J. Arthur, org., *Engels Today* (Londres, 1996).
116. Michelle Barrett, "Introduction", em Engels, *Origin of the Family*, p. 28. Ver também Josette Trat, "Engels and the Emancipation of Women", *Science and Society* 62, n. 1 (1998); Nanneke Redcliff, "Rights in Women: Kinship, Culture, and Materialism", em *Engels Revisited: New Feminist Essays* (Londres, 1987), ed. Janet Sayers, Mary Evans e Nanneke Redcliff; Terrell Carver, "Engels' Feminism", *History of Political Thought* 6, n. 3 (1985).
117. *MECW*, vol. 50, p. 67.
118. *MECW*, vol. 48, p. 224, 232.
119. Ver, por exemplo, *MECW*, vol. 47, p. 355.
120. *MECW*, vol. 48, p. 253.

121. *MECW*, vol. 47, p. 312.
122. *MECW*, vol. 45, p. 197.
123. *MECW*, vol. 26, p. 402.
124. Ver Eric Arnesen, "American Workers and the Labor Movement in the Late Nineteenth Century", em *The Gilded Age: Perspectives on the Origins of Modern America*, Charles W. Calhoun, org. (Wilmington, 1996).
125. *MECW*, vol. 47, p. 452.
126. Ibid.
127. *Reminiscences of Marx and Engels* (Moscou, 1958), p. 187.
128. *MECW*, vol. 48, p. 210.
129. *MECW*, vol. 26, p. 585.
130. *MECW*, vol. 48, p. 207.
131. Ver Mike Davis, *City of Quartz* (Londres, 2006). Na verdade, a descrição de Los Angeles feita por Jean Baudrillard e citada por Davis é uma atualização quase exata do encontro de Engels com Nova York: "Não há nada que se compare a voar à noite sobre Los Angeles. Só o Inferno de Hieronymous Bosch pode se comparar ao efeito infernal."
132. *MECW*, vol. 48, p. 211.
133. *MECW*, vol. 48, p. 219.

10. ENFIM, PRIMEIRO VIOLINO

1. *MECW*, vol. 27, p. 61.
2. *MECW*, vol. 48, p. 493-95.
3. *Reminiscences of Marx and Engels* (Moscou, 1958), p. 147, 187.
4. *MECW*, vol. 24, p. 387.
5. *MECW*, vol. 46, p. 123.
6. *MECW*, vol. 46, p. 197.
7. *MECW*, vol. 47, p. 55.
8. Friedrich Engels, *The Condition of the Working Class in England* (Harmondsworth, 1987), p. 45.
9. Citado em Philip Henderson, *William Morris* (Londres, 1973), p. 308.
10. Beatrice Webb, *My Apprenticeship* (Londres, 1926), p. 180.
11. Henry Hyndman, *The Record of an Adventurous Life* (1911; reedição: Londres, 1984), p. 279.
12. "A Disruptive Personality", *Justice*, 21 de fevereiro de 1891.
13. *MECW*, vol. 47, p. 155.
14. *MECW*, vol. 49, p. 494.
15. *MECW*, vol. 47, p. 427.
16. *MECW*, vol. 47, p. 408.

17. Citado em J.B. Glasier, *William Morris and the Early Days of the Socialist Movement* (Londres, 1921), p. 32.
18. *MECW*, vol. 47, p. 155, 471, 484.
19. *MECW*, vol. 48, p. 108.
20. Ver Suzanne Paylor, "Edward B. Aveling: The People's Darwin", *Endeavour* 29, n. 2 (2005).
21. Citado em W.O. Henderson, *The Life of Friedrich Engels* (Londres, 1976), p. 685-86.
22. Citado em Yvonne Kapp, *Eleanor Marx: Family Life* (Londres, 1972), p. 271.
23. *MECW*, vol. 47, p. 177.
24. Citado em Yvonne Kapp, *Eleanor Marx: The Crowded Years* (Londres, 1976), p. 171-73.
25. *MECW*, vol. 48, p. 16-17.
26. *MECW*, vol. 49, p. 87.
27. *MECW*, vol. 48, p. 91.
28. Edward Aveling, *The Student's Marx* (Londres, 1907), p. viii, ix, xi.
29. *MECW*, vol. 48, p. 113.
30. Henry Mayhew, *The* Morning Chronicle *Survey of Labour and the Poor: The Metropolitan Districts* (1849-50; reedição: Londres, 1980), vol. 1, p. 71-72.
31. *MECW*, vol. 48, p. 377.
32. *MECW*, vol. 48, p. 364.
33. *MECW*, vol. 26, p. 545.
34. *MECW*, vol. 48, p. 389.
35. *Reminiscences of Marx and Engels*, p. 313.
36. *MECW*, vol. 50, p. 82.
37. *MECW*, vol. 50, p. 434.
38. Ver *Labour Leader*, 24 de dezembro de 1898.
39. Ver Ernest Belfort Bax, *Reminiscences and Reflections of a Mid and Late Victorian* (Londres, 1918), p. 54.
40. Para dispor de uma exposição clássica dessa questão, ver Ross McKibben, *The Ideologies of Class* (Oxford, 1994).
41. *MECW*, vol. 50, p. 386.
42. *MECW*, vol. 49, p. 243.
43. *MECW*, vol. 49, p. 67.
44. *MECW*, vol. 49, p. 70.
45. *MECW*, vol. 49, p. 68.
46. *MECW*, vol. 49, p. 346.
47. *MECW*, vol. 49, p. 416.
48. *The Daughters of Karl Marx: Family Correspondence, 1866-1898* (Londres, 1982), p. 223-24.
49. *MECW*, vol. 49, p. 76.

50. *MECW*, vol. 48, p. 290.
51. *Friedrich Engels-Paul and Laura Lafargue Correspondence* (Londres, 1959-63), vol. 2, p. 220.
52. *MECW*, vol. 48, p. 319.
53. *MECW*, vol. 48, p. 352.
54. *MECW*, vol. 48, p. 454.
55. *MECW*, vol. 27, p. 227.
56. *MECW*, vol. 49, p. 265.
57. Leszek Kolakowski, *Main Currents of Marxism* (Londres, 2005), p. 355-56.
58. Ver Eric Hobsbawm, "Marx, Engels, and Politics", *The History of Marxism* (Brighton, 1982), vol. 1.
59. Ibid., p. 265.
60. *MECW*, vol. 48, p. 36.
61. *MECW*, vol. 27, p. 520.
62. *MECW*, vol. 50, p. 21.
63. *MECW*, vol. 27, p. 522.
64. *MECW*, vol. 26, p. 112.
65. *MECW*, vol. 27, p. 447. É claro que, no século XX, o conceito de comunismo como fé secular era um tropo familiar e recorrente. "Se o desespero e a solidão eram os principais motivos para a conversão ao comunismo, foram muito fortalecidos pela consciência cristã", escreveu Richard Crossman em sua introdução a *The God That Failed*. "O apelo emocional do comunismo reside precisamente nos sacrifícios — tanto materiais quanto espirituais — que ele exigia do convertido. [...] A atração do comunismo consistia em não oferecer nada e exigir tudo, inclusive a renúncia à liberdade espiritual." Antes um homem que realmente tinha fé, o historiador Raphael Samuel sintetiza a questão da seguinte forma: "Como teoria de luta, o comunismo baseava-se numa promessa de redenção. O socialismo era uma essência sublime, um estado de perfeição moral, um objetivo e um fim transcendental. Representava a forma mais elevada do desenvolvimento humano, uma culminação da moralidade, uma consumação do progresso, uma descoberta da grandeza do homem." Ver Arthur Koestler et al., *The God That Failed* (Londres, 1965), p. 5-6; Raphael Samuel, *The Lost World of British Communism* (Londres, 2007), p. 51.
66. *MECW*, vol. 50, p. 490.
67. *MECW*, vol. 50, p. 182-83.
68. Citado em Gustav Mayer, *Friedrich Engels: Eine Biographie* (The Hague, 1934), vol. 2, p. 529-30.
69. *MECW*, vol. 27, p. 404.
70. *MECW*, vol. 50, p. 187, 190.
71. Citado em *Frederick Engels: A Biography* (Dresden, 1972), p. 547.
72. *MECW*, vol. 40, p. 409.

73. *MECW*, vol. 46, p. 514.
74. *MECW*, vol. 47, p. 489.
75. *MECW*, vol. 26, p. 451.
76. *MECW*, vol. 24, p. 173.
77. *MECW*, vol. 27, p. 177.
78. *Reminiscences of Marx and Engels*, p. 307.
79. *MECW*, vol. 49, p. 76.
80. William Stephen Saunders, *Early Socialist Days* (Londres, 1927), p. 80-81.
81. *Reminiscences of Marx and Engels*, p. 187.
82. *Daughters of Karl Marx*, p. 247, 251.
83. *MECW*, vol. 50, p. 355.
84. *Daughters of Karl Marx*, p. 253, 255.
85. *MECW*, vol. 50, p. 377.
86. *MECW*, vol. 50, p. 507.
87. *MECW*, vol. 50, p. 517, 525.
88. *MECW*, vol. 50, p. 535.
89. *MECW*, vol. 50, p. 526.
90. Engels também deixou "vinhos e outras bebidas" em sua adega no valor de £227. Além disso, seus fornecedores de vinho, Twigg & Brett, tinham 142 dúzias de vinho em suas adegas que eram propriedade de Friedrich Engels. Entre elas havia 77 dúzias de garrafas de clarete, 48 dúzias de garrafas de vinho do Porto e 13 dúzias de garrafas de champanhe.
91. Citado em *Frederick Engels: A Biography*, p. 579.
92. Ver Kapp, *The Crowded Years*, p. 597-99.
93. *Reminiscences of Marx and Engels*, p. 147.
94. Eduard Bernstein, *My Years of Exile: Reminiscences of a Socialist* (Londres, 1921), p. 192.

EPÍLOGO

1. Ver Fred C. Koch, *The Volga Germans* (University Park, 1977).
2. "Address to the Conference of Marxist Students of the Agrarian Question", em Joseph Stalin, *Leninism* (Moscou, 1940), p. 323.
3. "Engels", *Nachrichten des Gebietskomitees der KP(B)SU und des Zentralkomitees der ASRR der Wolgadeutschen*, 21 de outubro de 1931.
4. "Engels' zum Gruss", *Rote Jugend: Organ des GK des LKJVSU der ASRRdWD*, 24 de outubro de 1931.
5. "Zur Umbenennung der Stadt Pokrovsk in Engels", *Nachrichten des Gebietskomitees der KP(B)SU und des Zentralkomitees der ASRR der Wolgadeutschen*, 21 de outubro de 1931.
6. "Engels' zum Gruss."

7. Citado em Koch, *Volga Germans*, p. 284.
8. Robert Service, *Comrades* (Londres, 2007), p. 52-53.
9. V.I. Lenin, *Collected Works*, vol. 21, p. 91.
10. *MECW*, vol. 50, p. 303.
11. Citado em Leszek Kolakowski, *Main Currents of Marxism* (Londres, 2005), p. 625.
12. Lenin, *Collected Works*, vol. 38, p. 362.
13. Lenin, *Collected Works*, vol. 14, p. 326.
14. Kolakowski, *Main Currents of Marxism*, p. 629.
15. Lenin, *Collected Works*, vol. 21, p. 54.
16. Joseph Stalin, *Anarchism or Socialism?* (Moscou, 1950), p. 13.
17. Joseph Stalin, *Dialectical and Historical Materialism* (Moscou, 1939), p. 12.
18. Ibid., p. 18.
19. Cornelius Castoriadis, *The Imaginary Institution of Society* (Cambridge, 1987), p. 59.
20. Ver Orlando Figes, *The Whisperers: Private Life in Stalin's Russia* (Londres, 2007), p. 155-56.
21. Kolakowski, *Main Currents of Marxism*, p. 862.
22. Raphael Samuel, *The Lost World of British Communism* (Londres, 2007), p. 49, 94.
23. Herbert Marcuse, *Soviet Marxism: A Critical Analysis* (Londres, 1958), p. 144.
24. *MECW*, vol. 50, p. 301.
25. Ver John O'Neill, "Engels without Dogmatism", em Christopher J. Arthur, org., *Engels Today* (Londres, 1996).
26. *MECW*, vol. 49, p. 18.
27. *MECW*, vol. 25, p. 80.
28. Friedrich Engels, *Anti-Dühring* (Pequim, 1976), p. 108.
29. *MECW*, vol. 50, p. 267; vol. 49, p. 8
30. *MECW*, vol. 50, p. 356.
31. Como diz o comentário de David Stack, "O socialismo e o movimento socialista que surgiram no meio século seguinte foram forjados e amadureceram numa era em que o darwinismo era uma parte estabelecida da 'mobília mental'." Ver Stack, *The First Darwinian Left* (Cheltenham, 2003), p. 2. Ver também Gareth Stedman Jones, "Engels and the History of Marxism", em Eric Hobsbawm, org., *The History of Marxism* (Brighton, 1982), vol. 1.
32. *MECW*, vol. 40, p. 461.
33. Ching Kwan Lee, *Against the Law: Labor Protests in China's Rustbelt and Sunbelt* (Berkeley, 2007), p. 235.

Bibliografia

REFERÊNCIAS BÁSICAS

Arnold, R. Arthur. *The History of the Cotton Famine* (Londres, 1864).
Aveling, Edward. *The Student's Marx* (Londres, 1907).
Balzac, Honoré de. *Old Goriot* (Harmondsworth, 1951). Em português: *Pai Goriot*, São Paulo: Estação Liberdade, 2002.
Banfield, T.C. *Industry of the Rhine* (Nova York, 1969).
Bax, Ernest Belfort. *Reminiscences and Reflections of a Mid and Late Victorian* (Londres, 1918).
Bebel, August. *Woman in the Past, Present, and Future* (Londres, 1988).
Beer, Max. *Fifty Years of International Socialism* (Londres, 1935).
Bernstein, Eduard. *My Years of Exile: Reminiscences of a Socialist* (Londres, 1921).
Black, F.G. e R.M. Black, orgs., *The Harney Papers* (Assen, 1969).
Born, Stephan. *Erinnerungen eines Achtundvierziger* (Leipzig, 1898).
Burke, Edmund.. *Reflections on the Revolution in France* (Harmondsworth, 1986).
Carlyle, Thomas. Past and Present (Nova York, 1965).
_____. *Selected Writings* (Harmondsworth, 1986).
Chadwick, Edwin. *Report on the Sanitary Conditions of the Labouring Population of Great Britain* (Edimburgo, 1965).
Chaloner, W.H. e W.O. Henderson, orgs. *Engels as Military Critic* (Manchester, 1959).
Cooper, Thomas. *The Life of Thomas Cooper, Written by Himself* (Londres, 1873).
The Daughters of Karl Marx: Family Correspondence, 1866-1898 (Londres, 1982).
Disraeli, Benjamin. *Coningsby; or, The New Generation* (Londres, 1963).
_____. *Sybil, or, The Nations* (Londres, 1981).
Dronek, Ernst. *Berlin* (Frankfurt, 1846).

Dühring, Eugen. *Kritische Geschichte der Nationalokonomie und des Socialismus* (Leipzig, 1879).
Engels, Frederick. *Dialectics of Nature* (Londres, 1940). Em português: *Dialética da natureza*. São Paulo: Paz e Terra, 1979.
_____. *Anti-Dühring* (Pequim, 1976). Em português: *Anti-Dühring*. São Paulo: Paz e Terra, 1979.
_____. *The Condition of the Working Class in England* (Harmondsworth, 1987). Em português: *A situação da classe trabalhadora na Inglaterra*. São Paulo: Global Editora, 1986.
_____. *The Origin of the Family, Private Property, and the State* (Harmondsworth, 1986). Em português: *A origem da família, da propriedade privada e do Estado*. São Paulo: Larousse do Brasil, 2009.
Faucher, Léon. *Manchester in 1844* (Manchester, 1844).
Fourier, Charles. *The Theory of the Four Movements* (Cambridge, 1996). Em português: *A teoria dos quatro movimentos*. Rio de Janeiro: Record, 2005.
F. Engels' Briefwechsel mit K. Kautsky (Viena, 1955).
Gaskell, Elizabeth. *Mary Barton* (Harmondsworth, 1996).
Hecker, Carl. *Der Aufstand in Elberfeld im Mai 1849 und mein Verhaltniss zu Demselben* (Elberfeld, 1849).
Hegel, Georg Wilhelm Friedrich. *Philosophy of Right* (Oxford, 1942). Em português: *Princípios da filosofia do direito*. São Paulo: Ícone, 1997.
Heine, Heinrich. *Sämtliche Werke* (Hamburgo, 1867).
Henderson, W.O. e W.H. Chaloner, orgs., *The Condition of the Working Class in England*. De autoria de Friedrich Engels (Londres, 1958).
Herzen, Alexander. *My Past and Thoughts* (Londres, 1968).
Hess, Moses. *Rom und Jerusalem* (Leipzig, 1899).
_____. *Briefwechsel* (Amsterdã, 1959).
_____. *Philosophische und sozialistische Schriften, 1837-1850*. Auguste Cornu e Wolfgang Mönke, orgs. (Liechtenstein, 1980).
Hyndman, Henry. *The Record of an Adventurous Life* (1911; reedição, Londres, 1984).
Jones, Wilmot Henry [Geoffrey Gimcrack]. *Gimcrackiana; or, Fugitive Pieces on Manchester Men and Manners* (Manchester, 1833).
Kautsky, Karl. *Die Entstehung der Ehe und Familie* (Stuttgart, 1882).
Kay, James Phillips. *The Moral and Physical Condition of the Working Classes Employed in the Cotton Manufacture in Manchester* (Manchester, 1969).
Kliem, Manfred, org. *Friedrich Engels: Dokumente seines Lebens* (Leipzig, 1977).
Knieriem, Michael, org. *Die Herkunft des Friedrich Engels: Briefe aus der Verwandtschaft, 1791-1847* (Trier, 1991).
Körner, H.J.M. *Lebenskämpfe in der Alten und Neues Welt* (Zurique, 1866).
Leach, James. *Stubborn Facts from the Factories by a Manchester Operative* (Londres, 1844).

Lenin, Vladimir Ilitch. *Collected Works* (Londres, 1908-).
Liebich, André, org. *Selected Writings of August Cieszkowski* (Cambridge, 1979).
Liebknecht, Wilhelm. *Karl Marx: Biographical Memoirs* (Londres, 1975).
Marx, Karl. *The Early Texts* (Oxford, 1971).
_____. *Capital* (Harmondsworth, 1990). Em português: *O capital*. 17. ed. Rio de Janeiro: Civilização Brasileira, 1982/1999.
Marx, Karl e Friedrich Engels, *Werke* (Berlim, 1964-68).
_____. *On Colonialism* (Moscou, 1968).
_____. *On Ireland* (Londres, 1971).
_____. *The Communist Manifesto* (Harmondsworth, 2002). Várias edições em português: *O manifesto do partido comunista*. 13. ed. Petrópolis: Vozes, 2001; São Paulo: Paz e Terra, 2009.
Marx-Engels Collected Works [MECW] 50 vols. (Progress Publishers, Moscou, em parceria com International Publishers, Nova York, e Lawrence & Wishart, Londres, 1975-2005).
Mayhew, Henry. *The* Morning Chronicle *Survey of Labour and the Poor: The Metropolitan Districts* (1849-50; reedição, Londres, 1980).
Müller, Max. *My Autobiography: A Fragment* (Nova York, 1991).
Pagenstecher, C.H.A. *Lebenserinnerungen von Dr. Med. C.H. Alexander Pagenstecher* (Leipzig, 1913).
Parkinson, Richard. *On the Present Condition of the Labouring Poor in Manchester* (Manchester, 1841).
Reminiscences of Marx and Engels (Moscou, 1958).
Roscoe, Henry E. *The Life and Experiences of Sir Henry Enfield Roscoe Written by Himself* (Londres, 1906).
The Sack; or, Volunteers' Testimonial to the Militia (Londres, 1862).
Saunders, William Stephen. *Early Socialist Days* (Londres, 1927).
Southey, Robert. *Letters from England by Don Manuel Alvarez Espriella* (Londres, 1808).
Stäel, Madame de. *Germany* (Londres, 1813).
Stalin, Joseph. *Dialectical and Historical Materialism* (Moscou, 1939).
_____. *Leninism* (Moscou, 1940).
_____. *Anarchism or Socialism?* (Moscou, 1950).
Stirner, Max. *The Ego and Its Own* (Cambridge, 1950). Em português: *O único e sua propriedade*. São Paulo: Martins Fontes, 2009.
Sue, Eugène. *The Mysteries of Paris* (Cambridgeshire, 1989).
Taine, Hippolyte. *Notes on England* (Londres, 1957).
Tocqueville, Alexis de. *Journeys to England and Ireland* (Londres, 1958).
Watts, John. *The Facts and Fictions of Political Economists* (Manchester, 1842).
_____. *The Facts of the Cotton Famine* (Londres, 1866).
Webb, Beatrice. *My Apprenticeship* (Londres, 1926).

Weerth, Georg. *Sämtiliche Werke* (1956-57).
The Writings of the Young Marx. Lloyd D. Easton e Kurt H. Guddat, trads. e orgs. (Garden City, 1967).

ARQUIVOS

Engels-Haus, Wuppertal
International Institute of Social History, Amsterdã
Marx Memorial Library, Londres
National Archives, Kew
People's History Museum, Manchester
State Archives of the Russian Federation, Moscou
Working Class Movement Library, Salford
State Archives, Wuppertal

REFERÊNCIAS AUXILIARES

Attali, Jacques. *Karl Marx ou l'esprit du monde* (Paris, 2005). Em português: *Karl Marx ou o espírito do mundo*. Rio de Janeiro: Record, 2007
Avineri, Shlomo. *The Social and Political Thought of Karl Marx* (Cambridge, 1968).
_____. *Moses Hess* (Londres, 1985).
Arthur, Christopher J. *Engels Today* (Londres, 1996).
Ball, Terence e James Farr. *After Marx* (Cambridge, 1984).
Barrett, Michelle. "Introduction", *The Origin of the Family, Private Property, and the State*, de Friedrich Engels (Harmondsworth, 1986).
Beecher, Jonathan e Richard Bienvenu. *The Utopian Vision of Charles Fourier* (Londres, 1975).
Beiser, Frederick C. *The Cambridge Companion to Hegel* (Cambridge, 1993).
Benn, Tony. *Arguments for Socialism* (Londres, 1979).
Berger, Martin. *Engels, Armies, and Revolution* (Hamden, 1977).
Berger, Stephan. *Social Democracy and the Working Class in 19th and 20th Century Germany* (Harlow, 2000).
Berlin, Isaiah. *Karl Marx: His Life and Environment* (Oxford, 1978).
_____. *Against the Current* (Londres, 1997).
Bigler, Robert M. *The Politics of German Protestantism* (Berkeley, 1972).
Blackbourn, David. *The Fontana History of Germany* (Londres, 1997).
Blanchard, Marc Eli. *In Search of the City* (Stanford, 1985).
Blyth, H.E. *Through the Eye of a Needle* (Manchester, 1947).

Bradshaw, L.D. *Visitors to Manchester* (Manchester, 1987).
Brazill, William J. *The Young Hegelians* (Londres, 1970).
Briggs, Asa. *Chartist Studies* (Londres, 1959).
_____. *Victorian Cities* (Londres, 1990).
Bull, Stephen. *"Volunteer!" The Lancashire Rifle Volunteers, 1859-1885* (Lancashire, 1993).
Calhoun, Charles, W. org. *The Gilded Age: Perspectives on the Origins of Modern America* (Wilmington, 1996).
Carlton, Grace. *Friedrich Engels: The Shadow Prophet* (Londres, 1965).
Carr. E.H. *Michael Bakunin* (Londres, 1975).
Carver, Terrell. *Engels* (Oxford, 1981).
_____. *Marx and Engels: The Intellectual Relationship* (Brighton, 1983).
_____. *Friedrich Engels: His Life and Thought* (Londres, 1991).
_____. *The Cambridge Companion to Marx* (Cambridge, 1991).
Castoriadis, Cornelius. *The Imaginary Institution of Society* (Cambridge, 1987).
Claeys, Gregory. *Citizens and Saints* (Cambridge, 1989).
Clark, Christopher. *Iron Kingdom: The Rise and Downfall of Prussia* (Londres, 2006).
Cole, George Douglas Howard. *Chartist Portraits* (Londres, 1941).
Cummins, Ian. *Marx, Engels, and National Movements* (Londres, 1980).
Davis, Mike. *City of Quartz* (Londres, 2006).
_____. *Planet of Slums* (Londres, 2006).
Deak, Istvan. *The Lawful Revolution: Louis Kossuth and the Hungarians* (Nova York, 1979).
Desai, Meghnad. *Marx's Revenge: The Resurgence of Capitalism and the Death of Statist Socialism* (Londres, 2002).
Evans, Richard e Pogge von Strandmann, orgs. *The Revolutions in Europe, 1848-49* (Oxford, 2000)
Farnie, Douglas. *The English Cotton Industry and the World Market, 1815-1896* (Oxford, 1979).
Fergusson, Gordon. *The Green Collars: The Tarporley Hunt Club and Cheshire Hunting History* (Londres, 1993).
Figes, Orlando. *Sussurros.* (Record, 2010).
Foot, Paul. *Red Shelley* (Londres, 1984).
Fortescue, William. *France and 1848* (Oxford, 2005).
Foster, Roy. *Modern Ireland* (Londres, 1989).
Frederick Engels: A Biography. Autoria de Heinrich Gemkov et al. (Dresden, 1972).
Friends of Chalk Farm Library. *Primrose Hill Remembered* (Londres, 2001).
Frow, Edmund e Ruth Frow. *Frederick Engels in Manchester* (Salford, 1986).
Frow, Edmund e Ruth Frow. *The New Moral World: Robert Owen and Owenism in Manchester and Salford* (Salford, 1986).
Gallie, W.B. *Philosophers of Peace and War* (Cambridge, 1978).

Glasier, John B. *William Morris and the Early Days of the Socialist Movement* (Londres, 1921).
Gould, Stephen Jay. *Ever Since Darwin* (Londres, 1978).
Greaves, Ralph. *Foxhunting in Cheshire* (Kent, 1964).
Gunn, Simon. *The Public Culture of the Victorian Middle Class* (Manchester, 2000).
Hahn, Hans Joachim. *The 1848 Revolutions in German-Speaking Europe* (Londres, 2001).
Hammen, Oscar J. *The Red '48ers* (Nova York, 1969).
Hannay, Alastair. *Kierkegaard: A Biography* (Cambridge, 2001).
Hayek, F.A. *The Counter-Revolution of Science* (Glencoe, 1952).
Hellman, Robert. *Berlin: The Red Room and White Beer* (Washington, 1990).
Heijenoort, Jean van. *Selected Essays* (Nápoles, 1985).
Henderson, Philip. *William Morris: His Life, Work, and Friends* (Londres, 1973).
Henderson, W.O. *Engels as Military Critic* (Manchester, 1959).
_____. *The Lancashire Cotton Famine* (Manchester, 1969).
_____. *The Life of Friedrich Engels* (Londres, 1976).
_____. *Marx and Engels and the English Workers* (Londres, 1989).
Hirsch, Helmut. *Friedrich Engels in Selbstzeugnissen und Bilddokumenten* (Hamburgo, 1968).
Hobsbawm, Eric. *Industry and Empire* (Londres, 1990).
_____. Org. *The History of Marxism* (Brighton, 1982).
Holmes, Richard. *Shelley: The Pursuit* (Londres, 1987).
Howe, Anthony. *The Cotton Masters* (Oxford, 1984).
Hunley, James D. *The Life and Thought of Friedrich Engels* (Londres, 1991).
Hunt, Tristram. *Building Jerusalem: The Rise and Fall of the Victorian City* (Londres, 2004).
Ionescu, Ghita, org. *The Political Thought of Saint-Simon* (Oxford, 1976).
Ivanon, N.N. *Frederick Engels: His Life and Work* (Moscou, 1987).
Jenkins, Mick. *Frederick Engels in Manchester* (1951).
Johnston, Francis. *Eccles* (Eccles, 1967).
Jones, Colin. *Paris: Biography of a City* (Londres, 2004).
Judt, Tony. *Reappraisals: Reflections on the Forgotten Twentieth Century* (Londres, 2008).
Kapp, Yvonne. *Eleanor Marx. Vol. 1: Family Life* (Londres, 1972).
_____. *Eleanor Marx. Vol. 2: The Crowded Years* (Londres, 1976).
Kargon, Robert. *Science in Victorian Manchester* (Manchester, 1977).
Katznelson, Ira. *Marxism and the City* (Oxford, 1992).
Kidd, Alan. *Manchester* (Keele, 1996).
Kiernan, Victor. *Marxism and Imperialism* (Londres, 1974).
Knieriem, Michael, org. *Über Friedrich Engels: Privates, Öffentliches und Amtliches Aussagen und Zeugnisse von Zeitgenossen* (Wuppertal, 1986).
Koch, Fred C. *The Volga Germans* (University Park, 1977).
Koestler, Arthur et al. *The God That Failed* (Londres, 1965).

Kolakowski, Leszek. *Main Currents of Marxism* (Londres, 2005).
Krieger, Leonard org. *The German Revolutions* (Chicago, 1967).
Kucynski, Jurgen. *Die Geschichte der Lage der Arbeiter unter dem Kapitalismus* (Berlim, 1960).
Kupisch, Karl. *Vom Pietismus zum Kommunismus: Historische Gestalten, Szenen und Probleme* (Berlim, 1953).
Lee, Ching Kwan. *Against the Law: Labor Protests in China's Rustbelt and Sunbelt* (Berkeley, 2007).
Levin, Michael. *Marx, Engels, and Liberal Democracy* (Londres, 1989).
Lukács, Georg. *History and Class Consciousness* (Londres, 1971).
Mann, Gottfried. *The History of Germany since 1789* (Londres, 1996).
Mansel, Philip. *Paris between Empires* (Londres, 2001).
Manuel, Frank. *The Prophets of Paris* (Cambridge, 1962).
Marcus, Steven. *Engels, Manchester, and the Working Class* (Londres, 1974).
Marcuse, Herbert. *Soviet Marxism: A Critical Analysis* (Londres, 1958).
Mayer, Gustav. *Friedrich Engels: Eine Biographie* (The Hague, 1934).
_____. *Friedrich Engels* (Londres, 1936).
McKibben, Ross. *The Ideologies of Class* (Oxford, 1994).
McLellan, David. *The Young Hegelians and Karl Marx* (Londres, 1969).
_____. *Engels* (Sussex, 1977).
_____. *Karl Marx: His Life and Thought* (Londres, 1983).
_____. *Karl Marx: A Biography* (Londres, 1995).
_____. Org. *Karl Marx: Interviews and Recollections* (Londres, 1981).
Miller, Susanne e Heinrich Potthoff. *A History of German Social Democracy* (Nova York, 1986).
Millett, Kate. *Sexual Politics* (Londres, 1970).
Moggach, Douglas, org. *The New Hegelians: Politics and Philosophy in the Hegelian School* (Cambridge, 2006).
Nova, Fritz. *Friedrich Engels: His Contribution to Political Theory* (Londres, 1968).
Noyes, P.H. *Organization and Revolution: Working-Class Associations in the German Revolution of 1848-49* (Princeton, 1966).
Old, Hughes Oliphant. *The Reading and Preaching of the Scriptures in the Worship of the Christian Church* (Cambridge, 1998).
Olsen, Donald J. *The Growth of Victorian London* (Londres, 1976).
Payne, Robert org. *The Unknown Karl Marx* (Londres, 1972).
Pelling, Henry. *Origins of the Labour Party* (Oxford, 1965).
Pickering, Paul. *Chartism and the Chartists in Manchester and Salford* (Londres, 1995).
Pinkney, David. *Decisive Years in France, 1840-1847* (Princeton, 1986).
Prawer, Siegbert. *Karl Marx and World Literature* (Oxford, 1978).

Pringle, Peter. *The Murder of Nikolai Vavilov: The Story of Stalin's Persecution of One of the Great Scientists of the Twentieth Century* (Nova York, 2008).
Read, Anthony e David Fisher. *Berlin* (Londres, 1994).
Richie, Alexandra. *Faust's Metropolis* (Londres, 1999).
Rigby, S.H. *Engels and the Formation of Marxism* (Manchester, 1992).
Rosdolsky, Roman. *Engels and the "Nonhistoric" Peoples: The National Question in the Revolution of 1848* (Glasgow, 1986).
Rowbotham, Sheila. *Edward Carpenter: A Life of Liberty and Love* (Londres, 2008).
Ryazanov, David. *Marx and Engels* (Londres, 1927).
Samuel, Raphael. *The Lost World of British Communism* (Londres, 2007).
Sassoon, Donald. *One Hundred Years of Socialism* (Londres, 1996).
Sayers, Janet e Mary Evans, Nanneke Redcliff. *Engels Revisited: New Feminist Essays* (Londres, 1987).
Service, Robert. *Comrades: A World History of Communism* (Londres, 2007).
Sheehan, Helena. *Marxism and the Philosophy of Science: A Critical History* (Atlantic Highlands, 1993).
Sheehan, James. *German History, 1770-1866* (Oxford, 1989).
Singer, Peter. *Hegel* (Oxford, 1983).
_____. *A Darwinian Left* (Londres, 1999).
Sperber, Jonathan. *Rhineand Radicals* (Princeton, 1991).
_____. *Germany, 1800-1870* (Oxford, 2004).
Stack, David. *The First Darwinian Left* (Cheltenham, 2003).
Stedman Jones, Gareth. "Introduction." *The Communist Manifesto* (Harmondsworth, 2002).
Steger, Manfred e Terrell Carver, orgs. *Engels after Marx* (Manchester, 1999).
Stepelevich, Lawrence, org. *The Young Hegelians* (Cambridge, 1983).
Stokes, John, org. *Eleanor Marx: Life, Work, Contacts* (Aldershot, 2000).
Taylor, Ronald. *Berlin and Its Culture* (Londres, 1997).
_____. *The Poverty of Theory and Other Essays* (Londres, 1978).
Toews, Jonathan. *Hegelianism: The Path toward Dialectical Humanism, 1805-1841* (Cambridge, 1980).
Tombs, Robert. *The Paris Commune* (Londres, 1999).
Trachtenberg, Alan. *The Incorporation of America* (Nova York, 1982).
Trevor-Roper, Hugh. *The Romantic Movement and the Study of History* (Londres, 1969).
Ullrich, Horst. *Der Junge Engels* (Berlim, 1961).
Webster, Angus. *The Regent's Park and Primrose Hill* (Londres, 1911).
Wheen, Francis. *Karl Marx* (Londres, 2000). Em português: *Karl Marx*. Rio de Janeiro: Record, 2001.
Whitfield, Roy. *Frederick Engels in Manchester: The Search for a Shadow* (Salford, 1988).
Williams, Raymond. *Keywords: A Vocabulary of Culture and Society* (Londres, 1998).

Wilson, Edmund. *To the Finland Station* (Londres, 1991).
Zipes, Jack. *The Brothers Grimm* (Londres, 2002).

ARTIGOS

Adamiak, Richard. "Marx, Engels, and Dühring." *Journal of the History of Ideas* 35, n. 1 (1974).
Cadogan, Peter. "Harney and Engels." *International Review of Social History* 10 (1965).
Carver, Terrell. "Engels' Feminism." *History of Political Thought* 6, n. 3 (1985).
Claeys, Gregory. "Engels' *Outlines of a Critique of Political Economy* (1843) and the Origins of the Marxist Critique of Capitalism." *History of Political Economy* 16, n. 2 (1984).
_____. "The Political Ideas of the Young Engels, 1842-1845." *History of Political Thought* 6, n. 3 (1985).
Cohen-Almagor, Raphael. "Foundations of Violence, Terror, and War in the Writings of Marx, Engels, and Lenin." *Terrorism and Political Violence* 3, n. 2 (1991).
Gemkov, Heinrich. "Fünf Frauen an Engels' Seite." *Beiträge zur Geschichte der Arbeiterbewegung* 37, n. 4 (1995).
Kapp, Yvonne. "Frederick Demuth: New Evidence from Old Sources." *Socialist History* 6 (1994).
Kessler, Mario. "Engels' Position on Anti-Semitism in the Context of Contemporary Socialist Discussions." *Science and Society* 62, n. 1 (1998).
Kitchen, Martin. "Friedrich Engels' Theory of War." *Military Affairs* 41, n. 1 (1977).
Krishnamurthy, A. "'More Than Abstract Knowledge': Friedrich Engels in Industrial Manchester." *Victorian Literature and Culture* 28, n. 2 (2000).
Levine, Norman. "Marxism and Engelsism." *Journal of the History of the Behavioural Sciences* 11, n. 3, (1973).
_____. "The Engelsian Inversion." *Studies in Soviet Thought* 25 (1983).
McCarr, Paul. "Engels and Natural Science." *International Socialism* 65, n. 2 (1994).
Neimanis, George. "Militia vs. the Standing Army in the History of Economic Thought from Adam Smith to Friedrich Engels." *Military Affairs* 44, n. 1, (1980).
O'Boyle, L. "The Problem of an Excess of Educated Men in Western Europe, 1800-1850." *Journal of Modern History* 42, n. 4, (1970).
Paul, Diane. "'In the Interests of Civilization': Marxist Views of Race and Culture in the Nineteenth Century." *Journal of the History of Ideas* 42, n. 1, (1981).
Paylor, Suzanne. "Edward B. Aveling: The People's Darwin." *Endeavour* 29, n. 2, (2005).
Rubinstein, William. "The Victorian Middle Classes: Wealth, Occupation, and Geography." *Economic History Review* 30, n. 4, (1977).
Skide lsky, Robert. "What's Left of Marx?" *New York Review of Books*, 16 de novembro de 2000.

Smethhurst, J.B. "Ermen and Engels." *Marx Memorial Library Quarterly Bulletin* 41 (janeiro-março 1967).

Stedman Jones, Gareth. "Engels and the End of Classical German Philosophy." *New Left Review* 79 (1973).

_____. "The Limitation of Proletarian Theory in England before 1850." *History Workshop* 5 (1978).

Stepelevich, Lawrence. "The Revival of Max Stirner." *Journal of History of Ideas* 35, n. 2, (1974).

Taylor, A.J.P. "Manchester", *Encounter* 8, n. 3 (1957).

Thackray, Arnold. "Natural Knowledge in Cultural Context: The Manchester Model." *American Historical Review* 69 (1974).

Trat, Josette. "Engels and the Emancipation of Women." *Science and Society* 62, n. 1 (1998).

Vollgraf, Carl-Erich e Jürgen Jungnickel. "Marx in Marx's Words?" *International Journal of Political Economy* 32 (2002).

Wittmütz, Volkmar. "Friedrich Engels in der Barmenr Stadtschule, 1829-1834." *Nachrichten aus dem Engels-Haus* 3 (1980).

Índice

Adler, Victor, 272, 292, 331, 380, 387, 403
Alemanha, 12, 13, 18, 89, 93, 119, 244, 254, 297, 331
    antissemitismo, 292
    ciência, 313-14
    comunismo, 142-46, 180-87, 292-96, 375-80
    hegelianismo, 55-57, 61-69, 77, 140, 149
    Hohenzollern, monarquia, 33, 34, 60-67
    indústria têxtil, 22-24, 36-37, 48-49, 80, 95, 142-43
    infraestrutura, 293, 294-95
    nacionalismo, 32-36, 44
    nazismo, 394
    pietismo, 25-28, 30, 51, 52
    pós-revolução de 1848, 244-45, 292-96
    revolução de 1848, 178-84, 185-87, 189, 190, 193, 194-202
    romantismo, 30-35, 42, 43, 57-58, 111
    SAPD (Partido dos Operários Socialistas), 293-96
    socialismo, 86-90, 131-32, 142-48, 180-87, 292-96, 325-333, 375, 376-80
    sociedade Biedermeier, 42
    ver também cidades específicas
Alemanha Jovem, 41-45, 47-52, 53, 57, 70, 290
Aliança (Internacional) de Democracia Socialista, 286, 287
alienação, 67-68, 116-117, 151, 398
Alsácia-Lorena, 280, 382
Althusser, Louis, 15, 331
"A luta magiar" (Engels), 192
anarquismo, 285-90, 362, 376
antibonapartismo, 248-51
Anti-Dühring (Engels), 16, 327-9, 331-333, 389, 395, 400, 402
antissemitismo, 292
Argélia, 253, 255
Arkwright, Richard, 95
Ásia, 14, 253, 306
Assembleia Nacional (Alemã), 180, 183, 186
Associação de Operários, 181, 82
Associação dos Trabalhadores Alemães, 152
Associação Geral dos Operários Alemães, 290, 293
Associação Internacional dos Operários, 271-72, 284-90, 298, 312, 375-76

a Comuna de 1871 e, 281-84
  desafio bakuninista e, 286-90
  lutas entre as facções, 285-90
ateísmo, 72, 78-9, 87
Augusto II, rei da Saxônia, 179
Áustria, 34-35, 154, 174, 194, 247-8, 250, 290, 356, 371, 380
  revolução de 1848, 176-77, 190
Aveling, Edward, 272, 335, 351, 361, 363-71, 386, 388-90, 403
Axelrod, Pavel, 380

babeufistas, 86, 154
Baden-Palatinado, campanha de, 199-201
Balzac, Honoré de, 135, 158
Bakunin, Mikhail, 59, 147, 195, 285-90, 293, 298, 303, 326
Barmen, Alemanha, 22-28, 30, 35, 36, 48-52, 57, 95, 120, 133, 142-45, 182, 196-97
bascos, 192
Bauer, Bruno e Edgar, 66-67, 70-72, 76-77, 79, 139-141, 152, 164
Bebel, August, 275, 293, 295, 297, 303, 331, 333-334, 336, 340, 356, 371, 376, 380, 389
  Woman in the Past, Present, and Future, 340-41, 343
beduínos, 253
Beer, Max, 113, 148
Beethoven, Ludwig van, 41
Bélgica, 146-47, 176, 191, 255, 271, 380, 390
Benjamin, Walter, 136
Berlim, 14, 33, 34, 58, 59-62, 375, 376
  Die Freien, 70-71, 76, 78-79, 88, 93, 101
  hegelianismo em, 62-69, 76, 140, 149
  revolução de 1848, 179-80, 187
Berlin, Isaiah, 86-87, 163, 285

Bernstein, Eduard, 192, 275, 278, 292, 297, 319, 326, 331, 335, 341, 364, 371, 375, 380, 387, 389, 390, 403
Bésant, Annie, 349, 362, 367
Bíblia, 53, 71, 80
Bismarck, Otto von, 98, 250, 252, 279, 280, 291-92, 294-95, 376, 382
Blanc, Louis, 159, 177, 209
Blank, Emil, 141, 177, 182
Blanqui, Louis-Auguste, 86, 152, 153
bolcheviques, 396
bolsa de valores dos anos 1870, 296-98
Bonn, 71, 75, 76, 86
Born, Stephan, 70, 75, 147-48, 153, 158, 161, 164, 195
Börne, Ludwig, 42, 74
Boston, 352
Bourbon, dinastia, 175
British Association for the Promotion of Co-operative Knowledge, 105
Bruxelas, comunidade *émigré* socialista em, 146-48, 152-58, 163, 164, 166, 173, 176, 186-88
Burckhardt, Jacob, 59
Burns, John, 361, 367, 368, 371
Burns, Lizzy, 11, 113, 114, 229, 263
  Engels e, 229-230, 258-61, 269-70, 272-74, 299-301, 348
Burns, Mary, 113-5, 119, 120, 229
  Engels e, 113-5, 122, 146, 147-48, 161, 229-230, 256-58, 300, 348
Burns, Willie, 352
Byron, George Gordon, lorde, 43, 106

Cabet, Étienne, 86, 159
calvinismo, 25, 26, 36
Campaign for the German Imperial Constitution, The (Engels), 199-201

Campanella, Tommaso, 80
Capital, O (Marx), 14, 17, 18, 119, 124, 132, 206, 218, 225-227, 231, 237, 264-68, 285, 290, 305, 306, 312, 316, 328, 331, 334, 359, 360, 366, 377, 388, 395
   contribuição de Engels a, 225-27, 264, 265, 267-68
   plagiado por Hyndman, 360-61
   publicação de, 264-65
   volume 2, 306, 334-336
   volume 3, 306-338
capitalismo, 14-15, 16, 49, 83-84, 89-90, 107-8, 116, 132, 137, 144, 173, 291, 352-53
   algodão, 102-3, 130
   colonialismo e, 254, 255
   Engels sobre, 127-33, 316, 405-6
   gênero e, 343-46
   global, 15, 16-17, 166, 221-3, 254
   monopólio, 377
   teoria marxista sobre, 137-38, 144, 150-51 167, 225-8, 241-46, 264-68, 304-5, 337
Carlyle, Thomas, 98, 110-112, 122, 124, 137, 190, 242, 260
Carpenter, Edward, 326, 359, 367
Carlos I, rei da Inglaterra, 151
Carlos X, rei da França, 45
Carr, E.H., 285
cartismo, 17, 92, 108-110, 130, 211, 212, 213, 291, 356, 358
Catarina II, imperatriz da Rússia, 391
Cavaignac, Louis-Eugène, 185, 188
Chadwick, Edwin, 99
Chateaubriand, François René de, 31
Cheshire Hounds, 232, 233, 233n, 241, 285, 322
China, 11, 14,16, 214, 223, 253, 255, 401, 405, 406

ciência, 17, 310, 312-33, 403, 404
   comunismo e, 316-17, 325, 327-33, 366, 399
   Engels sobre, 312-33, 340-50
   método dialético e, 317-33, 340-50
classe média, 100, 116, 144, 153, 173, 182, 266, 362
   família burguesa e conflitos de Engels, 18, 102-03, 112-15, 205-06, 210, 216-18, 229, 238-39, 255-56, 267, 298, 348-49
   Manchester, 100, 106, 129-30, 211-18
   pós-revolução de 1848, 211-17
   renda, 217n
   revolução democrática burguesa, 153-54, 173-74, 178, 180-83, 193-94, 202, 207
classe operária, 48-52, 143
   americana, 349-53
   Colônia, 180-83
   comunismo e, 150-58, 165-71, 208
   condições de trabalho e salários, 92, 98-99, 103-04, 120-26
   dissidente, 91-93, 102, 109, 142-43, 173-203, 211
   feminismo, 341-50
   Manchester, 89-90, 91-133, 211-13, 218
   movimento cartista, 17, 92, 108-11, 122, 130, 211, 212, 213, 356
   movimento operário, 17, 129, 357, 366-71
   movimento socialista dos anos 1890, 355-60, 374-83
   owenitas, 103-09, 130, 305
   Paris, 137, 158-60, 175-79
   pós-revolução de 1848, 208-15, 292-96
   revoluções de 1848, 173-203
   tumultos de Plug Plot, 91-93, 109
classe social, 22

classe média. *Ver* classe média
classe operária. *Ver* classe operária
comunismo e, 150-58, 165-71, 209, 241-46
elite mercantil-fabril, 23-24, 26, 48, 83, 102-03, 124-25, 211-13, 218
gênero e, 339-50
Industrialização e lutas de classe em Manchester, 89-90, 91-133, 211-13, 217-18
Irlanda e, 260-64
materialismo histórico e, 241-46, 266
origens do socialismo e, 80-90
progresso econômico e, 127-32, 168-70, 207, 241-46, 260
revoluções de 1848 e, 173-203
Cieszkowski, August von, 88
"Circular contra Kriege," 155-56
Cobbett, William, 253
Coleridge, Samuel, 31, 43
Colônia, 49, 73, 77, 86
revolução de 1848, 162, 174, 180, 184, 186
colonialismo, 17, 116, 253-56, 261
economia do, 254, 256
comércio do algodão, 23, 24, 94-98, 102-104, 125, 130, 132, 159, 206, 211-215, 221-223, 238, 255-56
Comuna (de 1871), 18, 281-84, 289, 376
comunismo, 12, 17, 79, 80, 93
as revoluções de 1848 e, 173-203
ciência e, 316-317, 324-26, 327-333, 365-66, 399
classe social e, 150-58, 165-171, 208, 241-46
"conversão" de Engels ao, 90, 127
de Marx e Engels, 136-141, 146-171, 225-227, 241-46, 264-69, 286, 304-305, 326, 396-405

de Weitling, 153-57
hegelianismo, 55, 140
Londres, 206-11, 271-72, 280-94, 323-325, 355-62, 367-71
lutas internas entre as facções, 208, 221, 284-94, 338, 359-62, 374-76
materialismo histórico, 241-46, 266
modelo russo, 303-306
na França, 85-86, 152, 153, 157, 171, 177, 329, 374-76
origens do, 80-90
primórdios do movimento, 136-71
propaganda e panfletos dos anos 1880, 312-338
propriedade privada e, 128, 144, 150-151, 167, 170, 178, 241, 266
religião e, 150, 153-54, 340
revolução, 128, 151, 153, 165, 167, 303, 331, 378, 395
terminologia, 80
ver também marxismo; socialismo; *comunistas e países específicos*
Comitê de Correspondência Comunista, 152, 153, 154, 155, 156
Comte, Auguste, 403
Congresso de Erfurt (1891), 376-377
Congresso de Hague (1872), 289-90
Congresso Operário Internacional (1893), 374-75
Congresso Operário Socialista-Marxista Internacional (1889), 374-75
Considérant, Victor, 158
constitucionalismo, 45
Contribution to the Critique of Hegel's Philosophy of Right (Marx), 68
Cooper, Thomas, 92-93, 213
Cornforth, Maurice, 324
colonialismo e, 255-256

embargo da Guerra Civil Americana, 223-224
fome, 223-224
comunidades aldeãs, 303-05
cristianismo, 52-53, 54, 88
   Hegel e, 65-69
   repúdio de Engels ao, 51-58
   socialismo e, 82-84, 88, 105, 106, 112, 118, 150, 379
Crítica dos programas socialistas de Gotha e de Erfurt (Marx), 293-304
cúlaques, 392, 393
Cuno, Theodor, 289

Dakyns, John Roche, 315
Dalton, John, 313
Dana, Charles, 224-225, 236, 237
Danielson, Nikolai, 305, 337
Darwin, Charles, 310, 315-16, 363, 366, 403, 404
   Origem das espécies, A, 315-316
   teoria da evolução, 310, 315-316, 320, 321, 340, 397
darwinismo social, 316, 350
Deasy, Timothy, 262, 263
Debates Putney, 80
Decretos de Karlsbad (1819), 35, 41
Dedekind, Richard, 322
De l'Allemagne (de Stäel), 32
"Demandas do Partido Comunista da Alemanha" (Marx e Engels), 178
democracia, 17, 63, 95, 152-53, 165, 175, 378
   revolução democrática burguesa, 153, 173-74, 180-83, 194, 202, 207
Demuth, Freddy, 227-228, 334, 372-73
Demuth, Nim, 227-228, 334, 372-73

desemprego, 48-49, 83, 144, 175, 178, 183-84, 223, 344
de Tocqueville, Alexis, 95, 129, 171
Deutsch-Französische Jahrbücher, 115-116, 381
Deutsche Jahrbücher, 77
Dezoito brumário de Luís Bonaparte, O (Marx), 242
Dialética da natureza (Engels), 319-24, 398
Dickens, Charles, 118, 278
Die Freien (Os Livres), 70, 76, 78
Dinamarca, 174, 191, 271
"Discurso da Autoridade Central à Liga", 208
Disraeli, Benjamin, 312
   Sybil, or, The Two Nations, 101, 118
Do socialismo utópico ao socialismo científico (Engels), 13, 329-32, 395
Dresden, 195, 286
Dronke, Ernst, 187
Dühring, Eugen, 326-328
Dupont, Eugene, 298
Düsseldorf, 27, 195, 290

economia, 14, 17, 63, 115
   classe social e, 127-32, 168-69, 208, 241-46, 266-67
   colonialismo e, 254, 255
   de meados da era vitoriana, 211-214, 221-224, 238, 256
   depressão, 175, 179
   embargo da Guerra Civil Americana, 223
   global, 15, 16-17, 166-67, 221-224, 254, 297, 405-407
   Inglaterra dos anos 1870, 296-97
   política, 107-108, 115-118, 140

quebra de 1857, 238, 254
têxtil, 48-49, 214, 238
Economist, 15, 297
Eichhorn, Johann Albert Friedrich, 62, 71
Einstein, Albert, 319, 324
Elberfeld, Alemanha, 24-27, 30, 50, 95, 132
  revolução de 1848, 194-197
elite mercantil-fabril, 23-24, 26, 48, 83, 102-03, 124-25, 211-13, 218
energia do vapor, 94, 95
Engels, August, 22, 183
Engels, Elise, 25, 28-29, 79, 141, 205, 215
  relação com o filho Friedrich, 30, 186-87, 210, 238-39, 283
Engels, Friedrich, 11-19
  a Alemanha Jovem e, 41-53, 57, 70
  ancestralidade, 22-23
  anos de Manchester, 91-133, 205-239
  anos em Bremen, 36-42, 47-58
  aparência física de, 39-40, 69, 138, 154, 161
  aprendizado comercial de, 36-42
  a Segunda Internacional e, 375-85, 403
  as filhas de Marx e, 227-228, 258-60, 269, 298-99, 334, 364-66, 372, 385, 388-89
  casamento de, 300, 347
  Cheshire Hunt e, 232-34
  colunas no *Telegraph*, 47-52, 57, 79
  conhece Marx, 79
  contribuição a *O capital*, 225-228, 264, 265, 267-68
  "conversão" ao comunismo, 90, 127
  como orador público, 143-44
  como popularizador da doutrina marxista, 160-61
  correspondência com Marx, 219-228
  décadas de metade da vida de, 205-239
  deferência por Marx, 18, 139, 206, 224, 356, 381
  desafio bakuninista e, 286-89
  devoção a Marx, 18, 138-39, 156, 210, 227-228, 271, 334, 338, 381
  Die Freien e, 70-79
  disciplina partidária imposta por, 156, 157
  dom-juanismo de, 113-115, 146, 147-48, 161-64, 187-90, 257, 348-49
  educação de, 29-30, 36
  educação política, 42-45
  em Berlim, 59-80, 381-82
  em Londres, 206-211, 269, 271, 308, 334, 355-57, 371
  em Paris, 135-41, 158-71, 177-78, 188-90
  estilo literário de, 45-46, 49, 118, 138, 167-68
  exilado novamente em Manchester, 205-239
  hegelianismo e, 54-57, 61-69, 140, 19-92, 317-321
  infância de, 21-30, 35-36
  influência de, 132, 395-405
  Irlanda e, 260-64
  jornalismo de, 47-52, 57, 79, 101, 115-118, 119, 182-87, 190-93, 224-225, 236-37, 246-52, 288-89, 326-28
  legado de, 393, 395-405
  legado de Marx e, 14-16, 310-11, 332-338, 376-77, 381, 395-407
  "Letters from Wuppertal", 49-52, 79, 120
  Lizzy Burns e, 229-230, 258-61, 269, 272-74, 299-301, 347, 348
  mandados de prisão contra, 186-87, 198-99
  Mary Burns e, 113-115, 122, 146, 147-48, 161-62, 229-230, 256-58, 348

morte de, 388-90
morte e discurso fúnebre em homenagem a Marx, 307-310
movimento socialista dos anos 1890, 355-71, 374-85
na Bélgica, 146-48, 152-57, 166, 173, 176, 187
nacionalismo, 33-36, 44
na firma têxtil da família, 22-24, 36-42, 80, 91-93, 102-103, 133, 141, 205-206, 210-18, 226, 229, 236-39, 255, 267
nascimento de, 21
Nim e, 371-73
nos Estados Unidos, 351-54
obrigado a sair do negócio da família, 238-39, 268-70, 296
obscuridade póstuma de, 13, 15-17
opiniões religiosas, 25-28, 51-58, 150, 379
passado burguês e conflitos, 18, 102-103, 112-115, 205-206, 210, 216-18, 229, 238, 255-56, 267, 298, 348-49
perda da fé, 51-58
personalidade de, 38, 138, 217, 274-75
poesia de, 46-47, 72-73
preconceitos raciais de, 190-94, 291-92
Primeira Internacional e, 271, 284-90, 371
primeiros escritos, 45-52, 115-133
primórdios do movimento comunista, 131-41, 146-71
problemas de saúde de, 229, 236-39, 335-336, 349-50, 384-89
propaganda e panfletos dos anos 1880, 312-338
pseudônimo de "Oswald", 47-49, 52, 72-73
Pumps e, 301-302, 338-339, 374

relação com a mãe, 30, 186-87, 210, 238-39, 283-84
relação com Marx, 79, 101, 117-118, 206, 217-228, 237, 257-58, 264-69, 272, 275, 300, 307-310, 331-333, 360-61
relação com o pai, 29-31, 80, 94, 103, 138, 141, 145, 160, 197, 211, 214-16, 238
renda, títulos e ações de, 217, 217n, 218-19, 296-99
revoluções de 1848 e, 173-203
romantismo e, 30-35, 42, 43, 57-58, 110-111
sai da sombra de Marx, 356-57
serviço militar, 57-58, 60, 69-70, 79, 174, 197-201
sobre ciência, 312-333, 340-50
sobre colonialismo, 253-56
sobre economia política, 115-118
sobre feminismo e sexo, 339-349
sobre materialismo histórico, 241-46
sustento financeiro de Marx, 210, 217-220, 264, 265, 267, 268, 298, 371
teoria dos povos "a-históricos" de, 190-93, 253
testamento e espólio de, 388-89
últimos anos, 355-89
vida dupla de, 229-236
vida e trabalho em Regent's Park Road, 271-79, 301, 334, 371-73, 384-85
volta à empresa da família, 210-17
ver também escritos específicos
Engels, Friedrich (pai de Engels), 12, 22, 23, 28-31, 79-80, 87, 102, 182, 205, 214
morte de, 238
relação com o filho Friedrich, 29-31, 80, 94, 103, 138, 141, 145, 160, 197, 211, 214-16, 238

Engels, Hermann, 183, 238, 353, 380
Engels, Johann Caspar I, 22
Engels, Johann Caspar II, 23, 26
Engels, Johann Caspar III, 22
Engels, Rússia (*originalmente* Pokrovski), 12-13, 391-95
Engels Society, 324, 325
Ermen, Godfrey, 23, 214, 236, 238, 268
Ermen, Peter, 23, 102, 215, 221
Ermen & Engels, 23-24, 36, 80, 91, 141, 285, 315, 348
   em Manchester, 91-93, 102-103, 113-15, 132-33, 205-239, 210-18, 238-39, 268-69
   Engels obrigado a sair, 238-39, 268-69, 296
   Guerra Civil Americana e, 223-224
   lutas internas da empresa, 214, 238-50
   trabalhos de Engels para, 22-24, 36-42, 80, 91-93, 102-103, 132-33, 141, 205, 210-18, 226, 229, 236-39, 255, 267
Escócia, 31, 103, 192, 223
Escola de Manchester, 211, 256
eslavos, 190-94, 253, 287, 291
Espanha, 13, 31, 192, 271, 287, 288, 356
Estados Unidos, 13, 192, 214, 222, 349-54, 356
   classe operária, 349-53
   Engels nos, 351-54
   Guerra Civil, 223-224, 291
   imigrantes, 155, 351-53
   socialismo, 267, 290, 349-52, 364, 403
Ethnological Notebooks (Marx), 340
evolução, 310, 315-16, 320, 321, 340, 397
Eynern, Friedrich von, 197

falanstérios, 84, 85, 86
Faucher, Léon, 98, 100, 126

Federação Social-Democrata (FSD), 359-61, 375, 403
feminismo socialista, 341-50
fenianos, 262-263
Ferri, Enrico, 403
feudalismo, 43, 111, 112, 150, 153, 173, 181, 303, 317-18, 377
Feuerbach, Ludwig,
   Essência do cristianismo, A,
Fichte, Johann Gottlieb, 32-33, 34, 49, 61
Flocon, Ferdinand, 177
fome, 175, 178, 383
   algodão, 223-224
   batata, 261
Fourier, Charles, 82-85, 103, 104, 110, 117, 159, 167, 188, 329
França, 14, 31, 34, 45, 80, 89, 90, 93, 247, 248, 297, 331, 374-76
   Comuna de Paris (1871), 18, 280-84, 289, 376
   comunismo, 85-86, 135-41, 152, 153, 157-71, 177, 329
   guerras napoleônicas, 32-35
   indústria têxtil, 159
   revolução de 1848, 175-79, 183-86, 187-90, 281
   Revolução de Julho, 45, 158, 171
   Revolução Industrial, 158-59
   Segundo Império, 126, 208, 280
   socialismo, 81-86, 135-41, 158-60, 175-79, 183-86, 374-76
   ver também cidades específicas
Frederico Guilherme III, rei da Prússia, 34, 43, 60, 61, 62, 63
Frederico Guilherme IV, rei da Prússia, 48, 62, 64, 65, 67, 177, 179, 189, 194-95
Freiligrath, Ferdinand, 46, 147

Freyberger, Louise, 228, 373-74, 380, 385-86, 388
Freyberger, Ludwig, 385-86

Garibaldi, Giuseppe, 246
Gaskell, Elizabeth, 118, 314
George, Henry, 357
Globalização, 15, 16-17, 166-67, 221-224, 254, 297, 404-407
Goethe, Johann Wolfgang von, 29, 31, 35, 42, 51, 111, 112
Gottschalk, Andreas, 180-81
Graeber, Friedrich, 52, 53, 54
Graeber, Wilhelm, 52, 53, 54
Grécia, 44, 56
Green, T.H., 357
greves operárias, 142, 366-69
Griesheim, Adolf von, 198, 229
Grimm, Jacob e Wilhelm, 33, 35, 49
Grove, William Robert, 313, 315, 318
Grün, Karl, 157-58, 160-62, 181
Guerra civil na França, A (Marx), 284, 376
Guerra da Crimeia, 246, 252
guerra de guerrilha, 251, 282
guerra, Engels sobre, 17, 18, 19, 246-53, 382-83
Guerra Franco-Prussiana, 248-50, 279
Guerra Fria, 13
Guerras camponesas na Alemanha, As (Engels), 244-46, 387
guerras napoleônicas, 32-35, 211
Guesde, Jules, 329, 375
guildas / corporações medievais, 48, 128, 243
Guilherme I, imperador da Alemanha, 294
Guizot, François, 176

Gunn, Simon, 127
Gutenberg, Johannes, 35
Gutzkow, Karl, 42, 47, 57

Haldane, J.B.S., 324
Hall, Spencer, 107
Habsburgo, monarquia, 177, 187, 190, 192
Harcourt, William, 357
Hardenberg, Karl August von, 36, 65
Hardie, Keir, 278, 369
Harney, George Julian, 38, 109, 147, 171, 176, 209, 307, 337
Haussmann, Georges-Eugène (barão), 126
Headlam, Stewart, 359
Hegel, Georg Wilhelm Friedrich, 55-57, 61, 62, 117, 253, 266, 317, 333, 357, 403
  Filosofia da história, 55
  Filosofia da natureza, 317
  método dialético, 65-69, 318-20
  Philosophy of Mind, 191
  Princípios da filosofia do direito, 63
  religião e, 65-69, 149
  teoria de, 54-57, 61-69, 137, 140, 149, 191-92, 317-321
Heine, Heinrich, 42, 45, 61, 73, 142-43
Heinzen, Karl, 147, 207, 209
Herder, Johann Gottfried von, 32, 33, 49, 111
Herzen, Alexander, 88, 206, 286, 304
Hess, Moses, 86-90, 93, 101, 110, 116, 127, 136, 147, 181, 195
  Engels e, 90, 127, 132, 143, 162-64, 166
  "Sobre a Catástrofe que se Aproxima da Inglaterra", 89
  The Sacred History of Mankind, 87
Hess, Sibylle, 162-63

Hitler, Adolf, 394
Hobsbawm, Eric, 168, 297, 323
Humboldt, Wilhelm von, 61, 62, 65
Hungria, 174
   levante de 1848, 190-94
Huxley, T.H., 314, 318
Hyndman, Henry, 278, 359-61, 363
   England for All, 360

Idade Média, 43, 55-56, 153
Ideologia alemã, A (Marx e Engels), 149-51, 167, 241, 242, 288
Igreja Católica, 31, 32, 80, 84
Igreja Luterana, 25, 74
iluminismo, 31, 32, 74
Império Romano, 56, 379
imprensa, 62, 78
   cartista, 109
   livre, 62
   Manchester, 91, 92, 100, 118
   owenita, 117, 142
   sindicalista, 357-58
   sobre *O capital*, 268
   socialista, 78-79, 136, 181-83, 185-88, 193-95, 297, 326, 371
   ver também periódicos específicos
Índia, 14, 222, 223, 254, 256, 297, 304, 405
indústria têxtil, 22-24, 36-38, 48-49, 80, 82, 142-43, 159, 205-06, 221
   condições de trabalho e salários nas fábricas, 92, 98-99, 103-04, 120-26
   embargo da Guerra Civil Americana e, 223-24
   greves, 142
   Manchester, 95-101, 102-03, 120-26, 205-06, 211-17, 221-23, 238, 255-56
   pós-revolução de 1848, 211-17, 221-23

industrialização, 22, 23, 49-52, 118, 127-28, 173, 405-07
   condições de trabalho nas fábricas e salários, 92, 98-99, 103, 120-26
   greves, 142, 367-69
   luta de classes em Manchester, 89-90, 91-133, 211-13, 217-18
   poluição, 24, 49, 95-99, 119, 131
   vale do Wupper, 22-24, 49-52
   ver também operários fabris; trabalho; *indústrias específicas*
Inglaterra, 13, 24, 28, 36, 41, 89
   a questão irlandesa, 260-64
   colonialismo, 116, 253-56, 261
   comunismo, 206-11, 271-72, 280-94, 323-25, 334, 355-63, 366-71
   economia dos anos 1870, 296-97
   Guerra da Crimeia, 246-47, 252
   indústria têxtil, 48, 95-101, 102-104, 120-126, 205-06, 211-17, 221, 224, 238, 255
   Industrialização de Manchester e lutas de classe, 89-90, 91-133, 211-13, 217-18
   Liga dos Justos, 152
   movimento operário, 17, 129-30, 357-58, 366-71
   movimento socialista dos anos 1890, 355-71
   Parlamento, 92, 104, 108, 211
   pós-revolução de 1848, 206-14, 271-96
   Revolução Industrial, 94-101, 127-29
   romantismo, 31
   socialismo, 105-33, 152, 206-11, 230-232, 271-72, 280-94, 355-62, 366-71
   ver também cidades específicas
Insolently Threatened Yet Miraculously Rescued Bible; Or, The Triumph of Faith, The (Engels e Bauer), 71-73

Instituto Marx-Engels, Moscou, 319
Irlanda, 42, 260-64, 304
   fenianos, 262-64
   fome, 261
irlandeses, imigrantes, 100, 113-15, 120-22, 258, 260-64
irmãos Ermen, 215, 216
Itália, 42, 271, 288, 331
   revolução de 1848, 174, 175, 177, 187
   unificação, 247-48

Jamaica, 255, 292
Jena, batalha de, 32-33, 63
judeus, 33, 43, 53, 74-75, 86
   antissemitismo e, 292
   emancipação dos, 63
Jones, Ernest, 213
Jones, Gareth Stedman, 57, 129
Joule, James, 313
Jovens Hegelianos, 66-71, 77, 87-90, 102, 116, 182, 119, 129, 132, 137, 149, 245, 290, 321

Kautsky, Karl, 258, 278, 302, 331, 333, 348, 361, 387, 403
   "A origem do casamento e da família", 341
   Ethics and Historical Materialism, 403
Kay, James Phillips, 99, 120
Kelly, Thomas, 262, 263
Kierkegaard, Soren, 59
Kolakowski, Leszek, 377, 397, 400
Kölnische Zeitung, 182, 186,
Köppen, Karl, 70, 71
Kossuth, Lajos, 190-94, 209
Kriege, Hermann, 155-56

Krummacher, Frederick William, 27-28, 51-52

Labour Standard, The, 358
Lafargue, Laura, 258-60, 264, 298, 334, 339, 371, 384, 388
Lafargue, Paul, 138, 233, 263, 272, 288-89, 291, 298-99, 309, 329, 338, 367, 371, 375
Lassalle, Ferdinand, 290-94, 303, 376-77
Laube, Heinrich, 42
Lavoisier, Antoine-Laurent, 313
Leach, James, 109-110, 118, 123
Ledru-Rollin, Alexandre-Auguste, 209
Lei das Manufaturas e Fábricas de Algodão, 104
Leipzig, 66, 120
   batalha de, 34
Leis do Trigo, repúdio às, 211, 212
Lenin, Vladimir Ilich, 12, 13, 16, 138, 288, 312, 324, 378, 395-98, 401, 403
   The Teaching of Karl Marx, 397
Leopoldo I, rei da Bélgica, 176
Leroux, Pierre, 159
levante magiar (1848), 190-94
Lessner, Friedrich, 40, 270, 309
Levine, Norman, 16, 332
liberdade, 62-63
   Hegel sobre, 55-57, 62-69
Liebig, Justus von, 313
Liebknecht, Wilhelm, 119, 168, 278, 293, 294, 303, 309, 327, 332-333, 356, 361, 376, 382
Liga dos Justos, 152-66
   congresso de 1847 em Londres, 164-66
Liga Comunista, 136, 164-71, 177-78, 288
   em Londres, 206, 210

faccionalismo, 208, 211
rascunho da Profissão de Fé
   Comunista, 165-68
segundo congresso (1847), 167-71
Liga Socialista, 361-62
Lincoln, Abraham, 223
livre-comércio, 14, 107, 212
Livres, Os. *ver* Die Freien
Londres, 93, 101, 164, 167, 202
   bolsa de valores, 296-98
   comunidade *émigré* socialista, 206-11, 271-72
   comunismo, 206-11, 271-72, 280-94, 232-24, 334, 355-56, 366-71
   Engels em, 206-11, 269-70, 271-308, 334, 355-57, 371
   greve das docas, 367-69
   Internacional, 271-72, 284-90
   Marx em, 202-03, 206-11, 219-27, 271-72, 290, 306, 309
   movimento operário, 18, 129-30, 357, 366-71
   Primeiro de Maio, 355-56
Longuet, Charles, 309
Longuet, Jenny, 258-60, 263, 302, 307
Loria, Achille, 310
Luís XIV, rei da França, 81
Luís Napoleão, 187
Luís Filipe, rei da França, 45, 160, 171, 176
Lovett, William, 105
Lukács, György, 331
Lutas de classe na França (Marx), 185
Lutero, Martinho, 34, 245, 401
Lysenko, Trofim, 325

mais-valia, conceito de, 266, 330, 336
Malthus, Thomas, 107, 116

Manchester, Inglaterra, 17, 23, 36, 80, 91-133, 146, 158, 205-39, 273, 297, 353, 405
   a questão irlandesa e, 263-64
   clubes, 234-35
   colapso econômico de 1857, 238
   comunidade socialista, 105-33, 230-32
   condições de trabalho nas fábricas e salários, 92, 98-99, 103, 120-27
   indústria têxtil, 48, 95-101, 102-04, 120-26, 205-06, 211-17, 221-24, 238, 255
   imagem de Algodonópolis, 94-95, 212, 256
   industrialização e as lutas da classe operária, 89-90, 91-112, 211-13, 218
   poluição, 95-99, 119, 131
   pós-revolução de 1848, 211-14, 231-36
   Revolução Industrial, 94-101, 127-28, 212
   Salão do Livre Comércio, 212
   saúde pública, 99, 119, 131
   tumultos de Plug Plot, 91-93, 109
Manchester Guardian, 91, 100, 119, 212
Manchester Royal Exchange, 11, 235
Manifesto do partido comunista, O (Marx e Engels), 11-12, 14, 110, 136, 165-71, 174, 178, 213, 253, 304, 344, 405
   publicação do, 170-71
Mao Tsé Tung, 11
Marcus, Steven, 127
Marx, Edgar, 210
Marx, Eleanor (Tussy), 11, 19, 21, 148, 164, 228, 258-60, 263, 269, 299, 309, 334, 339, 351, 366-67, 369, 384-87, 388-89
   Edward Aveling e, 363-65, 386
   suicídio de, 364
Marx, Fawksey, 209-10
Marx, Franziska, 210

ÍNDICE

Marx, Heinrich, 74-76, 77
Marx, Henriette, 74
Marx, Jenny (*née* von Westphalen),
Marx, Karl, 11, 13, 14-29, 73-79
   a Comuna de 1871 e, 283
   aparência física de, 138, 154-55
   as revoluções de 1848 e, 173-203
   casamento e filhas de, 75, 209-10, 218-20, 227-28, 258-60, 291, 298, 309
   ciência e, 316-17, 324, 366
   conhece Engels, 38, 138
   correspondência com Engels, 220-27
   deferência de Engels por, 18, 139, 206, 224, 356, 381
   devoção de Engels a, 18, 138-39, 156, 210, 227-28, 271, 333, 337, 381
   educação de, 75-77
   elogio de Engels a, 145, 156
   estilo literário e métodos de trabalho, 45, 118, 138, 140-41, 168, 224-27, 265-67, 335
   expulsão da França, 146, 159
   filho ilegítimo de, 227-28, 372, 388-89
   hegelianismo e, 241-46, 266
   jornalismo de, 78-79, 101, 136, 181-83, 193-95, 209, 224-25
   judaísmo e, 74-75
   legado de, 14-16, 310-11, 331-38, 376-77, 381, 395-407
   modo de vida burguês de, 219-20
   morte de, 306-07, 309-10
   na Bélgica, 146-48, 152-58, 173, 176
   nascimento de, 74
   panfleto sobre *A sagrada família*, 139-41
   primórdios do movimento comunista, 131-41, 146-71
   problemas de saúde, 237-38, 306-07
   problemas financeiros e apoio de Engels, 209-10, 218-20, 264, 265, 267, 268, 291, 298, 360
   relação com Engels, 79, 101, 117-18, 131-41, 146-71, 177-78, 206, 218-28, 236-37, 257-58, 264-69, 272, 275, 300, 307-10, 332-333, 360
   religião e, 67-68
   sobre colonialismo, 252-56
   teoria de, 136-41, 146-71, 225-27, 241-46, 264-69, 304-05, 327-28, 336-37, 396-405
   ver também escritos específicos
marxismo, 12, 15-19, 30-31
   a Revolução Russa e, 395-98
   ciência e, 316-17, 324-26, 327-333, 366, 399
   desenvolvimento do, 93, 115, 132-33, 136-71, 320n, 327-28
   dos anos 1890, 356-71, 374-83
   Engels como popularizador do, 160-61
   legado do, 310-12, 332-333, 337-38, 376-77, 381, 395-407
   modelo russo, 303-06
   Primeira Internacional, 271-72, 284-90
   Segunda Internacional, 375-84, 403
   sobre a posse de bens, 140, 144, 150-51, 167, 170, 178, 241, 266
   ver também comunismo; socialismo
marxismo-leninismo, 312, 324, 380, 395-405
materialismo dialético, 13, 243-44, 320, 320n, 330, 396-99
materialismo histórico, 241-46, 266
Maximiliano II, rei da Bavária, 179
Mayer, Gustav, 27, 138
Mayhew, Henry, 367
Mazzini, Giuseppe, 41, 209, 284
Mendel, Gregor, 325

Mendelson, Stanilasw, 380
método dialético, 64-66, 396-97
　ciência e, 317-26, 328-333
　cristianismo e, 65-69
　de Hegel, 65-69, 318-20
Metternich, Klemens Wenzel (Conde von), 35, 42, 177
México, 14, 192
Meyen, Eduard, 70
Meyer, Hermann, 268
Michurin, Ivan, 325
militar, 57-58, 60, 69-70, 79
　alistamento, 383
　Engels sobre, 17, 18, 19, 246-52, 382-83
Mill, James, 253
Miséria da filosofia, A (Marx), 157, 317, 321, 334
Mohl, Robert von, 49
Moll, Joseph, 201
Moore, Samuel, 231, 235, 334, 366, 372, 387, 390
More, Thomas, 80
Morgan, Lewis Henry, 304, 340-43
Morgan, Thomas Hunt, 325
Morris, William, 278, 361-62
Motim Indiano (1857), 254, 256

Napoleão Bonaparte, 33, 60, 74, 78, 86, 176, 246, 248
Napoleão III, 126, 248-51, 252, 279, 292
narodniki, 303, 305
nacionalismo, 32-36, 44
National Secular Society, 363, 364, 367
Nauwerck, Karl, 70
nazismo, 325, 394
negação da negação, 320-21, 328
Neue Rheinische Zeitung, 182-84, 185, 186-87, 191, 193-95

New American Cyclopaedia, The, 236
New Moral World, The, 117, 142
Newton, Isaac, 74, 82, 83, 310, 314, 319, 320, 323
New York Daily Tribune, artigos do, 224-25, 247, 248, 251
Nicolau I, czar da Rússia, 136
Nova York (cidade), 289, 353
Novalis, 32, 34

"O beduíno" (Engels), 46, 47
O'Connor, Feargus, 180, 122
operários fabris, 48-52, 267
　condições de trabalho e salários, 92, 98-99, 103, 120-26
　Manchester, 91-133, 211-13, 217
　ver também industrialização; trabalho
opostos, interpenetração dos, 320-21, 328
Origem da família, da propriedade privada e do Estado, A (Engels), 342-47
"Os princípios do comunismo", 167-68
Outlines of a Critique of Political Economy ("Esboços de uma Crítica da Economia Política")(Engels), 115-18, 129, 132
Owen, Robert, 85, 103-09, 305, 329
owenitas, 103-09, 114, 117, 130, 142, 159-60, 167, 213, 305, 314

Paine, Thomas, 106, 253
"Paisagens" (Engels), 57
Palermo, levante de, 175
Paris, 23, 87, 101, 135-36, 158-60, 171, 279
　classe operária, 137, 158, 159-60, 175-79
　Comuna (1871), 18, 280-84, 289, 376
　comunidade *émigré* socialista, 159-61, 177-78

comunismo, 136-41, 152, 158-71, 177, 374-76
Engels em, 135-41, 157-71, 177-78, 187-90
Guerra Franco-Prussiana, 279-80
Marx em, 136-41, 145, 177-78, 202
revolução de 1848, 175-79, 183-86, 187-90, 281
Segunda República, 177, 183-85
Segundo Império, 126, 208, 280
Partido Comunista, 136
desenvolvimento do, 164-71
ver também comunismo
Partido dos Operários Social-Democratas da Alemanha, 293, 294
Partido Liberal, 358, 363
Partido Operário Independente (POI), 370
Pauli, Philipp, 300
pauperismo (termo), 49
Peterloo, massacre de (1819), 91, 212
pietismo, 25-28, 30, 51, 52
Platão, 80
Plekhanov, Georgi, 303, 331, 396-97, 400, 402
Plug Plot, tumultos de, 91-93, 109
Po and Rhine (panfleto), 247, 248
pobreza, 48-49, 83, 102, 209-10, 223
em Manchester, 91-93, 98-100, 119-26
em Paris, 158
Pokrovsk, Rússia (*mais tarde*, Engels), 391-93, 394
Polônia, 254, 262
política. Ver *países, movimentos, organizações e partidos específicos*
povos "a-históricos", teoria dos, 190-93, 253
predestinação, 26, 53
Primeiro de Maio, 355-56, 376

propriedade privada, 51, 77, 81, 86, 89-90, 117, 127-29, 140, 150, 156-57, 235
abolição da, 89, 117, 137, 144, 166, 167, 170
estrutura da família e, 343-45
Marx e Engels sobre, 140, 144, 150-51, 167, 170, 178, 241, 266
proletariado (termo), 48-49
prostituição, 123, 158, 162, 343, 344, 347
protestantismo, 25-27
Proudhon, Pierre-Joseph, 156-58, 159, 285, 291, 293,317, 326
O que é a propriedade?, 117, 156
Prússia, 30, 34, 42, 45, 74, 132, 174, 247
Guerra Franco-Prussiana, 249-51, 279-81
hegelianismo, 55-57, 61-69, 76, 140, 149
Hohenzollern, monarquia, 33, 34, 60-67
militar, 57-58, 60, 69-70, 79
revolução de 1848, 179-83, 185-87, 189, 191, 193, 194-202

"Rascunho de uma Profissão de Fé Comunista," 164-167
Reden, Friedrich Ludwig von, 132
Red Republican, 171
Reforma, 34, 242
Réforme, La, 177
religião, 24-27, 51
Engels sobre, 25-27, 51-57, 66, 150, 379
hegelianismo e, 65-69, 149
Marx e, 68
pietismo, 25-27, 30, 51, 52
socialismo e, 82-84, 88, 104, 106, 111-112, 116, 150, 153-54, 379

Renânia, 44, 45, 46, 49, 74, 86, 142, 145, 178, 180
  anexação pela Prússia, 74
  indústria têxtil, 22-24, 36-37, 48-49, 80, 95, 142-43
  revolução de 1848, 180-83, 185-86, 191, 193, 194-202
Reno, rio, 22, 35, 74
revolução (democrática) burguesa, 153, 173-74, 178, 180-83, 194, 202, 207
Revolução e contrarrevolução na Alemanha (Engels), 225
Revolução Francesa, 31, 45, 64, 80, 85, 90, 130, 137, 175, 374
Revolução Industrial, 95, 128, 159, 168, 212, 243, 292, 357, 362
Revolução Russa, 304, 391, 393, 395-97
revoluções de 1848, 173-203, 281, 286, 377
  fracasso das, 202, 207-208, 212-13
  na Alemanha, 178-83, 186-87, 189, 190, 191, 193, 194-202
  na França, 175-79, 183-86, 188-90, 281
  na Hungria, 189-94
  na Itália, 174, 175, 177, 187
Rheinische Zeitung, 77-79, 102, 136, 180
Ricardo, David, 242
Riefer, Adolf, 372, 373
Rodbertus, Johann Karl, 336
romantismo, 30-35, 41-42, 57, 111, 242
Rosher, Percy, 302, 338-39, 348
Rosher, Pumps, 274, 301-02, 315, 338-39, 348, 371-72, 374, 385, 386
Rousseau, Jean-Jacques, 73, 106
Ruge, Arnold, 70, 76, 77-78, 136-37, 208
Rússia (pós-União Soviética), 12, 13, 14, 382, 405
Rússia (pré-União Soviética), 60, 136, 192, 246, 247, 254, 303, 356, 391-92, 393
  Bakunin e, 285-90
  economia, 305
  socialismo, 303-06, 395-97
Ryazanov, David, 331

Sagrada família; ou Crítica da crítica crítica. Contra Bruno Bauer e Cia., A, (Marx e Engels), 139-41
Saint-Simon, Claude Henri de Rouvroy, conde de, 81-82, 85, 87, 103, 104, 110, 159, 329, 330
  Novo cristianismo, O, 82
Salford, Inglaterra, 80, 102, 105, 129, 214, 314
Sand, George, 159
saneamento, pobres, 99, 119, 131
SAPD (Partido dos Operários Socialistas da Alemanha), 293-96
Saratov, Rússia, 19, 391, 392
Sartre, Jean-Paul, 331
Saxônia, 174, 179, 195
Schapper, Karl, 152, 164, 186, 208, 221
Schelling, Friedrich Wilhelm Joseph von, 59-60, 62, 66, 77, 79, 88
Schiller, Friedrich, 32, 111, 234
Schiller Institute, 11, 234, 314
Schinkel, Karl Friedrich, 60, 61
Schlegel, Friedrich, 32
Schleiden, Matthias, 313
Schleiermacher, Friedrich, 53, 61
Schorlemmer, Carl, 231, 279, 309, 314-15, 351, 372, 386
Schwann, Theodor, 313
Scott, Walter, 31
secularismo, 52, 82, 363
Segunda Guerra do Ópio, 255
Segunda Guerra Mundial, 13, 394
Segunda Internacional Socialista, 375-84, 403

sexo, 70, 83, 100
   Engels sobre a estrutura da família e, 341-50
   igualdade, 345-46
   homossexualidade, 346
   pornografia, 70
   prostituição, 123, 158, 161-62
   socialismo e, 83, 84
Shaw, George Bernard, 355, 362, 364
Shelley, Percy Bysshe, 43-45, 46, 57, 106, 143
   "Ode à liberdade", 44
   Queen Mab, 43-44
Sibéria, 14, 286, 395
Sicília, 174, 175
Siegfried (herói folclórico), 35, 36, 46-47, 48, 57
sindicatos, 284, 294, 349-51, 355, 357-58, 366-70
Situação da classe trabalhadora na Inglaterra, A (Engels), 93, 94, 112, 114-115, 118-119, 145, 168-70, 212, 243, 260, 273, 285, 310, 327, 331, 344, 349, 359
   impacto de, 132-133, 168-70
silesianos, tecelões, 142-43
Smith, Adam, 107-08, 116, 137, 154, 242, 401
Snethlage, Karl, 21, 79
"Sobre a autoridade" (Engels), 288-89
socialismo, 52-53
   cartistas, 18, 92, 108-111, 122, 130, 211, 212, 213, 356
   científico, 312-33, 366, 399
   comunidade de Manchester, 105-33, 211-12, 230-32
   comunidade *émigré* de Bruxelas, 146-48, 152-57, 163, 164, 166, 176, 187
   de Marx e Engels, 136-41, 146-71, 225-27, 241-46, 264-69, 285, 304-05, 327, 396-405
   Dühring, 325-33
   feminismo, 341-50
   fourierismo, 82-85, 103, 104, 110, 167
   Hess e, 86-90, 110
   lutas entre as facções, 208, 221, 284-94, 338, 359-62, 374-76
   modelo russo, 303-06
   movimento nos anos 1890, 355-71, 374-83
   municipal, 357, 362
   origens do, 80-90
   owenitas, 103-09, 130, 142, 159, 167, 305
   Primeira Internacional, 271-72, 281-84, 371, 375-76
   religião e, 82-84, 88, 104,106-07, 111, 116, 150, 153-54, 379
   revoluções de 1848 e, 173-203
   saint-simoniano, 81-82, 103, 104, 110
   Segunda Internacional, 376-85, 403
   terminologia, 80
   utópico, 80, 82, 84, 85, 103-09, 346, 404
   "verdadeiro", 157-58, 162, 165, 184
   ver também comunismo; marxismo; *indivíduos e países socialistas específicos*
socialismo utópico, 80, 82, 84, 85, 103-09, 346, 404
Sociedade Educacional dos Operários Alemães, 152, 167, 170, 207
Sociedade Fabiana, 362, 363, 369
Sorge, Friedrich, 308, 331, 365
Southey, Robert, 98
Sozialdemokrat, Der, 297, 371
SPD (Sozialdemokratische Partei Deutschlands), 376-80, 382, 383-84, 389, 401, 403

Spencer, Herbert, 316, 350, 403
Stalin, Joseph, 12, 13, 310, 325, 332, 392-95, 398-405
 Short Course: History of the Communist Party of the Soviet Union (Bolsheviks), 398-402
Stein, Heinrich Friedrich Karl, barão von, 63, 64, 65
Stirner, Max, 70, 71, 149-50
Straubingers, 160-61, 178
Strauss, David Friedrich, 53-57, 66
Struve, Gustav, 207, 208
sufrágio, 152, 291, 377-78, 382
 feminino, 349
Suíça, 154, 189, 202, 287

Taine, Hippolyte, 99
Taylor, A.J.P., 174, 212
Tchecoslováquia, 187, 286
Tchernichevski, Nikolai, 303
Telegraph für Deutschland, 47-52, 57, 79
"Teses sobre Feuerbach" (Marx), 152
Thiers, Adolphe, 281
Thorne, Will, 367, 368, 369
Tkachov, Peter, 304
trabalho, 51-52
 condições nas fábricas e salários, 92, 98-99, 103-04, 120-26
 divisão do, 107, 137, 243
 feminino, 344-45
 greves, 142, 366-69
 infantil, 98
 Manchester, 91-133, 211-212, 217
 movimento operário, 17-18, 129, 357-58, 366-71
 ver também operários fabris; industrialização; classe operária
Transactions of the Engels Society, 324

transformação de quantidade em qualidade, 320, 328, 329
Trémaux, Pierre, 340
Trevinarus, Georg Gottfried, 36, 41
tributação, 175, 211-12, 377
Trier, Alemanha, 73-75, 76, 78
Trollope, Anthony, 217n
 The Way We Live Now, 296
Trotski, Leon, 208
Turati, Filipo, 380
turcos otomanos, 44
Tyndall, John, 314, 318

Ulrich, Karl, 346
 "Uma História de Pirata" (Engels), 44
União Soviética, 12, 17, 310-12, 392
 ciência, 324-26
 coletivização, 392, 393, 394
 comunismo, 310-12, 324-26, 392-405
 economia, 392, 393
 industrialização, 392-93
 Segunda Guerra Mundial, 394
 stalinista, 392-95, 398-405
Universidade de Berlim, 55, 59, 61, 63, 65, 77, 326
Universidade de Bonn, 67, 75, 76, 77
urbanização, 22, 118
 Engels sobre, 126-32

Veneza, 177
"verdadeiro" socialismo, 156-58, 162-63, 165, 184
Versalhes, 81, 281
Vitória, rainha da Inglaterra, 212
vitoriana, era, 94, 132, 211-12
Viena, 176, 375, 376
Vogt, Karl, 235

Volga, alemães do, 391-95
Volk, 32, 33, 49
Volks-Tribun, Der, 155
Voltaire, 73, 106, 136
von Westphalen, Jenny. *Ver* Marx, Jenny
von Westphalen, Ludwig (barão), 75, 77, 148
Vorwärts, 327, 381

Wagner, Richard, 195, 286
Watts, John, 107, 116, 213, 224
　The Facts and Fictions of Political Economists, 107
Webb, Beatrice, 359
Webb, Sidney, 362
Weerth, George, 112, 145, 147, 186, 231
　"Mary", 114

Weierstrass, Karl, 322
Weitling, Wilhelm, 87, 154-58, 160
Weydemeyer, Joseph, 246
Wheen, Francis, 15, 138
Whitfield, Roy, 230
Willich, August von, 199, 200-01, 208, 221
Wilson, Edmund, 138
Wolff, Wilhelm, 164, 186, 231, 265
Woltmann, Ludwig, 403
Wuppertal, Alemanha, 13, 22-27, 46, 49-51, 95, 142-45, 182, 195, 386
　industrialização, 22-24, 49-52
　pietismo, 25-27, 51, 52

Zimmerman, Wilhelm, 244
Zukunft, Die, 268

Este livro foi composto na tipologia Electra LH,
em corpo 11/15, impresso em papel Offset 75g/m²,
na Markgraph.